Superclasse

Superclasse

A elite que influencia a vida de milhões de pessoas ao redor do mundo

David Rothkopf

TRADUÇÃO

Alexandre Martins

AGIR

Título original
Superclass

Capa
Retina 78

Revisão técnica
Arthur Ituassu

Revisão
Taís Monteiro

CIP-BRASIL. CATALOGAÇÃO-NA-FONTE
SINDICATO NACIONAL DOS EDITORES DE LIVROS, RJ.

R755s

Rothkopf, David J. (David Jochanan), 1955-
Superclasse: a elite que influencia a vida de milhões de pessoas ao redor do mundo / David Rothkopf; tradução de Alexandre Martins. – Rio de Janeiro: Agir, 2008.

Tradução de: Superclass
ISBN 978-85-220-0984-8

1. Elites (Ciências sociais). 2. Poder (Ciências sociais). I. Título.

08-3066. CDD 305.52
CDU 316.343-058.32

Rua Nova Jerusalém, 345 – Bonsucesso
Rio de Janeiro – RJ – CEP 21042-235
Tel.: (21) 3882-8200 Fax: (21) 3882-8212 / 3882-8313
www.ediouro.com.br

Para mamãe e papai, com quem aprendi que as
maiores heranças familiares não são riqueza e poder,
mas amor e um bom senso de humor. Ou pelo menos
é o que eles continuam a me dizer.

Sumário

Praticamente todos os homens podem suportar a adversidade,
mas, se você quiser testar o caráter de um homem, dê poder a ele.
Abraham Lincoln

Prefácio

> Deus está do lado de todos (...) e em última análise ele está do lado que tem muito dinheiro e grandes exércitos.
>
> Jean Anouilh

Este é um livro sobre poder. E também sobre o fato de que o poder está concentrado nas mãos de um número impressionantemente pequeno de pessoas no planeta. É sobre quem elas são, como se comparam com as elites do passado e como diferem do resto de nós. Acima de tudo, é sobre o profundo impacto que esse grupo tem em nossas vidas e sobre como ele está moldando nossa época.

Poder é, claro, difícil de quantificar. Riqueza freqüentemente é uma fonte de poder. Posição costuma se traduzir em poder. Talvez a mais antiga fonte de poder seja a capacidade de projetar força violenta. Mas algumas vezes o poder se baseia em coisas mais sutis, como acesso ou idéias. Não há um parâmetro único ou universalmente aceito para o poder, de modo que é inevitável certa dose de avaliação subjetiva. Determinar quem tem e quem não tem é ainda mais difícil, porque alguns daqueles entre nós com maior influência costumam dissimular seu poder ou usá-lo com pouca freqüência. Mais ainda, apenas muito poucas pessoas têm o tipo de poder internacional que é tema deste livro. Muitos daqueles que costumamos considerar poderosos na verdade têm um impacto muito limitado em nível global. Por mais formidáveis que possam ser, são personagens com importância apenas local ou regional.

Ao longo das últimas décadas surgiu uma elite global que tem um poder incomensuravelmente maior que o de qualquer outro grupo do planeta. Cada um dos membros dessa superclasse tem a capacidade de influenciar regularmente a vida de milhões de pessoas em muitos países ao redor do mundo. Cada um deles exerce ativamente esse poder, e eles freqüentemente o ampliam estabelecendo relações com outros membros dessa classe. A época de poder vitalício herdado ficou para trás há muito tempo, e para a maioria dos membros do grupo a influência é passageira; para ser, de fato, membro dessa superclasse a pessoa precisa deter poder por tempo suficiente para produzir um impacto — penetrar no ou afetar o mundo de outras pessoas dessa superclasse —, um período de dois anos ou mais.

A existência de tal grupo é inquestionável. Chefes de Estado, CEOs das maiores empresas do mundo, magnatas da mídia, bilionários com participação ativa em seus investimentos, criadores de tecnologia, potentados do petróleo, administradores de fundos de investimento, investidores em *private equity*, os ativos privados, altos comandantes militares, alguns poucos líderes religiosos, um punhado de escritores, cientistas e artistas famosos e até mesmo líderes terroristas e grandes criminosos preenchem os requisitos de admissão.

Quando se apresenta a idéia da existência de uma superclasse, surgem algumas questões fundamentais. A mais óbvia é: qual o tamanho dela? Utilizando os parâmetros citados e examinando minuciosamente as fontes disponíveis, meus pesquisadores e eu identificamos pouco mais de 6 mil pessoas que se encaixam. Como ficará claro, esta é uma escolha baseada em limites naturais, produzindo um grupo que é ao mesmo tempo pequeno o bastante para ser analisado de forma racional e suficientemente grande para abranger todas as principais comunidades internacionais — política, econômica, militar — e o mundo das idéias necessárias para que ele seja representativo das mais importantes fontes de poder mundial.

A pergunta mais comum que me é feita desde que iniciei este livro é: existe uma lista? Por acaso, sim. Muitos sugeriram que eu a publicasse — em parte porque as pessoas adoram listas, mas principalmente porque muitos dos membros da superclasse, ou aqueles que querem ser membros, estão interessados em ver quem está nela e quem não está. Mas publicar uma lista dessas seria uma futilidade. Ela estaria defasada no dia seguinte à publicação. Como já observei, o poder é passageiro. Muitos dos membros da superclasse a integram em função dos cargos que ocupam, mas as pessoas entram e saem desses postos. Algumas se aposentam, algumas morrem. Outras sofrem catástrofes financeiras ou profissionais. Todos os anos, alguns membros do grupo são depostos. Outros são encarcerados. Por essas razões, tentei incluir algumas sublistas para dar uma noção geral da natureza do grupo, mas o fiz sabendo claramente que estou produzindo o retrato de algo em movimento.

Alguns — em sua maioria americanos — sugeriram que ao usar o termo "classe" eu corro o risco de ingressar no território intelectualmente desprezível do marxismo e da luta de classes. Se reconhecer o que é óbvio para qualquer pessoa consciente — que continua a haver classes sociais e econômicas no mundo, mesmo que a mobilidade entre elas tenha aumentado em algumas poucas parcelas da humanidade — é intelectualmente desprezível, bem, então eu sou. Na verdade, defendo isso. Em grande medida este livro é, por sua natureza, sobre a enorme desigualdade na distribuição de poder e riqueza no mundo. Minha opinião é que essas são questões que nos fazem correr riscos ao ignorá-las — em termos práticos, em termos políticos e, talvez acima de tudo, em termos morais.

A realidade é que a riqueza somada das cerca de mil pessoas mais ricas do mundo — os bilionários do planeta — é quase o dobro daquilo que têm os 2,5 bilhões mais pobres. A raça humana pode ter feito grandes progressos ao longo dos séculos, mas tais disparidades são uma condenação de nossa civilização. E, acredito, ameaçam a sua estabilidade.

Dito isso, vamos esclarecer que este não é um livro ao estilo "devore os ricos". Admito que me sinto enojado com o comportamento de algumas das pessoas mais ricas do mundo — aquelas que acumulam de forma patológica e devolvem à sociedade em média 1% do que ganham (muito distante dos quase 90% que Andrew Carnegie repassou durante sua vida). E certamente é impossível não ficar perturbado e horrorizado com aqueles que abusam do poder político ou militar, freqüentemente em detrimento dos mais desamparados. Mas há muitos membros da superclasse merecidamente respeitados e realizados, indivíduos que deram muito ao mundo. Em toda empreitada há os melhores e mais brilhantes, as pessoas que chegam ao topo por seus próprios méritos, e sua liderança produz um bem enorme. Assim, no final das contas, toda época tem as suas elites... e uma relação complexa com elas.

Este também não é um livro para teóricos da conspiração. Acredito que algumas das redes existentes entre as pessoas mais poderosas do mundo permitiram que um número extremamente pequeno delas moldasse o sistema mundial e freqüentemente estabelecesse os termos em que discutimos esse sistema. Mas eu já acompanhei conversas de bastidores e reuniões discretas de poderosos para saber que uma conspiração é algo muito difícil. Na verdade essas elites são tomadas por diferenças e desafiadas pelas impossibilidades práticas da maioria das conspirações; velhas fantasias sobre dominar o mundo não levam a nada.

Enquanto escrevia este livro estudei demorada e atentamente várias teorias sobre quem controla o mundo e os boatos que circulam sobre reuniões de alto nível da superclasse como Davos e Bilderberg, a Comissão Trilateral e o Bohemian Grove. Tenho de admitir que certamente não declinaria um lugar em tais conspirações mundiais se elas existissem e me oferecessem uma vaga. Como certa vez disse John Lehman, ex-secretário da Marinha dos Estados Unidos, "o poder corrompe. O poder absoluto é uma maravilha". Almocei com Eduard Shevardnadze pouco depois de ele ter deixado o cargo de ministro das Relações Exteriores da antiga União Soviética, e ele despudoradamente deu uma opinião semelhante. Já tinha ocorrido o colapso da URSS, e ele aparentemente estava aliviado com isso. Estava relaxado e falante, apreciando uma boa refeição no Windows on the World, restaurante que funcionava no último andar do World Trade Center, em Manhattan. Começou uma conversa sobre poder e abuso de poder, e depois de algum tempo Shevardnadze, não mais obrigado a dar a suas palavras adornos diplomáticos, disse: "Sabe, eu entendo um pouco de totalitarismo. Fiz parte de um governo totalitário. E tenho de admitir: foi um ótimo trabalho enquanto durou." Todos riram, e pouco depois Shevardnadze pegou a trilha democrática que o levou a se tornar presidente da república da Geórgia, onde governou durante muitos anos.

Sendo judeu, sempre guardei em meu coração um lugarzinho para a velha idéia de uma conspiração judaica mundial. Eu imaginava que não havia muitos judeus, de modo que, se nós estávamos no comando, havia uma chance bastante boa de que eu pudesse garantir uma posição respeitável no funcionamento interno da máquina de domínio do mundo. (Eu tinha um amigo que dizia que essa conspiração realmente existia, e que ele era o responsável pelos preços mundiais do zinco.) Porém, pelo que sei, ou essa conspiração não existe ou fui vítima de algum tipo especial de discriminação contra judeus de Nova Jersey — ou contra judeus que seriam incapazes de manter a conspiração em segredo caso fossem aceitos nela. Até hoje sempre fico chocado quando as pessoas tentam afirmar que de alguma forma os judeus estão dirigindo o espetáculo, quando as manchetes dos últimos milênios de história judaica incluem exílio, Inquisição, Holocausto, a conquista de uma pequena nação deserta cercada de inimigos e ódio e agressão mais ou menos constantes. Se nós realmente estivéssemos no comando, certamente poderíamos ter feito melhor.

Deixando de lado as teorias fantasiosas e insidiosas de titereiros e conspiradores, temos de reconhecer que há algo de novo, um enorme desequilíbrio na distribuição global de poder que concentra grande influência em grupos informais da elite. Essas elites freqüentemente transcendem ou suplantam as instituições do passado: governos nacionais, sistemas jurídicos que não conseguem dar conta das realidades globais e até os esforços sinceros mas incompletos feitos nos últimos cinqüenta anos para criar organizações multilaterais eficazes. No cerne dessa nova realidade estão os membros da superclasse, indivíduos cujas decisões diárias redirecionam enormes recursos entre mercados, criam, transferem ou eliminam empregos ao redor do planeta, determinam a viabilidade de programas governamentais e também desempenham um papel fundamental na modelagem da era global, porque muitas das instituições que no passado esperávamos que desempenhassem esse papel não fizeram ou não puderam fazê-lo, por terem se tornado fracas demais ou obsoletas, e não estarem preparadas para a tarefa. Além disso, por causa de sua influência, esses indivíduos, como grupo, têm um grande papel na definição do sentido da nossa época, determinando quais pontos de vista são aceitos e quais não, e quais são nossas prioridades. A influência dessa superclasse transnacional é freqüentemente ampliada, com seus membros fazendo parte de pequenas associações reunidas por meio de acordos empresariais, diretorias de grandes corporações, fluxos de investimento, velhos laços universitários, filiação a clubes e outros incontáveis mecanismos que fazem delas se não os lendários comitês conspiradores, pelo menos grupos que se revelaram mestres na arte de defender os próprios interesses.

Para ir além das abstrações da teoria política e de grandes simplificações e absurdos associados a fantasias de conspirações secretas, é preciso contar esta história como sendo uma história de pessoas. Para compreendermos o impacto da superclasse, precisamos entender quem realmente são seus membros. Isso exigiu entrevistas com mais de cem líderes internacionais nos setores governamental, empresarial, militar, midiático e religioso, além de vasculhar longamente a história de centenas de outras pessoas. Foi realizado um censo (a lista que já mencionei), pesquisando diversas características das aproximadamente 6 mil pessoas escolhidas para o grupo: gênero, histórico nacional, onde estudaram, suas diversas formas de afiliação e sua riqueza pessoal. A partir das entrevistas que fiz e das informações que coletei, começou a surgir um retrato — tanto do grupo como ele é hoje quanto de como ele provavelmente será no futuro.

Claro que uma análise como esta não é produzida apenas no contexto limitado do tempo necessário para escrever um livro. Esta obra é fruto tanto de dois anos de pesquisa específica quanto de minhas experiências de vida. Ao longo de minha carreira eu encontrei membros dessa superclasse e aqueles que aspiravam a sê-lo. De fato, em meus dois primeiros empregos eu trabalhei para um destacado investidor de Wall Street e, depois, para um representante no Congresso do distrito do Brooklyn, em Nova York. Ambos eram aspirantes à superclasse, mas, como o investidor estava satisfeito em ser apenas muito rico e o congressista era melhor como definidor de políticas do que como político, nenhum dos dois chegou à primeira fila da influência global, embora tenham me exposto a muitos que conseguiram isso. Eu posteriormente trabalhei algum tempo em televisão e depois em uma série de publicações: os jornais *Financial World*, *Institutional Investor*, *CEO Magazine* e *Emerging Markets* (todos publicados por uma empresa da qual eu era um dos fundadores, a International Media Partners [IMP]). Estávamos em meio a um *boom* financeiro, e eu tive a oportunidade de conhecer muitos dos principais líderes da comunidade financeira, o grupo que esteve na vanguarda da globalização. Dos bastidores ficava claro que aqueles indivíduos influenciavam tudo, desde o câmbio ao redor do mundo até quais candidatos teriam financiamento suficiente para suas campanhas à presidência. Entre as pessoas que eu conheci naquela época estavam titãs fadados à grandeza, como o futuro CEO da Blackstone, Steve Schwarzman, e o futuro prefeito de Nova York Mike Bloomberg; alguns que posteriormente se desviaram da lei, como Michael Milken e Ivan Boesky; padrinhos da globalização, como o CEO do Citibank, Walter Wriston, e o presidente do Chase Manhattan Bank, David Rockefeller, e mais um número incontável em Londres, Tóquio, Frankfurt, Paris e outras capitais financeiras.

Na IMP nós publicávamos jornais com a cobertura dos grandes encontros mundiais da comunidade financeira, como a reunião anual conjunta do Fundo Monetário Internacional (FMI) e do Banco Mundial, e reuniões dos bancos de desenvolvimento regionais. Nesses eventos víamos como algumas poucas centenas de banqueiros e ministros da Economia trabalhavam juntos em questões financeiras globais: abandonando países fracassados no café-da-manhã, fazendo alianças em torno de canapés, financiando acordos durante o coquetel. Claro que ocasionalmente eles faziam com que nós nos lembrássemos de qual, à época, era o nosso lugar. Eu me lembro bem de atravessar a 59th Street certa noite chuvosa para ir a uma recepção no Plaza Hotel para o rei do Marrocos, Hassan II. A iluminação do saguão era de um dourado suave, agradável aos convidados, abafando a agitação do hotel. Quando entrei no pequeno salão de baile onde acontecia a recepção, havia uma fila, e imediatamente à frente do rei estava um funcionário do protocolo, que se inclinou discretamente na minha direção para perguntar meu nome. Eu disse "David Rothkopf". Não compreendendo bem, ele arregalou os olhos, se empertigou um pouco mais e repetiu, com grande reverência: "David Rockefeller?" Ele escandiu as últimas quatro sílabas, como se cada uma fosse uma palavra isolada: "Ro-cke-fe-ller?" Eu odiei desapontá-lo. (Droga, dada a reação, eu odiei me desapontar.) Mas disse que não, apenas David Rothkopf. Ele deu um longo suspiro que se transformou em lamúria. "Ohhhh", disse ele. "Sua majestade, eu apresento o sr. Rothberg".

Quando estava na IMP nós também criamos o CEO Institutes, que organizava eventos sobre temas globais para executivos-chefes de grandes empresas. Alguns desses líderes empresariais eram friamente concentrados em negócios, como vi certa noite em um jantar, sentado entre o CEO de uma importante fabricante de aviões e o representante Pat Schroeder, então o principal democrata no Comitê das Forças Armadas da Câmara. O CEO se inclinou à minha frente para falar com Schroeder. "O acordo é o seguinte", disse ele, "eu quero vender um avião para Muammar Kadafi, e ele quer comprar um. Mas há sanções que me impedem de vender a ele. Os Estados Unidos querem o camarada morto. Então, estou pensando que, se você me ajudar a conseguir a autorização para vender o avião a ele, eu o farei com pinos explosivos ligando as asas à fuselagem. Então, um dia ele estará voando sobre o Mediterrâneo e apertaremos um botão. Será o fim dele. Eu faço minha venda. Todo mundo fica feliz". Era tanta cara-de-pau que até mesmo o experiente Schroeder pareceu ficar perplexo.

Aquele CEO tinha feito fortuna pedindo diretamente o que queria. Ainda assim, alguns dos outros indivíduos que conheci em nossos eventos eram mais sutis. Certa vez, em uma recepção que organizamos para o ex-secretário de Estado Henry Kissinger, percebi que a esposa de um diplomata de destaque tinha escapado da sala. Quando fui ao salão para o jantar, observei que ela tinha reorganizado os cartões de localização na mesa principal, trocando de lugar a mim e a outros dois convidados (Hank Greenberg, CEO da AIG, e Fred Smith, CEO da FedEx), nos afastando de Kissinger de modo que ela e seu marido pudessem se sentar junto a ele.

Eu, naturalmente, restaurei a disposição dos cartões — de modo que eu me sentasse junto a Kissinger, que sempre achara um personagem fascinante. Durante o jantar ele me ignorou inteiramente. Conversou com as outras pessoas à mesa com as quais queria falar: entre eles Greenberg, Smith e o diplomata. Aquilo foi tremendamente frustrante. Eu tinha passado o jantar inteiro com um dos grandes contadores de histórias do mundo e não tinha nada para mostrar. Finalmente, quando ele ia se levantar para fazer seu discurso após o jantar, se voltou para mim em sua famosa voz teutônica retumbante e disse: "Sr. Rothkopf?" Respondi ansioso: "Sim?" Era o momento de receber uma pérola.

"Deixe-me dar-lhe um conselho", ofereceu ele. "Quando você organizar um jantar com discurso a seguir, será melhor eliminar a salada." E com isso se ergueu e fez suas observações, sabendo por experiência própria que nosso jantar excessivamente longo tinha exaurido a sua platéia e que seu único comentário tinha arrasado completamente seu anfitrião de 32 anos de idade.

Dois anos mais tarde eu participei do governo Clinton como subsecretário adjunto de Comércio Internacional no Departamento de Comércio. Mais uma vez me vi em um emprego que me punha em contato constante com executivos de alto nível, altos funcionários do governo dos Estados Unidos e outros líderes mundiais. Trabalhando para eliminar barreiras e garantir a aplicação dos acordos comerciais, nós éramos entusiasmados defensores da globalização liderada pelas empresas, envolvidos em tudo, desde ajudar a Raytheon a conquistar um grande projeto de tecnologia no Brasil a auxiliar a Exxon a explorar campos de petróleo e gás na costa da Indonésia, passando por ajudar a Boeing a garantir grandes contratos aeronáuticos na Arábia Saudita.

Imediatamente após meu período no governo, fui convidado a ser diretor administrativo da Kissinger Associates, a consultoria internacional criada e dirigida pelo próprio Kissinger. Era uma empresa pequena. Apenas Kissinger, eu, um ex-banqueiro de investimentos chamado Alan Batkin e um camarada chamado L. Paul Bremer — Jerry para os amigos —, que mais tarde ficaria famoso e bastante polêmico como administrador americano do Iraque. O escritório de Kissinger, assim como sua vida, era como uma porta giratória para a superclasse. Kissinger era extraordinariamente educado, brilhante e encantador, e atraía pessoas e discussões fascinantes. Estivesse ele relaxando na casa de veraneio do CEO da Asea, Brown Boweri, ou organizando um jantar íntimo para o CEO da Gazprom, Kissinger era a estrela de todas as ocasiões. (E sempre sabia quantos pratos servir em cada refeição.)

Acabei deixando a Kissinger Associates para abrir uma empresa com Anthony Lake, que, como Kissinger, era ex-assessor de Segurança Nacional dos Estados Unidos. Criamos juntos uma empresa chamada Intellibridge, que utilizava tecnologia da internet de código aberto para dar apoio a empresas e órgãos de governo no trabalho de coleta de informações. Embora inicialmente o plano fosse dar apoio a empresas, logo nos vimos trabalhando principalmente com a comunidade da Segurança Nacional dos Estados Unidos. Nessa função, passamos sete anos lidando regularmente com os principais oficiais superiores das Forças Armadas: generais de três e quatro estrelas e almirantes que estavam em pé de igualdade com os melhores em outros setores do governo por sua inteligência, sua criatividade e seu caráter. A empreitada nos deu uma visão interna do complexo militar-industrial nos Estados Unidos e ao redor do mundo.

Depois que a Intellibridge foi vendida escrevi um livro chamado *Running the World: The Inside History of the National Security Council and the Architects of American Power*. Eu me vali de relacionamentos de meu período em Washington e acabei entrevistando mais de 150 lideranças do *establishment* da política externa americana desde o governo Eisenhower. É um mundo impressionantemente fechado, como destaquei no livro. Todos os assessores de Segurança Nacional dos Estados Unidos desde Henry Kissinger trabalharam com ou para Kissinger — ou com ou para alguém que trabalhou com ou para Kissinger: dois níveis de afastamento. Muitos freqüentaram as mesmas faculdades. Muitos tinham pais e irmãos na mesma área de trabalho. Basicamente caras brancos e velhos. Poucas mulheres. Uma elite clássica.

Assim, chego a este livro com um volume significativo de relevante experiência pessoal — experiência que me deu uma perspectiva útil do tecido conjuntivo da superclasse global e me apresentou a representantes do grupo em todos os setores e todas as regiões do mundo.

Tendo chegado ao topo da pirâmide, fica claro que muitos dos membros da superclasse são excepcionais. Eles freqüentemente são brilhantes, cheios de disposição e criativos. Também têm sorte, e a maioria sabe disso. Muitos são bastante felizes. Dinheiro, o que quase todas essas elites têm em abundância, não traz felicidade. Mas, como Woody Allen disse certa vez: "Dinheiro é melhor que pobreza, no mínimo por razões financeiras." É difícil não preferir a visão e a energia dos melhores deles do que a limitação tacanha de muitos dos oportunistas da política nacional que algumas vezes tentam marcar pontos atacando-os. Mas muitos na superclasse também são profundamente egocêntricos e absolutamente isolados do mundo habitado pela maioria das pessoas do planeta. Um CEO bilionário com o qual conversei reagiu à idéia de uma superclasse dizendo, não inteiramente de brincadeira: "É assim que deve ser. A única coisa que eu mudaria é que deveríamos ter... eu deveria ter... mais poder." Sua brincadeira embutia a sugestão séria de que as coisas realmente estavam funcionando melhor do que nunca, apesar das enormes desigualdades globais na distribuição de riqueza e poder. Ele não questionou por um só instante se seu sucesso empresarial deveria ter dado a ele não apenas mais dinheiro que o de outras pessoas, mas também mais poder que o delas. Ele sentia que também tinha conquistado o poder.

Muitos livros foram escritos sobre a distribuição desigual da riqueza no planeta, mas poucos sobre a distribuição desigual do poder. Foram escritos livros sobre as teorias mais despudoradas e apelativas sobre a influência dos poucos, mas poucos que lidem com a realidade das atuais elites globais em rápida evolução. Compreender esse grupo é fundamental para entender a natureza da era global e do futuro que daremos a nossos filhos. Mais ainda, estudando este grupo poderemos começar a questionar algumas de nossas próprias suposições, não apenas em relação a como o mundo funciona, mas também sobre como deveria funcionar. Com alguma sorte, até mesmo integrantes da superclasse podem ver isso e reconhecer que os atuais desequilíbrios são não apenas injustos, mas a mais profunda e mortal ameaça a seus interesses a longo prazo.

Além disso, claro, estas são pessoas realmente interessantes. Suas histórias com freqüência são mais intrigantes do que os tablóides e outras peças de ficção que elas inspiram. Observá-las de perto revela, em um microcosmo, muito sobre o mundo. É um grupo pequeno o bastante para que possamos nos concentrar nele, olhar um pouco nos seus olhos e ter um vislumbre de seu ponto de vista. Pelo menos por um momento ou dois, viajar com pessoas como o ex-primeiro-ministro de um país latino-americano que certa vez se instalou na primeira classe de um vôo de longa duração apenas para descobrir que estava sentado ao lado de uma mulher que tinha freqüentado o jardim-de-infância com um de seus melhores amigos. "Mundo pequeno", disse ele. "Sim, no alto", concordou ela.

David Rothkopf
Bethesda, Maryland
Dezembro de 2007

INTRODUÇÃO

A elite do poder na promenade

> Qualquer cidade, por menor que seja, na verdade é dividida em duas; uma cidade dos pobres, uma outra dos ricos; elas estão em guerra uma com a outra.
>
> Platão, *A república*

Gentiana é um pequeno restaurante que dificilmente mereceria um segundo olhar em qualquer outra cidade da Europa. É bastante tradicional, apenas ligeiramente mais charmoso do que as lojas simpáticas e os hotéis modestos ao redor. Uma vitrine próxima oferece uma impressionante gama de canivetes do Exército suíço, uma outra, caixas de chocolate, uma terceira, chapéus de pele e equipamento de alpinismo. O restaurante tem um aconchegante clima de bairro. Ao lado da porta há um quadro-negro destacando alguns poucos pratos especiais, e no térreo deve haver lugar para umas vinte pessoas, caso elas sejam suficientemente magras e amigáveis. No andar de cima há algumas saletas para grupos fechados, a maior das quais recebe dez pessoas apertadas dos dois lados de uma comprida mesa estreita. Grande parte do clima é criada por uma sensação de intimidade produzida por uma fachada de madeira escura, pisos de madeira escura, mesas de madeira escura. Na verdade, com todo o seu charme, definitivamente não é um lugar para claustrófobos — ou pessoas com muito medo de farpas.

O motivo para ir ao Gentiana é o *fondue*, especialmente o de queijo, que é oferecido em porções generosas que fazem lembrar uma época anterior aos cardiologistas. Minha esposa, Adrean, tem um fraco por *fondue*, e todos os anos em que participamos da reunião anual do Fórum Econômico Mundial em Davos, fomos ao Gentiana em seu aniversário. Fazemos reservas com grande antecedência, porque durante a semana da reunião de janeiro, que todos os anos tem a participação de mais de 2 mil líderes empresariais e de governo de todo o mundo, conseguir uma mesa no Gentiana não é mais fácil do que conseguir uma em restaurantes famosos como Aragawa, em Tóquio, Gordon Ramsay, em Londres, ou Le Bernardin, em Nova York. Talvez ainda mais surpreendente, nessa semana a clientela daquele modesto bistrô suíço é basicamente a mesma que se poderia encontrar naqueles restaurantes de categoria mundial.

Claro que mesmo durante aquela semana ainda há mesas ocupadas por moradores. Um dos freqüentadores é um bêbado particularmente loquaz que adora beber com os CEOs, chefes de Estado e estrelas do rock que conseguiram se acomodar, ombro a ombro, girando garfos longos com pedaços de pão nos potes de *gruyère* borbulhante. O morador fala apenas alemão com a multidão poliglota a seu redor, e poucos o compreendem, embora em função de seu comportamento o observador não tenha certeza se é por causa do idioma que ele fala ou da cerveja local que ele prefere. Não importa. Ele sorri, eles sorriem, e o efeito geral é alegre e descontraído.

Certa tarde, durante uma reunião recente em Davos, eu e minha esposa estávamos andando apressados pela calçada a caminho do Gentiana. Isso pode ser perigoso, já que os moradores não retiram a neve, e o gelo está à espreita praticamente em toda parte. De fato, os freqüentadores de Davos com alguma regularidade podem ver diretores de bancos centrais, altos executivos do FMI e outros homens e mulheres distintos de meia-idade embrulhados em cachemira, couro e peles politicamente incorretas de muitas procedências serem arremessados para o ar e aterrissarem sobre suas superfícies mais amplas e macias. Portanto, nós caminhávamos cuidadosamente, mas com determinação, sabendo que tínhamos poucos minutos para nos encontrarmos com nossos amigos.

O clima era típico. Nevava levemente. Estava muito frio. Mas o ar alpino era cortante, seco e revigorante. Nós conversávamos sobre as reuniões, quem tínhamos visto e com quem esperávamos encontrar. Enquanto caminhávamos, fazíamos o mesmo que a maioria dos visitantes daquela pequena cidade das montanhas: espiávamos as pessoas passando por nós na rua, tentando descobrir quem eram. (Dada a natureza de Davos, elas provavelmente seriam alguém.) É um ritual facilitado pelo fato de que todos no encontro têm de usar um crachá no pescoço o tempo todo. O crachá é usado para passar pelos muitos postos de segurança — há pelo menos dois soldados e policiais suíços em Davos para cada delegado que participa da reunião —, se inscrever para as sessões e permitir que todos saibam quem você é. O crachá tem seu nome, assim como a organização que você representa. E também sua foto. As pessoas tendem a caminhar com os crachás balançando à vista de todos, de modo que não tenham de se atrapalhar com eles ao entrar e sair de prédios ou passar pela polícia. Era assim com todo mundo, a não ser com os universalmente conhecidos — pessoas como Bill Clinton, Bill Gates, Tony Blair, Bono ou Angelina Jolie. O gesto de observar crachás é tão comum que poderia ser chamado de mesura de Davos: curve o joelho ligeiramente, dê uma olhada discreta para baixo, avalie e siga em frente.

Saindo do Centro de Convenções e caminhando pela rua principal de Davos, a Promenade, passamos por Thierry Desmarest, CEO da Total, por um pequeno grupo de professores de Harvard, por um alto executivo da Saudi Aramco e por uma mulher empurrando seus dois filhos pequenos em um trenó. (Ela era da cidade e o trenó parecia uma pista de por que eles não tiravam a neve das calçadas.) Paramos rapidamente para conversar com Tom Donohue, CEO da Câmara de Comércio dos Estados Unidos, chefe da minha esposa, depois paramos alguns passos além para falar com um investidor de risco americano de origem indiana com quem eu tinha negócios. Era uma amostra típica. Cinco minutos na Promenade de Davos em janeiro oferecia um cortejo de líderes econômicos ressecados de frio vindos de três continentes.

A cerca de dois quarteirões do Gentiana eu estava resmungando por uma das conversas pelas quais mais ansiava ter se transformado em uma série frustrante de desencontros. O objetivo era uma conversa havia muito adiada com Paulo Coelho, o brasileiro autor de *O alquimista*. Coelho vendeu mais de um milhão de exemplares de seus livros em todo o mundo e é, depois da autora de *Harry Potter*, J.K. Rowling, o escritor mais vendido do planeta. Ele também é uma das poucas personalidades da área cultural a ir regularmente a Davos, uma entre as poucas que podiam oferecer uma perspectiva diferente do *zeitgast* de Davos. Nós tínhamos pretendido nos encontrar quase um ano antes, mas, em função de uma série de problemas de agenda, não conseguíramos. Finalmente marcamos para Davos, mas eu ainda não pusera os olhos sobre ele. O que eu esperava de um homem que vivia do outro lado do mundo e estava sempre em movimento — um brasileiro que passava boa parte do tempo na Europa e tinha vendido tantos livros na Rússia? Havia um pouco de arrogância em pensar que conseguiríamos terminar no mesmo lugar à mesma hora. E então: "Meu Deus", disse uma voz que eu não reconheci. "É você."

Um homem baixinho com chapéu de pele estava olhando para o nome no meu crachá. Ele tinha um cavanhaque grisalho e me cumprimentou como um primo que não me via havia muito. Era Coelho, surgindo quase miraculosamente da névoa alpina como se conjurado por nossa conversa.

Seguir pela calçada saindo do Centro de Convenções onde tínhamos acabado de ouvir um pronunciamento da chanceler (primeira-ministra) alemã, Angela Merkel, e comentários do magnata indiano do aço Lakshmi Mittal, atravessar uma correnteza de pedestres famosos e então esbarrar com aquele ícone da cena literária mundial — era para mais uma vez deixar claro que Davos realmente era a encarnação da aldeia global de Marshall McLuhan. Era como o Planeta Terra em miniatura ou um local que se transformava, uma vez por ano, na cidade mítica da globalização: uma comunidade ligada a todos os lugares e, de um modo ou outro, a todas as pessoas. De fato, durante aquela reunião, ministros importantes iriam se reunir para tentar, sem sucesso, retomar as negociações do comércio internacional, militantes pela África se reuniriam com líderes empresariais e políticos para buscar financiamento para programas de cuidados médicos, o aquecimento global ganharia o centro do palco com os céticos, em sua maioria americanos, sendo convencidos por uma sessão após outra pelos pontos de vista de especialistas, e defensores de soluções alternativas para lidar com tudo, da ansiedade por causa de imigrantes à ansiedade por causa do terrorismo, iriam apresentar seus pontos de vista diretamente àqueles em posição de colocá-las em prática. Se, como Hillary Clinton tinha afirmado, era necessária uma cidade para criar uma criança, aquela parecia ser a cidade necessária para administrar o mundo.

Coelho e eu nunca tínhamos nos encontrado, mas, graças às maravilhas da era da informação, já tínhamos um histórico de e-mails suficiente para que nossa conversa fosse familiar e bastante entusiasmada. Ele se ofereceu para almoçar, mas nós apontamos para o Gentiana, explicando que tínhamos um compromisso. Eu ansiosamente marquei de me encontrar com ele ainda naquela tarde, no Kongress Hotel.

Em suas três décadas e meia de existência, aquela reunião no alto da montanha tinha feito mais do que apenas transformar Davos de uma modorrenta cidade de esqui em um ponto de encontro cosmopolita. Mais que local de encontro para líderes internacionais empresariais, governamentais e culturais, era um símbolo de um mundo entrelaçado, literal e figuradamente uma cúpula das cúpulas. O conceito criado pelo cientista político Samuel Huntington de "Homem de Davos" — o cidadão global, o líder para o qual as fronteiras eram cada vez mais irrelevantes — descrevia a nova classe dirigente de nossa época.

Quando foi fundada, em 1971, por Klaus Schwab, a organização que seria conhecida como Fórum Econômico Mundial tinha uma missão limitada. Ela estava concentrada em atrair líderes empresariais europeus para uma discussão sobre a incerta sorte econômica do continente.

Para contextualizar o momento, é importante lembrar que em 1971 a Europa ainda vivia as conseqüências da Segunda Guerra Mundial e estava na linha de frente da Guerra Fria, ainda sendo mais a autodeclarada guardiã da civilização do que a Europa "moderna" de tendências mais modestas, menos imperiais, mais multilaterais. De fato, apenas três anos mais tarde a primeira das grandes potências coloniais européias, Portugal, concedeu independência a Guiné-Bissau, Angola e Moçambique. Reino Unido, Irlanda e Dinamarca só ingressaram na União Européia em 1973. Embora o Tratado de Roma tivesse levado à criação do Mercado Comum Europeu, em 1957, se passariam mais de duas décadas até que o Tratado de Maastricht institucionalizasse a idéia de um verdadeiro mercado único entre as nações do continente. A Europa claramente estava vivendo uma transição no momento do nascimento do fórum.

Na época eu estava no curso secundário, e freqüentava a faculdade quando o Fórum Econômico Mundial realmente ganhou fôlego, no final da década de 1970. Admito que conferências internacionais não atiçavam minha imaginação quando eu era adolescente, mas na época minha educação era absolutamente dominada pela visão de mundo ocidental, com a educação clássica baseada na suposta superioridade das idéias européias, com a história e as contribuições de outras regiões sendo vistas como exóticas e secundárias. Na Universidade Columbia nós tínhamos de seguir o "currículo básico", que era composto de dois cursos principais. Um, Ciências Humanas, era um estudo das obras fundamentais da literatura. O segundo, Civilização Contemporânea, era um apanhado das grandes obras de filosofia política e disciplinas a ela relacionadas, começando com os gregos e chegando até a época moderna. Em uma análise retrospectiva, os dois cursos sem dúvida foram o destaque de minha formação, e eu me beneficiei deles provavelmente todos os dias de minha vida desde então. (Eu, claro, não reconhecia isso na época.) Em Civilização Contemporânea, nós lemos — ao ritmo de um livro importante, algumas vezes perturbador, outras entorpecedor, por semana — os textos de todos (homens brancos), desde Platão, passando por Descartes até Darwin. Em algum momento por volta de Max Weber e outros analistas e críticos da modernidade, o currículo se tornava mais variado, com diferentes professores passando diferentes textos, já que era mais difícil concordar com o que podia ser classificado de leitura fundamental. Um dos mais populares naquele momento do curso foi *The Power Elite*, de C. Wright Mills, um livro de 1956 que analisava a estrutura nacional do poder nos Estados Unidos.

Mills, um ex-professor de sociologia de Columbia, escreveu o livro como um estudo de como os Estados Unidos realmente funcionavam. A tese central era a de que no topo das comunidades empresarial, governamental e militar havia um impressionantemente pequeno e superposto escalão de "decisores". Essa "elite do poder" nacional era

> composta de homens cujas posições permitem a eles transcender o ambiente comum de homens e mulheres comuns; eles estão em posição de tomar decisões com importantes conseqüências (...). Comandam as principais hierarquias e organizações da sociedade moderna. Governam as grandes empresas. Administram a máquina do Estado e exigem suas prerrogativas. Dirigem o *establishment* militar. Ocupam os postos de comando estratégico na estrutura social, nos quais hoje estão concentrados os efetivos meios de poder, a riqueza e a fama de que eles desfrutam.

Mills afirmava que essas elites seguiam trilhas semelhantes até posições privilegiadas, garantindo que muitos entre seus integrantes homogêneos conhecessem uns aos outros. Além disso, eles freqüentemente mudavam de setor: de altos postos no governo a altos postos nos negócios, do gabinete da Casa Branca aos conselhos de administração, de comandos militares à política, de uma posição de grande responsabilidade para outra. Assim, dizia Mills, eles criavam uma espécie de diretoria única para os Estados Unidos da América.

O livro de Mills era tanto uma crítica quanto uma descrição desse grupo e da liderança nos Estados Unidos em meados do século. Ele estudava detalhadamente a concentração de poder em um número relativamente pequeno de grandes empresas e indivíduos, e as muitas ligações entre os líderes americanos e instituições importantes. O livro então iniciava uma polêmica, lamentando a influência desproporcional desse grupo. Um dos homens que sem dúvida inspiraram muitas das observações de Mills, o presidente Eisenhower, também era o melhor exemplo delas. Um ex-comandante-supremo das forças aliadas na Europa, assim como ex-reitor da Universidade Columbia, Eisenhower captou muito das idéias de Mills em seu discurso de despedida da presidência, em 1961:

> [A] soma de um enorme *establishment* militar e de uma grande indústria bélica é algo novo na experiência americana. A absoluta influência — econômica, política, até mesmo espiritual — é sentida em todas as cidades, todas as assembléias estaduais, todos os órgãos do governo federal. Reconhecemos a necessidade imperativa desse desdobramento. Mas não podemos deixar de compreender suas graves implicações. Nosso trabalho duro, nossos recursos e nosso modo de vida estão envolvidos, assim como a própria estrutura de nossa sociedade.
>
> Nos conselhos de governo, precisamos nos proteger contra a obtenção de influência indevida, procurada ou não, pelo complexo militar-industrial. O potencial para a trágica ascensão do poder paralelo existe e irá persistir.

Um aspecto pouco lembrado do discurso de Eisenhower é que ele continha não um, mas dois alertas principais. Embora o primeiro, referente ao complexo militar-industrial, seja citado com maior freqüência, ele também exprimiu preocupações equivalentes com a emergência do que chamou de "elite científico-tecnológica". Suas preocupações, assim como as de Mills, refletem o *zeitgeist* dos anos 1950, no qual a principal lembrança histórica era da Segunda Guerra Mundial e do compromisso de todo esforço político, financeiro e industrial dos Estados Unidos com o objetivo da vitória militar. O medo predominante no momento era o da tecnologia descontrolada, como se manifestava na crescente ameaça de uma guerra termonuclear global.

Desde a fala de Eisenhower, em 1961, a inovação tecnológica não apenas alimentou o crescimento sem precedentes dos Estados Unidos como fortaleceu o poder de algumas pessoas de uma maneira nova; talvez tenha até mesmo ajudado a derrotar o adversário dos Estados Unidos na Guerra Fria, já que o surgimento da era da informação tornou impossível a competição para uma sociedade fechada. Mas, apesar da persistente força do complexo militar-industrial americano, os gastos com defesa e o poderio ofensivo diminuíram desde o pico alcançado durante a Segunda Guerra Mundial e os anos da Guerra Fria. Em seu discurso, Eisenhower fala de Forças Armadas com 3,5 milhões de homens; hoje as Forças Armadas dos Estados Unidos têm apenas 1,5 milhão de homens e mulheres na ativa (com outro milhão na reserva). Ele também observa que na época de seu discurso o orçamento militar do país superava o faturamento líquido de todas as empresas dos Estados Unidos. Hoje, enquanto o orçamento militar supera 425 bilhões de dólares, o faturamento de apenas cinqüenta das empresas americanas mais lucrativas equivale a esse número, e, na verdade, o faturamento somado de apenas as duas primeiras, ExxonMobil e Wal-Mart, corresponde a mais de 50% dele. Sem dúvida, a influência econômica empresarial aumentou de forma dramática.

O livro de Mills ainda é lido e passou a ser considerado uma crítica clássica à estrutura de poder nos Estados Unidos, mas também está claro que o mundo mudou profundamente nos cinqüenta anos desde sua publicação.

Esmagando a neve da Promenade de Davos depois de um longo almoço rico em colesterol, observando a impressionante fartura de líderes mundiais, considerei chocante o quanto tudo tinha mudado desde a época de Mills. A distribuição de poder claramente tinha sido alterada, não apenas saindo dos Estados Unidos e da Europa, mas também das nações. Mesmo um observador descontraído em Davos teria de concluir que se Mills escrevesse hoje teria de voltar sua atenção da elite nacional americana para um fenômeno novo e mais importante: o surgimento de uma elite de poder global, uma superclasse que desempenha na hierarquia da era global um papel similar ao que a elite de poder dos Estados Unidos desempenhou naquela primeira década do país como superpotência.

As provas dessa nova realidade podiam ser vistas nos hotéis e cafés, e nas calçadas geladas ao longo da rua principal de Davos. Felizmente, o Centro de Convenções logo apareceu. Ele ficava colado ao hotel que Coelho sugerira para nosso encontro e, mais importante, era aquecido. A temperatura lá fora variava em torno de 15 graus abaixo de zero e maldição, eu-perdi-a-sensibilidade-em-minhas-extremidades. Dois soldados suíços junto às portas, ambos de uniforme preto e portando pistolas automáticas, ambos sorrindo e dizendo "Boa tarde" para todos que entravam, verificaram meu crachá pela segunda vez em 50 metros e permitiram meu acesso ao prédio.

Há uma pequena ante-sala na qual as pessoas costumam bater a neve dos sapatos — o capacho da elite global —, seguida de um corredor muito comprido, ao longo do qual havia uma série de cabideiros e funcionários ocupados em pendurar chapéus e cachecóis. No meio do corredor havia detectores de metal e guardas permitindo a entrada de pessoas no saguão principal do Centro de Convenções. Considerando-se os crachás, devia haver pessoas de pelo menos vinte países no saguão quando eu passei. Praticamente todas falavam inglês. Praticamente todas vestiam um uniforme parecido: casaco escuro, terno ou paletó bem cortado e calças compridas esportivas (inclusive os russos, que apenas três ou quatro anos antes tinham ficado conhecidos por seus ternos brilhantes de algodão). As mulheres estavam presentes principalmente no papel de esposas, sendo um número ainda pequeno embora crescente dos participantes.

Era possível ver pessoas, CEOs ou líderes de governo, acadêmicos ou gente da imprensa, abraçar, apertar as mãos calorosamente e saudar alegremente umas às outras como se fossem companheiros afastados. Com o passar dos anos, Davos e encontros semelhantes ao redor do mundo produziram muitas ligações e amizades nesse grupo de pares de elite. Prestando atenção às observações das pessoas em Davos e depois, havia a insistência em como aquela elite global tinha se tornado fortemente ligada, como tinha se tornado uma comunidade em si. Mark Malloch Brown, ex-subsecretário-geral das Nações Unidas e agora ministro de Estado para a Ásia, África e a ONU do governo britânico, recordou de uma recepção de Davos realizada em Nova York pouco depois do 11 de Setembro. "Enquanto eu e minha esposa caminhávamos pelo salão, cumprimentando amigos pelo caminho, viramos um para o outro e dissemos: 'O que aconteceu conosco, que caminhamos em meio ao grupo de Davos e conhecemos mais pessoas do que quando estamos atravessando o parque da cidade em que vivemos?'"

Testemunhando as reuniões da superclasse na chapelaria, a pessoa tinha a impressão de que embora, sim, Davos em si fosse uma pequena cidade isolada no alto de uma montanha, o mesmo era verdade no caso da pequena comunidade isolada que se transferia para lá todo ano. Apesar de diferenças em seus lugares de origem, a multidão de Davos tem hoje mais em comum uns com os outros do que com aqueles que não vivem naquela altitude rarefeita. Um antigo alto funcionário do governo americano confirmou essa observação. "Acho que o que está acontecendo tem a ver com a própria identidade pessoal deles", me disse ele. "Eles têm uma ligação maior com Davos e sua espécie do que com as pessoas em casa."

Algo poderoso está acontecendo entre os poderosos. Sempre houve elites nacionais, como a "elite de poder" de Mills nos Estados Unidos. Sempre houve ligações entre as elites de diferentes países, mas elas eram tipicamente "relações exteriores" — ligações entre centros de poder distantes, alianças discretas entre soberanos. Porém, há várias décadas tem se formado uma nova comunidade, ao mesmo tempo em que as economias cruzam fronteiras, instituições globais se proliferam e o mundo está, bem, ficando plano.

Um dos primeiros a identificar esse fenômeno foi o ex-executivo-chefe do Citibank, Walter Wriston, um verdadeiro visionário da globalização e da era da informação. A obra presciente e seminal de Wriston, *O crepúsculo da soberania*, foi publicada um ano depois da criação da World Wide Web, em 1991. Nela, ele escreveu que "aqueles que participam ativamente da economia da informação irão se beneficiar mais dela (...) Terão mais afinidade com seus colegas interlocutores globais do que com aqueles seus compatriotas que ainda não participam do diálogo global".

Dois anos após Wriston, Christopher Lasch observou de modo semelhante em *A rebelião das elites* que:

> O mercado no qual as novas elites operam agora tem âmbito internacional. Suas fortunas estão ligadas a empreendimentos que ignoram fronteiras nacionais. Elas estão mais preocupadas com o bom funcionamento do sistema como um todo do que com qualquer de suas peças. Suas lealdades — caso o termo em si não seja anacrônico neste contexto — são mais internacionais que regionais, nacionais ou locais. Elas têm mais em comum com seus equivalentes em Bruxelas ou Hong Kong do que com as massas de americanos ainda não ligados na rede de comunicação global.

De fato, ao longo dos últimos anos, essa observação em particular se tornou muito comum. Enquanto Wriston aceitava a idéia do ponto de vista de um protoglobalista, teorias semelhantes foram apresentadas por críticos da globalização que se sentiam ameaçados pela emergência dessa nova classe sem país. Eles vêem esse grupo internacional como uma ameaça a diversas comunidades nacionais, das elites de poder locais aos despossuídos que eles consideram fustigados pelas escolhas dos decisores globais. Um exemplo é o americano cético ao livre comércio Jeff Faux, que em seu livro *The Global Class War* descreve um momento revelador. Após ouvir um funcionário do governo americano defender a aprovação do Acordo de Livre Comércio da América do Norte porque o então presidente do México, formado em Harvard, era, em função de sua formação nos Estados Unidos, "um de nós", Faux escreve: "Eu me dei conta de que a globalização estava produzindo não apenas um mercado sem fronteiras, mas também, como acompanhamento, um sistema de classes sem fronteiras." Ele continua, concluindo: "Mercados dentro de nações inevitavelmente produzem grupos de pessoas que têm mais dinheiro e poder que outras. Assim, seria estranho se um mercado global não criasse uma classe superior internacional de pessoas cujos interesses econômicos tivessem mais em comum umas com as outras do que com a maioria das pessoas que partilham sua nacionalidade."

Embora eu discorde de alguns dos impulsos antiglobais e anticomércio mais radicais de Faux, suas preocupações com os deslocamentos provocados pela globalização são tão legítimas quanto é inevitável seu desejo de atribuí-las aos novos líderes globais. (Ele chama os agentes políticos que defendem os pontos de vista da elite internacional de "grupo de Davos"). O ponto no qual Faux e outros que identificaram essa unidade no alto concordam é o reconhecimento de que algo de novo está acontecendo. Como observou o príncipe Turki Al-Faisal, ex-embaixador saudita nos Estados Unidos, que tem uma educação americana: "Eu acredito que a questão das elites é uma questão histórica. Não é específica desta época. Penso que desde a criação da humanidade, acredite você em Darwin ou na religião revelada, sempre houve uma elite que parecia no comando de um modo ou de outro. Mas agora", disse ele, fazendo uma pausa para reflexão, "agora isso é muito diferente... um tipo diferente de relacionamento. E algo muito importante mas não muito bem compreendido".

O surgimento de uma elite diferente de poder global não foi prevista por Mills cinqüenta anos atrás. Ele ainda estava abalado com o declínio da vida simples das cidades pequenas nos Estados Unidos e preocupado com o fato de que empresas modestas e a agricultura familiar tinham sido superadas em importância pelas grandes empresas e por personagens políticos de influência nacional. Se ele temia que tal concentração de poder não fosse saudável para a democracia americana, podemos imaginar como ele reagiria ao surgimento de uma elite sem um país — uma elite ocupando um campo de jogo global que é, em sua maioria, não controlado por governos ou leis.

Certamente, outros se preocupam com a ascensão desse grupo. Populistas e nacionalistas como Hugo Chávez e Evo Morales na América Latina, Vladimir Putin na Rússia, Mahmoud Ahmadinejad no Irã, ou o austríaco Jörg Haider, o francês Jean-Marie Le Pen ou os americanos Lou Dobbs e Pat Buchanan — todos estão sempre denunciando a ameaça representada por uma conspiração global dos ricos e poderosos que perderam contato com suas pátrias e agem exclusivamente em nome de seus próprios interesses e de sua cobiça. Como essa conspiração internacional carece de laços nacionais, é, portanto, antipatriótica aos olhos dos críticos mais radicais. É uma ameaça à cultura, à tradição e à soberania nacionais. Para essas pessoas, Davos é muito mais que uma conferência de negócios; é um campo inimigo: o local onde os generais da globalização planejam as suas conquistas. Como todas as culturas se esforçaram para produzir uma trama de conceitos de país e de Deus ao longo de milhares de anos, aqueles que olham para além dos países ou identificam um conjunto de interesses que transcendem os de sua nação são vistos quase como blasfemos, ou são associados às forças do mal. Para muitos, a globalização era e é ocidentalização. Pior ainda, é americanização, que por sua vez se relaciona com o sionismo e antigas ameaças de conspiração judaica. É o colapso de fronteiras e barreiras culturais, portanto para alguns ela, de uma forma um tanto irônica, gera a disseminação do islamismo. Para outros, como Dobbs e Buchanan, tem a ver com a latinização dos Estados Unidos e a perda da identidade "anglo-saxônica" americana. Segundo esse ponto de vista, as identidades nacionais estão sitiadas. E para outros no mundo em desenvolvimento, os pronunciamentos do FMI ou da OMC parecem concebidos para proteger os interesses dos ricos e criam o espectro do Imperialismo 2.0, um neocolonialismo supervisionado por vice-reis empresariais no qual a internet homogeneíza os jovens e transforma todo o mundo em uma engrenagem materialista capitalista da máquina global.

Na época de Mills, no auge da luta global entre capitalismo e comunismo, quando a visão de mundo socialista era considerada intelectualmente atraente na academia americana porque representava a forma mais direta de atacar o *establishment*, o estudo das elites era não apenas um imperativo das ciências sociais, fundamental para compreender como a sociedade funcionava. Era também um estudo da relevância de uma idéia central do marxismo, a de classe. Afinal, Marx tinha dito no início do *Manifesto Comunista*:

> A história de todas as classes que até agora existiram é a história das lutas de classe.
>
> Homens livres e escravos, patrícios e plebeus, lordes e servos, mestres de guildas e artífices, em uma palavra, opressor e oprimido, estiveram em constante oposição um ao outro, travando uma luta ininterrupta, hora velada, hora aberta, que todas as vezes terminou ou em uma reconstituição revolucionária da sociedade como um todo ou na destruição de ambas as classes em conflito.
>
> Nos períodos mais antigos da História identificamos quase em toda parte uma complicada organização da sociedade em diversas ordens, uma grande gradação da posição social. Na Roma antiga temos patrícios, cavaleiros, plebeus, escravos; na Idade Média, senhores feudais, vassalos, mestres de ofício, artífices, aprendizes, servos; em quase todas essas classes, outras gradações subordinadas.

Mills vivia em uma sociedade que se distinguia daquela à qual fazia oposição, a soviética, por rejeitar essa idéia de luta de classes, alegando que havia encontrado uma solução para o problema: um caminho para uma sociedade sem classes por meio do capitalismo, dos mercados e especificamente por intermédio da idéia de tratamento igual para todos os cidadãos segundo a lei. Quando Mills olhava ao redor, claro, não via nada parecido com uma sociedade sem classes. Sem dizer isso explicitamente, seu estudo das elites americanas ecoava a crítica marxista clássica: um punhado de famílias controlava os meios de produção, um punhado de líderes políticos e militares controlava as alavancas do poder, e todos eles estavam ligados, algumas vezes informalmente, algumas vezes muito intimamente, mas freqüentemente com o efeito de aumentar seu poder e garantir sua posição — e, implicitamente, produzindo, como conseqüência, o incremento da desigualdade na sociedade.

Em síntese, o estudo feito por Mills sobre as elites dos Estados Unidos em meados do século era tacitamente uma investigação da dinâmica do que estava no cerne do maior dilema do mundo naquele momento: a escolha entre capitalismo e comunismo — entre um sistema que subordinava tudo à vontade do Estado, que era apresentado como um administrador do bem maior, e outro que identificava a vontade do indivíduo como a principal força para o bem em uma sociedade.

Agora as elites de Davos parecem encarnar o surgimento de uma nova tensão, ou, mais adequadamente, de mais uma. Cinqüenta anos após Mills, essas elites globais aparentemente cristalizaram uma tensão entre a idéia de quase quatrocentos anos do Estado-nação como unidade definidora da governança global e a nascente realidade de um mundo no qual as nações não apenas estão perdendo influência, mas também sendo superadas tanto pelas necessidades transnacionais que estão além de seu alcance quanto pelos centros de poder transnacional que estabelecem uma pauta internacionalista ou supranacionalista.

Internacionalista *versus* nacionalista. Globalista *versus* regionalista. Uma batalha não acerca da redistribuição da riqueza, mas acerca da redistribuição de soberania e poder. Mills na verdade tinha visto evidências das primeiras fases dessa dinâmica ainda no contexto da realidade da Guerra Fria quando observou que "dos dois lados da divisão do mundo que passa pela Europa Central e pela periferia da Ásia há uma articulação crescente de estruturas econômicas, militares e políticas". De fato, talvez por intermédio dessa observação ele tenha intuído como as exigências da Guerra Fria tinham ajudado as forças globalizantes — alianças, comércio, relações de infra-estrutura, laços institucionais — entre os grupos dos dois lados do conflito Leste-Oeste.

Mas, mesmo reconhecendo que as elites de hoje são diferentes daquelas estudadas por Mills, várias das questões fundamentais que ele levantou e que atormentavam sua época permanecem válidas. Apesar de afirmações em contrário feitas do final da Guerra Fria, nós não solucionamos as questões fundamentais sobre como organizar nossas sociedades. Não chegamos, como disse Francis Fukuyama, ao "Fim da História" — um consenso ideológico de que a visão ocidental liberal do governo e da vida econômica é a melhor forma de organizar a sociedade. Em nenhum ponto isso é mais claro do que naquele que provocou a divisão entre o capitalismo hegemônico e o marxismo — o da distribuição justa da riqueza. Houve debates polêmicos em Davos em 2007 sobre questões como remuneração de executivos e se é justo que o CEO americano médio ganhe entre 350 e quatrocentas vezes mais do que a média dos seus empregados. Outros abordaram, com a melhor das intenções, mas também com um subtexto irônico, o sofrimento dos pobres do mundo enquanto salas lotadas com os mais privilegiados do planeta refletiam sobre o destino de 3 bilhões de pessoas que vivem com menos de dois dólares por dia. A distância aumenta, e alguns consideram que a globalização segue em velocidades diferentes — oferecendo vantagens aceleradas a alguns, enquanto outros ouvem que devem esperar, esperar que o processo beneficie seus filhos, ou os filhos dos seus filhos.

Claro que os conflitos entre as elites do mundo e o restante das pessoas não são a única razão pela qual tais grupos são interessantes. Compreender quem está no topo da ordem social é fundamental quando se quer compreender o poder, conquistá-lo ou se opor a ele. Também é irresistivelmente interessante apenas descobrir aqueles entre nós que são os de maior sucesso e os mais poderosos, e como suas vidas são diferentes da nossa. Não foi apenas o desespero do sitiado Ricardo II de Shakespeare que o levou a dizer: "Pela graça de Deus, nos permita sentar no chão e contar histórias tristes das mortes de reis." Sempre tivemos um carinho especial por histórias de reis. A História em si é a história daqueles com mais — mais a perder, mais a ganhar, mais poder e mais encanto.

As elites são os mestres de suas épocas, mas também são metáforas para elas. Elas exemplificam o que é valorizado, como se consegue sucesso e como o poder é acumulado e exercido. Elas também refletem as falhas que toleramos naqueles que estão no alto e que falhas consideramos intoleráveis. De fato, as elites revelam como vemos nossas próprias sociedades, e ao longo da história criamos mitologias sofisticadas para justificar e preservar os sistemas que elas criaram ou que comandam. Durante milênios considerou-se que o poder era fruto, por um lado, dos céus, e, por outro, da propriedade da terra. Essas crenças deram vez à admissão da meritocracia — da ética protestante de Weber e do apelo de transição da pobreza à riqueza feito pelo escritor americano do século XIX Horatio Alger. O que a multidão em Davos tem a dizer sobre nossa própria época? Sobre aquilo em que ela é diferente das épocas anteriores? Sobre quais mudanças ainda estão por vir? Qual é sua atual mitologia? E o que ela diz a respeito do resto de nós?

Após passar algum tempo jogando conversa fora e restaurando a temperatura do meu corpo no centro de reuniões, segui para meu encontro de final de tarde. O Kongress Hotel, aonde fui para me encontrar com Coelho, é um dos melhores lugares onde se hospedar para quem participa do encontro anual do Fórum Econômico Mundial. Ele certamente é despretensioso. Isso não é surpreendente em Davos, onde, fora o tradicional estilo "grande hotel" da Belvedere, onde se hospeda a maioria dos grandes líderes empresariais e de governo, praticamente todos os hotéis se parecem com o tipo de lugar modesto que você esperaria em uma estação de esqui européia de nível médio. Conseqüentemente, Davos impõe uma certa humildade circunstancial aos grandes do mundo ou, no caso dos piores hotéis, até mesmo humilhação. Um alto funcionário latino-americano se queixou de ter sido instalado em uma cabana de esquiador no alto de uma montanha, onde ele precisava de um bondinho e uma viagem de ônibus para chegar, 45 minutos depois, ao Centro de Conferências. Um muito importante presidente de uma ONG americana foi hospedado em um hotel de uma estrela e meia que ficava praticamente em Klosters, a cidade seguinte descendo a estrada. Algumas pessoas se rebelam e vão para Davos saindo de Zurique, a três horas de distância, ou, como fez um xeque do Golfo Pérsico, chegam de helicóptero de instalações melhores em outros locais. Eu e minha esposa, dadas nossas acomodações menos que luxuosas, tentamos imaginar que estávamos em contato com as raízes de Davos como destino para um spa de tratamento — literalmente o lugar sobre o qual Thomas Mann escreveu em *A montanha mágica*.

Mann, claro, não tinha idéia de quão mágica a montanha iria se tornar. Passando pelo detector de metais no meio do rebuliço do saguão do Kongress Hotel, isso ficou novamente claro. Um pequeno cardume de mulheres usando minks e todos os tipos de jóias de bom gosto deslizava, parecendo levemente predadoras e francamente assustadoras. Atrás delas vinham seus maridos, um grupo de senadores dos Estados Unidos que incluía John McCain, do Arizona. Na pequena sala de estar, um grupo de membros do governo brasileiro tinha isolado uma área esperando a iminente chegada do presidente do Brasil, Luiz Inácio Lula da Silva, quase certamente o único participante de Davos naquele ano a ter apenas ensino fundamental. Perto de onde eu estava, no salão, estava sendo travada uma animada discussão sobre uma grande campanha de arrecadação de fundos para uma ONG da área de saúde que realizava trabalhos na África. (A África foi o tema de Davos nos dois últimos anos graças a militantes de alto nível como Bono, o inteligente compromisso de "melhorar o mundo" de Klaus Schwab e a presença de gente como Angelina Jolie — embora não houvesse muitos líderes empresariais ou de governo africanos participando.)

Eu pedi uma Coca diet e fiquei escutando enquanto aguardava a chegada de Coelho. Duas pessoas de uma ONG conversavam com o que aparentemente era um doador em potencial, tentando conseguir um financiamento. Uma delas mencionou uma doação que o grupo do benfeitor tinha feito durante o encontro mais recente da Iniciativa Global de Clinton (CGI, na sigla em inglês), um semelhante fórum de alto nível organizado em Nova York pelo ex-presidente para conseguir apoio para importantes causas internacionais. O CGI claramente tinha descoberto aquilo que muito consideravam uma tendência "quente" do momento: filantropia. Cerca de 7 bilhões de dólares tinham sido empenhados no evento de Clinton, dedicado a projetos específicos voltados principalmente para a saúde global, redução da pobreza e educação.

De fato, na era de doações recorde para a filantropia (como os 31 bilhões de dólares dados por Warren Buffett à Fundação Gates), sente-se que um dos principais temas que a elite global está interessada em discutir — ou ser vista discutindo? — é sua própria generosidade. O surto de caridade é uma coisa boa. Mas por que está acontecendo agora? Isso pode estar relacionado ao ciclo dos negócios. Milionários da internet e dos fundos de *hedge* que envelhecem, por exemplo, buscam ser mais generosos na esperança de deixar um legado. Também pode estar associado à cíclica ascensão e queda das elites. Elites de uma época conhecida por um aumento da desigualdade de tirar o fôlego podem buscar um controle de danos antes da decadência inevitável.

O falecido crítico social americano do século XIX Thorstein Veblen teria identificado esse desdobramento. O homem que cunhou a expressão "consumo conspícuo" para explicar aquilo em que os ricos gastam seu dinheiro — ostentação — provavelmente veria pelo menos um elemento disso como um retalho do mesmo tecido. Ele provavelmente apontaria que, apesar de todo o bem que é feito pela CGI e por Davos, o espírito da época, ou pelo menos dos eventos, também leva pelo menos algumas das elites do mundo a usar "consciência conspícua" do mesmo modo como poderiam usar novos Rolex.

Coelho apareceu na hora marcada e sentou-se à nossa pequena mesa. Ele não poderia ser confundido com um dos CEOs ou senadores no salão, tendo deliberadamente adotado um visual boêmio, com um brilhante cachecol laranja enrolado no pescoço, os cabelos grisalhos cortados bem curtos, com exceção de um pequeno retângulo de fios um pouco mais longos na base do pescoço que pareciam um contraponto posterior a seu cavanhaque. Ex-letrista de importantes compositores brasileiros e ex-hippie, ele é de outra época e lugar em muitos sentidos. Era tão relaxado e aparentemente sincero que o nova-iorquino em mim começou supondo que a sua sinceridade era uma espécie de afetação, mas após apenas alguns minutos de conversa eu fiquei com a sensação de que ele realmente era quem parecia ser. Nesse sentido ele tinha algo em comum com os altos executivos e líderes de governo no salão, cujo sucesso não os obrigava a provar nada. Da mesma forma com Coelho, um dos mais populares escritores da história: quando você tem mais de 100 milhões de livros impressos e governos nacionais e organizações de destaque oferecem a você placas, medalhas e outros símbolos de status profissional, você certamente não tem de se justificar ao mundo como um dia precisou.

Então, como o hippie que participou dos dez últimos encontros em Davos vê o funcionamento interno do sistema? Será que ele se identifica com os outros membros em função de seu sucesso e influência? Ou se sente um estrangeiro, um antropólogo visitando a aldeia dos ultrapoderosos? Como o alegorista vê aquele grupo que define a estrutura de poder emergente de nossa época?

De um modo que não surpreenderia ninguém que tenha lido algum dos trabalhos de Coelho, ele começou a descrever Davos em termos de sua mitologia. Ele disse: "O mito clássico acerca de Davos é o de que eles estão aqui para dividir o bolo, pegar seu pedaço. Mas não é a minha opinião.

"Acho que há dois níveis em Davos, hoje mais do que nunca, porque tenho vindo aqui há dez anos. Um é o plano dos negócios. Eu não o compreendo plenamente. Mas eles realmente têm dinheiro. Têm poder. É parte de sua razão para vir. Mas há um outro plano, um segundo plano, que é o plano humano. E essa é uma parcela cada vez maior do encontro. Ele cria uma espécie de autoconsciência construtiva. Quem é você? Qual é sua identidade? Você é a sua empresa? Você é o seu país? Você é alguma outra coisa? Você é você mesmo? E como você funde ser você mesmo e ser o que você faz? Isso, no final das contas, permite que passemos das discussões políticas, das discussões empresariais, para aquilo em que realmente acreditamos como seres humanos. Isso permite que as pessoas conheçam cada vez mais o lado humano. Então, sim, nós temos uma reunião da elite. Mas não para controlar o mundo, e sim para ver um ao outro."

Sociólogos como Mills e Weber observariam que é precisamente essa interação humana que integra mais profundamente o grupo, transformando-o de uma reunião fortuita de pares em algo maior. A interação humana leva a uma comunhão de interesses que é capaz, por intermédio de conhecimento e relacionamentos partilhados, de administrar e coordenar subconjuntos do grupo para atingir os objetivos desejados. Quando pressionado quanto a isso, Coelho fica um pouco desconfortável. Ele talvez hesite por participar de diversos conselhos e comitês ligados ao fórum e queira descartar as críticas dos antiglobalistas e teóricos da conspiração. Como um verdadeiro membro de Davos, ele quer sugerir que na verdade não há um sistema, apenas indivíduos se relacionando uns com os outros.

Ele argumenta que, sendo um humanista, olha além da fachada de sistemas, vendo um mundo de relacionamentos basicamente como qualquer outro. Dá como exemplo a história de um encontro com Bill Clinton no último ano de seu mandato. Coelho era um dos vinte convidados para um encontro com o presidente, e chegou na hora marcada em uma sala de conferências, na qual permaneceu de pé sozinho, na periferia de um grupo de pessoas aparentemente importantes. As pessoas de fato eram tão importantes que o sistema deveria mantê-lo, apenas um escritor do Brasil, inteiramente afastado de um encontro como aquele. Ele se sentiu humilhado por estar sendo tão ignorado e deslocado.

Mas quando Clinton entrou no salão, perguntou: "Qual de vocês é Paulo Coelho?" Na narrativa de Coelho, ele disse: "'Sou eu, sr. Presidente'. Então todo mundo olhou para mim; olharam, eu sorri, e de repente me tornei amigo de todos eles, sabe? E Clinton se aproximou de mim e disse: 'Olá, como está? Eu realmente queria conhecê-lo, porque li seu livro, minha filha me obrigou a ler...' Então começamos a conversar sobre as coisas mais surrealistas, e as pessoas ao redor de nós querendo falar apenas sobre o sistema, e como iriam controlá-lo e 'qual é o próximo passo, sr. Presidente', e blablablá. Mas acabaram ali de pé, escutando a mim e a Clinton conversarmos sobre *jet lag*, e depois me tratando de uma forma completamente diferente. Eu era um deles."

Ele contou a história para ilustrar a flexibilidade do sistema, e certamente esse é um fragmento significativo de como essa elite difere das elites aristocráticas passadas. Ali estava um brasileiro, ex-letrista hippie que tinha fracassado em uma tentativa de se tornar padre, conhecendo o filho de uma família de classe média separada do Arkansas: dois indivíduos unidos por suas realizações no cume do mundo, com um laço e um idioma comum, com influências um sobre o outro e sobre milhões além deles. Mas na verdade a história também ilustra o impacto ampliado da interação da elite, lembrando a famosa história do jovem que no século XIX vai ao pregão da Bolsa de Valores de Nova York para encontrar J.P. Morgan e pedir a ele um empréstimo. Morgan avalia o pedido e então diz: "Deixe-me oferecer a você algo igualmente valioso." E coloca seu braço ao redor do camarada e caminha pelo pregão conversando com ele, dessa forma enviando a mensagem de que o jovem tinha boas relações. A questão é que o simples fato da existência do status cria um sistema no qual aqueles que têm status podem transferi-lo para quem está ao seu redor e determinar quem é elevado e quem não é. O poder pode ser dado por livre escolha.

O raciocínio de Coelho se desenvolvia um pouco como um vento na baía, mudando de acordo com as nuvens passageiras e o momento do dia. Ele tomou seu café e depois contou outra história. Disse gostar de tiro com arco, e que costuma praticar em uma área montanhosa perto de sua casa no interior da França. Certo dia, enquanto praticava, ele foi abordado por um soldado que passava, vindo de uma base militar próxima. O soldado sorriu quando soube quem Coelho era, e começou a contar ao famoso autor de livros de motivação uma experiência recente pela qual passara ao falar em uma escola local. "Fui falar para um grupo de alunos", disse, "e decidi perguntar o que eles gostariam de saber. Eles então fizeram uma lista de perguntas e, sinceramente, não sei como responder a essas perguntas, por isso estou tão contente em ter deparado com você aqui na montanha. Talvez você possa me ajudar". Coelho, curioso, se ofereceu para ajudar e perguntou quais eram as questões. O oficial retrucou: "Deus existe? O que acontece depois da morte? Há vida fora do planeta Terra? Por que as pessoas odeiam umas às outras? Coisas assim. Questões filosóficas que você faz quando criança e que ainda temos quando adultos."

Coelho explicou seu ponto: queremos acreditar em um sistema. Queremos acreditar em um poder superior. Caos e acaso tornam a vida muito ameaçadora, difícil demais de compreender, fácil demais de ver como não tendo sentido. Assim, como seres humanos, nós buscamos ordem no universo. Enquanto ele falava, eu ouvi mais ecos do que Mills escreveu enquanto refletia sobre por que as pessoas viam a questão da existência das elites de formas diferentes:

> A visão de que tudo é ser arrastado às cegas é basicamente uma projeção fatalista do medo que cada um tem da própria sensação de impotência e, talvez, se a pessoa teve um dia uma atuação política, de uma forma honrada, um lenitivo para a culpa.

> A visão de que toda a História se deve à conspiração de um conjunto facilmente identificável de vilões, ou de heróis, é também uma projeção apressada do difícil esforço de compreender como mudanças na estrutura da sociedade abrem oportunidades para várias elites e como várias elites tiram vantagem ou não conseguem tirar vantagem delas.
>
> Aceitar qualquer dessas visões — de toda a História como conspiração ou de toda a história como ser arrastado — é abandonar o esforço de compreender os fatos do poder e as ações dos poderosos.

Para muitos, como Coelho, a ordem é fruto de uma crença em Deus e em um plano divino. Outros, por não estarem certos quanto a poderes sobrenaturais superiores, ou por buscarem suplantá-los, encontram algum consolo na idéia de que há alguém encarregado aqui na Terra. De fato, aceitamos o poder dos outros porque isso traz junto ordem, sugere que não somos nuvens aleatórias de partículas subatômicas surgindo e esbarrando umas nas outras e desaparecendo sem explicação. Em épocas de grandes mudanças e incerteza, como a época de transformação pela qual estamos passando enquanto ingressamos na era global, há uma necessidade ainda maior de buscar essa ordem. Essa necessidade fundamental beneficiou indivíduos ambiciosos ao longo de toda a história humana, com essas pessoas traduzindo isso em aceitação de seu poder em nome da ordem e da liderança.

***

Quando o encontro com Coelho terminou, o presidente do Brasil se aproximou e cumprimentou calorosamente o mais famoso escritor do seu país. Todos conversamos rapidamente, e no contexto daquele salão, e de Davos como um todo, a conversa chamou pouca atenção, porque havia muitas bastante parecidas acontecendo por toda parte.

Eu fiquei de pé ali, em nosso pequeno canto daquele hotel muito modesto naquele canto fora isso muito comum da Suíça, e foi difícil não sentir que aquela comunidade de líderes realmente fazia parte de algo excepcionalmente importante e diferente na história do mundo. O surgimento dela representou um divisor de águas no modo como o poder era distribuído entre indivíduos e entre nações, e era fundamental compreender isso, porque estava diretamente ligado ao destino de todos os homens e mulheres do planeta. Atacados por alguns, temidos por outros, apenas vagamente compreendidos mesmo por seus próprios membros, havia ao redor de mim membros de uma nova elite que superava, em poder, recursos e especialmente influência global, todas as outras elites, todos os reis, imperadores e magnatas da indústria que vieram antes dela.

Eles são a superclasse, a elite do poder global que está modificando o planeta. O objetivo deste livro é compreendê-los melhor, sua influência, as tendências que os moldam e as conseqüências de sua existência para todos nós.

CAPÍTULO 1

Um em um milhão: conheça a superclasse

> Todos somos insetos, mas eu acredito que sou um vaga-lume.
>
> Winston Churchill

Eles são chamados de aviões "verdes". Têm esse nome não porque respeitem mais o meio ambiente ou por serem novos e não testados. Eles são realmente verdes, uma cor limão-claro, ainda não pintados ou ajustados às especificações finais de seus futuros proprietários. Todos os dias há quatro ou cinco deles parados em duas filas, um atrás do outro, na principal linha de montagem da sede da Gulfstream Aerospace, em Savannah, Geórgia.

Enquanto eu caminhava pelo hangar cavernoso com Bryan Moss, na época presidente da Gulfstream, não havia como não perceber o orgulho dos operários. A Gulfstream emprega 5 mil pessoas na Geórgia, a maioria delas em sua unidade principal, perto do aeroporto internacional de Savannah. Quando passamos, os operários param de rebitar ou instalar os quilômetros de fios que percorrem a aeronave da Gulfstream para brincar com Moss, sorrir e acenar. Alguns são especialmente entusiásticos quando me confundem com o proprietário de uma equipe da Nascar, Rick Hendrick, da Hendrick Motorsports, que faria uma visita naquela mesma tarde.

A Gulfstream, uma divisão da General Dynamics, fornecedora do Departamento de Defesa dos Estados Unidos, é especializada em jatos executivos. Ela oferece uma linha de aviões que vão desde as aeronaves de porte médio G150 e G200 até as estrelas da aviação executiva, o G500 e o G550. O G550 pode voar aproximadamente 11 mil quilômetros — a distância de Nova York a Tóquio — transportando oito passageiros com o máximo de luxo: poltronas reclináveis em couro, revestimento em madeira envernizada, cozinha e bar bem equipados, diversão e sistemas de comunicação de alta tecnologia e uma ou mais camas. O preço por tal opulência? Mais de 45 milhões de dólares.

Mas as cerca de oitenta pessoas e organizações que comprarem aviões Gulfstream este ano não estarão simplesmente comprando o Rolls-Royce da indústria aeronáutica. (Por acaso, um dos G5 que eu visitei naquele dia está destinado a ser usado pelos grandes administradores da Rolls-Royce Company.) Esses clientes estão crescentemente procurando algo mais — mais segurança, mais privacidade, mais flexibilidade em suas agendas de viagem e melhor retorno do seu investimento no tempo que cada viagem toma. Eles talvez sejam seduzidos pela aviônica avançada que dá aos pilotos de Gulfstream mais ferramentas, mais informação, mais tecnologia disponível do que aos pilotos dos mais avançados aviões comerciais. Por exemplo: um avião novo sai equipado com o Sistema de Visão Ampliada Gulfstream, que dá aos pilotos a capacidade de "ver" à noite e em condições de baixa visibilidade superpondo símbolos e imagens em infravermelho às imagens que os pilotos vêm opticamente. Logo isso será superado por sistemas que realmente oferecem visão "sintética", basicamente um sistema que completa aquilo que você não consegue ver com aquilo que o computador "sabe" que está ali — montanhas, por exemplo, ou torres de rádio e estradas.

Não é o tipo de luxo que o público imagina quando pensa em CEOs e celebridades disparando de um canto ao outro do planeta a 41 mil pés de altitude e comendo bolinhos de creme ou pratos de sushi recém-preparado. Mas em um mundo em que a aviação comercial é marcada por estresse, atrasos e uma série de riscos à segurança, cada vez mais aqueles que podem optar pelo avião particular passam a vê-lo não como um luxo exagerado, mas como uma ferramenta de administração de riscos — uma necessidade na era global.

Como Moss diz: "Atendemos a uma parcela muito, muito pequena das pessoas deste planeta. Elas têm necessidades muito específicas, exigem certas capacidades, e para que elas façam aquilo que acreditam ter de fazer, ir aos lugares que precisam ir, ver as pessoas que precisam ver, tomar as decisões que influenciam o modo como os investimentos são feitos no momento e no lugar onde devem ser feitos — esse grupo de pessoas cada vez se concentra mais em produtividade e mobilidade global, e esse é o nosso negócio."

Enquanto ele fala, um dos operários experientes da linha de montagem, um homem alto mais velho, usando camiseta branca e óculos de proteção, emerge da cauda de um avião e sai para apertar a mão de Moss e discutir o cronograma de produção. Outros se juntam a ele, e a conversa é objetiva e amigável. Não há dúvida de que os trabalhadores de Savannah, Geórgia, não se ressentem do sucesso da Gulfstream. Eles constroem aviões que saem da fábrica e literalmente ascendem a um nível da sociedade de que eles nunca irão desfrutar, mas o fazem com evidente orgulho, e talvez uma sensação de que são os beneficiários da globalização, comprovando a qualidade dos trabalhadores americanos e permitindo a eles desfrutar dos muitos benefícios da vida de classe média no Sul dos Estados Unidos.

Outra operária, uma mulher baixa com inconfundível sotaque da Geórgia, se aproxima para dizer a Moss como estava feliz por ter ganhado da empresa dois ingressos para uma corrida da Nascar. Como a Nascar se tornou o esporte com maior número de espectadores nos Estados Unidos e como muitos de seus pilotos e patrocinadores se tornaram donos de Gulftreams, a fabricante de aeronaves tem se dedicado cada vez mais a ser parte desse mundo, um mundo que há muito faz parte da vida dos operários que constroem os próprios aviões.

A mulher da linha de montagem e Moss brincam sobre a corrida, e depois ela e os outros operários que tinham se reunido ao redor de nós retornam às suas obrigações. Moss e eu nos encaminhamos para uma área ampla do hangar onde dois G450 e dois G550 estão sendo finalizados — agora reconhecíveis como aviões concluídos, com linhas compridas e graciosas, grandes janelas ovais e pontas das asas voltadas para cima.

Não há hoje no mundo da elite global um símbolo que supere o jato Gulfstream. Há apenas 1.500 deles em operação. Apenas os mais privilegiados os possuem ou desfrutam dos benefícios que eles oferecem. Oitenta por cento deles são vendidos para empresas de ponta que podem pagar o valor estimado por Moss entre 1,25 e 1,5 milhão de dólares de custo de manutenção de um avião em operação 500 horas por ano. Apenas 5% são vendidos para indivíduos, com o restante destinado a líderes de governo e "missões especiais", como aviões para transporte militar ou missões de evacuação médica. Internamente, a Gulfstream considera que o comprador potencial é uma empresa com lucro acima de 1 bilhão de dólares ou um indivíduo com patrimônio financeiro superior a 25 milhões de dólares. Mas a maioria dos compradores supera facilmente esses limites.

Quando o jatinho "padrão" não é suficiente, há um pequeno mas crescente número de jatos em operação — grandes aviões de passageiros como o Boeing

737 e o Airbus 320 que foram transformados de jatos comerciais em particulares. Até mesmo modelos maiores estão entrando no mercado, como o 767 usado que os pechincheiros do Google Larry Page e Sergey Brin compraram por apenas 25 milhões de dólares. Hoje a Boeing começou a receber encomendas para versões particulares de seu novo 787 *wide-body* — o "*Dreamliner*" — e para a próxima versão do 747, a série 8. Também a Airbus fez alguns negócios com aeronaves particulares superespeciais, principalmente as versões especiais do Airbus 380 de dois andares, compradas basicamente por clientes do Oriente Médio para uso pessoal. Cada um desses aviões gigantescos tem preço-base de 300 milhões de dólares, mais outros 100 milhões ou mais pela personalização.

Esses megajatos, contudo, são anomalias no mundo da aviação particular, aparentemente produzidas por algum mal-funcionamento na região do cérebro que regula o desejo de fantasia. Certamente alguns desses jatos são para chefes de Estado que precisam de transporte seguro onde e sempre que haja necessidade diplomática. Mas muitos também têm salas de jogos, várias salas de jantar e até mesmo banheiras com hidromassagem.

No que diz respeito à maioria dos jatos além do máximo, claro, necessidade não é a questão. Ou, talvez mais precisamente, a questão é um diferente tipo de necessidade, fruto não da exigência, mas da compulsão. Indivíduos absolutamente racionais, bem-sucedidos além da imaginação, ficam muito animados quando discutem as justificativas para personalizar seus G5 não em Savannah (melhor para necessidades puramente empresariais), mas em Long Beach, Califórnia (reconhecidamente melhor para as necessidades especiais das pessoas físicas ricas); eles falam com conhecimento sobre onde encontrar determinada máquina de cappuccino, sistemas de entretenimento avançados ou estofamento especial para o interior do avião. Para alguns, esses aviões são meios de avaliar uma vida. Enquanto a maioria de nós talvez avalie nossas vidas, assim como J. Alfred Prufrock, em colheres de café, há alguns poucos que as avaliam em aeronaves de alto desempenho que podem levá-los de Hong Kong à Cidade do Cabo em 12 horas.

Porém, as formas mais radicais de excessos na aviação privada são exceção ao padrão da Gulfstream, que normalmente vê a tarefa de personalização basicamente do mesmo modo que um alfaiate de Savile Row. A maioria desses aviões é individualizada, mas sutilmente — tão sutilmente que mesmo seu exterior, os padrões nos quais a fuselagem é pintada, só varia levemente. Talvez, digamos, a diferença entre o terno cinza riscado no guarda-roupas do banqueiro e o azul-marinho. Diz Moss: "Algumas vezes um indivíduo traz um *designer* de fora para trabalhar, e ele acaba com uma obra de arte, uma luminária específica ou algo assim naquele avião, mas para nós de fato não há nada escandaloso." Os CEOs, preocupados com o que os acionistas possam pensar de suas compras, tentam simplificar o avião e tratá-lo como se fosse apenas equipamento de escritório necessário — como BlackBerrys muito grandes que por acaso também voam e oferecem filé mignon. Além disso, para a maioria dos altos executivos do mundo e as pessoas ricas, há razões práticas e de segurança para não chamar muita atenção para si. O avião do exuberante magnata americano do mercado imobiliário Donald Trump tem seu nome pintado na lateral, mas é uma anomalia, e talvez não muito surpreendente.

Moss observa que a reputação da Gulfstream como o *nec plus ultra* dos assessórios da liderança global é cada vez mais internacional. Se tradicionalmente apenas cerca de um quarto dos aviões era vendido para o exterior, hoje o número se aproxima de 40% e cresce rapidamente. Em um recente encontro de Davos, Moss disse que por acaso acabou "penetrando" em um jantar oferecido pelo então presidente da Nigéria, Olusegun Obasanjo. Ele se apresentou, e quando disse que era da Gulfstream Obasanjo "agarrou minha mão assim [ele agarra minha mão] — ele é um homem grande — e depois, sabe, eu não caio de joelhos, mas fico curvado para cima durante vinte minutos ouvindo-o falar sobre como era um grande avião e como o adorava. O jantar inteiro simplesmente parou. Ele foi muito entusiástico".

Davos é um dos encontros de clientes e potenciais clientes que acontecem ao redor do mundo que Moss diz "não perder". Isso não surpreende quando se pensa que, segundo os registros da própria Gulfstream, Davos é o acontecimento anual que reúne o maior percentual de sua base de clientes. Em um ano normal, quase 10% de todos os clientes da Gulfstream — entre 140 e 150 jatos e seus donos — voam para o aeroporto internacional de Zurique, depositam seus convidados no terminal de passageiros e então esperam por eles enquanto eles seguem de limusine montanha acima e voltam.

Os jatos da Gulfstream também se reúnem em grandes eventos esportivos internacionais. Cento e vinte aeronaves pousaram na Alemanha para a Copa do Mundo de Futebol de 2006, por exemplo. Você poderia encontrar quase o mesmo número no aeroporto de Mônaco na época do Grande Prêmio. O Salão do Automóvel de Genebra e o Superbowl são outros grandes destinos, assim como os Jogos

Olímpicos de Inverno e o campeonato de golfe Ryder Cup. Você também encontrará uma grande concentração desses aviões no pequeno aeroporto americano de Sun Valley, Idaho, onde Allen & Company realiza um encontro anual para líderes da indústria de comunicações. Ou no aeroporto da ilha Hainam, onde acontece o Fórum Boao chinês.

Registros de aeroportos oferecem um claro indicador de convergência de poderosos: imagens de satélite de grupos de G5 e Falcons na pista funcionam como um sinal de atividade econômica que raramente aparece nos jornais mas que diz muito a respeito de mercados e poder em um mundo em rápida modificação — e sobre as rotas das caravanas aerotransportadas que ligam o comércio global em um tráfico de influência que está no cerne desses mercados e é a fonte de boa parte desse poder.

Para aqueles que viajam em jatos particulares, a globalização não é um conceito abstrato, e sim uma realidade cotidiana. Cruzar oceanos ou continentes é pouco mais que fazer um interurbano. É comum a ponto de se tornar rotineiro, e normalmente é um prazer, não um problema. Quando esses poucos — aqueles que consideram a primeira classe um rebaixamento — chegam ao terminal do aeroporto, não esperam em filas. Não são maltratados por funcionários grosseiros das empresas ou da segurança nem perdem tempo com uma seqüência interminável de circunstâncias fora de seu controle. Malas são levadas para a aeronave. Preparativos de chegada são feitos por pessoal especial. E em instantes, sem precisar passar pela segurança, com menos dificuldade que a que há hoje para entrar em um edifício comercial, são transportados pelo ar em rotas que eles determinam, com cardápios preparados segundo suas necessidades e desejos. Se eles não gostam de turbulência, orientam os pilotos a contorná-la. Se precisam fazer negócios, a maioria dessas aeronaves tem conexões de internet de alta velocidade e telefone por satélite. Elas nunca precisam deixar o "escritório" — ou suas zonas de conforto — enquanto contornam o planeta.

É importante destacar isso não apenas porque seja estranho à maioria de nós, ou tão atraente; também é significativo porque para os CEOs, chefes de Estado, bilionários e executivos do mercado financeiro para os quais a viagem em jatos particulares se tornou um modo de vida, isso muda a visão que têm do mundo. "A distância é apenas uma postura", foi como um veterano executivo de imprensa descreveu isso. As barreiras foram levantadas. Desse ponto de vista, o mundo encolhe. Conhecidos que vivem em lados opostos do mundo têm facilidade de acesso uns aos outros, e os círculos de amigos e colegas se tornam geograficamente mais diversificados.

Há 6 bilhões de pessoas no mundo. Para metade delas — os 3 bilhões que vivem com menos de dois dólares por dia —, viajar para além da própria aldeia uma vez na vida é improvável, ou pelo menos raro. Mas para um pequeno punhado, talvez não mais de 10 mil, qualquer lugar, qualquer momento é a realidade. Para elas, as platitudes sobre a globalização são verdades confirmadas em sua existência cotidiana. As fronteiras desapareceram e o mundo realmente é uma comunidade global.

No meio dessa pequena comunidade você irá encontrar muitos membros da superclasse do mundo. Esse grupo emergente ao mesmo tempo molda a globalização mais do que qualquer outro grupo e é mais moldado por ela do que qualquer outro grupo. Assim, ele é um grupo de teste para o impacto do "mundo sem fronteiras" em evolução, ao mesmo tempo oferecendo um vislumbre de como ele provavelmente irá se desenvolver. Devemos estudar atentamente os membros dessa comunidade, suas ambições e suas fraquezas, e as reações de outros com objetivos distintos dos deles. Devemos examinar com atenção porque provavelmente veremos indícios das fissuras e das mudanças tectônicas que irão reconstruir o mundo de várias formas durante nossa vida e as vidas de nossos filhos e netos.

Um em um milhão

Por mais incomuns — por definição — que sejam eles, todos estamos acostumados aos extraordinários entre nós.

Em quase todos os empreendimentos humanos, graus de talento e realização raramente têm um aumento leve e suave. Nos esportes, por exemplo, os níveis de desempenho são mais como os níveis quânticos de um átomo, representando substanciais saltos geométricos na capacidade. A distância entre o amador médio e os amadores de alto nível — entre o tenista de fim de semana e o jogador do torneio universitário, por exemplo — é enorme. A distância entre os amadores de alto nível e os profissionais medianos também costuma ser muito grande. A distância entre os profissionais medianos e aqueles que praticam um esporte em alto nível um ano após o outro é, mais uma vez, exponencialmente maior. E, finalmente, o mais impressionante, há um abismo separando os dez ou vinte maiores em qualquer esporte e aquele melhor dos melhores de uma geração que surge uma vez ou outra na história. Em meio a milhões de atletas dedicados, talentosos e entusiasmados, alguns poucos impressionantemente dotados se destacam: os Michael Jordans e Pelés do mundo. O modelo se repete do esporte a outros empreendimentos humanos, da arte à literatura, da política aos negócios. Tolstoi e Dickens, Rothschild e Rockefeller, Mao e Mandela. Esses são aqueles poucos que definem o rumo de suas profissões e suas épocas. Eles são imitados, se tornam modelos e freqüentemente funcionam como motores ou estímulo para mudanças. Em todas as épocas, em todas as áreas, há um punhado de profissionais como esses indivíduos no ponto mais alto de suas atividades — alguns bem conhecidos, outros invisíveis — que dominam o mundo ao seu redor.

Os mercados refletem e fortalecem essa estrutura quântica da sociedade no sentido em que recompensam os indivíduos. Das centenas de milhões de pessoas do mundo que praticam um esporte, por exemplo, apenas alguns milhares podem ganhar a vida com isso. Estudando os salários de jogadores profissionais de beisebol, futebol americano e basquete nos Estados Unidos, dois professores da Universidade de Chicago, Steven Kaplan e Joshua Rauh, descobriram uma impressionante disparidade: em 1995 havia 1.259 atletas que ganhavam mais de 500 mil dólares por ano, e apenas 37 que ganhavam mais de 5 milhões por ano (talvez um número surpreendentemente pequeno considerando-se as manchetes que esses salários geram). Mesmo levando-se em conta a inflação das remunerações que afetou os níveis mais altos de todas as atividades humanas na última década, a distância continua a ser marcante, e resiste até hoje. Em 2004, o número daqueles que faturam meio milhão de dólares aumentou para pouco mais de 2 mil, e o número dos que faturam mais de 5 milhões de dólares passou a ser 369 — uma parcela ínfima levando-se em conta que esses atletas saem de um coletivo de talentos composto de centenas de milhões. Cada um desses quadros superiores é literalmente um em um milhão, talvez ainda mais elite que isso. Claro que alguns atletas de alto nível são recompensados por outras qualidades — apelo popular, por exemplo, ou como ficam em um saiote de tênis. Mas é inquestionável que gente como Roger Federer ou Tiger Woods — aquelas grandes exceções com habilidades realmente excepcionais — merece ser remunerada em um nível distinto quando domina de tal forma um esporte e atrai para ele muito mais interesse popular do que qualquer outro atleta.

Essa intensiva concentração de reconhecimento e recompensa também é padrão no nível mais alto de outros setores, freqüentemente exemplificado pelos níveis de remuneração. Isso não acontece em todas as áreas, claro; na verdade a sociedade moderna apresenta profundos defeitos no fato de que os melhores professores, médicos e outros profissionais que contribuem para o conhecimento humano não têm os mesmos incentivos que aqueles em outras áreas.

Ainda assim, naqueles setores em que a remuneração está mais diretamente relacionada ao valor identificado se repete o padrão de alguns poucos superarem muitos — e mesmo dos muito poucos superarem até os muito bons. Em 1981, o professor da Universidade de Chicago Sherwin Rosen escreveu um trabalho fundamental sobre o tema, intitulado "The Economics of Superstars", no qual observa que "certas atividades econômicas admitem concentrações extremas tanto de recompensa pessoal quanto de fatia de mercado em um punhado de participantes". Desde então essa tendência foi reforçada pelos avanços tecnológicos que ampliam a visibilidade dos superastros e a capacidade de aproveitar suas vantagens.

O ex-secretário do Tesouro dos Estados Unidos e ex-reitor da Universidade Harvard Lawrence Summers explicou isso da seguinte forma: "Um dia, digamos há 75 anos, se você fosse o melhor concertista de piano do mundo e eu também fosse um bom pianista, poderíamos estar ganhando mais ou menos o mesmo por ano, porque éramos remunerados tocando nas principais salas de espetáculo. Havia um circuito, e havia espaço e demanda para que um grupo de nós se apresentasse em determinadas cidades em certos momentos. Hoje, porém, o dinheiro de verdade é ganho com gravações, e se eu sou uma gravadora, em quem irei investir para contratar, produzir e comercializar? No pianista número 1 ou no pianista número 15? E se você é o consumidor, por que não comprar as melhores gravações do melhor pianista? Assim, no nível mais alto, a tecnologia ajudou os superastros a terem um desempenho anda melhor que no passado. O mesmo vale para administradores de recursos ou outras pessoas que têm uma habilidade ou qualidade única associada às suas reputações." Por exemplo: um economista observou que o Citibank pagou ao antecessor de Summers, o secretário do Tesouro Bob Rubin, aproximadamente 20 milhões de dólares por ano para que se juntasse a eles, porque podia facilmente pagar esse investimento fazendo apenas dois negócios ou apenas com uma pequena elevação no valor das ações devido ao entusiasmo do investidor pela contratação.

Deixando de lado as questões de justiça e a crescente desigualdade — abordarei isso mais tarde —, está claro que o padrão se repete em setor após setor, com uma parcela mínima de super-realizadores se destacando da massa em termos de remuneração.

Porém, para os propósitos deste livro, eu me concentro no grupo que exemplifica esse paradigma no que diz respeito a *influência* internacional, mais do que apenas riqueza ou realizações em uma área específica. Roman Abramovich — oligarca russo, governador da Sibéria e proprietário do clube de futebol britânico Chelsea — é um dos membros dessa elite. Birgit Rausing, de 83 anos de idade, que possui 11 bilhões de dólares graças à empresa de embalagens sueca de seu marido, Tetra Laval, mas vive tranqüilamente na Suécia, provavelmente não é. A estrela do rock colombiana Shakira é. Afora um pequeno punhado, os mais famosos astros do cinema não são. Mukesh Ambani — executivo-chefe da Reliance Industries, da Índia, e um dos homens mais ricos do mundo — certamente é, assim como seu irmão bilionário Anil. Margaret Thatcher, Mikhail Gorbachev, Carlos Menem e Mahathir bin Mohammad foram membros do grupo, mas já não são. Mas ex-líderes como Lee Kuan Yew, Bill Clinton e Henry Kissinger, que mantiveram sua influência internacional, certamente são. Osama bin Laden é. Cherie Blair, a realizada esposa de Tony Blair, provavelmente era, mas agora, quando Blair não mais ocupa o cargo de primeiro-ministro, já não é. Centenas de chineses que não são hoje membros da superclasse quase certamente serão em breve. Apenas um pequeno número de pessoas da África subsaariana integra a relação atualmente.

Cada uma delas é uma em um milhão. De 6 bilhões de pessoas no planeta, há aproximadamente 6 mil delas. Você pode identificá-las em todas as áreas do esforço humano. Algumas são de fácil reconhecimento: grandes líderes de governos de países com atuação internacional, aqueles com o tipo de poder político ou econômico, ou recursos, para influenciar os outros. Líderes militares daquelas poucas dezenas de países com a capacidade de efetivamente lançar a força além de suas fronteiras. Os principais executivos e acionistas atuantes das 2 mil principais corporações do mundo. A maioria dos aproximadamente mil bilionários do planeta. Meninos-prodígio das ponto-com. Capitalistas chineses desbravadores, xeques árabes. Os gigantes de Wall Street, Londres e outras capitais financeiras. Artistas, cientistas, acadêmicos e escritores extraordinariamente influentes. Líderes das religiões mundiais.

A característica definidora e distintiva desses indivíduos é o poder, poder que continuamente afeta milhões ou bilhões de pessoas, não apenas em um país, e sim ignorando fronteiras. Eles empregam pessoas, movimentam mercados, lançam invasões, inflamam paixões ou modificam crenças profundas. Você os reconhece quando os vê, não apenas por sua inclusão em alguma lista dos cem mais de uma revista, mas porque eles freqüentemente ganham status de ícones em suas áreas.

Eles são aqueles que acumularam uma enorme influência em função de talento, trabalho, fortuna, ou uma combinação dos três. Algumas vezes seu poder está ligado aos seus próprios recursos financeiros pessoais. Em outras, está ligado a uma corrente política ou religiosa que criaram ao longo da vida. Com freqüência está ligado a um papel institucional que desempenham, como ser executivo-chefe, alto executivo de investimentos ou membro da Junta de Chefes do Estado-Maior. Freqüentemente o poder depende de estar no lugar certo na hora certa. Algumas vezes não é fruto do caráter, mas da falta de caráter: crueldade, compromisso obsessivo com uma única idéia ou cobiça.

Não é difícil aceitar que, em função de sua capacidade de iniciar uma guerra sem aprovação do Congresso, o presidente dos Estados Unidos tem poder suficiente para mudar a vida de milhões ou bilhões de pessoas superando fronteiras. Da mesma forma os chefes de Estado cujas decisões podem ter impacto direto sobre outros países em termos de comércio, alianças, conflitos ou mesmo indiretamente, provocando fluxos de refugiados ou mudanças ambientais. Ministros de Relações Exteriores da Defesa, que têm a capacidade de moldar a diplomacia ou comandar deslocamentos militares ao redor do mundo, têm poder semelhante. Em certo momento muitos presidentes de bancos centrais foram membros importantes desse grupo, mas com a redução no número de moedas internacionais viáveis, o número desses indivíduos na lista despencou. Da mesma forma, o comando de uma ONG que pode produzir discussões políticas em vários países é influência internacional. O papa é o líder espiritual de um bilhão de católicos. Não é difícil ver como ele merece estar na relação.

Além desses membros mais visíveis, essa elite inclui alguns que são mais difíceis de identificar. Alguns deles preferem as sombras. Outros estão lentamente saindo delas. Entre eles estão líderes de organizações terroristas e chefes do crime organizado, das tríades de Hong Kong até a máfia russa. Os criminosos sem rosto que comandam o tráfico internacional ilegal de drogas, armas, produtos falsificados e seres humanos também são membros da elite das sombras.

A faceta empresarial da superclasse

De todos os diferentes tipos de indivíduos que compõem a superclasse global, o maior grupo é composto de líderes financeiros e empresariais.

Há várias razões para isso. Para começar, seu poder não é limitado por fronteiras nacionais, e cada vez mais se estende bem além delas. O surgimento das corporações e instituições financeiras transnacionais determinou a globalização, e tais empresas são hoje os maiores e mais significativos agentes transnacionais. Elas são, segundo avaliações conservadoras, mais de 1.500 com vendas anuais ou patrimônio superior a 5 bilhões de dólares. Os indivíduos que comandam esses gigantes empresariais realmente têm alcance global. Em oposição, o poder dos líderes políticos nacionais surge dentro das fronteiras de seus países, e apenas aqueles países com laços econômicos significativos além dessas fronteiras, ou países com recursos suficientes para lançar força ou mobilizar outros países, têm líderes que possam ser considerados membros da superclasse global.

Na verdade, um dos fenômenos mais importantes da era global é o fato de que as corporações assumiram papéis econômicos e sociais que algumas vezes equivalem ou superam os dos Estados — e que frequentemente têm interesses divergentes daqueles dos Estados.

Como é possível comparar o poder de empresas com o poder de países? Em 2007, por exemplo, o PIB global foi estimado em 47 trilhões de dólares. Naquele mesmo ano, as 250 maiores empresas do mundo tiveram vendas somadas superiores a 14,87 trilhões de dólares, correspondendo a quase um terço do PIB global e superando o PIB dos Estados Unidos ou da União Européia (de 13,2 trilhões e 13,74 trilhões, respectivamente). Apenas as cem maiores empresas tiveram vendas em valor superior a 9,72 trilhões de dólares, e as vendas somadas das cinco maiores (Wal-Mart, ExxonMobil, Royal Dutch Shell, BP e General Motors) foram de quase 1,5 trilhão de dólares — superior ao PIB de todos os países, com exceção de sete. Embora imperfeita, a comparação direta entre empresas e países por intermédio de vendas em relação ao PIB oferece alguns exemplos impressionantes em termos de influência econômica: a ExxonMobil é maior que a Arábia Saudita (a 25ª maior economia do mundo), a Wal-Mart figura entre a Indonésia e a Polônia, e a General Motors supera a Tailândia.

De fato, dado o alcance da influência conquistada por essas empresas — o efeito potencial que têm sobre outras indústrias e empresas, suas redes globais de empregados e acionistas —, seria possível dizer que elas são ainda mais poderosas que países de tamanho equivalente. Afinal, empresas determinam pagamentos e escalas de trabalho, o lugar onde os empregados trabalham e quais são seus benefícios. Embora as legislações governamentais orientem essas decisões, as empresas de hoje têm a opção de transferir suas operações, desse modo reorientando investimentos e atividade econômica para locais onde tais obrigações representem um fardo menor. Além disso, grandes empresas representam grandes conjuntos de pessoas, pessoas com poder político interessadas na preservação de oportunidades dentro de suas organizações. Elas também investem recursos em *lobbies*, apoiando políticos, fazendo campanhas de mídia para apresentar seus pontos de vista e determinando as discussões públicas nacional e internacionalmente. E as empresas com freqüência operam em conjunto em questões em que tenham o mesmo interesse, aumentando seu poder e ampliando seu alcance.

Apenas como um exemplo, peguemos todas as entidades com vendas ou PIB superiores a 50 bilhões de dólares. Seria difícil negar que elas não estão entre as unidades econômicas mais poderosas do mundo. É impressionante que desse grupo — um total de 166 no momento em que este livro estava sendo escrito — apenas sessenta sejam países, e 106, uma maioria substancial, sejam empresas. Claro que essa é uma comparação imperfeita. Estruturas e razões de existência são inteiramente diferentes em empresas e governos nacionais. O PIB também é uma avaliação de valor agregado, enquanto venda não é. Além disso, os orçamentos dos governos nacionais, o dinheiro que os Estados têm para gastar, são apenas uma parcela do PIB. E um grupo é ligado por interesses nacionais, enquanto o outro é movido pelos interesses dos principais acionistas, dos altos executivos e dos membros dos conselhos que trabalham para eles. O que fica claro, porém, é que os indivíduos que comandam as grandes corporações têm poder e recursos extraordinários. Portanto, quem eles são, de onde vêm e o que é importante para eles se tornam questões importantes. É significativo, por exemplo, que das 106 megacompanhias citadas acima, 91 tenham sede de um lado ou do outro do Atlântico — 53 têm sede na Europa e 38 nos Estados Unidos (oito estão no Japão). Isso certamente tem um efeito no modo como grandes grupos empresariais — e as entidades políticas que dependem do apoio desses grandes grupos empresariais — definem suas prioridades. Observe os números das doações de campanha para os principais candidatos a cargos eletivos nos Estados Unidos e verá que os mais bem-sucedidos dependem da capacidade de seus contatos em empresas e indústrias de levantar os enormes fundos de que necessitam. Em Tóquio, Bruxelas, Nova York e por toda parte, as empresas não apenas têm o peso da responsabilidade de financiar *lobbies*, como também criam o ambiente no qual funcionários do governo vão trabalhar quando deixam o setor público; eles permanecem na trilha da riqueza, outra fonte de influência. É preciso ver também como essa distribuição geográfica provavelmente irá mudar no futuro com a ascensão de China, Índia e outras potências emergentes — e imaginar o que isso poderá significar quando cada vez mais as empresas que exercem essa influência forem transpacíficas em vez de transatlânticas em sua origem.

Embora nenhum mecanismo de avaliação possa transmitir de forma perfeita o alcance da influência das maiores corporações do mundo, ela é considerável de qualquer ponto de vista. As 2 mil maiores corporações do mundo no momento em que este livro estava sendo escrito eram responsáveis coletivamente por 27 trilhões de dólares em vendas anuais e por 103 trilhões em patrimônio. (Como comparação, o valor de mercado total do patrimônio negociado nos mercados de capitais globais é estimado pelos consultores da McKinsey em 140 trilhões de dólares.) Em termos de pessoal, essas empresas empregam mais de 70 milhões de trabalhadores em todo o mundo. Se cada um desses empregados tiver apenas quatro dependentes, isso significa que essas empresas sustentam diretamente 350 milhões de vidas. Mas na verdade elas sustentam várias vezes mais que isso em função dos empregos que criam por intermédio dos negócios feitos com outras empresas. Assim, as decisões de alguns milhares de indivíduos, membros de conselhos e altos dirigentes dessas empresas têm um impacto direto na vida de, talvez, um bilhão ou mais de pessoas no mundo. Seus atos determinam a criação ou o corte de postos de trabalho, condições de trabalho e modelos ambientais, quais políticos serão apoiados e quais serão enfraquecidos. Mais ainda, com 3 ou 4 bilhões de pessoas lutando para sobreviver no mundo, a comunidade formada pelos que dependem das decisões daquele punhado de decisores representa talvez metade (e quase certamente mais) dos bem empregados do planeta.

A ascensão das empresas a uma posição de tal poder relativo — e o conseqüente aumento da importância de seus líderes — é um fenômeno bastante recente. Grandes empresas têm sido importantes desde a época da Companhia Britânica das Índias Orientais e da Companhia da Baía de Hudson, motores da grandeza mercantil da Grã-Bretanha imperial, mas que de modo algum foram tão presentes na economia global quanto são hoje. Mesmo há um quarto de século, a fatia delas era significativamente menor. Em 1983, as quinhentas maiores empresas tinham lucros equivalentes a 15% do PIB global; hoje isso mais que dobrou para 40%. Ou, usando outro parâmetro da crescente influência e do alcance global, veja o aumento no número de subsidiárias internacionais das corporações globais: em 1962, as cem maiores corporações do mundo tinham 1.288 subsidiárias no exterior. Em 1998, as cem maiores tinham mais de 10 mil subsidiárias desse tipo. A Siemens, um conglomerado de engenharia alemão, é a 22ª maior empresa do mundo em termos de vendas, e tem operações em mais de 190 países em todo o mundo; a Hewlett-Packard, que ocupa a 24ª posição, opera em 170.

O poder da comunidade financeira global é extraordinariamente concentrado. Não apenas mercados como Estados Unidos (que tem 50 trilhões de dólares em ativos) e Europa (com quase 30 trilhões de dólares) dominam o mercado global de capitais de 140 trilhões de dólares, mas também instituições isoladas. Segundo a *Forbes*, havia 21 bancos e outras instituições financeiras administrando ativos de pelo menos 1 trilhão de dólares em 2007. As cinqüenta maiores instituições financeiras somadas são responsáveis por 48,5 trilhões de dólares em ativos — mais de um terço do total global. As cem maiores são responsáveis por dois quintos: 60,4 trilhões de dólares.

Para dar uma maior noção de como concentrações de controle semelhantes funcionam no âmbito dos investidores isolados, a parcela de 10% dos americanos mais ricos detinha 85% de todas as ações em 2001, com o um por cento mais rico controlando um terço de toda a riqueza dos Estados Unidos. Desnecessário observar que aqueles que controlam a maior concentração de riqueza e aqueles cuja riqueza assume a forma de participação acionária têm, portanto, mais peso nas corporações de maior influência. Votos de acionistas determinam o destino de conselhos e administradores cujas decisões têm, no caso das maiores empresas, impacto sobre milhões de trabalhadores, famílias, clientes e fornecedores ao redor do mundo.

Em nenhum setor a concentração de riqueza é mais impressionante que no caso dos fundos de *hedge*. Em apenas alguns anos, os fundos de *hedge* tiveram um crescimento exponencial na importância econômica, passando do controle de 221 bilhões de dólares em 1999 para mais de 2 trilhões de dólares em meados de 2007. Porém, ainda mais importante, considerando-se suas estratégias de negócios — como, por exemplo, ganhar dinheiro com pequenas variações nos preços diários de títulos —, esses 10 mil fundos são, segundo algumas estimativas, responsáveis por algo entre 30% e 50% do movimento na maioria dos grandes mercados de *equity* e dívida nos quais operam. Isso significa que os indivíduos que controlam os negócios desses fundos, juntamente com um punhado de outros grandes investidores institucionais e profissionais, desempenham o papel principal no estabelecimento do valor das ações das maiores empresas do mundo. Como o valor das ações é aquilo que os altos executivos são encarregados de aumentar, a aceitação ou rejeição por esse grupo determina o destino dos altos executivos da maioria daquelas grandes empresas já mencionadas. Alguns administradores de fundos de *hedge* são ainda mais ativos do que outros no que diz respeito a transformar seu dinheiro em influência. O bilionário de fundo de *hedge* Eddie Lampert, por exemplo, esteve na linha de frente da postura de investimento "ativo" que transformou a propriedade em uma ferramenta de transformação, como quando ele comprou a Kmart, a fundiu com a Sears, demitiu a administração da Sears, enrolou as mangas e começou a tomar decisões fundamentais de marketing e comercialização para a rede de varejo fundida. Postos de trabalho foram cortados e o valor das ações da Sears inicialmente quase decuplicou.

Ainda mais importante, os trezentos maiores fundos de *hedge* controlam 85% de todos os ativos de fundos de *hedge*, e os cem maiores controlam 60% desses ativos. Assim, há apenas uma pequena parcela, na verdade um punhado, de investidores tomando decisões de investimento que por sua vez são uma referência para o futuro de um grupo também relativamente pequeno de altos líderes empresariais que exerce tal influência no mundo hoje.

Assim, começa a surgir um quadro que sugere que o poder no planeta é não apenas concentrado, mas extraordinariamente concentrado. Há pessoas que estão no topo e pessoas que não estão — e, entre as que estão no topo, aquelas poucas no cume têm uma influência absolutamente desproporcional.

A descoberta duradoura de Vilfredo Pareto: a regra 80/20 e a superclasse

Outra forma de pensar sobre a distribuição de poder e recursos neste mundo é estudar a estratificação da sociedade global ao longo das linhas do princípio de

Pareto para a distribuição da renda (também conhecido como regra "80/20"). Inspirado por uma observação feita pelo economista e sociólogo franco-italiano Vilfredo Pareto em relação à desigual distribuição de renda na Itália, aquilo que depois ficou conhecido como a Lei de Pareto de certa forma revela que na maioria dos fenômenos 20% das causas são responsáveis por 80% das conseqüências. O corolário no caso da distribuição de renda é o de que 20% de uma população ficam com 80% da renda. Pareto pode estar subestimando as coisas no que diz respeito à distribuição global de renda, mas chega perto. Um estudo feito em 2006 pela Universidade das Nações Unidas (UNU-WIDER) mostra que 10% dos adultos do mundo detêm 85% da riqueza global, enquanto a metade mais desfavorecida da população do mundo fica com apenas 1% do total.

Mas dentro desses 10% mais, um grupo composto daqueles com pelo menos 61 mil dólares em ativos, ocorre uma similar concentração violenta. Embora essa "elite" em particular controle 85% da riqueza global, os 2% superiores desse grupo detêm metade da riqueza do planeta, e o 1% mais alto possui cerca de 40%. (Cada um dos membros desse 1% possui um mínimo de 500 mil dólares em ativos.)

Esse 1% superior dos adultos do mundo, esse grupo de quase milionários, representa cerca de 40 milhões de pessoas. Porém, há nesse grupo, segundo um relatório de 2007 de Merrill Lynch and Capgemini, 9,5 milhões de indivíduos cujos ativos financeiros superam 1 milhão de dólares. E esse grupo, que o estudo da Merrill Lynch chamou de Indivíduos de Alto Valor Líquido (HNWI, na sigla em inglês), controla mais de 37 trilhões em ativos globais — o dobro do que controlava há apenas dez anos. (É interessante que o crescimento nesse grupo foi mais rápido na América Latina, no Leste da Europa e na região do Pacífico asiático, em parte devido à acelerada valorização do valor dos ativos dos mercados emergentes.) Contudo, dentro desse grupo de indivíduos extraordinariamente felizes há um outro grupo já citado — o 1% deles, ou aproximadamente 95 mil, em que cada membro tem ativos financeiros superiores a 30 milhões de dólares (esses são os Indivíduos de Valor Líquido Muito Alto, ou UHNWI, na sigla em inglês), em um total de 13 trilhões de dólares. E sabemos que no interior desse grupo há outra elite de aproximadamente 1%, os mil e tantos bilionários do mundo.

Embora a comparação direta de vários estudos apresente algumas dificuldades, há um padrão claro. No interior da maioria das elites há núcleos superiores de elites; dentro de cada concentração de riqueza ou poder, há aqueles que representam uma concentração ainda maior. Ou, dizendo de outra forma: ao tentar compreender as elites, sempre procure a elite dentro da elite. Em quase todas as aplicações da regra de 80/20 há uma outra esperando para ser identificada. E freqüentemente acaba que a regra de 80/20 subestima o caso. A realidade é que, no que diz respeito à distribuição desigual do poder, acabamos descobrindo que na aplicação mais ampla da regra de 80/20 há uma regra de 90/10, ou mesmo algumas vezes 99/1, esperando para ser revelada. Claro que isso costuma terminar com um único indivíduo ou um pequeno grupo, mas o padrão ressurge em quase qualquer comunidade que estudemos.

Ou, deixando de lado por um instante o setor de negócios, vejamos a estratificação do poder em outra área: a militar. Entre os cerca de duzentos exércitos do mundo, há apenas algo entre trinta ou quarenta com armas de destruição em massa. Há menos de vinte com alguma espécie de míssil, apenas nove com armas nucleares, apenas seis exércitos com cerca de 500 mil soldados ou mais, apenas três forças aéreas com mais de duzentos aviões; e entre esses, provavelmente apenas um que — graças à sua tecnologia insuperável, presença no espaço e recursos financeiros e materiais — é hoje realmente capaz de travar a guerra global moderna. Apesar de sua recente debacle tática no Iraque, as Forças Armadas dos Estados Unidos continuam a estar um nível quântico acima das outras.

Ou pensemos em religião: há talvez 4.300 religiões no mundo de hoje, mas menos de vinte têm mais de 1 milhão de fiéis cada, menos de oito têm mais de 100 milhões e apenas duas têm mais de 1 bilhão cada (sem contar o amálgama de indivíduos "seculares, não-religiosos, agnósticos e ateus", dos quais há mais de 1 bilhão). Assim, apenas dois grupos religiosos identificáveis — em síntese, cristianismo e islamismo — têm mais de 1 bilhão de fiéis cada. Naturalmente, os líderes desses grupos têm um poder desproporcional. Sim, o poder dos líderes isoladamente é fragmentado, dadas as estruturas fragmentadas de cada subgrupo (católicos, protestantes, sunitas, xiitas), mas ainda é substancial.

Um instantâneo da superclasse

Considerando-se essas concentrações e as reconhecendo entre os ricos e poderosos cuja influência se estende de forma significativa além das fronteiras nacionais, é possível fazer um esboço da superclasse global. Tomemos os altos funcionários dos cerca de 120 governos que apresentam capacidade ou qualquer tendência clara de ter um impacto significativo, deliberadamente ou não intencionalmente, sobre grandes populações além de suas fronteiras. (Segundo esse cálculo, um país que ocupa a 157ª posição em termos de PIB, a Eritréia, que periodicamente travou guerras de anos com a vizinha Etiópia, integra a lista, ao passo que Malta, na 129ª posição, provavelmente não, na maioria das circunstâncias.) Acrescentem-se a eles os líderes das Forças Armadas mais poderosas do mundo; os principais executivos das 2 mil maiores corporações, das cem instituições financeiras mais ricas e das cerca de quinhentas maiores firmas de investimento global; os que comandam as maiores ONGs e as principais instituições internacionais; e os líderes espirituais dos maiores grupos religiosos ou daqueles que podem ter maior impacto sobre os outros. Esteja certo de incluir os mais importantes membros das elites das sombras — líderes terroristas e mentes criminosas, aqueles poucos da blogosfera muito lidos. Então acrescente pensadores de destaque, cientistas, acadêmicos e artistas que também influenciam milhões ignorando fronteiras. Junte tudo, e você terá um agrupamento geral da superclasse de aproximadamente 6 mil pessoas, talvez algumas centenas mais. Seria possível definir um grupo de indivíduos de influência excepcional que seja duas ou três vezes maior? Sim. Há círculos ainda menores de ultra-elites dentro da superclasse? Certamente. Os grupos de elites inferiores — os 95 mil Indivíduos de Valor Líquido Muito Alto, por exemplo, ou outros altos executivos de empresas — são importantes? Claro. Mas este núcleo de aproximadamente 6 mil pessoas continua a ser uma boa definição dos agentes internacionais mais influentes do mundo para o propósito de compreender as nascentes estruturas de poder que eles formam e como moldam as vidas de todos nós. É uma amostra grande o bastante para ser representativa de grupos que distintas definições poderiam tornar muitas vezes maiores, mas suficientemente pequena para tornar possível uma análise. E também é importante recordar que não estamos apenas descrevendo os habitantes daquilo que um livro recente descreveu como sendo o “Riquistão”; vamos dar um passo além e limitar nosso interesse apenas àqueles que transformam sua riqueza, sua posição e suas capacidades na aplicação regular do poder internacional de formas que afetam milhões de vidas. Assim, este é apenas um pequeno subgrupo das listas de ricos, das listas de CEOs e das listas dos maiores ou mais conhecidos.

Como é o poder desproporcional?

Ao buscar a elite dentro da elite, há muitos exemplos de poder global que simplesmente não podem ser questionados ou negados. Há casos assombrosos, até mesmo um tanto assustadores, de poder ou influência realmente desproporcional. Para dar uma noção de como é esse poder concentrado, eis alguns exemplos.

Carlos Slim Helú, um dos homens mais ricos do mundo, com mais de 67 bilhões de dólares, controla 94% das linhas telefônicas fixas do México e 70% do mercado de internet de banda larga do país por intermédio das suas empresas. Entre 2006 e 2007 sua fortuna aumentou em 19 bilhões de dólares, ou cerca de 2,2 milhões por hora, e em 2007 correspondia a quase 8% do PIB do México. Por intermédio de suas empresas, ele se valeu de um efetivo poder de monopólio e de enorme influência política para elevar os preços, de tal modo que a conta telefônica mensal média de uma pequena empresa no México é 120% superior à de uma empresa similar nos Estados Unidos. Segundo o *New York Times*, Slim "se valeu de sua influência no governo para barrar tentativas de competidores — incluindo MCI e AT&T — de conquistar uma parcela no mercado mexicano". Agora ele estende esse controle pela região e por todo o mundo promovendo um encontro anual dos grupos familiares mais ricos das Américas (o Fórum de Pais e Filhos), e por intermédio de holdings globais como CompUSA, o revendedor de eletrônicos com sede no Texas, Estados Unidos.

Rupert Murdoch controla meios de comunicação que atingem milhões de pessoas ao redor do mundo. Em 2007 sua News Corporation era proprietária de Fox Broadcasting Company, 20th Century Fox, HarperCollins, *New York Post*, *The Weekly Standard*, *The Wall Street Journal*, MySpace, DirecTV, cinco jornais britânicos, 110 jornais na Austrália e empresas de TV por satélite por toda a Europa e Ásia. Como entre suas empresas há sites e serviços de internet, a News Corp. pode atingir a maioria das pessoas do mundo com um computador. AOL, Yahoo!, MSN e MySpace, por exemplo, atingem, juntos, aproximadamente 96% dos usuários de internet nos Estados Unidos.

O presidente dos Estados Unidos tem o comando e o controle final das Forças Armadas dos Estados Unidos, a força mais avançada tecnicamente e mais poderosa do mundo. As Forças Armadas americanas têm mais de 10 mil ogivas nucleares, 2,5 milhões de pessoas no contingente militar na ativa e na reserva, e está presente em mais de 130 países ao redor do planeta. Os gastos dos Estados Unidos com defesa ultrapassaram os 630 bilhões de dólares em 2007, mais que todos os outros orçamentos de defesa do mundo reunidos.

Edward C. "Ned" Johnson é, no momento em que este livro está sendo escrito, CEO da Fidelity Investments, o maior fundo comum de investimentos do mundo, responsável por 24% do mercado global de fundos de pensão 401 (k) e mais de 12% do mercado mundial de *equity*. Ele administra mais de 3 trilhões em ativos. Em termos de influência, pense que a Fidelity controla pelo menos 10% das ações de mais de cem das maiores corporações dos Estados Unidos.

O papa fala por mais de 1 bilhão de católicos do mundo, ou cerca de um sexto da população humana. Seus éditos têm valor de lei em suas vidas cotidianas, sejam eles os chamados Dez Mandamentos para Motoristas promulgados em 2007 pelo Vaticano do papa Bento XVI ou sua reafirmação de que a Igreja católica é a "única verdadeira Igreja de Cristo" e que outras denominações cristãs não oferecem "meios de salvação".

Wu Xiaoling controla as reservas estrangeiras do Banco Popular da China, que somam mais de 1,4 trilhão de dólares. O banco controla mais ativos financeiros do que qualquer outra instituição financeira pública na história do mundo, com o total podendo ser superior a 2 trilhões em 2010. Ele já estendeu seu alcance ao exterior, com um investimento de 3 bilhões no Blackstone Group, com sede em Nova York. Wu também é relacionada em 18º lugar na lista da *Forbes* das mulheres mais poderosas do mundo em 2007 — provavelmente uma subavaliação de sua influência global.

Rex Tillerson supervisiona as reservas de energia da ExxonMobil, que se espalham por seis continentes e diariamente produzem aproximadamente o dobro de gás e petróleo que todo o Kuwait. Em 2007, sua empresa teve lucro de quase 40 bilhões de dólares, mais que o PIB somado de Iêmen e Bahrein, e mais que qualquer outra empresa na história.

H. Lee Scott, CEO da Wal-Mart, administra um gigante empresarial com faturamento anual em 2007 superior a 350 bilhões de dólares, mais que o PIB de todos os países, com exceção de 22. Suas vendas anuais são cinco vezes maiores que as da Microsoft e mais que as de Ford e General Motors somadas. A empresa é três vezes maior que todo o setor aéreo doméstico americano.

A siderúrgica Arcelor Mittal, de Lakshmi Mittal, é, de longe, a maior do mundo, com mais de 330 mil empregados em sessenta países e fábricas em cinco continentes.

É responsável por mais de um décimo da produção global de aço, mais de três vezes a produção de seu competidor mais próximo. O sr. Mittal era em 2007 um dos cinqüenta homens mais ricos do mundo, com valor líquido de mais de 32 bilhões de dólares.

O que as pessoas que têm tudo realmente querem

Para os membros da superclasse, há uma mercadoria mais preciosa que ouro, prata, pedras ou petróleo. É acesso. A importância do acesso deriva do fato de que a única coisa que nem o dinheiro nem o poder podem comprar é tempo. Com tempo limitado e grande influência ou muitos interesses, toda decisão sobre alocação de tempo ganha peso. Conversando com centenas de CEOs, líderes de governo, generais e almirantes ao longo dos anos, a queixa comum que eu ouvi com maior freqüência foi quanto à falta de tempo.

Considerando-se essa frustração, é natural que as agendas sejam organizadas cuidadosamente e que o tempo só seja concedido àqueles que podem oferecer maior retorno. Algumas vezes o retorno pode ser um acordo empresarial ou financeiro, ou informação política privilegiada. Em outras, status e prestígio. Seja como for, com grande freqüência isso significa escolher reuniões com outros que detêm grande poder, que podem tomar decisões pessoalmente, que podem mobilizar recursos significativos — e cujo status seja uma chancela, uma demonstração em si de que o encontro é importante. Há uma noção generalizada de que encontros entre iguais na elite são mais úteis também porque fora dela poucos podem compreender a posição em que se encontram os líderes. Assessores próximos de Bill Clinton contaram que com o tempo ele se aproximou muito de outros líderes, como o britânico Tony Blair e Boris Yeltsin, da Rússia, porque eles eram as únicas pessoas que realmente compreendiam as questões com as quais lidava. Diferentemente de sua equipe e daqueles que o cercavam, que na maioria dependiam de sua aprovação para trabalhar, aqueles poucos homens e mulheres se tornaram pares valorosos, e algumas vezes, como no caso de Blair, confidentes.

Acesso e exclusividade seguem de mãos dadas, e muitos aspectos do estilo de vida da superclasse dizem respeito a ambos. Viajar em aviões particulares, por exemplo, poupa um tempo precioso e permite que pequenos encontros particulares aconteçam em um ambiente exclusivo. Isso limita o acesso e oferece a garantia de exclusividade aos presentes. Observe as vidas da superclasse e verá utilização semelhante da ferramenta dupla do acesso e exclusividade. Visite o escritório de Indra Nooyi, a CEO da Pepsi, nos amplos escritórios da empresa em Purchase, Nova York. Embora o projeto da sede seja aberto e luminoso, com jardins de esculturas decorando os muitos hectares de terreno bem cuidado, o escritório de revestimento de madeira de Nooyi é localizado no andar dos executivos, o mais distante da entrada, com acesso apenas pelo escritório de uma secretária. Todos são educados e hospitaleiros, mas a mensagem aos visitantes é clara. Cercado por grandes janelas e a vista do parque, o escritório de Nooyi parece um santuário.

Alguns escritórios são por natureza muito mais imperiais, e isolam ainda mais sua elite ocupante. Freqüentemente é preciso percorrer corredores compridos e passar por muitas barreiras — de secretárias, seguranças ou ambos —, como era o caso do presidente das Indústrias Daewoo em Seul, Coréia (antes que ele precisasse deixar o país para fugir de um processo). Um elevador privativo era o único acesso à cobertura do presidente, no alto de um hotel de sua propriedade e composta de dezenas de salas cheias de arte asiática antiga. Líderes políticos com freqüência têm escritórios ainda mais cerimoniosos — ambientes que enfatizam o poder, assim como a exclusividade, sejam as cavernosas câmaras de reunião cerimoniais do Grande Salão do Povo na Praça da Paz Celestial, na China, ou no Planalto, o palácio presidencial em Brasília onde guardas uniformizados estão de pé dos dois lados de um salão de entrada que ocupa todo o primeiro andar aberto do prédio.

Da mesma forma, participar de reuniões de alto nível, comer nos "melhores" restaurantes ou se hospedar em proibitivos hotéis ou resorts de altíssimo nível não é apenas um luxo ou manifestação de esnobismo; é também um esforço para aumentar a probabilidade de interagir com as pessoas às quais você gostaria de ter acesso e excluir aquelas às quais você pode não querer conceder tal acesso. O mesmo é verdade para a escolha de morar ou tirar férias em um ambiente exclusivo. Uma concentração de outras pessoas com poder e riqueza aumenta a probabilidade de que não apenas você interaja com vizinhos assim, mas também que o ambiente no qual você vive seja capaz de atender às necessidades de tais pessoas e tenha os meios de oferecer os serviços essenciais (como segurança) que podem não estar disponíveis em outros locais, e assim por diante.

Por essa razão, não é surpresa uma rua em Londres como Kensington Palace Gardens, que se tornou um dos endereços típicos da superclasse global. Lá você encontrará Lakshmi Mittal vivendo em uma casa pela qual ele pagou 57 milhões de libras em 2004. (A casa tinha sido propriedade do barão de Reuters, um representante da superclasse de uma época anterior.) Nas proximidades, verá não apenas embaixadas de dez países, mas também casas pertencentes à família real saudita, ao sultão de Brunei, ao magnata do mercado imobiliário do Reino Unido Jonathan Hunt e outro garoto-propaganda da superclasse global, Len Blavatnik, que fez bilhões com petróleo e alumínio russos. Poucas cidades do mundo são tão atraentes para os membros da superclasse global quanto Londres, dada sua natureza cosmopolita, suas ligações com todos os cantos do mundo, sua legislação de impostos, a concentração de outras pessoas com perfil e necessidades semelhantes, e a infra-estrutura para atender a essas necessidades. Como um enclave dos super-ricos, seu duplo asiático poderia ser Hong Kong, com seu luxuoso bairro Peak, que é lar de três das quatro casas mais caras do continente. Paris, Dubai, Xangai, Moscou, Mumbai, Tóquio — todas têm bairros especiais para os super-ricos. Outros podem ser encontrados em comunidades balneárias ao longo da Côte d'Azur, na França, os Hamptons, em Long Island, ou em West Palm Beach, na Flórida.

Nova York, como Londres, é uma categoria à parte, mas ainda mais. Seus endereços mais exclusivos não estão abaixo de nenhum no planeta, do Dakota, no Upper West Side (onde morou John Lennon), até o número 740 da Park Avenue, retratado em *740 Park: The Story of the Richest Apartment Building*, de Michael Gross.

Um dia lar dos Rockefeller e da família de Jacqueline Kennedy, o 740 Park é hoje moradia de uma série dos mais famosos bilionários de Nova York. O pioneiro das aquisições financiadas Henry Kravis, o magnata do *private equity* Stephen Schwarzman e o dono da Revlon, Ron Perelman, têm imóveis no famoso endereço. O saguão do prédio é contido e a segurança discreta, o que não significa que assim que você entra nos apartamentos essa discrição seja a norma. Certa vez jantei no apartamento dos Kravis, que ocupa três andares do prédio, e embora a noite não pudesse ter sido mais agradável e descontraída, eu certamente tinha a sensação de penetrar em um universo paralelo. Uma empregada recebeu a mim e minha convidada e nos conduziu desde o elevador por um saguão deslumbrante repleto de antiguidades até uma sala de visitas em que o revestimento brilhante, a mobília francesa do século XVIII e as pinturas esplendorosas de alguns dos maiores artistas europeus eram assombrosos. O jantar foi algo mais contido, e entre os convidados estavam o agente literário Mort Janklow, o ex-subsecretário do Tesouro Roger

Altman e, bem à minha esquerda, o magnata canadense do mercado editorial (e posteriormente criminoso condenado) Conrad Black. Black flertou claramente com minha acompanhante, apesar da presença de sua própria esposa, enquanto os outros discutiam a promessa relativa dos mercados emergentes do mundo — comendo em porcelana chinesa, uma peça que certamente sustentaria por um ano uma família de algum daqueles mercados. Era de tirar o fôlego e, para um visitante, confirmou a reputação do prédio.

Stephen Schwarzman, durante um almoço no Grill Room do restaurante Four Seasons na Park Avenue, lançou mais luz sobre o mundo cuidadosamente limitado da elite. Nossa conversa foi amigável, entre saladas picadas e Cocas diet. A mesa na qual estávamos sentados lado a lado se debruçava sobre o resto de um salão repleto de pessoas como David Rockefeller, o poderoso de Washington Vernon Jordan, CEOs do mundo financeiro, da mídia, da indústria da moda — era como se estivéssemos no refeitório da superclasse. Aquele era o lugar aonde as pessoas que passavam os dias comandando negócios gigantescos iam para conviver descontraidamente umas com as outras, seguindo de mesa em mesa, circulando pelo salão, planejando reuniões formais, apresentando idéias, espalhando fofocas.

Schwarzman, executivo-chefe do Blackstone Group, é hoje reconhecido como um dos homens mais poderosos do mundo financeiro, mas tinha sido personagem de destaque em Wall Street por duas décadas. Hoje ele ocupa posições importantes em algumas das principais instituições da sociedade americana: é presidente do conselho do Kennedy Center for the Performing Arts e membro do conselho da Biblioteca Pública de Nova York, do Balé da Cidade de Nova York, da Film Society do Lincoln Center e da New York City Partnership. Em grande parte como um bom endereço ou a mesa certa no Four Seasons, tais funções permitem a ele criar suas redes e defender seus interesses, o ligando ainda mais a outros integrantes das comunidades de líderes com os quais quer interagir, fazer negócios ou influenciar.

"O mundo é muito pequeno", me disse Schwarzman durante nosso almoço. "Em quase todas as áreas com as quais estou lidando ou nas quais nós da Blackstone queremos entrar, você descobre que são apenas vinte, trinta ou cinqüenta pessoas em todo o mundo que em última instância comandam a área ou setor." Ele destacou que suas redes de negócios são ampliadas pelas ligações que ele forma participando dos conselhos de instituições artísticas. Elas oferecem muitas oportunidades para encontrar outros membros da elite com inclinações similares e estabelecer novos relacionamentos, porque, assim como nos negócios, o mundo dos artistas de elite é interconectado.

"As artes", observou ele, "são um subgrupo em si, e os líderes das principais companhias artísticas conhecem uns aos outros. Eles criam repertório e outras produções que querem vender a suas platéias, não apenas em seus próprios países, mas em um projeto mais global. Hoje as companhias viajam. Nós sempre temos diferentes grupos no Kennedy Center, sejam da Rússia, da Inglaterra, da Dinamarca, da China ou do Japão. E, da mesma forma, há quase um submundo bem urdido nas artes — assim como aqueles que você encontra em bancos, política ou empresas. E as pessoas estão à vontade lidando com alguém na Inglaterra ou em São Petersburgo... Na verdade, talvez mais do que com alguém de seu próprio país que esteja a dois estados de você seguindo uma linha de trabalho completamente diferente da sua. É um mundo muito transparente, permeável".

Schwarzman é um tipo especial em meio à superclasse — é um representante de elites inter-relacionadas que são tão dominantes nos mercados financeiros e empresariais quanto nas artes. Ele destaca que hoje a Blackstone controla empresas com mais de 350 mil funcionários. "Isso faria de nós uma das vinte da *Fortune* caso fôssemos uma empresa industrial", comentou. Por extensão, isso também se traduz em uma significativa influência para os maiores investidores da Blackstone — como a China, cuja aposta de 3 bilhões de dólares deve ser vista como uma via de mão dupla, à medida que as pessoas do país se tornarem cada vez mais dependentes do sucesso do sistema de capital para preservar e aumentar seu patrimônio nacional e à medida que a Blackstone conquistar acesso à República Popular da China.

Schwarzman não é único em seu papel de ligação, conectando vários âmbitos de poder. A elite do poder tem diretórios interligados, não apenas em empresas, mas na sociedade como um todo. Comunidades de liderança se ligam em todos os núcleos de poder: negócios e finanças, política, o complexo militar-industrial e as artes e o mundo das idéias. Na verdade, essas ligações são uma característica tão distintiva dos membros da superclasse quanto a riqueza e a posição individual. Trace e você encontrará uma bela cadeia de conexões unindo grupos impressionantemente variados. Tais conexões reduzem os graus de separação entre os indivíduos, permitindo a eles chegar diretamente às pessoas de que necessitam, quando necessitam, para funcionar no mais alto nível, da forma mais eficiente possível, e assim mantendo seu status — porque o acesso a esse nível é ciumentamente protegido por aqueles que o têm.

Uma espiadela em alguns dos membros da superclasse escolhidos em minha lista revela as muitas formas pelas quais essas conexões podem surgir — e as semelhanças na postura em relação ao poder, sua manutenção e utilização como símbolo do grupo como um todo.

Schwarzman pode, apenas para ilustrar, ser o primeiro em uma cadeia de membros da superclasse interligados. Uma rápida olhada no seu histórico oferece uma série de filiações que trazem com elas redes importantes. Uma, claro, é ele ser presidente do conselho do Blackstone Group. Consideremos o seguinte texto sobre sua variedade de bens, tirado de seu site:

> A Blackstone investiu em mais de cem empresas em uma série de áreas, geografias e ambientes econômicos. Entre as atuais propriedades da Blackstone estão empresas tão variadas quando Celanese, CineWorld, Extended Stay America, FGIC, Freedom Communications, Graham Packaging, HealthMarkets, Houghton Mifflin, Nalco, Orangina, Southern Cross/NHP, SunGard, Travelport, TRW Automotive, TDC, Universal Orlando, Vanguard Health Systems e VNU. O valor total de todas as transações realizadas até 31 de dezembro de 2006 é superior a 191 bilhões de dólares.
>
> Em muitos desses investimentos a Blackstone fez parcerias com importantes corporações por todo o mundo, entre elas Time Warner (operação Six Flags), AT&T (operação Bresnan), Northrop Grumman, Sony, Union Carbide, Union Pacific (operação CNW), USX e Vivendi.

Schwarzman se formou em uma universidade de elite, Yale, onde foi, assim como os dois presidentes Bush, membro da sociedade secreta Skull and Bones. Ele, assim como o Bush mais jovem, também tem um MBA de Harvard. Trabalhou na Lehman Brothers antes de se associar ao ex-secretário de Comércio Pete Peterson para fundar a Blackstone. Hoje, além da participação nos conselhos culturais já citados e daqueles relacionamentos ligados ao seu trabalho na Blackstone, é membro do Business Council, do Conselho Consultivo Internacional do British-American Business Council, do Conselho Consultivo Nacional do JP Morgan, do

Fórum Econômico Mundial, do Conselho de Relações Exteriores e do Comitê para Estimular a Filantropia Empresarial.

Tais conselhos e tais participações oferecem ligações diretas com uma grande gama de outros líderes, e assim começa a cadeia. Por exemplo, entre os outros membros da rede de conselheiros do JP Morgan estão, do Japão, o ex-presidente do conselho e presidente da Mitsubishi Corporation, Minoru Makihara; um dos homens mais ricos da Índia, Ratan Tata, da Tata Industries; e o ex-presidente do México Ernesto Zedillo. Makihara estudou em Harvard, embora 15 anos antes de Schwarzman. Zedillo conseguiu seu mestrado e seu MBA em Yale. Tata também é membro do Conselho Consultivo Internacional do British-American Business Council. Ali, ele e Schwarzman se juntam ao atual presidente do conselho da BP e ex-diretor-geral da Organização Mundial de Comércio Peter Sutherland, ao recentemente aposentado CEO da BP lorde Browne de Madingley e a Jeffrey Immelt, presidente do conselho e CEO da GE. Immelt estudou em Dartmouth e fez seu MBA em Harvard. A GE se associou à Tata e fez negócios com a Blackstone. Sutherland, Zedillo e Makihara são membros da Comissão Trilateral, um grupo não-governamental — onde se juntam à CEO da Pepsi, Indra Nooyi, e à presidente executiva do Banesto e uma das executivas mais poderosas da Europa, Ana Botín. Nooyi recebeu seu mestrado na Faculdade de Administração de Yale e é membro do conselho do Lincoln Center juntamente com Schwarzman. Botín é ex-vice-presidente do JP Morgan. Nooyi integra o conselho da Asia Society da qual Tata é membro, assim como o rival de Tata como mais importante líder empresarial da Índia, Mukesh Ambani. Ambani, Schwarzman, Sutherland e Zedillo são membros do Conselho de Relações Exteriores. Sutherland, Zedillo e o ex-sócio de Ambani, Akhil Gupta, estão no conselho do Fórum Econômico Mundial. Botín e Ambani mediaram juntos um debate em Davos em 2006. Schwarzman, Sutherland, Zedillo e o irmão de Ambani, Anil, participaram recentemente de Davos. O diploma de administração de Ambani é de Stanford, assim como o de Browne. Ambani, Browne e Immelt participaram juntos do conselho da Catalyst, uma organização de assessoria empresarial. Makihara e Zedillo integram o Conselho Consultivo Internacional da Coca-Cola. Browne, Immelt e Schwarzman são membros do Business Council, uma associação de líderes empresariais.

Por mais esmagadora e talvez confusa que possa ser essa relação, ela revela a natureza complexa das ligações entre membros da superclasse. Esta é, necessariamente, uma relação parcial de um pequeno grupo de pessoas, mas já exemplifica como é emaranhada a rede de relacionamentos entre indivíduos. Com todas as suas voltas, reviravoltas e laços intrincados, ela explica da forma mais clara possível como Schwarzman e outros na superclasse passaram a ver seu grupo como um "mundo pequeno" com todos a apenas uma ligação ou duas de todos os outros.

Assim, entre os aproximadamente 6 mil integrantes da superclasse há incontáveis laços ligando os membros uns aos outros. Ligações comerciais. Investimentos. Participações em conselhos. Antigos laços universitários. Bairros exclusivos. Terminais aéreos. Reuniões. Restaurantes. Hotéis.

De fato, por mais espalhados pelo mundo que eles estejam, por mais raros que sejam em meio aos bilhões do planeta, é fácil vê-los como uma comunidade e identificar a geografia que essa comunidade ocupa, pelo menos imaginariamente — uma geografia que se estende de South Kensington ao Upper East Side de Manhattan; de St. Tropez a Dubai; dos campi de Harvard, Yale, Cambridge e da Universidade de Tóquio a locais de encontro nos conselhos de instituições culturais, bancos e instituições políticas. Ligadas por interesses comuns, uma cultura comum e aviões particulares, essas ilhas se tornam um brilhante arquipélago superpoderoso em meio a um oceano de aspirantes e despossuídos — um oceano de pessoas que trabalham para eles, são afetadas por suas decisões de mercado, arrastadas por seus impulsos políticos e profundamente influenciadas por seus pontos de vista.

Não é uma geografia que possa ser vista em nenhum mapa, mas ela toca as vidas na era global mais certamente do que as fronteiras desbotadas e as velhas escalas de distância de qualquer globo comum. A longo dos próximos capítulos tentarei contextualizar para essa geografia e fazer um exame mais detalhado dos integrantes dessa superclasse emergente.

Seis questões fundamentais referentes à superclasse

No estudo dessa paisagem extraordinária, várias questões fundamentais surgem regularmente: poder, desigualdade global, governo, tensão global *versus* tensão nacional, alternativas, o futuro. Esses temas levam a uma série de perguntas importantes.

Qual é a natureza do poder da superclasse? Quais são suas origens e sua abrangência, e como ela provavelmente irá evoluir?

A superclasse usou seu poder de uma forma egoísta que tenha exacerbado a desigualdade global? Há uma ligação entre a crescente desigualdade global de riqueza e a desigualdade global na distribuição do poder? Quais são as raízes da desigualdade?

A natureza da distribuição do poder na era global coloca em questão a relevância de nossas instituições legais e governamentais globais? Em nosso esforço para preservar a soberania nacional em uma época que exige governo transnacional, estaremos prejudicando nossa capacidade de enfrentar os desafios globais?

A diferença de interesses entre a superclasse global e as elites nacionais irá se transformar em um dos conflitos centrais de nossa era, potencialmente rivalizando e de certo modo ecoando a divisão entre as doutrinas capitalista e socialista do século passado?

Esta seria a superclasse que escolheríamos, se pudéssemos? De que modo essa superclasse não consegue refletir em sua composição a população como um todo, e quais são as implicações de várias importantes populações não estarem adequadamente representadas?

Como a superclasse está evoluindo, e o que isso irá significar para nós? Se a ascensão e a queda das elites fazem parte da história de todas as épocas, o que a natureza desse grupo e seu provável destino sugerem sobre a nossa própria época?

No restante deste livro lidarei com cada uma dessas perguntas, algumas vezes em pequenos capítulos, outras ao longo de vários capítulos, retornando a esses pontos de diferentes perspectivas. Assim como acontece com qualquer mundo tão complexo, cartógrafos e recenseadores só podem nos contar uma parte da história. Partes dela são vistas de forma melhor de 12,5 mil metros de altitude, onde, paradoxalmente, podemos não apenas ver o mundo até o horizonte, mas também a superclasse bem de perto, disparando pelo ar rarefeito que costuma ser o lar para tantos deles.

CAPÍTULO 2

Ceteris non paribus: desigualdade, retrocesso e a nova ordem

> O desequilíbrio entre ricos e pobres é a mais antiga e fatal doença de todas as repúblicas.
>
> Plutarco

Em uma noite chuvosa, o bairro El Golf, em Santiago, Chile, poderia ser uma esquina elegante de qualquer capital do mundo. A cordilheira dos Andes que cerca a cidade está envolta em névoa, e, apesar do tamanho impressionante das montanhas, elas simplesmente desaparecem na escuridão. Todos os vestígios dos índios mapuche e outros povos indígenas para os quais o país foi o lar durante milhares de anos foram apagados, empurrados, recobertos, enterrados, encimados por letreiros em neon.

Uma amiga que viveu no Chile certa vez me falou sobre uma conversa que teve com um grupo de chilenos brilhantes, progressistas e instruídos, na qual um deles — um diplomata chileno — afirmou que o país não tinha povo indígena do qual falar. Ele estava certo, claro. Porque, embora os mapuche e outros grupos nativos sejam mais de 5% da população do Chile, aquele camarada e seus amigos simplesmente não queriam falar sobre eles. Quando questionados por minha amiga, eles explicaram que queriam dizer que os povos nativos não eram tão visíveis quanto nos países vizinhos como Bolívia e Peru. (Nesses países os grupos indígenas são não apenas visíveis, como recentemente, após uma ausência de quase meio milênio, reassumiram posições de destaque na vida política nacional.) Mas o que os chilenos conhecidos de minha amiga revelaram foi um desejo de se distinguir daquelas raízes nativas, se colocar como algo diferente — moradores de um pedaço da Europa que de algum modo tinham derivado rumo ao oeste, talvez, ou jovens globalistas representando uma cultura sem país.

Economicamente o Chile não tem equivalente na América Latina. É realmente *sui generis* — um modelo de desenvolvimento e um exemplo do que outros países poderiam ser se agissem em conjunto. De certa forma, o Chile arrancou uma das páginas do manual de marketing do 7Up, o refrigerante americano. Assim como o 7Up é a não-cola, o Chile se vende aos investidores como a não-América Latina. Quando o atual ministro das Relações Exteriores, Alejandro Foxley, concebeu uma iniciativa para ligar o Chile a "países que pensam igual", por exemplo, sua lista incluía Irlanda, Nova Zelândia e Noruega — e nenhum país da América Latina.

O bairro chileno de El Golf tem os adereços óbvios do capitalismo global: torres altas e Starbucks; shoppings e Mercedes; TGI Friday's e BMWs — tudo o caracteriza como sendo ao mesmo tempo a mais privilegiada e a mais global região da cidade. De fato, talvez seja o bairro urbano mais sofisticado de toda a América Latina. (Moradores da Recoleta de Buenos Aires ou dos Jardins de São Paulo podem discordar, mas El Golf certamente está pelo menos em pé de igualdade com eles.) Algumas das pessoas mais ricas do Chile moram em enclaves cercados na periferia de Santiago, enquanto outros membros das camadas superiores do país têm vinhedos ou casas no litoral, em Zapallar ou Viña del Mar. Mas El Golf, com sua esterilização corporativa, globalizada e logotipada, talvez seja a expressão máxima do milagre chileno: o Chile é o primeiro país da América Latina a escapar dos ciclos de explosão e depressão, driblando o populismo vazio e conseguindo ao mesmo tempo crescimento sustentável e estabilidade.

Como isso aconteceu? A geografia, a localização e o tamanho do Chile moldaram um país de postura independente, bastante isolado de seus vizinhos e com um impulso natural a olhar para fora. Ele está literalmente de costas para a muralha da América Latina: as enormes montanhas dos Andes formam a maior parte da fronteira de 6 mil quilômetros do Chile com o continente, quase toda ela com a Argentina. As relações históricas entre essas duas nações podem ser bem representadas pelo fato de que, apesar da existência de 13 grandes passagens nas montanhas ligando os dois países, apenas uma tem uma estrada pavimentada, ainda hoje. As perspectivas de relações melhores com os outros vizinhos próximos do Chile — Bolívia e Peru — diminuíram depois da Guerra do Pacífico de 1879. Na época, o Chile capturou uma importante parcela do deserto do Atacama que incluía o único porto marítimo da Bolívia, Antofagasta, e tomou as províncias de Tacna e Atica do Peru. As feridas ainda estão abertas.

Assim, o Chile não teve escolha a não ser voltar os olhos para o mar e além. Os recursos naturais do país (cobre, madeira, agricultura e pesca, entre outros) eram produtos que o mundo queria, e apesar de sua localização na extremidade da Terra — tão distante que é o ponto de partida preferido para viagens à Antártica — ele imediatamente se tornou um parceiro comercial atraente. Nisso foi ajudado pela adoção precoce e assumida da receita econômica orientada para o mercado dos *Chicago boys*, importantes economistas da Universidade de Chicago e discípulos do ganhador do Prêmio Nobel Milton Friedman. As políticas introduzidas por esse grupo, que estabeleciam crescimento com disciplina fiscal e abertura ao comércio e ao investimento, ajudaram a alimentar um crescimento chileno que já chega a quase duas décadas.

De fato, o Chile escolheu ser um pioneiro da nova era que está transformando os mercados internacionais, e hoje se tornou uma espécie de garoto-propaganda da globalização. Tem acordos comerciais com 47 nações e negocia com muitas outras, sendo um dos países do mundo mais abertos ao comércio. Governos sucessivos permaneceram fiéis aos princípios introduzidos no início da década de 1980, que têm na linha de frente um desejo de se relacionar com outras nações e deixar os mercados produzirem sua mágica restauradora sem interferência excessiva do governo — até mesmo de um governo declaradamente socialista. Para exemplificar: eu viajei ao Chile com o então secretário de Comércio dos Estados Unidos Ron Brown. Nossa missão era defender as empresas americanas, e uma grande companhia americana estava de olho em um contrato especialmente grande com o Chile. Brown defendeu nossa posição, apenas para ser interrompido no meio pelo ministro com o qual estávamos reunidos, que disse: "Esses são pontos importantes, sr. secretário, mas aqui no Chile o governo tenta não se envolver nessas questões. Acreditamos que se deixarmos a cargo do mercado a melhor empresa vencerá e o melhor projeto será executado." Brown não pôde deixar de rir. Após correr o mundo defendendo a doutrina de mercado, ele tinha recebido uma aula de livre mercado.

De fato, as lições dos *Chicago boys* foram tão bem aprendidas que se transformaram praticamente numa religião. Embora o Chile seja majoritariamente um país católico, poderia-se dizer que ele se ajoelha em frente ao altar do "Consenso de Washington", a receita de reformas voltadas para o mercado que se tornou o principal produto intelectual oferecido pelo FMI, pelo Banco Mundial e por outras instituições financeiras hegemônicas durante a década de 1990. A expressão foi cunhada por John Williamson, do Instituto de Economia Internacional, em Washington, em um artigo de 1989 no qual descrevia como antigas e desacreditadas idéias desenvolvimentistas que tinham produzido, entre outras coisas, a crise regional da dívida externa dos anos 1980 haviam sido superadas pelo que ele descrevia como uma lista de "dez políticas que eu penso que basicamente todos em Washington concordariam que seriam necessárias praticamente em toda a América Latina". Como o próprio Williamson reconheceu, a relação de idéias de política econômica — variando de privatização a disciplina fiscal, passando por liberalização econômica — de certa forma se perdeu em meio à gritaria de que o termo implicava que as idéias estavam sendo impostas por Washington, quando na verdade representavam um nascente consenso pós-Guerra Fria sobre o papel dos mercados e do Estado. O Chile teve tanto sucesso aplicando a fórmula — com crescimento médio anual em torno de 8% na década de 1990 — que muitas vezes foi apresentado como exemplo de como impulsionar o desenvolvimento na era global, não apenas na América Latina mas em todo o mundo. Basta perguntar aos russos, que, quando o comunismo cambaleou, receberam a recomendação de levar em consideração "o modelo chileno".

Nem todos os barcos estão sendo erguidos

O bairro pelo qual passávamos de carro é como um monumento à história do sucesso. É um canto de uma cidade antiga e bela que de certa forma está mais ligada a Nova York e Cingapura por ideologia, temperamento e até cultura do que aos bairros mais pobres a alguns quarteirões de distância. Torres de escritório e condomínios gradeados se erguem como gráficos em um quadro, traçando uma ascensão irrefutável e impressionante.

Mas na escuridão — em algum ponto fora do gráfico —, tão invisível quanto as montanhas à noite, permanece o enigma com o qual os líderes do país ainda lidam: em termos econômicos, hoje os pobres do Chile estão ainda mais distantes dos ricos do Chile do que em qualquer outro momento de sua história moderna. A faixa dos chilenos 20% mais ricos detém quase 67% da renda do país, enquanto os 20% mais pobres têm apenas 3%. De fato, a distância entre ricos e pobres no Chile não apenas se tornou pior do que era durante os anos decididamente nada sentimentais de Pinochet, como está entre as piores do mundo em um continente tristemente conhecido por produzir os piores indicadores de desigualdade do planeta.

Enquanto o motorista do táxi deslizava conosco por ruas laterais molhadas — com uma segurança inteiramente injustificada, considerando-se que ele claramente não tinha idéia de para onde estava indo —, eu não conseguia parar de pensar em por que a famosa maré montante não estava erguendo todos os barcos, como poderia. Alguns de meus amigos economistas especializados em questões sobre o desenvolvimento apontariam que na verdade a base está se erguendo de forma modesta em muitas regiões do mundo, e que essa certamente é uma tendência positiva. Mas será tolerável, ou mesmo defensável, que as distâncias existentes sejam tão flagrantes, que as receitas econômicas de nossa era tenham não apenas ajudado mais os ricos, porém muito mais, de uma forma quase inconcebível? Sim, os incentivos dados a líderes empresariais e de investimentos para motivá-los a trabalhar mais e produzir crescimento beneficiaram a todos. Mas eles são realmente incentivos de mercado, defendidos como uma livre interação econômica, ou o sistema foi regulado de modo a beneficiar de forma desproporcional aqueles que chefiam organizações, tomam decisões de investimento e presidem conselhos? É verdade que os governos foram incapazes de fazer muito do que deveriam para melhorar a qualidade de vida dos seus povos, e em um enorme número de casos os mercados fizeram muito mais. Mas criar uma falsa escolha entre governos e mercados, como tantos políticos fizeram, é produtivo ou prático quando nenhum dos dois consegue sozinho produzir uma sociedade próspera ou justa?

Talvez para me distrair das manobras insanas de meu taxista — que, como os taxistas de todo o mundo, se concentrava mais na sua conversa ao celular do que no bem-estar de seus passageiros —, eu relembrei a conversa que tivera com Lawrence Summers no Charles Hotel de Cambridge, Massachusetts. Summers tinha sugerido que a razão pela qual os membros da sociedade de maior sucesso econômico estão ganhando tão mais poderia ser o fato de que o mundo realmente está se tornando mais eficiente: o sistema está recompensando os mais preparados a taxas proporcionalmente mais altas, dando a aqueles com acesso à tecnologia recompensas por sua produtividade aumentada, e dando a aqueles que comandam negócios de escala crescente um retorno maior pelo crescimento de suas empresas. Mercados livres estão fazendo seu trabalho. Não seria possível, dizia ele, que os grandes realizadores finalmente fossem capazes de pegar sua parcela justa do retorno, considerando-se seus talentos relativos, sua produtividade e sua contribuição em valor para os resultados econômicos?

Não um país, mas um clube de campo

A idéia de Summers me assombrava enquanto seguíamos pelas ruas do Chile, a caminho de um jantar com um de seus ex-colegas de Harvard, Andrés Velasco, o ministro da Economia do país. No Chile é impossível não se chocar com a estratificação da sociedade. Há os pobres e a classe operária, e há os bem-postos e os educados que estão produzindo o "milagre" chileno. E depois há os poucos no cume do mundo dos negócios que colhem recompensas enormemente desproporcionais desse milagre. De fato, apesar de todo o seu progresso, o Chile é em grande parte como vários outros países do mundo em desenvolvimento, dominado por um punhado de famílias e indivíduos da elite. Isso é verdade para os oligarcas da Rússia, os homens e mulheres que comandam os *chaebol* da Coréia, as principais empresas familiares das Filipinas e outras regiões do sudeste da Ásia, e ali no Chile de sucesso. Um grande amigo chileno oriundo de um setor privilegiado daquela pequena sociedade certa vez me descreveu o Chile como sendo "não tanto um país quanto um clube de campo". O clube tem como sócias algumas famílias fundamentais: Angelini, Matte, Piñera, Luksic, Saieh, Claro, Edwards e algumas outras. Segundo meu amigo, "esse é o círculo íntimo, e para conseguir fazer alguma coisa significativa você precisa ter alguns deles do seu lado".

Embora essa afirmação talvez seja uma simplificação exagerada, guarda muita verdade. Cada uma dessas famílias controla alguns negócios fundamentais — madeira, companhias aéreas, bancos, navios ou meios de comunicação — e grupos associados que oferecem um amplo leque de produtos e serviços. Algumas têm em suas fileiras bilionários, como Anacleto Angelini, Eliodoro Matte e Sebastián Piñera. Praticamente todas têm significativa influência política. Piñera, por exemplo, dono da principal empresa aérea do país, a LAN Chile, foi o candidato da direita a presidente nas últimas eleições. Ele é elegante, articulado, autoconfiante e um orador bom e impressionante cuja única fraqueza é o prazer de ouvir a própria voz. Ele teve um bom desempenho nas eleições e, como um dos homens mais ricos do país e uma das principais vozes de oposição ao governo socialista, é uma grande força na vida política, econômica e social do Chile. Escutando Piñera é difícil não acreditar que ele seja sincero em seu desejo de ajudar o Chile a crescer e na sua certeza de que defende as abordagens que são as corretas.

Esse também é um grupo cada vez mais cosmopolita. Basta conversar com qualquer um deles para ver líderes empresariais globais muito sofisticados, educados e, com freqüencia, comparativamente esclarecidos. Um pouco antes, em 2007, eu tinha conversado com Andrónico Luksic em seu escritório no Banco de Chile, principal banco privado chileno, sobre seu envolvimento ativo nos mercados asiáticos. Seu banco acabara de abrir escritórios no Vietnã e concluíra um grande investimento no Paquistão, e o próprio Luksic comprara um apartamento em Pequim a fim de "ter uma idéia do povo e do lugar". Seu ponto de vista era claro: "Esse é o mercado que cresce mais rapidamente no mundo, em meio a um grande número de outros mercados em crescimento acelerado, e eu quero uma parte desses negócios. E também não acho que o Chile possa competir, a não ser que tenhamos fortes laços e um comércio ativo com a China e o restante da Ásia. Esse é o futuro." Luksic entende tão bem quanto qualquer um no país o que é necessário para ajudar o Chile a crescer. Ele é criativo, pensa no futuro e regularmente debate questões políticas e prioridades com a presidente Michelle Bachelet e membros do seu governo, freqüentemente defendendo políticas que ele e outros como ele na comunidade empresarial acham que tornarão o país mais competitivo globalmente, desde melhorar a educação até reduzir a burocracia, que é considerada um obstáculo ao investimento. Ele participa de conferências globais como a reunião latino-americana de negócios do Fórum Econômico Mundial, da qual foi um dos presidentes em 2007. Ele, como os outros, se sente tão à vontade em Wall Street ou nos mercados globais quanto qualquer líder empresarial que encontre em qualquer lugar do mundo. Não há nada de provinciano ou alienado nesse grupo, ao contrário do que poderia ser verdade para a maioria dos gigantes empresariais da região há, digamos, vinte ou trinta anos.

Pouco depois de me encontrar com Luksic passei uma tarde com Alvaro Saieh, líder da comunidade chilena de negócios que também ganhou seu dinheiro com bancos. Nós nos encontramos em sua mansão, que fica no alto de uma longa estrada serpenteante aos pés dos Andes, debruçada sobre Santiago. Passando pelo portão o visitante se depara com um moderno triunfo do design — evocando os pátios romanos, mas em linhas puras que são excepcionalmente sofisticadas e esteticamente agradáveis. Saieh também é um homem ponderado, profundamente preocupado com o futuro do Chile e especialmente apaixonado pela questão da educação. Ele gostaria de ajudar a financiar e construir uma nova universidade para o país, que forme novas gerações de líderes mais competitivos no mundo. "Não podemos ter complacência", disse ele. "Para continuarmos a crescer, a liderar e a resolver nossos problemas nós precisamos seguir em frente." Apesar de sua residência luxuosa, bem afastada das ruas sujas da cidade, Saieh reconhece as deficiências de seu país e quer usar sua fortuna para encontrar uma solução. Como Luksic, ele se vale de organizações internacionais de líderes empresariais para compreender melhor a atual lógica mundial e ampliar sua rede de contatos. É, por exemplo, membro ativo do Grupo dos Cinqüenta, uma organização de alguns dos mais importantes líderes empresariais do hemisfério que se reúnem uma vez por ano, normalmente em Washington, porém recentemente em locais tão distantes quanto China e Santiago.

Sim, as elites do Chile estão estimulando o crescimento e o progresso e — em alguns casos — tomando medidas concretas para abordar a persistente desigualdade do país. Mas as conversas com essas elites costumam ter subtemas que oferecem um quadro mais complexo. Conversando com um alto executivo de uma das principais empresas do setor madeireiro do país, identifiquei uma espécie de insalubre conforto com — e apoio ao — *status quo*. A empresa dele domina o mercado, e quando perguntado se o Chile deveria fazer mais para estimular investimentos estrangeiros o CEO hesitou. Sim, o investimento é bom, observou lentamente, mas suas palavras e as pausas que fez antes de escolhê-las diziam o contrário. A competição com grandes multinacionais é vista, compreensivelmente, com grande preocupação. Até o momento, os principais setores do Chile são dominados por apenas um punhado de empresas, normalmente de capital nacional ou com grandes interesses locais. O empreendedorismo é claramente limitado, com poucas grandes histórias de sucesso no caso de empreendimentos de pequeno ou médio porte. O Chile cresceu e se modernizou, mas o *status quo* social e estrutural permaneceu claramente o mesmo — uma verdade não inteiramente desagradável para certos membros da elite como o executivo do setor madeireiro. De muitas formas a distribuição de riqueza e poder pode ser traçada até as desigualdades históricas que remontam à época colonial, não apenas no Chile mas por toda a América Latina. Essas desigualdades, por sua vez, foram perpetuadas pelo fato de que os elementos fundamentais que poderiam ter promovido maior igualdade estavam disponíveis basicamente para as elites — como a educação, que, quando disponível principalmente para poucos, acaba acirrando as disparidades.

Mas quando a questão de abordar esses desequilíbrios históricos surgia nas discussões com o pequeno grupo de grandes líderes empresariais chilenos, a maioria moldava suas respostas usando a linguagem dos *Chicago boys*. Ricardo Claro, presidente da gigante do mercado de navegação CSAV e dono do mais famoso vinhedo do Chile, Santa Rita, apoiou reformas econômicas ortodoxas durante os anos Pinochet. Intelectualmente curioso e extraordinariamente inteligente, ele também é cosmopolita, atuante em círculos internacionais da elite e bem conhecido fora do Chile. Mas a mensagem que ele e muitos outros no *establishment* empresarial chileno oferecem durante uma conversa, diretamente ou não, é uma versão destilada das receitas econômicas dos anos 1980: "Deixe a cargo dos mercados. Seja paciente. Mantenha os impostos baixos para quem gera empregos." Eles seguem o axioma do "gotejamento" 25 anos após a expressão ter sido criada, embora evidências convincentes tenham mostrado que, como escreveu o economista Robert H. Frank, da Universidade Cornell, a teoria do gotejamento "não é sustentada nem pela teoria econômica nem pelas provas empíricas".

Não apenas um paradoxo chileno

Nosso táxi finalmente chegou ao seu destino, um prédio de apartamentos moderno de pedra branca. A partir da porta da frente uma empregada nos conduziu por um saguão de mármore impecável até um pequeno elevador, que nos levou ao apartamento do presidente da Chilectra (uma das duas grandes geradoras de energia do Chile). Enquanto seguíamos, o aparente paradoxo do progresso chileno permanecia na minha cabeça. Como o país podia ser tão avançado, com um quadro de líderes tão bem-educados e cosmopolitas, e ao mesmo tempo ter tantos problemas não solucionados de renda e desigualdade social?

Entrando no apartamento a primeira pessoa que vi foi Andrés Velasco (cujo Ministério da Economia, que fique registrado, foi durante algum tempo cliente de minha empresa de consultoria). Ele estava sentado em uma daquelas cadeiras de design escandinavo nas quais é praticamente impossível se sentir confortável — embora de algum modo ele parecesse confortável e até mesmo sereno. Ao seu lado estava nosso anfitrião, Jorge Rosenblut, que tinha sido um alto funcionário em um governo chileno anterior e um dos principais arrecadadores de fundos para a campanha da atual presidente, Michelle Bachelet. Logo se juntaram a nós o então ministro secretário-geral de governo, Ricardo Lagos Weber; a subsecretária de Economia, María Olivia Recart, e o chefe da divisão internacional do Ministério da Economia, Raúl Sáez. Era uma conversa descontraída entre amigos, sem negócios e com um alto consumo do muito bom vinho chileno.

Os muitos sucessos do Chile eram bastante fáceis de compreender. Velasco, que teve uma brilhante carreira de economista, que levou à sua nomeação para o Departamento de Economia de Harvard, de fato é um ministro da Economia de primeira linha, o último de uma longa linhagem que incluiu o atual ministro das Relações Exteriores, Alejandro Foxley, e o ex-subdiretor gerente do FMI Eduardo Aninat. Ele recentemente tinha convencido o país a poupar, em vez de gastar, 20 bilhões de dólares do lucro com a alta dos preços do cobre — o tipo de decisão que levou os mercados financeiros globais a terem maior confiança no Chile. Quando finalmente surgiu a questão da desigualdade, no início da noite, Velasco foi muito comedido. Isso obviamente o perturbava. "Esse claramente é um problema fundamental para nós", disse ele. "Ainda há muito trabalho a ser feito nessa área só no que diz respeito a compreender o problema, antes mesmo de começarmos a lidar com ele. Quais são as causas? Quais são nossas verdadeiras opções? Precisamos resolver problemas em nosso sistema de ensino, nossa infra-estrutura, criar empregos e realmente abrir nossa economia."

Mas quando foi sugerido que mudanças significativas demandariam um grande apoio político, Lagos Weber e os outros balançaram as cabeças e os sorrisos desapareceram. Há adversários da mudança no *establishment* tanto à direita quanto à esquerda. Eles consideram os gastos sociais potencialmente inflacionários. Consideram a reforma do sistema de ensino muito complicada. E, ainda mais importante, em relação aos principais líderes da comunidade empresarial, Rosenblut observou que "o grupo que tem maior poder na comunidade empresarial chilena está confortável demais no século XXI, e aqueles que estão desconfortáveis, os pequenos e médios empresários, não têm tanta influência". Muitos dos sócios do "clube de campo" não vêem necessidade de mudar as regras de associação.

Os convidados do jantar eram educados ou políticos demais para dizer isso, mas a verdade é que, embora muitas das pessoas mais poderosas do país abracem o "progresso", usam sua energia e seu capital político principalmente em defesa das mudanças que mais as beneficiam. As elites no Chile resistiram explícita ou implicitamente a mudanças que pudessem criar maior competição, mais empreendedorismo, maior acesso ao capital pelas classes pobre e média. A doutrina dos *Chicago boys* diz que está tudo bem, porque é a doutrina da maré montante e do gotejamento — um clássico da era Reagan que, como se observou, não envelheceu tão bem quanto os brancos e tintos chilenos que foram o destaque de nossa refeição. A idéia hegemônica sempre foi a de que a paciência bastaria; o estímulo à competição e a abertura a investimentos algum dia iriam se traduzir na criação de verdadeiras oportunidades para todos e na disponibilidade muito maior do capital.

Você pode chamar as idéias por trás disso de relíquia do Reagan-tatcherismo. Ou pode, em respeito aos líderes intelectuais que comandaram o fenômeno, chamar isso de Volcker-greenspanismo em homenagem aos sumo-sacerdotes do Banco Central dos Estados Unidos. Certa vez ouvi alguém, enquanto tentava enquadrar isso em termos de mercados livres e globalização, classificar como Friedman-friedmanismo, em homenagem ao mentor dos *Chicago boys*, Milton, e de Thomas, autor de *O mundo é plano*. Mas talvez a melhor forma de classificar essa família de idéias seja mercado-mercadismo, a noção de que o planejamento central e o governo inteventor (*big government*) se mostraram um fiasco tal que a melhor forma de resolver todos os problemas da sociedade é deixar isso a cargo dos mercados.

Porém, mais de uma geração após essa doutrina começar a ser abraçada pelas pessoas mais influentes do mundo — pela nova elite global em evolução —, está claro hoje que ela não responde a muitas questões. Os mercados são maravilhosos em certos aspectos, e o crescimento produzido pelas políticas de livre mercado beneficiou bilhões. Mas os mercados não têm consciência, e mais cedo ou mais tarde deixarão para trás os doentes, os sem formação e os idosos. Os mercados buscam eficiência, e isso freqüentemente significa consolidação de recursos e poder, economias de escala e grandes custos humanos. O mercado-mercadismo não lida bem com as ineficiências, as fraquezas e o fracasso dos mercados em produzir o tipo de sociedade justa que é uma meta pelo menos tão importante quanto estimular a prosperidade. A genialidade da abordagem é que ela sugere que no final o bem se espalhará pela sociedade se apenas seguirmos as fórmulas simples. Para mim isso soa um pouco como a promessa de recompensas celestiais que permitiu que as elites clericais colaborassem com as elites políticas ao longo da história como uma forma de buscar a estabilidade em meio ao sofrimento disseminado dos pobres. Tem de haver uma forma melhor. Tem de haver um meio de nos valermos do poder dos mercados, reconhecermos os limites dos governos e ainda assim abordarmos as crescentes, evidentes, injustas e danosas desigualdades em nosso mundo.

Andrés Velasco parecia sentir a necessidade de mudança e novas idéias. Ele claramente não confia na maioria das soluções intervencionistas dos governos fortes, mas sabe que deixar tudo a cargo dos mercados é inadequado. "Talvez", reconheceu ele, "possamos estar no início de um novo período de reflexão. Talvez precisemos encontrar um novo equilíbrio". Ele reconheceu que nos últimos 15 anos o raciocínio no qual ele e outros economistas hegemônicos foram criados — limitar o papel do governo, estimular a austeridade fiscal, combater a inflação, promover a desregulamentação e deixar que o dinamismo do mercado produza crescimento — não gerou exatamente os resultados esperados. Muitos lucraram enormemente e outros ficaram muito para trás, e isso, observou ele, "certamente pede alguma reflexão e provavelmente novas abordagens". Mas ele, como muitos, duvida que isso irá, ou possa vir a, produzir uma nova era de maior atuação governamental. Sim, o governo precisa assumir a liderança e fornecer os recursos educacionais e de infra-estrutura necessários para a competitividade. Sim, ele pode desempenhar um papel regulando os setores que provavelmente produzirão crescimento futuro. "Eu identifico um papel para o governo", disse Velasco, "mas como adequar isso aos fundamentos, às coisas que sabemos que funcionam, e ao que sabemos que não funciona? Isso é difícil. Esse é o nosso desafio".

E depois da parte fácil...

No dia seguinte eu me encontrei com o ex-ministro da Economia do Chile Jorge Marshall, em seu escritório espaçoso porém mal iluminado. Na época o segundo homem do Banco Central Chileno, Marshall abordou a questão de outra forma. "Temos um longo caminho pela frente no Chile", disse. "Nós estabilizamos a economia. Controlamos a inflação. E então nos abrimos. Abraçamos a privatização e a liberalização do comércio. Mas o segredo é que fizemos isso porque, comparativamente falando, essas eram as coisas mais fáceis, politicamente, a serem feitas. Resolver os problemas fundamentais de nossa sociedade — como a questão da desigualdade e descobrir novas formas de estimular o crescimento — é muito mais difícil." Em outras palavras, as reformas necessárias podem não ser politicamente possíveis, quanto mais populares.

O Chile atingiu um nível de estabilidade econômica e crescimento bem superior ao de muitos outros países nos quais a desigualdade continua a ser um enorme problema. Mas, como no Chile, as reformas adotadas por toda a América Latina e pelo mundo emergente nas duas últimas décadas foram aquelas que se adequavam aos que já estavam em posições de poder: o pequeno número de famílias que controlavam os maiores grupos empresariais e o pequeno número de líderes políticos e militares com os quais elas se relacionavam. Essas elites tinham mandado durante anos, ganhado dinheiro independentemente das condições em seus países. Quando, depois da crise da dívida externa dos anos 1980, os bancos que emprestaram dinheiro a esses países cobraram reformas como garantia de que suas dívidas reescalonadas de fato fossem pagas, essas elites nacionais fizeram aqueles acordos que podiam aceitar, costurados em negociações com os banqueiros para os quais eles eram os únicos clientes de verdade em cada país. Paradoxalmente, embora os bancos estivessem infelizes com a dívida ruim que uma administração equivocada tinha deixado aos seus clientes, eles em última instância queriam que os clientes sobrevivessem para fazer outros empréstimos outro dia. Eles deram um grande poder aos governos, líderes empresariais e banqueiros locais que consultaram e seduziram durante as negociações. As elites defenderam a privatização porque tinham os ativos que permitiriam a elas fazer empréstimos, investir e comprar as novas entidades privatizadas. Elas estimularam a desregulamentação porque isso dava mais amplitude à liderança empresarial e reduzia o papel dos líderes de governo. Elas saudaram a abertura de mercado porque, como donos de grandes empresas, eram quem tinha maior probabilidade de se beneficiar do novo fluxo de capital e do aumento das oportunidades de comércio.

Mas quando chegou o momento de lidar com as estruturas de propriedade que favoreciam — às vezes de forma grotesca — acionistas majoritários e reduziam os direitos de acionistas minoritários, ou que produziam maior competição, aqueles que tinham o poder fincaram pé. E, à medida que a liberalização do comércio os ligava ao mundo, eles começaram a reconhecer que a manutenção de baixos custos do trabalho em seus países os ajudaria a atrair capital de investimento. Seus interesses se tornaram cada vez menos alinhados com os de seus funcionários e mais ligados aos dos banqueiros de investimento e outros que pudessem oferecer a eles maiores remunerações ou crescimento acelerado (leia-se geração de riqueza) para suas empresas.

Isso era possível principalmente porque a expressão "livre mercado" — um slogan simplista para as idéias complexas descritas por aqueles do Consenso de Washington — é claramente um nome equivocado. Sempre há regras: aquelas estabelecidas pelos governos, como estruturas de impostos e incentivos, freqüentemente visando a estimular os interesses de crescimento defendidos com sucesso por segmentos da comunidade empresarial; e aquelas inerentes aos mercados, como o fato de que a eficiência de custos favorece a economia de escala, e como o fato de que as estruturas de compensação para banqueiros favorecem a prática de se priorizarem poucos grandes negócios com grandes empresas (que normalmente têm um perfil de crédito melhor) do que muitos com empresas menores ou indivíduos. Ainda hoje, embora o microcrédito e outros programas sejam voltados para pessoas pobres, a imensa maioria do capital de investimento é destinada às maiores empresas. No Chile, os líderes citaram esta como uma preocupação especial relacionada à falta de desenvolvimento de empreendimentos de médio porte no país.

Em meio a tudo isso surgiram outros fatores — fatores que não são normal ou efetivamente estudados pelos economistas — que foram negligenciados e são ainda deixados de lado. Entre eles estão os problemas de uma cultura que mantém muitos elementos de estrutura de classes mesmo face à reforma. É uma questão constrangedora, porque a cultura está embebida de identidade nacional, religião e até raça, assim, é um tema sensível em países em desenvolvimento, raramente abordado na sociedade educada. Mas é um fato.

Assim como estamos dolorosamente nos dando conta de que a introdução de instituições democráticas sem o estímulo a uma verdadeira cultura de democracia e liberdade produz aquilo que o editor da *Newsweek* Fareed Zakaria descreveu como "democracia não-liberal" — a Venezuela e a Rússia são ótimos exemplos disso —, também devemos ser capazes de ver que o mesmo é verdade para as instituições e a cultura de mercado. Introduzir estruturas e abordagens de mercado sem criar uma cultura de empreendedorismo irá produzir "mercados não-liberais" — sistemas que parecerão livres mercados mas serão marcados por ineficiências e injustiças. O resultado provavelmente estimulará forças desestabilizadoras, políticas ou não, e, de qualquer forma, impedirá as sociedades de atingirem todo o seu potencial. E tal sistema demanda um efetivo quadro legal ativo e justamente aplicado que até hoje não existe. No plano global, no campo transnacional ou supranacional, isso normalmente nunca existiu. Como Dani Rodrik, de Harvard, escreveu, "a vulnerabilidade da globalização é o desequilíbrio entre o alcance nacional dos governos e a natureza global dos mercados. Um sistema econômico saudável necessita de um ajuste delicado entre os dois. Avance demais em uma direção e terá protecionismo e autarquia. Avance demais no outro e terá uma economia mundial instável, com pouco apoio social e político a aqueles que ela deveria ajudar".

Observadores como o economista ganhador do Prêmio Nobel e professor da Universidade Columbia Joseph Stiglitz argumentaram que as elites no Chile e em outras partes do mundo aceitaram as reformas que se ajustavam a elas, mas pararam antes de aceitar aquelas que seriam melhores para a sociedade como um todo. Um ex-colega de Stiglitz que foi chefe de gabinete do presidente Clinton, Mack McLarty, sugeriu que a questão da resistência à mudança tem um componente geracional. "A riqueza geracional — e eu estou generalizando — mas (...) as grandes famílias que foram dominantes em suas economias por muito tempo, muitas delas se isolaram das questões ou preocupações sociais", me disse ele. "É como se elas simplesmente colocassem antolhos e continuassem com seus negócios particulares. Especialmente nos casos em que até mesmo os patriarcas hoje são a terceira ou quarta geração de riqueza e estiveram isolados a vida inteira, eles simplesmente não entendem isso, ou não querem entender." Como ex-CEO de uma empresa entre as quinhentas maiores pela revista *Fortune*, McLarty conheceu muitos na classe rica e viu em primeira mão a obstinação que torna as reformas tão difíceis.

Moisés Naím, ex-ministro da Indústria e Comércio da Venezuela e atual editor da revista *Foreign Policy*, acredita que o problema vai além da resistência passiva. "Em muitos sentidos as elites são as responsáveis pelos problemas dessas regiões", me disse ele recentemente. "Como a elite saudita pode não ser responsável pelo que está acontecendo na Arábia Saudita? Como a elite venezuelana pode não ser responsável por levar o país ao ponto em que uma pessoa como Chávez chega ao poder?" Naím usa cuidadosamente a palavra "elites", buscando evitar algumas das velhas armadilhas da luta de classes. Ele toma o cuidado de não exagerar sua influência, mas concorda que, especialmente no mundo em desenvolvimento, elas têm sido uma parte significativa do problema por muito tempo.

Minhas conversas com os líderes chilenos e com especialistas como McLarty e Naím produziram uma avalanche de novas perguntas. Se as elites nacionais estão desempenhando um papel na evolução da desigualdade interna, as elites internacionais desempenham um papel similar em escala global? Como os interesses alinhados das elites globais influenciam desdobramentos políticos, de políticas e de mercado nestes primeiros anos de era global de uma forma que afeta a desigualdade? Positivamente? Negativamente? Qual é o papel real, não imaginado, dos membros da elite global que exercem especial influência?

Ceteris non paribus: desigualdade de poder, desigualdade de riqueza

Se você jogar a palavra "desigualdade" em uma sala cheia de economistas internacionais ou tomadores de decisão entediados, isso produzirá o mesmo efeito de jogar uma cascavel em uma sala cheia de pessoas normais. Surgem todos os tipos de violências. São iniciadas discussões ferozes entre correntes acadêmicas. É citada a inadequação das pesquisas. Acusações sobre os motivos são disparadas. Sobe-se em pedestais. Epítetos são lançados.

Mas é uma questão fundamental para qualquer estudo da existência da superclasse, porque ela não apenas é o ponto extremo do *continuum* da desigualdade, como é identificada como aquela que estabelece as regras — e regras egoístas, por sinal. Por essa razão, devemos mergulhar um pouco mais fundo na questão da desigualdade antes de seguir para outras dimensões da superclasse, como sua história, as partes que a compõem, seu impacto e seu futuro.

Pelo que posso dizer, há escolas de economistas muito distintos e premiados que afirmam em trabalhos acadêmicos bastante consubstanciados que a desigualdade global (1) está aumentando, (2) está diminuindo, (3) está se estabilizando depois de aumentar por cerca de duzentos anos, (4) é o resultado inevitável de mercados que funcionam bem e distribuem recompensas aos que merecem e/ou (5) é uma ameaça à sociedade que irá abalar a estabilidade e invalidar nossas afirmações sobre o progresso da civilização.

Recentemente, uma grande série de livros e artigos abordou a questão da desigualdade, levando o debate além do argumento acadêmico para o campo da crítica. Muitos deles implicitamente endossam a teoria de que a desigualdade está aumentando e atribuem a culpa aos ultra-ricos e seus companheiros de viagem, os ultrapoderosos. Essas acusações normalmente são destinadas ainda mais especificamente aos defensores da elite e beneficiários da globalização, vistos como uma força que pode estar exacerbando a desigualdade. Por outro lado, vários colunistas e editores de revistas de negócios defendem as elites por seu papel na globalização, acreditando que ao globalizar elas acabarão ajudando a criar um sistema mais justo.

Portanto, para alguns os membros da superclasse são os heróis do processo de globalização que, algum dia, irá ajudar a resgatar os pobres da pobreza. Para outros eles são os "novos barões ladrões",* cavalgando o que observadores que vão de Martin Wolf, do *Financial Times*, até Paul Krugman, do *New York Times*, chamaram de a nova "era dourada", ou passeando por ela em seus aviões G5. Eles são pioneiros que ficam com o que conseguem ou exploradores que devem estar atentos ao declínio iminente ou à revolução global. Mas, seja como for, eles são importantes para a história da desigualdade.

Vejam, eu não vou perder tempo com intrincados debates acadêmicos enquanto as pessoas estão morrendo de fome. Ninguém come um Coeficiente de Gini (a medida econômica da desigualdade). Mas sei algumas coisas que são difíceis de contestar. Primeiramente, há desigualdade econômica. Segundo, ela está aumentando em algumas áreas. Terceiro, aqueles que têm mais poder são os que estão em melhor posição para resolver isso — e freqüentemente também são aqueles que estão na extremidade "tem muito" do *continuum* ter/não ter. Conseqüentemente, é preciso fazer um esboço do quadro da desigualdade econômica.

Nancy Birdsall, presidente e fundadora do Center for Global Development, explicou claramente a ligação entre desigualdade de riqueza e desigualdade de poder. Em uma palestra intitulada "The World Is Not Flat: Inequality and Injustice in Our Global Economy", feita na Universidade das Nações Unidas, Birdsall afirmou que, como resultado da globalização, "as regras existentes tendem a beneficiar principalmente aqueles países e indivíduos que já têm poder econômico; é natural que os mais ricos e mais poderosos tentem influenciar a concepção e a implementação de regras globais — mesmo regras que tenham como objetivo impor limites a eles — para sua própria vantagem".

* O termo "barões ladrões" refere-se ao original em inglês *robber barons*, uma denominação que caracteriza de forma pejorativa os industrialistas americanos do século XIX que fizeram fortuna dominando os seus setores com práticas escusas e anticompetitivas. (Nota do revisor técnico)

Concorde-se ou não com o argumento — e eu voltarei a ele —, se reconhecemos que algumas pessoas são mais poderosas que outras, então temos de atribuir a elas uma responsabilidade proporcional pela natureza da sociedade na qual elas têm influência. Segundo as Nações Unidas, apesar da melhoria econômica em muitas regiões, o mundo é menos igual ao que era até mesmo há uma década. Há disparidades nos países e entre eles. Por exemplo: hoje, os países mais ricos do mundo, como os Estados Unidos, aqueles da União Européia e o Japão, são em média mais de cem vezes mais ricos do que os mais pobres, como Etiópia, Haiti e Nepal. Há cem anos, a taxa era perto de 9 para 1. Na verdade, a taxa entre o PIB do país mais rico de hoje em termos per capita, Luxemburgo, e o mais pobre, Guiné-Bissau, é de 267 para 1. Os bilionários do mundo, aqueles cerca de mil indivíduos, têm, somados, uma riqueza maior do que a dos 2,5 bilhões mais pobres. Em algumas regiões a concentração de pobreza não é diferente da concentração de riqueza que você encontra nos Estados Unidos, na Europa ou no Japão. Na África subsaariana, quase metade da população vive com menos de um dólar por dia, enquanto apenas 3,5% dos europeus são vítimas de uma privação tão esmagadora. Mesmo na China, que apresentou um crescimento impressionante nas duas últimas décadas, a desigualdade está aumentando; no período entre 1984 e 2004 o Coeficiente de Gini da China quase dobrou, de 29 para 47.

Há discussões sobre a interpretação desses números. Uma distinção freqüentemente citada é a diferença entre medir a desigualdade presente na população de um país e a desigualdade presente entre todos os povos. Branko Milanovic, do Banco Mundial, argumentou que medir a variação de renda dentro de um país é um instrumento útil para testar a eficácia de certas políticas. Segundo esse parâmetro, a desigualdade em média tem aumentado há quase sete décadas, com um período de crescimento "rápido e agudo" entre 1982 e 1994. Alguns dos países com menor renda, como aqueles na África subsaariana, enfrentaram crescimento negativo do PIB per capita durante 15 anos, enquanto os países desenvolvidos e integrados ao livre comércio da Organização para Cooperação e Desenvolvimento Econômico viram sua fortuna aumentar no mesmo período. Porém, como Milanovic observa, se você tomar o mesmo parâmetro mas de forma ponderada em relação ao tamanho das populações, é possível considerar que a desigualdade global diminuiu. Isso se deve fundamentalmente ao desempenho dos países com maior peso, China e Índia, que tiveram algum aumento na renda. Quando a China e a Índia são excluídas da lista, na verdade, fica claro que a desigualdade ponderada tem aumentado desde meados dos anos 1980, assim como os resultados não ponderados.

Contudo, quando se busca avaliar a desigualdade não apenas entre países, mas entre todas as pessoas do planeta, a discussão se torna um pouco mais complicada. Milanovic, em seu excelente livro *Worlds Apart*, afirma que uma pesquisa global de renda familiar mostra que a "desigualdade real" — desigualdade entre todos os indivíduos — é alta, com o Gini para todos os adultos do mundo sendo de quase 65. Ele observa que o encolhimento da classe média em áreas como Europa Oriental e América Latina fez a desigualdade global aumentar entre 1988 e 1993, mas essa tendência foi revertida entre 1993 e 1998 como resultado do aumento da renda rural na Índia e na China.

O professor James Galbraith, da Universidade do Texas, usa raciocínio semelhante na questão da desigualdade entre países. Quando os economistas do Banco Mundial David Dollar e Aart Kraay argumentaram que a desigualdade global estava diminuindo desde 1975 e que os países "globalizados" estavam superando os não-globalizados, Galbraith revidou: "Estão ausentes da lista de sucessos de Dollar e Kraay os verdadeiros globalizados dos últimos tempos", argumenta ele, "incluindo a Argentina, até apenas alguns meses atrás a principal garota-propaganda neoliberal, ou a Rússia, que agora tenta se recuperar do colapso que se seguiu ao choque de globalização. Da mesma forma os outrora 'tigres asiáticos', que se liberalizaram no início dos anos 1990 e fracassaram antes do final da década. Esses exemplos também não são isolados. As taxas mundiais de crescimento eram sistematicamente mais altas sob o regime financeiro internacional de Bretton Woods, que vigorou entre 1945 e 1971, do que passaram a ser na era da desregulamentação após 1980". Afirmando trabalhar a partir de um volume de dados maior e mais preciso (dados da ONU *versus* dados do Banco Mundial), Galbraith diz que "o aumento da desigualdade após 1980 é a regra desses dados, com exceções limitadas principalmente na Escandinávia e no Sudeste da Ásia antes de 1997. O padrão sugere claramente que as forças da globalização, incluindo altas taxas de juros internacionais, crises de endividamento e choques de liberalização, estão associadas ao aumento da desigualdade no pagamento dos salários. Os salários são, é claro, o principal componente da renda, e se a desigualdade no pagamento dos salários está aumentando, é uma boa aposta que a renda como um todo e as desigualdades sociais também estejam aumentando".

Estudar a desigualdade no interior dos países oferece um quadro mais variado. Nas últimas duas décadas, a desigualdade de renda aumentou na China, Índia, em grande parte da Europa Oriental e na antiga União Soviética, bem como em uma série de países latino-americanos. Nos casos de China e Índia, um crescimento extraordinário se concentrou fortemente em áreas urbanas, aumentando a diferença de renda para as áreas rurais. Porém, em muitos países a desigualdade permaneceu relativamente estagnada, e parece realmente ter diminuído em alguns países industrializados e em desenvolvimento, entre eles Itália, Japão, Bangladesh, Gana e Filipinas. Estudos recentes baseados em dados sobre impostos, por exemplo, revelaram que nos últimos 15 anos a parcela da renda absorvida pelos mais ricos aumentou substancialmente em muitos países de língua inglesa, mas permaneceu a mesma no Japão e em boa parte da Europa continental.

Emmanuel Saez, da Universidade da Califórnia em Berkeley, e Thomas Piketty, da Faculdade de Economia de Paris, argumentam que "o aumento verificado nas camadas de renda mais alta não se deve ao aumento da renda de capital, mas aos enormes aumentos nos altos salários, especialmente as remunerações para altos executivos que começaram a crescer nos anos 1970 e ganharam força nos anos 1990". Em outras palavras, o pessoal que dirige as grandes empresas começou a ganhar muito mais dinheiro. Há muitas explicações para esse fenômeno. Alguns citam o crescimento das empresas em questão. Alguns citam o advento dos pacotes de remuneração abarrotados de opções. Outros citam os benefícios para o mercado da contratação de CEOs que são uma "marca" e o conseqüente poder de ganho dos executivos de alto nível. Finalmente, há os que consideram isso parte de um ciclo de negociação pessoal autocelebratória entre uma pequena comunidade de líderes empresariais que administravam empresas e participavam dos conselhos que aprovavam pacotes de remuneração. Quaisquer que sejam as verdadeiras razões, a espiral ascendente da remuneração de executivos, por sua vez, disparou um debate ainda maior.

Guerra dos ricos e dos super-ricos?

A importância deste segundo debate deriva do fato de que, embora a desigualdade global da renda e o sofrimento dos mais pobres do mundo sejam tema de discussão acalorada entre economistas, ONGs e aqueles com tendências filantrópicas, ele carece de uma consciência mais ampla. As pessoas mais diretamente envolvidas estão longe e são pobres — não são exatamente o tipo de público que atrai anunciantes nos países ricos. Esse é o caso especialmente nos Estados Unidos, onde histórias sobre pobres são relegadas a campanhas de caridade na MTV, a *American Idol Gives Back* e a entrevistas na revista *People* com Angelina Jolie e Brad Pitt.

Mas quando a história passa a ser a desigualdade nos Estados Unidos, isso começa a merecer alguma atenção. Ainda melhor, apresente uma história sobre a distância crescente entre os ricos e os super-ricos — então conseguirá combinar ultraje popular com glamour e nomes famosos. Essa é uma história que interessa às pessoas. Recentemente vimos matérias com os títulos "Revolta dos muito ricos: A classe alta baixa de hoje se agita por causa dos ultra-ricos" (*Fortune*), "A nova distância entre ricos e ricos" (*Newsweek*), "Uma nova guerra de classes: Os que têm *versus* os que têm mais", "No mundo em rede os ricos agora invejam os super-ricos" e "Os mais ricos estão deixando até os ricos bem para trás" (todas do *New York Times*). Também tivemos uma longa série de livros sobre o tema, incluindo o já mencionado livro de Robert Frank, *Riquistão: como vivem os novos-ricos e como construíram suas megafortunas*.

Essas matérias tocam nosso coração com o sofrimento do grupo 1% mais rico dos americanos, aqueles que recebem mais de 350 mil dólares por ano e vêem, desesperados, que a maior parte do ganho vai para o topo 0,1% (que ganha em média 2,3 milhões de dólares por ano) e o topo 0,01% (que ganha em média 14 milhões de dólares por ano). Como o *New York Times* explica em sua série sobre a "guerra de classes": "Embora o percentual de aumento médio real da renda familiar entre 1990 e 2004 tinha sido de 2% para 90% dos lares americanos com menor renda, ela aumentou 57% para o 1% de maior renda, disparou 85% no caso do 0,1% que ganha mais, e até 112% para a camada mais alta de 0,01%. Ou seja, os mais ricos estão ficando ainda mais ricos duas vezes mais rapidamente do que os ricos." E, como é observado, mas não destacado, enquanto os ricos estão ficando muito mais ricos, a maioria de todos os outros — bem, eles estão apenas empacados.

A tendência se estende além das fronteiras americanas. Um fenômeno semelhante pode ser visto na Grã-Bretanha, onde os super-ricos viram sua riqueza aumentar entre 500% e 600%, enquanto os preços médios no varejo subiram apenas 60% no mesmo período de 17 anos. Hoje a parcela 0,1% mais rica da Grã-Bretanha tem uma fatia da torta maior do que em qualquer momento da história moderna.

Porém, em vez de chafurdar na inveja dos ricos pelos muito ricos que preocupa a imprensa dos Estados Unidos, pesquisas sugerem que o povo britânico está mais à vontade com a disparidade. Enquanto quase 90% dos cidadãos do Reino Unido pesquisados consideravam que as diferenças de renda eram grandes demais no país em 1995, o número caiu para 73% em 2004. *The Economist* explica que o aspecto meritocrático dos novos-ricos de hoje melhorou sua reputação:

> Mesmo em comparação com dez anos atrás, um número maior dessas fortunas foi ganha. Philip Beresford, um compilador profissional de listas de ricos (incluindo uma anual para o *Sunday Times*), diz que quando começou a contar, em 1989, cerca de três quartos das fortunas que ele descobriu tinham sido herdadas. Desde então sua lista foi ampliada dos duzentos mais ricos para mil, o que torna difícil a comparação direta. Mas ele avalia que o trabalho superou a herança como origem das fortunas em meados dos anos 1990. Sua lista mais recente mostra que mais de 70% das mil maiores fortunas foram construídas por seus donos.

Tal magnanimidade aparentemente não é encontrada nos Estados Unidos. Em um dos mais influentes entre a pletora dos artigos sobre ricos *versus* ricos, Matt Miller escreveu na *Fortune*:

> Eis minha teoria exótica: o ressentimento econômico que vem da base no grupo do 1% dos americanos no topo da escala da distribuição de renda é a nova incógnita da vida pública. Trabalhadores comuns não se erguem contra os ultra-ricos porque consideram certo que "os ricos fiquem mais ricos".
>
> Mas as esperanças e os sonhos da classe educada de hoje são baseados na idéia de que o capitalismo de mercado é uma meritocracia. O sucesso inalcançável dos super-ricos destrói esses sonhos.

Enquanto milionários das ponto-com enlouquecem com o 1,65 bilhão de dólares recebido pelos garotos que criaram e venderam o YouTube, abundam teorias sobre as razões subjacentes para esse novo fenômeno. Alguns culpam os cortes de impostos de Bush, que reduziram seu peso para os mais ricos. Outros citam novas formas de remuneração, como as opções. E há os que citam "a economia dos superastros" ou outros fatores de mercado. Mas Miller chega mais perto de uma verdade fundamental quando fala sobre como o atual fenômeno afeta a idéia de meritocracia. Para exemplificar, ele acompanha dois indivíduos que estudaram em Harvard — igualmente inteligentes, com habilidades e vantagens semelhantes, ambos esforçados — e descobre que um acabou se tornando membro do clube dos bilionários, enquanto o outro é um advogado "lutando" com 1 milhão de dólares por ano. Isso levanta questões perturbadoras. O capitalismo foi adoçado (para ser engolido mais facilmente) pelo Horatio Alger-ismo: trabalhe duro e o céu é o limite. A suposição é a de que o campo de jogo é igual para todos. Os economistas supõem isso quando classificam suas análises com a frase "*ceteris paribus*", significando "sendo todas as coisas equivalentes". Mas, claro, todas as coisas não são realmente equivalentes. Algumas vezes um esforçado formado em Harvard tem alguma coisa a mais do seu lado: uma fantástica noção de oportunidade, um colega de quarto que tem boas ligações ou um interesse em algum campo obscuro que de repente se torna a coisa do momento.

A distribuição desigual da sorte

Bem, eu não sou economista, mas chamo isso de "sorte". E uma das coisas que salta à vista quando você estuda a desigual distribuição de riqueza e de poder hoje é que ambas estão diretamente relacionadas à desigual distribuição da sorte.

Isso parece bobagem. Ou algo leve e divertido. Mas não é. É difícil lamentar o sofrimento do milionário cujo colega de quarto mais tapado porém mais sortudo se tornou bilionário — ou presidente dos Estados Unidos. Mas a sorte assume muitas formas. Se você por acaso nascer no lugar errado, como na África subsaariana, por exemplo, isso é azar. Você pode ser tão inteligente e trabalhador quando o camarada ao lado, e quase certamente irá lutar mais, colher menos benefícios e morrer mais novo. Ou você pode nascer sem acesso a uma boa educação. Ou pode nascer idiota. Faz parte da noção de Horatio Alger a idéia profundamente injusta de que de alguma forma os inteligentes estão destinados a vidas melhores que os menos inteligentes.

De *quem* você nasce também é uma questão de sorte — e um elemento fundamental para determinar seu potencial de ganhos. De acordo com o sonho americano (ou o sonho de muitos outros países), o melhor parâmetro de funcionamento do sistema é a mobilidade social. Mas Tom Hertz, da Universidade Americana, revelou que nos Estados Unidos há "uma chance inferior a 2% de que um americano filho de pais cuja renda esteja na faixa dos 60% mais pobres acabe na faixa superior dos 5% mais ricos. Enquanto isso, americanos filhos de pais entre os 20% mais pobres têm 40% de chances de permanecer no fundo". Dos nove países de alta renda estudados por Hertz, apenas a Grã-Bretanha tem uma taxa de mobilidade inferior. É difícil sustentar a imagem de uma meritocracia face a números como esses.

Claro que há fatores para contrabalançar, como o bem maior, e certamente queremos um sistema que incentive os melhores e mais brilhantes a darem o máximo, porque isso produz mais benefícios para mais pessoas. Mas tal sistema pode ser ajustado por essas pessoas assim que elas chegam a posições de poder, de modo que elas consigam mais e mantenham mais para si mesmas. Nancy Birdsall chama a diferença entre essas duas abordagens de distinção entre "desigualdade construtiva" (aquela necessária para ajudar a alimentar o crescimento e oferecer benefícios à sociedade) e "desigualdade destrutiva" (aquela que é tanta que se torna economicamente ineficaz, dessa forma impedindo o crescimento ou ameaçando a estabilidade, pois desigualdade gera conflitos).

A pergunta é: quando a linha é cruzada, e por que a cruzamos? Talvez ainda mais importante: como transformar um sistema destrutivo em um construtivo?

Por exemplo: de todas as cidades do mundo, Nova York tem a maior concentração de bilionários. Cinco por cento dos bilionários da *Forbes* vivem ali. Isso é bom e significa prosperidade, certo? Mas, dos mais de 3 mil municípios dos Estados Unidos, Nova York é aquele com maior disparidade de renda. No final dos anos 1970, a relação entre a riqueza do um quinto mais rico em comparação com o quinto mais pobre em Manhattan era de aproximadamente 20 para 1; hoje é de 52 para 1. Isso é desigualdade construtiva ou desigualdade destrutiva? Está encorajando o esforço pessoal e estimulando o crescimento? Ou anuncia conflitos futuros?

Pagamentos de prêmios na suíte executiva

Em nenhum momento a discussão sobre desigualdade e justiça assume um tom tão retórico e egoísta quanto na discussão sobre o salário de executivos. Recentemente essa questão, talvez mais do que qualquer outra, lançou luzes sobre a superclasse e o sistema que ela moldou. E efetivamente o coro de críticas não produziu nenhuma mudança — sugerindo que quem quer que faça as regras não está ouvindo e não antipatiza com a situação daqueles que são criticados.

A remuneração dos executivos nos Estados Unidos disparou nos últimos anos. O pagamento aos executivos mais que quadruplicou desde 1993, e hoje o CEO médio de uma grande empresa leva para casa uma renda que é 364 vezes maior que a de seu empregado médio (uma proporção dez vezes mais alta do que era quando eu comecei a trabalhar, no final dos anos 1970). Os números são impressionantes. Em 2006, a renda média do comandante de uma empresa entre as quinhentas maiores pela revista *Forbes* era de 15,2 milhões de dólares, mas alguns indivíduos ganhavam muito mais do que isso. Contabilizando opções de ações exercidas, Terry Semel, então dirigente do Yahoo!, embolsou 174 milhões de dólares em 2006. Naquele mesmo ano, Barry Diller, da IAC/InterActive, ganhou 295 milhões de dólares e Ray Irani, da Occidental Petroleum, faturou mais de 321 milhões de dólares. O rei da remuneração, Steve Jobs, da Apple, levou para casa astronômicos 646 milhões de dólares.

O dinheiro também não pára de entrar quando o executivo deixa o barco, já que um número cada vez maior de empresas passou a adotar os chamados pára-quedas de ouro. Robert Nardelli, da Home Depot, por exemplo, teria recebido 210 milhões de dólares como compensação por seus seis anos como CEO (durante os quais o valor da empresa caiu 7,9%). O CEO Hank McKinnell, que deixava a Pfizer, também saiu com mais de 200 milhões de dólares. O conselho da Exxon (e seus acionistas) deu ao CEO Lee Raymond um presente de despedida de 357 milhões de dólares. A AT&T se despediu do CEO Ed Whitacre com 158 milhões de dólares — mais um contrato de consultoria de 1 milhão de dólares por ano, "benefícios automobilísticos" anuais de 24 mil dólares, mais de 6 mil dólares por ano para segurança doméstica particular, 25 mil dólares para taxas de clubes de campo e livre utilização dos jatos particulares da AT&T. Separações são sempre dolorosas.

Pacotes salariais suculentos estão fazendo sucesso internacional — um exemplo da influência cultural dos Estados Unidos que aqueles no cume da comunidade empresarial, pelo menos, não criticam tão abertamente. O pagamento médio dos CEOs das cem maiores empresas da Grã Bretanha no índice FTSE (Financial Times Stock Exchange) era de 4,3 milhões em 2005, quase quatro vezes o patamar de uma década antes. (A média para os CEOs das 350 maiores empresas americanas era de 6,8 milhões.) Naquele mesmo ano, o executivo da fabricante de alimentos infantis holandesa Royal Numico levou para casa mais de 13 milhões de dólares, depois o presidente da BP, John Browne, ganhou 18,5 milhões de dólares e o comandante de uma empreiteira francesa, Antoine Zacharias, ganhou um pára-quedas de ouro no valor de 22 milhões de dólares ao deixar a empresa.

Os críticos costumam considerar os salários astronômicos dos executivos como o fracasso do gerenciamento e da regulação empresarial. Em termos práticos, uma série de fatores determina a remuneração de um CEO. Um deles é a explosão das opções de ações, que subiram de 11 bilhões de dólares concedidos em 1992 para 119 bilhões de dólares dados no recente pico, em 2000. Mais notável no que diz respeito às ligações entre economia e poder é o papel desempenhado pelos conselhos de administração, que são muitas vezes nomeados pelos CEOs e que de formas muito importantes dependem deles para manter suas posições (embora supostamente devesse ser o contrário). Um estudo realizado em 2006 pelos professores de economia Amir Barnea e Ilan Guedj na Universidade do Texas revelou que empresas cujos conselhos eram "mais relacionados" — com membros participando dos conselhos de muitas empresas — concediam remunerações maiores a seus CEOs. Isso sugere que os diretores mais populares, aqueles que tinham sido aprovados por muitos CEOs, eram também os mais "generosos" (uma bela expressão para saber de que lado do pão a manteiga é passada). Entre as empresas do índice S&P 1.500, por exemplo, um executivo-chefe cuja empresa estava entre as cinqüenta mais bem relacionadas recebia um salário 10% superior e um pacote salarial 13% maior que um CEO cuja empresa estivesse entre as cinqüenta últimas.

Outro aspecto importante da remuneração do CEO é a influência crescente dos consultores de remuneração, que dão conselhos durante o processo de negociação do contrato. Como seus ganhos dependem do tamanho do contrato, eles têm um interesse velado em levar as empresas a aumentar o pagamento dos CEOs. Embora tenha lucrado enormemente com o sistema no qual eles prosperam, Barry Diller disse em 2006 que "todo o conjunto de consultores poderia ser jogado no East River e a perda não seria sentida". Warren Buffett certa vez ridicularizou as reuniões sobre compensação por seguirem as recomendações dos consultores como "cachorrinhos abanando os rabos". Se opor aos conselhos deles, continuou, "seria como arrotar à mesa do jantar".

Economistas citam uma série de outras razões para o fosso que há entre as remunerações de executivos e de empregados. Steven Kaplan e Joshua Rauh argumentam que três fatores determinaram o fenômeno: a tecnologia ajudou trabalhadores qualificados a superar a produção de trabalhadores não qualificados. O aumento da escala significou que as apostas são mais altas para empresas cada vez maiores, e, portanto, é mais importante encontrar e adequadamente remunerar altos funcionários. E a globalização nasceu da teoria de Sherwin Rosen da economia dos superastros, dando maiores recompensas aos superastros ou aos indivíduos entre nós de especial talento.

Claro, há um grupo oposto que argumenta que os CEOs simplesmente merecem ganhar muitíssimo mais que o trabalhador médio, e que seus salários são fruto da demanda do mercado. "Há uma inacreditável carência de pessoal qualificado para administrar e comandar grandes empresas hoje", disse Kenneth Langone, ex-diretor da Bolsa de Valores de Nova York e um dos fundadores da Home Depot, ao *Wall Street Journal* em 2006. Ou, segundo *The Economist*, "a maior parte da prosperidade dos executivos foi merecida — no sentido de que os acionistas lucraram com o dinheiro que pagaram. No conjunto, aquelas somas compraram e motivaram o talento que administrou empresas durante a recente época de ouro do aumento da produtividade e dos lucros. Muitos administradores se saíram extremamente bem nos últimos anos, mas da mesma forma a maioria dos acionistas".

Na verdade, pesquisas recentes e evidências reais mostram que a relação entre remuneração de executivos e desempenho executivo é no mínimo frágil. Em junho de 2006, a Corporate Library, uma consultoria americana de governança empresarial, publicou um relatório dedicado a 11 das maiores empresas dos Estados Unidos, todas elas "apresentando altos níveis de remuneração de CEOs e desempenho fraco nos últimos cinco anos". Outro estudo demonstrou que o desempenho relativo entre CEOs bem conhecidos (aqueles que supostamente têm alta remuneração por causa de seu impacto no mercado) e aqueles menos conhecidos era similar, e que na verdade os agentes de perfil mais modesto freqüentemente têm um desempenho melhor. Um exemplo chocante de pagamento exagerado é o do ex-CEO e presidente do conselho da gigante de alimentos ConAgra, Bruce Rohde, que ganhou mais de 45 milhões de dólares em seus oito anos na empresa e que levou para casa 20 milhões de dólares ao se aposentar, em 2005. Sob seu comando, o valor das ações da ConAgra caiu 28%, 9 mil funcionários foram demitidos e a empresa fechou 31 fábricas. A empresa também deixava regularmente de atingir metas de faturamento e teve um desempenho pior que a concorrência. Como certa vez escreveu o eminente economista de Harvard John Kenneth Galbraith, "o salário do chefe de uma grande empresa não é um prêmio do mercado por realizações. Freqüentemente é um caloroso gesto pessoal de um indivíduo para consigo mesmo".

Desigualdade revisitada

O respeitado jornalista Bill Moyers apresentou a discussão sobre remuneração de executivos de outra forma, uma que diz respeito à nossa discussão geral da desigualdade: "Aristóteles achava que a injustiça era fruto da pleonexia, literalmente o 'desejo exagerado de ter posses'. Uma categoria de pessoas recebendo mais que sua parcela da riqueza comum era uma característica de uma sociedade injusta. Platão acreditava que o bem comum demandava uma relação de apenas cinco para um entre os membros mais ricos e os mais pobres de uma sociedade. Até mesmo J.P. Morgan achava que os chefes só deveriam ganhar vinte vezes mais que seus funcionários, no máximo. Que exótico", continua Moyers, quando hoje, nos Estados Unidos, essa relação superou 350, e CEOs estão levando para casa cheques anuais multimilionários ou, em alguns poucos casos em Wall Street, bilionários. Enquanto tantos no mundo mal conseguem um dólar ou dois por dia, é difícil argumentar que a nossa sociedade moderna e global é justa.

No plano do desenvolvimento, economistas e outros profissionais costumam citar a falta de educação, o pouco ou nenhum acesso ao capital e as barreiras sociais à mobilidade como justificativas para essa impressionante desigualdade. David Dollar, Aart Kraay e outros defendem a tese de que a globalização está ajudando a reduzir a distância, pelo menos um pouco, pelo menos em alguns poucos lugares. Mas na maioria dos países — do Chile aos Estados Unidos e à Grã-Bretanha, passando por nações que estão muito atrás no que podem oferecer a seus povos — os problemas continuam a aumentar, e continuarão assim no futuro próximo. A desigualdade estimula a tensão, mina boas políticas e revela enormes injustiças em um mundo que costuma se orgulhar do progresso da civilização humana. Quem é o responsável? Quem estabelece as regras desse sistema? Está claro que a influência daqueles poucos no topo excede em muito aquela dos muitos abaixo, e é difícil ignorar as muitas formas pelas quais eles são os principais beneficiários da ordem global que estabelecem. Para compreendê-los e entender como chegamos a tal situação, precisamos não apenas observar os contrastes que encontramos em todo o mundo entre as vidas das elites globalizadas como as de Davos ou Santiago e aquelas dos mais pobres vivendo não muito longe, mas também ir além, recuando nas páginas da História. Nelas encontraremos padrões e lições que parecem impressionantemente familiares, e importantes distinções que separam as elites de nossa época de qualquer outra que tenha existido antes delas.

CAPÍTULO 3

Lições da História: ascensão e queda das elites

A História não se repete. No máximo, ela rima.

Mark Twain

Além dos cerca de 6 mil membros da superclasse, há as muitas elites que os cercam, trabalham com eles, para eles, afetam suas ações e decisões. De fato, muitos deles são importantes e influentes por seu próprio mérito: líderes empresariais, líderes políticos, acadêmicos, ex-funcionários de governo, aqueles que moldam a opinião pública. Mas eles não são os indivíduos globalmente superpoderosos que nos interessam. Eles não têm a influência daqueles no mais alto nível da pirâmide de poder, os membros de nosso clube de um em um milhão, aqueles cujas mãos estão nas alavancas do poder e da influência.

Portanto, é importante entender exatamente o que quero dizer quando falo de poder nesse contexto. De onde vem o poder da superclasse, e como ele é? Aqueles poucos indivíduos que são os mais influentes do mundo existem nos campos da riqueza e dos negócios, da política e do governo, forças armadas e milícias, meios de comunicação e artes, academia e religião. Em cada um desses grupos eles obtêm, mantêm e, conseqüentemente, com freqüência expressam seu poder de algumas poucas formas identificáveis e repetidas.

O poder da História

Ao longo da História, o melhor caminho para ser membro da elite dominante de determinada época era ser filho de um membro da geração anterior da elite dominante. Uma das principais razões para isso deriva dos dois mais importantes aliados das elites de todas as épocas: ambição (ou como é dito em alguns campos, ganância) e inércia. A força que leva uma pessoa ao topo costuma ter como equivalente um desejo de manter a posição, o poder e os bens adquiridos, e transmiti-los aos sucessores escolhidos — normalmente membros da família. Tendo isso em mente, as elites com freqüência tentaram acumular as ferramentas de manutenção do poder que consideravam as mais valiosas. Podem ser exércitos, títulos ou leis para assegurar sua posição e impedir que outros a tomem — tudo, desde regras de transmissão de herança e conceitos como primogenitura (transferência dos bens para o filho do sexo masculino mais velho, considerado aquele com maior possibilidade de defender a herança) até regras limitando os direitos de acionistas minoritários.

Crianças educadas em uma atmosfera de poder são ensinadas a usá-lo de formas impossíveis para aquelas distantes do poder. Elas aprendem truques e recebem slogans a serem usados para manter a boa vontade ou a cooperação do público (me vem à mente "*noblesse oblige*"), e herdam redes de contatos e muitas vezes um sistema de apoio de equipe e/ou ligações institucionais que podem ajudá-las e que, como parte do *establishment*, partilham seu desejo de manter o *status quo*. É um sistema natural, e ajudou a produzir e a manter a estrutura de classes que dominou as hierarquias sociais desde o alvorecer da História. Hoje, embora alguns elementos dessas estruturas de classe tenham desaparecido (como a relevância das aristocracias), as evidências na política, na indústria, nas finanças, forças armadas e outras áreas revelam que aqueles que vêm do poder têm importantes vantagens para mantê-lo ou conquistá-lo. O acesso dado por ser um membro da família oferece uma série de benefícios, seja dentro da uma organização comandada pela família ou por intermédio da rede de outras elites montada por ela ao longo do tempo. Tais benefícios podem incluir aceitação pelas melhores escolas, recursos financeiros que permitem às novas gerações buscar seus objetivos, ou simplesmente ter um nome que abre portas. Em todas as áreas, em todos os cantos do mundo, certos sobrenomes são recorrentes — de Murdoch a Bush, de Lis a Tata, de Coppola a Wallenberg.

É verdade que fatores históricos eram muito mais importantes nas épocas passadas, quando as elites duravam períodos de tempo maiores e a transição de uma classe a outra era mais difícil. Embora tais distinções de classe claramente continuem a existir hoje (reconheçamos ou não), um dos aspectos mais impressionantes de nossa época é a maior mobilidade concedida a muitos. Isso não significa que não tenhamos elites ou mesmo que algumas delas não sejam dinastias entrincheiradas. Em vez disso, significa que a lista de sócios da superclasse é mais variada que a da maioria dos grupos equivalentes em diferentes momentos da História.

De fato, como veremos, a estrutura da superclasse global é muito menos estável, muito menos formal e muito menos formalizada do que a das elites nacionais, ou de outro tipo, com raízes históricas mais profundas. Isso é resultado tanto da maior mobilidade e da democratização das sociedades quanto do fato de que esta nova elite teve menos tempo para criar mecanismos de garantir seu status. Em parte, a ascensão desse grupo e sua aglutinação no vazio supranacional — e, portanto, muitas vezes supralegal — acima das estruturas tradicionais de governo são resultado de um inevitável esforço dos líderes para encontrar "espaços abertos" nos quais operar e se afirmar com relativa liberdade. Sugerir que há mais mudanças no alto não é negar a existência do alto. Há uma série de tendências que indicam o contrário, como a impressionante concentração de ganhos econômicos recentes por subgrupos relativamente pequenos da sociedade, e uma movimentação no sentido de uma legislação e de redes estabelecidas que possam ajudar a atual estrutura a se tornar mais estável.

Uma das conseqüências de parcelas mais altas de uma fração de uma sociedade colherem mais benefícios é que mais desses benefícios são mantidos por aqueles mais próximos delas; maiores concentrações para esta geração são uma vantagem maior para aqueles das gerações seguintes que as herdarem. Algumas organizações estimulam essas relações, como as reuniões particulares anuais de um dos homens mais ricos do mundo, Carlos Slim Helú, o fórum Pais e Filhos, que liga as maiores empresas familiares das Américas. Mais ainda, fazer favores ao filho de alguém poderoso é um método clássico de conquistar a boa vontade de ambos — construindo relações com as elites de hoje e ajudando a criar as de amanhã.

O poder das instituições

Entre os mecanismos por intermédio dos quais as pessoas tentaram tornar permanentes sua conquista de poder e seus bens está o desenvolvimento de instituições mais duradouras que os indivíduos. É pouco provável que aqueles que ajudaram a desenvolver a idéia das primeiras corporações pudessem imaginar uma época em que elas estariam de certa forma desenraizadas das fundações geográficas que as ligavam não apenas a países, mas também às leis desses países. Há apenas algumas décadas a imensa maioria das empresas basicamente fazia negócios em um único país porque criar e manter conexões em locais mais distantes era caro e complexo demais. As revoluções nos transportes e nas comunicações que estão no cerne da globalização mudaram isso, a um ponto em que hoje a imensa maioria das maiores empresas do mundo tem abrangência internacional.

As corporações hoje têm um status transnacional que, embora ainda as submeta às leis nacionais em toda parte, freqüentemente permite que elas exerçam um poder significativo sobre os governos cujas leis as regulamentam. Uma importante parcela do faturamento da Halliburton, por exemplo, depende do governo dos Estados Unidos e das operações americanas, mas quando a opinião pública se voltou contra a empresa ela transferiu sua sede para o Golfo Pérsico. Isso acontece todos os dias, com empresas buscando financiamentos governamentais ou isenções para certas atividades. Quando um governo não cede, elas se voltam para outro. Se a regulamentação e as leis de transparência americanas como a Lei Sarbanes-Oxley são duras ou caras demais para as empresas quando estas avaliam onde oferecer suas ações, elas fazem o que um número desproporcional de companhias fez, abrindo seu capital em Londres. Se o Export-Import Bank dos Estados Unidos ou a Overseas Private Investment Corporation não ajudam a financiar um projeto, empresas que antes tinham agitado a bandeira americana com vigor em seu esforço para conseguir o apoio de Washington baixam o estandarte e erguem suas bandeiras em outros países nos quais suas subsidiárias as tornam passíveis de receber o apoio daqueles países. Eu vi isso repetidamente quando estava no governo. E, claro, com essas transferências também vão empregos, impostos, investimentos e outros benefícios associados à localização de uma empresa. Ao redor do mundo, países oferecem zonas econômicas especiais, isenção de impostos e outros estímulos, tentando atrair investidores diretos internacionais que hoje escolhem locais para investir do mesmo modo como as pessoas compram carros, barganhando e jogando um "vendedor" nacional contra outro.

Já se disse que uma instituição é apenas a longa sombra de um único indivíduo. Isso certamente pode ser verdade nos casos em que as instituições são novas e fruto do esforço pessoal de um indivíduo, ou quando processos de gerência colocam uma parcela substancial do poder de tomar decisões nas mãos de um único indivíduo. Mas uma das maiores forças das instituições modernas é que elas muitas vezes representam uma rede interna que se estende para além dos limites legais da estrutura formal da instituição, incluindo outras organizações e indivíduos com os quais ela negocia, compra, vende, coopera e interage.

Isso levou algumas pessoas a sugerir que o grande poder das instituições é impessoal e que os indivíduos que as administram não têm poder especial por mérito próprio. Há alguma verdade nisso. Certamente uma coisa que choca qualquer um que estude as elites ao longo da História é que hoje elas estão mais associadas a grandes instituições (em vez de, digamos, terem status derivado de laços familiares ou apenas de realizações pessoais) do que em qualquer momento do passado. Ainda assim, na maioria das organizações, um ou dois altos executivos — no máximo um pequeno grupo — têm poder de tomar decisões fundamentais. Talvez as mais importantes digam respeito à alocação de recursos, principal responsabilidade decisória de qualquer líder, e à definição de prioridades, a ferramenta freqüentemente subestimada que, como veremos, é talvez a maior prerrogativa unificadora da superclasse.

O poder do dinheiro

Historicamente, a definição de rico era ter os recursos que permitiam não precisar trabalhar para ganhar a vida. No sentido prático e cotidiano essa definição certamente ainda é válida. Mas há ricos e ricos do tipo "Meu Deus, há países com uma conta bancária menor". Não estou exagerando para produzir efeito dramático. Segundo a lista da revista *Institutional Investor's Alpha*, três administradores de fundos de *hedge* ganharam mais de 1 bilhão de dólares em 2006: o ex-professor de matemática James Simons, conhecido por seu fundo Medallion, de 6 bilhões de dólares; Kenneth C. Griffin, do Citadel Investment Group de Chicago; e Eddie Lampert, já abordado, cujo maior investimento é uma participação de 11 bilhões na Sears. Isso significa que esses sujeitos — cujas empresas não produzem nada tangível como um clipe de papel — tiveram, cada um, uma renda que superou em muito o PIB de mais de trinta países diferentes. Considerando-se que nenhum deles tem de se aborrecer com algo como cuidar de um governo nacional, seus recursos disponíveis supostamente podem ser usados para exercer sua influência de outras formas poderosas, seja financiando candidatos à presidência, fazendo doações para importantes causas humanitárias ou investindo em outros acordos que ampliam ainda mais seus negócios.

Para justificar os benefícios à sociedade produzidos pelos ganhos diários gigantescos dos mais ricos, um dos primeiros raciocínios é o de que essas pessoas são as mais capazes de reinvestir o dinheiro, desse modo gerando empregos e estimulando o crescimento. Deixando de lado os méritos do argumento, certamente é verdade que ter recursos financeiros substanciais significa ter aquele poder de alocação de recursos já mencionado, permitindo que aqueles que têm esse poder decidam quais projetos receberão recursos, quais idéias serão apoiadas e quem terá uma chance de um grande retorno no futuro. Hoje, por exemplo, muitos dos líderes empresariais que ficaram ricos com a explosão da tecnologia da informação — Vinod Khosla, um dos fundadores da Sun Microsystems, Sergey Brin e Larry Page, criadores do Google, Steve Case, fundador da AOL, Pierre Omidyar, fundador do eBay, e Bill Gates e Paul Allen, criadores da Microsoft, para citar apenas alguns — estão envolvidos de um modo ou de outro com empresas de geração de energias alternativas, outro conjunto de tecnologias de "mudança de paradigmas". Grandes empresas e governos nacionais também têm a capacidade de exercer esse tipo de influência: a BP repassou centenas de milhões de dólares a universidades americanas para ajudar a desenvolver a próxima geração de biocombustíveis, enquanto funcionários do governo chinês comprometeram mais de 180 bilhões de dólares com projetos de "energia limpa". De modo semelhante, Gates e Warren Buffett usam o dinheiro de suas fundações para canalizar recursos para ONGs e instituições acadêmicas, e assim, nas palavras do ex-reitor da Faculdade Bloomberg de Saúde Pública da Universidade Johns Hopkins, dr. Al Sommer, "têm um profundo impacto nos rumos da pesquisa de saúde pública e de programas de desenvolvimento em todo o mundo".

Mas é claro que dinheiro se traduz em poder de muitas outras formas. Veja a política em um lugar como os Estados Unidos. A disputa presidencial de 2008 exigirá que os candidatos levantem mais de 100 milhões de dólares cada, de modo a serem realmente competitivos. Isso significa que, antes de haver uma disputa nas primárias com os eleitores, houve uma "primária financeira" em 2007, que selecionou quais candidatos os eleitores veriam. Embora os valores doados aos candidatos sejam limitados pela legislação eleitoral (2.300 dólares por indivíduo nas primárias e 2.300 dólares na eleição geral), ainda há formas de rapidamente levantar pilhas de dinheiro. Você pode ter pessoas poderosas como grandes e lucrativos angariadores de recursos, como o bilionário David Geffen, produtor musical de Hollywood e presidente da Geffen Records, fez para o senador Barack Obama. Ou você pode receber doações generosas de indivíduos que contornam a lei de financiamento de campanhas fazendo doações para os dois partidos (em vez de fazê-las para indivíduos), pessoas como o bilionário israelense-americano e magnata da mídia Haim Saban, que contribuiu pessoalmente com mais de 13 milhões de dólares para várias iniciativas partidárias, bem como para campanhas, apenas nos últimos cinco anos. Ou convencer os líderes de grandes empresas ou firmas de Wall Street a estimular doações de seus funcionários. Assim, essas empresas se tornam as principais fontes de financiamento, aumentando a força de seus líderes entre os candidatos e possíveis chefes do Executivo. Por exemplo: no primeiro trimestre de 2007 o maior doador, com mais de 500 mil dólares em contribuições para as campanhas presidenciais, foi a Goldman Sachs. As nove empresas seguintes da lista: Citigroup, UBS-Americas, Credit Suisse, Merrill Lynch, Morgan Stanley, Lehman Brothers, Bear Sterns e dois fundos de *hedge*, Fortress Investment Group e SAC Capital.

Da mesma forma, a política americana está cheia daqueles que usaram suas fortunas pessoais para conquistar cargos, de bilionários como o prefeito de Nova York, Michael Bloomberg, à profusão de milionários que ainda domina o cenário político americano, incluindo nomes como Kennedy, Corzine, Kerry, Kohl, Schwarzenegger e muitos outros. Na verdade, quarenta de cada cem senadores e 123 dos 435 deputados são milionários, o que levanta muitas questões acerca de expressões como "democracia representativa".

Claro que esse não é um fenômeno exclusivamente americano. A relação de líderes políticos internacionais recentes que também eram extremamente ricos e usaram essa riqueza como ajuda para ganhar poder político é extensa, e inclui — para citar apenas alguns — o primeiro-ministro israelense Ehud Olmert, o primeiro-ministro da Tailândia, Thaksin Shinawatra, o ator e membro do parlamento indiano Amitabh Bachchan, o falecido presidente eleito da Nigéria, Moshood Abiola, o repetidas vezes primeiro-ministro da Ucrânia Yuliya Tymoshenko, o xenófobo de direita francês Jean-Marie Le Pen, e o magnata brasileiro da soja e governador

Blairo Maggi. Silvio Berlusconi, da Itália, é um exemplo marcante, tendo usado seu império de comunicações para dominar o cenário político italiano e ser primeiro-ministro durante cinco anos.* O ex-primeiro-ministro do Líbano, o falecido Rafik Hariri, ganhou bilhões no mercado imobiliário ajudando a reconstruir o Líbano depois das guerras do início dos anos 1980, antes de assumir o cargo. Há literalmente centenas de outros exemplos.

O dinheiro se liga ao poder político de outras formas, como no financiamento de lobistas. De acordo com o Center for Public Integrity, apenas os vinte principais laboratórios farmacêuticos gastaram mais de 600 milhões de dólares com *lobby* entre janeiro de 2005 e junho de 2006. Segundo o Center for Responsive Politics, as cinco maiores companhias de petróleo gastaram quase 200 milhões em *lobby* entre 1998 e 2005. Tanto empresas quanto pessoas físicas podem dar dinheiro por baixo dos panos para as próprias pessoas que tomam as decisões políticas, ou investi-lo na cobertura dos meios de comunicação de modo a influenciar a opinião pública em questões fundamentais. Agindo assim, empresas isoladas e grupos industriais realizam campanhas globais para promover seus interesses, como o desejo dos laboratórios farmacêuticos de defender a criação e a aplicação de leis de propriedade intelectual para proteger suas patentes.

Interesses empresariais e financeiros sempre estiveram no coração das decisões sobre guerra e paz, seja no bom relacionamento das grandes do petróleo com o governo dos Estados Unidos que resultou em guerras para proteger suas linhas vitais de suprimento no Oriente Médio, seja nas guerras para preservar interesses comerciais mercantilistas durante a época colonial ou seja na resistência das grandes empresas dos Estados Unidos de enfrentar os nazistas antes da Segunda Guerra Mundial. Hoje há a pressão das corporações multinacionais para reduzir as tensões políticas e comerciais entre os Estados Unidos e a China. Certamente, em muitos casos, há uma relação direta entre os interesses dessas empresas e o interesse nacional, mas esse não é o caso com freqüência suficiente para sugerir que este histórico poder do dinheiro de fazer mais do que apenas comprar um estilo de vida luxuoso tenha sido suficientemente limitado. Na verdade, um dos mais claros sinais do poder do dinheiro político é que, apesar de todos os protestos contra sua influência, ele conseguiu impedir reformas reais. De fato, nas veias políticas dos Estados Unidos,

* Foi eleito novamente para o cargo em 8 de maio de 2008. (Nota do revisor técnico)

o dinheiro freqüentemente desempenha o papel das células vermelhas, levando idéias para o coração e o cérebro do sistema, e o papel das células brancas, matando idéias que os interesses especiais consideram ameaçadoras.

Fora da política, o dinheiro oferece outras formas de influência, de que é exemplo o recente *boom* da alta filantropia. Se a fundação de Bill Gates pode dar dinheiro para ONGs que trabalham com cuidados de saúde mais rapidamente do que a Organização Mundial de Saúde ou o Banco Mundial, quem tem mais influência? Bill Gates e Eli Broad, o bilionário fundador da SunAmerica e da KB Home, decidiram que queriam ajudar a melhorar as escolas públicas, e juntos contribuíram com 2 bilhões de dólares até agora. Isso sem dúvida é bom para a sociedade americana. Mas também dá a esses dois homens uma influência considerável sobre as pessoas que buscam e depois dependem de seu financiamento. Isso também é verdade por todo o espectro de instituições fundamentais da sociedade global que dependem de tais doações, sejam elas ONGs, grupos culturais, grupos religiosos, grupos políticos ou outros defensores de interesses específicos.

As mesmas forças estão em ação em todo o mundo, claro. O dinheiro exerce sua influência publicamente, por exemplo, por intermédio de *lobbies* e de anúncios para moldar a opinião pública. Tem influência pública por intermédio de doações políticas e outras formas de apoio, como nos esforços coordenados de grupos como a indústria do fumo, que, estima-se, gasta dezenas de bilhões de dólares anualmente em todo o mundo para deter as campanhas contra o fumo e estimular a venda de seus produtos. Além disso, o dinheiro trabalha nos bastidores de muitas formas. Algumas delas benignas, como a união de empresas internacionais envolvidas no combate à aids e outras que combatem a pobreza — todas elas buscando estimular boas políticas governamentais e mudanças de comportamento por intermédio de doações, militância e financiando ONGs que lidam com esses processos. Algumas vezes o poder está nos bastidores — e por baixo dos panos —, como no caso da corrupção. Por exemplo: quando eu estava no Departamento de Comércio iniciamos esforços para identificar corrupção praticada por grandes corporações internacionais, que faziam pagamentos para influenciar o resultado de negociações. Mesmo com recursos muito limitados, conseguimos identificar casos de corrupção relativos a quase trezentos contratos comerciais no valor de mais de 140 bilhões de dólares ao longo de cinco anos.

O poder da política

Claramente, os mais ricos não seriam atraídos para a política se ela não oferecesse a eles poder adicional acima e além do que eles já tinham conquistado com seu sucesso financeiro ou em outros setores. Ganhar (ou tomar) cargos executivos, ter a capacidade de influenciar decisões políticas ou ter uma base de apoio político fortalece diretamente os indivíduos. São muitas as fontes do poder. É o poder das instituições que a pessoa comanda. É o poder de alocar os recursos e definir as prioridades para essas instituições. É o poder de influenciar a criação de novas leis e regulamentações que de fato dá a capacidade de institucionalizar idéias fundamentais. É o poder da História e das identidades nacionais associado a essas instituições. É o poder que é fruto de ter um apoio quantificável entre o povo de um país ou região. A participação no governo é considerada legitimadora, assim como servir à comunidade, e os altos postos também são vistos como o ápice de uma carreira (embora eles costumem fornecer acesso adicional e redes que podem criar novas oportunidades de lucro depois do mandato). Isso leva diretamente muitos grandes líderes empresariais a aceitar enormes reduções de remuneração de modo a trabalhar no governo.

O complicador na era da superclasse é que as instituições políticas estão em sua maioria ligadas a Estados-nação. Aqueles que buscam conquistar ou usar o poder político em base transnacional precisam escolher entre trabalhar com instituições internacionais comparativamente mais fracas e enfrentar uma enorme gama de sistemas políticos nacionais descoordenados, freqüentemente competitivos ou divididos por conflitos. Uma das grandes forças da superclasse é a capacidade de criar poder político ignorando fronteiras, e fazer isso tanto com aquelas elites internacionalizadas que operam na economia global quanto com as elites nacionais que são importantes dentro de cada país. Na ausência de instituições políticas globais, o melhor caminho para influenciar resultados globais é construir redes de indivíduos e organizações que têm influência em países fundamentais. Essa é a força especial da superclasse, considerando-se suas posições, recursos e postura global, e é parte do motivo pelo qual aquelas reuniões dessas elites são tão importantes — elas se tornam pontos a partir dos quais idéias podem ser implementadas mundialmente. Assim, incapaz de fazer *lobby* ou atuar em um governo global, a superclasse efetivamente utiliza uma estratégia política global da única forma possível: influenciando os influentes.

O poder da força

A mais básica de todas as fontes de poder, o poder da força, está enfrentando o que é comparativamente um mau momento. Em certa medida, é vítima de seu próprio sucesso — ou excesso. O século XX viu o casamento da ciência e da máquina de guerra produzir devastação em escala inimaginável. De fato, uma das grandes ironias da Guerra Fria é que os Estados Unidos saíram vitoriosos com uma capacidade única e inegável de iniciar e "vencer" uma guerra termonuclear. Mas travar tal guerra é inimaginável, portanto o enorme investimento nessa capacidade é discutível; os Estados Unidos se encontram na difícil posição de serem militarmente grandiosos mas incapazes de vencer um conflito desigual com um ou mais inimigos, como os encontrados no Iraque ou no Afeganistão.

A partir disso, é possível concluir que ter a capacidade de usar a força, embora seja fonte de algum poder, não é nada como ter o desejo de usar essa força. O desejo é o maior dos multiplicadores da força, como terroristas suicidas demonstram regularmente. No mundo de hoje, a ameaça da força continua a ser uma grande fonte de poder, mas apenas quando a ameaça é factível. Como esse raramente é o caso entre as nações mais poderosas do mundo, em que as perturbações econômicas provocadas pela guerra freqüentemente são grandes demais e o custo da guerra moderna é alto demais (uma lição da última guerra mundial, muitas gerações tecnológicas atrás, quando as baixas foram superiores a 100 milhões), aqueles que mais provavelmente usarão a força passam a ser aqueles que têm menos a perder. (A intervenção americana no Iraque é uma anomalia trágica, mas é importante lembrar que na "venda" da invasão, antes da guerra, as idéias centrais, desde "choque e terror", até a própria estrutura da força invasora, transmitiam a mensagem de entrar e sair rapidamente, de uma guerra moderna na qual a tecnologia dos Estados Unidos tornaria possível ao país evitar os custos mencionados acima. No final, claro, foram dadas várias lições que apenas confirmam o ponto anterior. Os Estados Unidos descobriram que guerra de "baixo custo" é um conceito ilusório e que inimigos que sentem que têm pouco a perder mas que estão dispostos a perder tudo podem ser mortais e difíceis de subjugar.) Paradoxalmente, na maioria das circunstâncias no mundo de hoje a força é, com maior freqüência, aplicada pelo mais fraco (embora isso não exclua um retorno a grandes confrontos de poder em algum momento no futuro).

O poder das redes

No final dos anos 1990, no auge da explosão das ponto-com, eu ajudei a dirigir uma empresa chamada Intellibridge, que fornecia informações de fonte aberta e acesso a uma rede global de analistas de segurança nacional. Não era uma companhia muito grande; na verdade, era pequena, mas conseguiu resistir por meia dúzia de anos, atendendo a uma modesta mas fascinante gama de comandos militares, companhias e outras organizações ligadas à segurança nacional. Nossa experiência me ofereceu uma miríade de exemplos do poder das redes. Nossa equipe, em que alguns tinham históricos políticos e outros históricos militares, literalmente construiu a empresa a partir das redes de pessoas que conhecíamos. De fato, em grande medida nosso "produto" era oferecer acesso às visões especiais de uma rede global de altos líderes e ex-líderes de governo, forças armadas e empresas — a capacidade, graças à internet, de colocar as melhores mentes disponíveis em contato com planejadores e tomadores de decisão. Nós construímos e comercializamos uma rede.

Durante os anos em que trabalhei na empresa, testemunhei muitos exemplos vivos do poder das redes, mas um deles é especial. Ele não aconteceu no escritório, e sim durante uma festa de aniversário de meu sócio, o ex-conselheiro de segurança nacional Tony Lake. Seus amigos tinham decidido festejar com um passeio de barco pelo Potomac. Vinte ou trinta pessoas reunidas para um jantar subiram e desceram o rio. Eram os últimos anos do governo Clinton, do qual Tony e eu tínhamos participado, e muitos funcionários e ex-funcionários, entre eles o diretor da CIA, George Tenet, embarcaram para o passeio. Em dado momento eu me vi junto à amurada com Leon Fuerth, então subassessor de segurança nacional.

Fuerth, como muitos outros na festa, estava profundamente envolvido na administração da guerra na antiga Iugoslávia, e falou sobre a frustração da campanha de bombardeio de mais de setenta dias que os Estados Unidos estavam sustentando contra Milosevic. Começou então a descrever uma mudança tática que ele e outros tinham recomendado. Aparentemente, o bombardeio de "alvos estratégicos" como pontes, estradas e instalações militares não estava produzindo o efeito desejado no regime de Milosevic (a idéia era bombardeá-los até que se submetessem, de modo a não ser necessário travar uma guerra no solo, que teria alto custo). Na época havia um grande ceticismo quanto à eficácia de uma tática baseada apenas em poder aéreo, mas Fuerth e os outros reconheciam que Milosevic não era exatamente um líder que se preocupasse com o sofrimento de seu povo. Em vez disso, ele comandava o país com e em benefício de um pequeno círculo de pessoas próximas — sua rede. Assim, em vez de bombardear os alvos habituais, Fuerth e o grupo que defendia uma nova abordagem recomendaram destruir as fábricas e os bens daqueles que eram mais próximos do governante, para que eles acusassem o golpe e transmitissem sua insatisfação ao bárbaro chefe de Estado que os Estados Unidos estavam tentando derrubar.

A política começou a dar frutos logo depois de ter sido implementada. A campanha terminou pouco depois e Milosevic caiu. O líder sérvio, como todos nós, provavelmente era um homem do seu país, mas era principalmente de seu círculo de amigos.

Ligações com outros que estejam dispostos a colaborar para atingir interesses comuns, estender a influência a outros grupos ou ao redor do mundo são fundamentais, como sempre foram. Elas também são cada vez mais significativas, graças a novas tecnologias que tornam possíveis a formação e a manutenção dessas redes, ignorando fronteiras internacionais.

Essas redes um dia se limitaram às hierarquias dentro das organizações das quais a pessoa fazia parte fisicamente, como famílias, comunidades e instituições. Mas uma das maiores mudanças produzidas pelas revoluções nos transportes e nas comunicações é a facilidade com que as pessoas podem criar, reconfigurar, ampliar e trabalhar redes nas quais a geografia já não é um elemento, ou é um pequeno fator. Isso foi facilitado pela evolução de uma cultura comum das elites globais: o uso crescente e disseminado do inglês, referências comuns a certas fontes de informação, padronização de práticas comerciais, metrologia e padrões etc. Conseqüentemente, por mais importantes que as redes sempre tenham sido, elas são ainda mais importantes hoje, chegando em muitos casos a rivalizar com relacionamentos institucionais estáticos.

O tecido conjuntivo dessas redes pode assumir muitas formas. A superclasse é mantida unida por seus mecanismos de acesso e exclusão, que incluem laços familiares, velhos laços universitários, filiação a organizações exclusivas, participação em conselhos de empresas, relacionamentos forjados no trabalho, relacionamentos estabelecidos por intermédio de negócios fechados juntos. De fato, é raro encontrar um membro da superclasse que não tenha redes comparativamente enormes.

Quando as redes são compostas de poderosos, cada um de seus pontos é, conseqüentemente, mais poderoso e tem maior capacidade de usar de influência. É de se pensar como as redes serão muito mais amplas para a ascendente geração de experientes formadores de redes sociais — a multidão do MySpace e do Facebook, que, se for como minhas filhas adolescentes, já tem redes compostas de centenas de pessoas antes mesmo de entrarem para a faculdade.

Dos *wanaxes* aos barões ladrões: ascensão e queda das elites

Toda época tem suas elites, e na história de sua ascensão e queda há pelo menos três questões principais recorrentes, além da constante concentração de poder político, militar e econômico nas mãos de um número relativamente pequeno de pessoas.

Grandes transformações históricas, incluindo guerra e revoluções tecnológicas ou sociais, produzem mudanças na estrutura de governo e nos valores das sociedades. "A guerra", disse Heródoto, "é a mãe de todas as coisas". E nenhum outro fenômeno isolado ao longo da História produz tantas mudanças nas estruturas da elite quanto a guerra, embora grandes transformações tecnológicas e sociais, algumas vezes acompanhadas por guerra, também o façam. Não é assim simplesmente porque as guerras são travadas para alterar a ordem existente. Com freqüência as mudanças produzidas por essas transformações são inteiramente inesperadas e não pretendidas. Na Grécia antiga, por exemplo, inovações militares inesperadamente fortaleceram uma nova classe de fazendeiros guerreiros (conhecidos como hoplitas), que começaram a exigir maior poder, e quando sua revolta fracassou eles apoiaram tiranos que eliminaram a antiga ordem. Na China, a incapacidade dos últimos imperadores Ming de proteger seus cidadãos das revoltas camponesas ou de ataques vindos do norte levou diretamente ao fim da dinastia e à ascensão de uma nova estrutura de elite sob a família manchú Qing. Da mesma forma, a Guerra Civil dos Estados Unidos, ela mesma conseqüência da luta interna do país entre seu passado agrícola e seu futuro industrial, alterou a paisagem econômica e social com o fim da escravidão e o surgimento da era industrial, que enriqueceu a classe de líderes empresariais capazes de tirar vantagem do nascimento de uma nova economia continental que suplantava as economias estaduais até então bastante fragmentadas.

Restrições institucionais limitadas ou fracas levam a mudanças associadas à "destruição criativa" política e econômica. Um dos enigmas da História é que as mesmas condições que estimulam criatividade e empreendedorismo também podem levar a agressão, desigualdade, injustiça e, no final, revolta social. Mas as sociedades que impõem controles excessivos para manter a ordem freqüentemente inibem a criatividade. Por exemplo: Esparta, a mais poderosa cidade-Estado grega, militarizou de tal modo sua sociedade que a oposição e a criatividade foram eliminadas. Sua luta para controlar a população de escravos, chamados de hilotas, produziu condições que tornaram difícil para ela se adaptar a condições políticas e econômicas em mutação no leste do Mediterrâneo antes da unificação da Grécia, sob Felipe da Macedônia. A China, que tinha realizado proezas mundiais em exploração e desenvolvimento no início dos anos 1400, produziu sua própria espiral descendente quando o nacionalismo e uma crença de que a China tinha pouco a ganhar com o mundo levaram à suspensão das viagens marítimas e do comércio exterior. Enquanto isso, potências rivais, sem as mesmas restrições, ganharam força e se prepararam para seu ataque final, bem-sucedido, ao regime Ming. Nos Estados Unidos depois da Guerra Civil, o governo americano fez pouco para regulamentar a maioria das indústrias nascentes, mesmo quando uma teia de legislações estaduais produzia confusão. Alguns, como os Vanderbilt e os Carnegie, consideraram isso mais uma oportunidade do que um impedimento, e aproveitaram o momento em grande parte como os estadistas que Henry Kissinger um dia admirou como tendo "a força para contemplar o caos e ali encontrar material para novas criações".

As elites tendem a se expandir e com isso disparar uma reação de outros segmentos da população, especialmente outras elites agindo "em benefício" do povo como um todo. À medida que as elites continuam a acumular poder, às vezes vão longe demais, produzindo a soma dos esforços de elites rivais para desafiar sua autoridade ou fomentar a insatisfação do povo em geral. Elas precisam, então, fazer algumas concessões para recuperar sua legitimidade e restaurar o equilíbrio de poder que permite a elas prosperar, ou se arriscar a uma mudança súbita e irreversível. Os oligarcas da Grécia antiga competiam acirradamente entre eles, gerando conflitos de clãs que perturbavam os homens do povo. Conseqüentemente, a maioria do povo com freqüencia se aliava a tiranos que ofereciam paz em troca de poder. De modo diferente, os líderes atenienses, temendo o surgimento de um ditador, fizeram reformas políticas e criaram instituições democráticas que evitaram o conflito social. À medida que os governantes Ming se tornavam mais arrogantes e menos atentos às necessidades do povo, abriam a porta — literalmente, como veremos — para os governantes Qing, que, apesar de serem estrangeiros, eram considerados mais responsáveis. A história se repete nos Estados Unidos do final do século XIX. Surgiram os mega-ricos barões ladrões da indústria, cujas demonstrações de opulência e indiferença para com as necessidades dos trabalhadores comuns ultrajaram a população, e reformistas populares conseguiram aprovar uma série de leis antitruste e de comércio interestadual que barraram o crescimento dos industriais. Em todos esses casos, aqueles que defendiam reformas eram eles mesmos membros de grupos de elite. De Sólon, Cleistenes e Péricles, na Grécia, e do imperador Kangxi, na China da dinastia Qing, até Teddy Roosevelt, nos Estados Unidos do século XX, foram alguns poucos privilegiados que se apresentaram e foram aceitos por povos que pareciam satisfeitos em ser liderados e buscavam uma troca de líderes apenas quando aqueles no alto se mostravam incompetentes, ineficazes ou insensíveis às suas obrigações para com a sociedade em geral.

Cada um desses pontos é relevante hoje. Tanto a guerra quanto as transformações tecnológicas marcam nossa época. Sejam os conflitos caracterizados como entre civilizações ou entre os que têm e os que não têm, como um sintoma da reorganização pós-Guerra Fria ou como o surgimento da era global, parece claro que estamos entrando em um novo cenário e ao mesmo tempo nos aferrando aos vestígios de uma estrutura de poder do passado. Em uma época de redes, as instituições mais estáveis ainda são hierárquicas. O poder do Estado está diminuindo e grandes agentes multinacionais, de corporações a organizações terroristas, cada vez mais atuam ignorando fronteiras ou na infosfera. Embora História, dinheiro e poder político local ainda sejam importantes, as elites globais estão navegando em um mundo que nem as leis, nem os costumes nem os governos tradicionais compreenderam. Assim como os barões ladrões que reconheceram e capitalizaram as oportunidades do comércio interestadual antes que os legisladores e os regulamentadores percebessem o que estava acontecendo e tivessem oportunidade de reagir, redes de globalizadores estão definindo a época operando pelas beiradas do antigo mundo. E, como os barões ladrões, estão tendo recompensas impressionantes, com as quais provocam o ressentimento de muitos. E eis a questão: se nossa época é como épocas passadas em pontos importantes, quais são as implicações para o amanhã? E, se há algo novo acontecendo hoje, é importante ter uma base para compreender em que nossas elites são diferentes daquelas do passado. Um exame mais atento de meus três estudos de caso históricos — Grécia antiga, China do século XVII e Estados Unidos da era dourada — pode dar algumas pistas.

A força da democracia: a Grécia de 2000 a 323 a.C.

Embora a Grécia seja conhecida como o berço da democracia, em sua pré-história era um lugar bastante anárquico, governado pela força, assim como a maioria do mundo de então. Na época micênica, por exemplo, cada comunidade era organizada em torno de um *wanax*, ou senhor. Esses senhores ajudavam os fazendeiros em dificuldades, desse modo garantindo lealdade e reduzindo a probabilidade de rebelião nos cíclicos períodos ruins. Os *wanaxes* eram ajudados em seus deveres por um segundo grupo de membros da elite chamado de *pasireus*, que eram seus olhos e ouvidos, além de seus agentes. Abaixo dessas elites havia cidadãos livres que trabalhavam nos campos ou como artesãos e que serviam no Exército quando necessário. Como em muitas sociedades, os *wanaxes* ganharam poder em função de seu controle de santuários e sacerdotes e do fato de que presidiam cerimônias religiosas como representantes do povo perante os deuses. Os *wanaxes* tinham títulos de terras, controlavam a economia, eram os interlocutores com os deuses, cobravam impostos, redistribuíam a riqueza. Eram o mais alto poder local. Mas em algum momento por volta de 1200 a.C. seu mundo foi destruído por uma seqüência de acontecimentos, incluindo incursões estrangeiras que determinaram migrações em massa, clima ruim, competição entre cidades e outros fatores que permitiram que bandos mercenários ocupassem o vácuo de poder. Dórios do noroeste da Hélade invadiram o sul da Grécia, e a antiga ordem e a era micênica chegaram ao fim. Escrita, arte, a grande arquitetura e o artesanato refinado basicamente desapareceram por centenas de anos. A população diminuiu entre 60% e 90%, dependendo da região.

Mas, como de hábito, essa decadência continha as sementes do renascimento posterior. Os *pasireus*, então conhecidos como *basileus*, se tornaram chefes em menor escala, onipresentes e ansiosos. Havia muitos deles, e todos tinham de provar seu valor. Eles tinham perdido seu status especial em questões religiosas, e, embora presidissem os sacrifícios, não eram mais vistos como representantes do povo perante os deuses. No final do século IX ou início do século VIII a.C., os *basileus* se reuniram em uma assembléia para formular uma política sob a liderança formal de um grande *basileu*, cujo controle era, ele mesmo, limitado. O conselho estava concentrado em produzir consenso, porque aqueles eram líderes que tinham de convencer o povo a segui-los. O declínio da população significava que havia mais terra disponível para os que tinham sobrevivido. Teve início um renascimento: gradualmente, algumas poucas famílias proprietárias de terras conseguiram assumir o controle de áreas maiores, e essa nova elite surgiu como uma espécie de aristocracia.

O historiador A.M. Martin argumenta que a aristocracia emergente se distinguia não apenas por suas propriedades, mas também, considerando-se que a educação voltara a ser altamente valorizada, pelo código de ética que desenvolveu. Esse código a instava a "desenvolver uma excepcional excelência (*kleos*) para que se distinguissem dos outros de caráter mais comum". *Kleos* podia ser atingido não apenas em batalha, mas também pelo esporte (como nos jogos olímpicos, que surgiram nessa época) e no intercâmbio social. Significativamente, a maioria das pessoas não tinha a riqueza ou o tempo livre para participar dos jogos, rituais e festas nos quais as elites podiam se distinguir. Diferenças de classe surgiram e eram até estimuladas. As elites conseguiam justificar seus papéis de liderança com base nessas diferenças, apesar de regras que claramente as favoreciam.

Os membros da elite grega acirraram essa diferenciação casando-se entre si e moldando distinções culturais por intermédio da linguagem e de outras ferramentas. Por exemplo, *hoi agathoi* ("o bom") passou a se referir apenas aos nascidos de famílias eminentes, enquanto os pobres eram desprezados como sendo *hoi polloi* (literalmente "os muitos"). Um número crescente de pobres passou a depender dos aristocratas para sobreviver como meeiros ou como *thetes* — mão-de-obra contratada que trabalhava por casa e comida. Estima-se que entre 12% e 20% das famílias gregas tinham terra suficiente para serem classificadas como elites, de 20% a 30% não conseguiam se sustentar e 50% estavam entre os dois extremos. Os membros da elite modificaram a estrutura política para se adequar às suas necessidades, dando maior ênfase ao conselho (que eles dominavam) e menos a um líder específico. Os não-nobres não podiam ocupar cargos. Tinha sido criada uma oligarquia.

Porém, mais uma vez a classe média ficou frustrada, como foi evidenciado pelo poeta Hesíodo, que escreveu: "O trabalho não é desgraça, o ócio é a desgraça." Ao mesmo tempo, algumas famílias da elite queriam cada vez mais para si mesmas, e freqüentemente combatiam outras. Reagindo a essa desordem, observam J.B. Bury e Russell Meiggs, "nobres descontentes se apresentaram como líderes das massas descontentes". Alguns desses "tiranos" eram bons, como foi o caso de Cípselo de Corinto, descrito como "corajoso, prudente e prestativo para com o povo, diferentemente dos oligarcas no poder, que eram insolentes e violentos". Contudo, como escreveu Aristóteles, "a História mostra que quase todos os tiranos foram demagogos que conquistaram o povo atacando os notáveis".

No século VII, as posições de liderança em Atenas eram divididas entre nove arcontes (líderes), eleitos para mandatos de um ano por uma assembléia de todos os cidadãos livres do sexo masculino, chamada de *ecclesia*. Membros de um pequeno círculo de famílias ricas, chamados de *eupátridas* ("pessoas com pais bons"), controlavam a assembléia. Depois que um *eupátrida* chamado Cilo fez uma tentativa mal-sucedida de estabelecer uma tirania, os nobres em 621 a.C apontaram um aristocrata chamado Drácon para restaurar a estabilidade e a eqüidade. Assim, Drácon teve a oportunidade de levar seu nome à posteridade com o termo "draconiano". Quando perguntado por que pedia a pena de morte para a maioria dos crimes, mesmo os não violentos, Drácon respondeu: "Os pequenos merecem isso e eu não tenho maior [punição] para os maiores crimes."

A reação popular, em 590, acabou levando ao surgimento de um outro líder. Um aristocrata chamado Sólon foi convidado a produzir leis que aliviassem o sofrimento dos pobres sem prejudicar demasiadamente as elites. Sólon aboliu a escravidão por causa de dívidas, libertou devedores presos e cancelou as dívidas de meeiros. Também implantou um novo sistema político no qual a influência era atribuída de acordo com a riqueza. Quanto maior a riqueza de um homem, mais altos os cargos que ele podia ocupar. Por exemplo: o mais rico podia ser tesoureiro do Estado, os segundos podiam ser arcontes, e assim por diante. Sólon também criou um Conselho dos Quatrocentos como contraponto ao aristocrático Conselho de Anciãos (precursor dos sistemas bicamerais como os existentes em muitas democracias de hoje). Ele não era um igualitarista, mas deu maior equilíbrio e mobilidade à sociedade e, conseqüentemente, foi popular.

Uma tentativa posterior de restabelecer uma tirania feita por um aristocrata chamado Psístrato não eliminou o sistema de Sólon, e quando o filho de Psístrato caiu em desgraça com o povo de Atenas, surgiu um vácuo de poder que acabou ocupado por mais um aristocrata, Cleistenes. Cleistenes implantou uma série de mudanças democráticas que ainda são sentidas hoje em muitas regiões do mundo. Ele produziu uma constituição que organizava o governo em torno de cidades e bairros (*demes*), cada um dos quais era vinculado a trinta diferentes grupamentos maiores, que por sua vez eram vinculados a uma tribo (*phylai*). Essa estrutura abalou a influência das elites em regiões específicas. Ele também ampliou o Conselho dos Quatrocentos para Quinhentos, e tornou a representação proporcional à população. O sistema de Cleistenes funcionou, mas, o que era mais importante do seu ponto de vista, ele foi projetado para preservar a base de poder de sua família e de outras famílias nobres aliadas. Em outras palavras, este arquiteto de muitos dos elementos fundamentais da democracia estava agindo de acordo com seus próprios interesses. A coesão social e a estabilidade legitimaram e reforçaram seu próprio poder.

O governo de Cleistenes e o sistema implantado por ele ajudaram a produzir a época clássica em Atenas. Nesse período, antes do início da Guerra do Peloponeso (431-404 a.C.), Atenas chegou ao ápice com a formação da Liga de Delos de cidades-Estado e uma explosão nas artes e na cultura. Porém, a guerra, uma luta de 27 anos contra Esparta, marcou o início do fim. Quando Atenas finalmente caiu, Esparta instaurou um regime de colaboracionistas atenienses cujo reinado de terror deu a eles o nome de Trinta Tiranos. Eles depois foram derrubados por um regime mais democrático que reintroduziu uma forma muito aguada de democracia. Com Atenas e Esparta enfraquecidas e a união entre as cidades-Estado abalada, surgiu um vácuo que foi ocupado por Felipe da Macedônia, que tomou o controle depois da Batalha de Queronéia, em 338 a.C.

Com Felipe veio o fim das cidades-Estado gregas e de suas experiências democráticas. Seu legado atravessou a história, assim como as lições das conseqüências do poder excessivo dos aristocratas e da dificuldade de ajustar um sistema para equilibrar o poder das elites com os direitos e as expectativas das massas.

A Cidade Proibida aberta a partir de dentro: a China no século XVII

No alvorecer do século XVII a Europa estava no auge do Renascimento. Shakespeare escrevia peças para o Globe Theatre, em Londres, Rembrandt estava prestes a nascer e Galileu e Kepler chegavam ao apogeu. Mas, com tudo isso, nenhum reino europeu podia se comparar à China, lar de 130 milhões de pessoas, a maior economia do mundo e o que o historiador Jonathan Spence chamou de "o mais sofisticado de todos os reinos unificados da Terra".

No centro de uma burocracia cuidadosamente criada e equilibrada, por trás das muralhas da Cidade Proibida, ficava o imperador. Por gerações a base de seu poder político era a influência econômica da classe superior de proprietários de terras, que tinha muitos de seus filhos servindo na burocracia do imperador. Isso pode parecer um sistema aristocrático típico, mas a China era diferente da Europa no sentido de que havia poucos títulos hereditários e a sociedade não tinha a exacerbada noção de coesão de classe do Ocidente. Em um sistema em que a propriedade da terra era incerta, a necessidade determinava que grupos de um nível trabalhassem com outros, mas em um relacionamento que normalmente era considerado não espoliativo e, portanto, não produzia insatisfação.

Ainda assim, em meados do século, a centenária dinastia Ming se viu sentada em um barril de pólvora de instabilidade social. Duzentos anos antes, anteriormente à autodefinida "Era das Explorações" européia, os governantes Ming tinham mandado suas frotas ao redor do mundo, chegando a Índia, Indonésia, Arábia, África e, segundo algumas teorias, às Américas. O grande almirante que supervisionou essa exploração foi Zheng He. A Europa não tinha nada parecido com seus enormes navios — eles chegavam a 440 pés de comprimento e podiam transportar até quinhentos homens — e nada como Zheng, um eunuco muçulmano. Mas pouco depois do final de suas impressionantes viagens, em 1433, o imperador promulgou um édito proibindo a construção de barcos transoceânicos. Mais uma vez, a China era vítima de invasões mongóis no norte, e no sul uma incursão militar no Vietnã apresentava problemas. Encorajada pela crença geral de que a China era superior ao resto do mundo, a elite se colocou inteiramente contra o comércio e o contato com o exterior.

O conservadorismo e a satisfação geral das elites chinesas tiveram um efeito arrefecedor. A estrutura calcificada e centralizada da sociedade desestimulava o empreendedorismo e a reflexão independente, e conseqüentemente o país foi ficando cada vez mais fraco. Na época do imperador Ming Wanli (1572-1620), a política chinesa se tornara facciosa, enquanto a economia enfraquecida tornava difícil para o governo central levar ajuda ou apoio ao interior, aumentando a insatisfação nas regiões rurais. Wanli estava passando por sua própria decadência. Antes um monarca consciencioso, em 1580 ele se tornara frustrado com as brigas de seus burocratas sobre qual de seus filhos devia ser escolhido como herdeiro, sobre quando e para onde ele devia ser autorizado a viajar, e por discussões da Corte sobre questões ideológicas. Ele se afastou. Passaria anos sem conceder audiências ou abordar questões fundamentais. "Considerando-se o papel do imperador como elemento central do reino", escreve o historiador John King Fairbank, "sua rebelião pessoal contra a burocracia era não apenas falência, mas traição".

Como conseqüência do afastamento de Wanli, seu séqüito de conselheiros eunucos e os burocratas que tinham acesso a ele ganharam poder. (Esse é um fenômeno comum. Quando um líder se retira, está doente ou apenas sussurra, aqueles ao redor dele tomam seu poder. Para mais informações, ver *O imperador*, de Ryszard Kapuściński, no qual ele descreve como, durante as audiências na Corte, Haile Selassie, da Etiópia, ouvia solicitações e depois sussurrava instruções a um ajudante, que as escrevia. Esse indivíduo, conhecido como ministro da pena, era considerado extremamente poderoso, por ser o único que ouvia o imperador e tinha toda a sua autoridade.) Os eunucos se aproveitaram da situação, cobrando taxas para levar mensagens a Wanli, assumindo o direito de coletar impostos e até mesmo usando guardas militares para impor sua vontade. A desgraça e os danos ao imperador eram inevitáveis.

Invasores estrangeiros do norte e do Japão perceberam e exploraram a fraqueza de Pequim. Os recursos passaram a ser usados para pagar aos mongóis para que eles suspendessem os ataques. A fome se espalhou. E, na Manchúria, um líder chamado Nurhaci, de um grupo de guerreiros jurchen, viu no momento uma grande oportunidade. Criador do "sistema de estandartes", que dividia seu povo em diferentes estandartes e servia como um útil princípio de organização, Nurhaci fortaleceu tanto sua economia quanto seu conhecimento dos Ming. Ele e seu povo eram muito organizados e podiam dar conta tanto de complexas campanhas militares quanto do bem-estar da sociedade quando não estavam em guerra. Buscando legitimidade, Nurhaci fundou a dinastia Qing ("pura") em 1616. Aproximadamente na mesma época ele identificou sete ressentimentos básicos com a liderança Ming, efetivamente formalizando seu conflito com o poder na Cidade Proibida. Durante a década seguinte, antes de sua morte, em 1626, ele conquistou mais de setenta cidades no norte da China, e seus herdeiros estavam realizando campanhas de sucesso na Coréia e na Mongólia, estimulando os generais Ming a se juntar a eles e paulatinamente conquistando poder às custas de Pequim.

A reação dos Ming foi equivocada. Em um esforço para reorientar recursos a fim de pagar as tropas, eles reduziram sua burocracia na região noroeste, que parecia segura. Como resultado, não conseguiram cobrar impostos, e a crise fiscal aumentou. Os burocratas afastados também se enfureceram, e alguns se rebelaram, como Li Zicheng, que em 1630 liderou milhares de jovens em uma orgia de violência pelo centro e pelo norte da China. Ao mesmo tempo, a peste estava dizimando aldeias por todo o país.

Como imperador, o neto de Wanli, Chongzhen, tentou resolver os problemas e retomar o controle da burocracia, mas anos de luta entre facções e questões financeiras tornaram isso impossível. Em 1644, Li Zicheng organizou um ataque em massa a Pequim e teve grande sucesso, principalmente por se valer da raiva contra o regime Ming. De fato, quando entrou em Pequim, em abril, o fez passando pelos portões que tinham sido abertos por dentro. Abandonado por seus ministros e por seu povo, Chongzhen se enforcou em uma árvore no jardim imperial, dessa forma encerrando uma dinastia que tinha governado a China desde 1368.

Pouco depois do suicídio de Chongzhen, Nurhaci e os manchus tomaram Pequim e passaram a geração seguinte consolidando o controle do país. Assim que fizeram isso, governaram por quase três séculos, em grande medida porque conseguiram apelar tanto às massas desassistidas quanto às elites igualmente alienadas na desajeitada mas respeitada burocracia chinesa. Jonathan Spence escreve em *Em busca da China moderna* que, enquanto Nurhaci esteve vivo, "assumiu as funções de caridade do governante ideal que tinham sido claramente negligenciadas por Wanli nos seus últimos anos, dizendo que nunca iria deixar os ricos 'acumularem seus grãos e os deixarem apodrecer', e que iria 'alimentar o povo miserável'". Nurhaci também deu cargos importantes a antigos membros da elite, reconhecendo que o poder da instituição do imperador dependia de sua capacidade de agir nas redes internas. Seu filho, Huang Taiji, e seu neto, Shunzhi, mantiveram a tradição, ajudando a consolidar o império sob os Qing.

O governo de seis décadas do imperador Kangxi, bisneto de Nurhaci, viu a volta da estabilidade a uma China em grande parte unificada. Segundo o historiador Immanuel Hsu, Kangxi "chegava perto do ideal. Ele era inteligente, compreensivo, tolerante, consciencioso e atento às questões de Estado (...). Foi sob K'ang-shi [Kangxi] que o inseguro governo manchu se transformou em um Estado estável e próspero". Outros relatos dizem o mesmo.

De muitas formas Kangxi se tornou o primeiro imperador chinês, desde a época de Zheng He, a voltar a se relacionar construtivamente com o mundo. Ele liderou a conquista de três regiões do sul que tinham sido governadas por dissidentes chineses, capturou Taiwan e, face à ameaça de conflito no norte, negociou o primeiro tratado da China com uma potência estrangeira, o Tratado de Nerchinsk, que estabeleceu as fronteiras com a Rússia basicamente da mesma forma que permanecem hoje. No plano interno, ele viajou muito, reduziu impostos e financiou as artes e a educação. Para conquistar apoio de sua base manchu, ele respeitou as práticas religiosas manchu e substituiu os eunucos por líderes desse povo. Para estimular a fidelidade dos han, invocou valores confucianos como uma das bases de seu governo e do reino. Com típica perspicácia, criou um novo sistema de avaliação para dar aos cinqüenta candidatos mais sábios um grau especial e então encomendar a eles uma história da dinastia Ming, dessa forma demonstrando deferência para com aqueles que sua família tinha conquistado. Em síntese, Kangxi terminou o trabalho que Nurhaci tinha iniciado cem anos antes e conquistado o que Spence chama de "um profundo e amplo poder, igualado apenas por alguns poucos governantes nos tempos da antiga grandeza da China".

Mais uma vez as lições são transmitidas. Excesso de segurança é fatal para as elites. Negligenciar o poder é tão corrosivo quanto abusar dele. Mesmo no século XV, se isolar do mundo em geral tinha um preço alto. E mais uma vez a insatisfação social abriu caminho para uma elite derrubar outra. Nada faz tanto sucesso quanto um bom governo.

Barões ladrões ou inventores da modernidade: os Estados Unidos depois da Guerra Civil

"Se eles fossem mercadores tírios do ano 1000 a.C. desembarcando de uma galé recém-saída de Gibraltar, dificilmente estariam mais deslocados no litoral de um mundo tão mudado em relação ao que era dez anos antes", escreveu Henry Adams sobre a chegada de sua família aos Estados Unidos, em 1868, após dez anos no exterior. Como Adams observou, a Guerra Civil tinha transformado os Estados Unidos. A economia crescera, passando de um PIB real de 72 bilhões de dólares em 1860 para quase 170 bilhões de dólares vinte anos depois. Duas décadas mais tarde, o PIB americano se aproximava de 400 bilhões. (Se passaria mais de um século antes que se chegasse perto de crescimento assim novamente, com a rápida ascensão da China e dos tigres asiáticos no final do século XX.)

O esforço de guerra tinha produzido uma prosperidade industrial no Norte que determinara uma reforma no rol dos mais ricos do país. O termo "milionário" — embora fosse usado desde o século XVIII — foi popularizado nos Estados Unidos na década de 1840, quando os americanos mais ricos ostentavam fortunas variando entre 10 milhões e 20 milhões de dólares. Nas décadas de 1880 e 1890, os mais ricos tinham construído fortunas de centenas de milhões, e em 1892 havia mais de 4 mil milionários identificados nos Estados Unidos. Enquanto os 60% de americanos de renda média desfrutavam de uma mobilidade social inédita, o quinto mais pobre permanecia estagnado e os mais ricos simplesmente ficavam muito mais ricos. Comentando as oportunidades oferecidas pela economia de guerra, o magnata das ferrovias e dos bancos Daniel Drew observou: "É bom pescar em águas agitadas."

A época deles foi de grandes mudanças: a primeira guerra total, as invenções da Revolução Industrial que mudavam o mundo e a integração da economia americana. Os magnatas da era dourada também não eram perturbados por instituições que poderiam ter regulamentado os negócios irregulares que tinham dado tanta riqueza a tão poucos. O surgimento de uma classe com tal riqueza gerou reações políticas e levou ao nascimento de grupos reformistas como Grangers, Greenbacks e Populistas. Também produziu, a partir da "grande idéia" mais radical do século, a noção de darwinismo social, que sugeria que a crescente desigualdade era inevitável e que aqueles empresários de sucesso eram de algum modo mais evoluídos que os de menor sucesso. Embora hoje a teoria seja considerada antiquada e um pouco mais que feia em suas implicações, muitos historiadores sustentam que os titãs da indústria daquela época eram, se não mais avançados em sua evolução, pelo menos mais complexos do que descrições simplistas e títulos pejorativos como "barão ladrão" poderiam sugerir. Para alguns, especialmente os que estudam história econômica, aqueles indivíduos eram reformistas e inovadores, gerando um período de grande crescimento por intermédio da criatividade aplicada. O historiador dos negócios Maury Klein escreve: "Embora nenhum grupo de pessoas tenha feito mais para moldar e mudar todos os aspectos da vida americana desde 1850 que os grandes empreendedores, nenhum grupo é menos compreendido ou mais definido por clichês."

Perfis de dois dos mais destacados líderes empresariais da época quase certamente terão mais valor que uma visão geral para exemplificar os elementos contraditórios desse período e o grau em que muitos são bastante relevantes hoje. Andrew Carnegie e John D. Rockefeller são os verdadeiros antepassados da superclasse de hoje de modos consideravelmente mais diretos e fáceis de entender do que, digamos, Péricles ou Kangxi (embora eu dissesse que de certa forma ambos estão no DNA do atual grupo).

Andrew Carnegie: contraditório rei do aço

Pai da indústria do aço, Andrew Carnegie trabalhou duro para garantir que seria bem lembrado. Ele foi o modelo do industrial consciencioso, fazendo exortações enquanto dava grande parte de sua fortuna ainda em vida: "O homem que morre tão rico morre em desgraça." Mas Carnegie não era exatamente o que parecia ser para o público. Embora defensor de uma sociedade justa e da livre iniciativa individual, e reconhecido filantropo, ele também abraçava uma visão social darwinista que justificava sua fortuna e o sofrimento daqueles que trabalhavam para ele. Ele se fantasiava de herói dos trabalhadores, mas aprovou tacitamente um dos mais violentos ataques a grevistas da história americana, no qual mais de cem ficaram feridos e 13 foram mortos. Doou centenas de milhões, mas arrochou os salários dos trabalhadores, oferecendo a muitos apenas o necessário para sobreviver. Nas regiões de Pittsburgh que ele construiu havia pouco saneamento e nenhuma rua pavimentada. Sob seus cuidados, segundo um biógrafo, "um quinto de todos os homens de Pittsburgh, a maioria no auge da vida, morria por causas acidentais — grande parte estava nos setores de siderurgia, ferrovias e construção civil —, e a taxa provavelmente era mais alta, já que muitos acidentes não eram relatados". Milhares morreram de febre tifóide por beber água de rios poluídos. Homestead, onde ficavam as siderúrgicas mais avançadas, foi descrita como "um inferno com as comportas fechadas".

Tendo chegado aos Estados Unidos vindo da Escócia com 14 anos de idade, Carnegie começou como telegrafista, participando do primeiro estágio da revolução das comunicações. Pouco depois foi contratado como telegrafista pessoal de Thomas Scott, o superintendente-geral da Ferrovia da Pensilvânia, que identificou grandes qualidades de inteligência e diligência em Carnegie e, pouco depois de conhecê-lo, o convidou a ser sócio em um investimento na Woodruff Sleeping Car Company.

A empresa fornecia vagões-dormitório para a Ferrovia da Pensilvânia, portanto havia um grande conflito de interesses, mas isso também garantia o sucesso, e Carnegie começou a sua fortuna. "Abençoado seja o homem que inventou o sono", disse Carnegie mais tarde.

Quando Scott foi promovido a vice-presidente da ferrovia, o jovem Carnegie, com apenas 24 anos de idade, foi elevado a superintendente da sua divisão oeste. A partir daí Carnegie reinvestiu seus lucros com os vagões-dormitório em uma nova indústria surgida em torno da descoberta de "óleo de rocha" no oeste da Pensilvânia. Ele se saiu tão bem que logo pediu demissão da ferrovia para se concentrar em seus próprios negócios, que incluíam pagar 500 dólares a alguém para que lutasse por ele na Guerra Civil, uma prática comum entre os ricos. Depois ele se transferiu para uma série de investimentos em construção de pontes para ferrovias, produção de ferro e telégrafo, antes de finalmente optar pelo aço. Carnegie depois escreveu em sua autobiografia que tinha decidido "colocar todos os ovos bons em uma cesta e então vigiar a cesta", acrescentando: "Acredito que o verdadeiro caminho para o sucesso superior em qualquer campo é se tornar um mestre nesse campo (...). Os homens que tiveram sucesso são homens que escolheram um setor e se mantiveram nele."

Carnegie adotou as mais modernas técnicas de produção de aço, se concentrando em inovação científica e preparando o setor para o tipo de produção em massa que pudesse atender às demandas da economia dos Estados Unidos, em crescimento acelerado. Ele começou a integrar sua empresa verticalmente ao longo de toda a cadeia de fornecimento, comprando produtores de coque, carvão e minério, ferrovias, linhas marítimas e uma série de usinas. Com tal estratégia ele era capaz de administrar os custos com maior eficácia e competir de um modo que concorrentes menos integrados não podiam. Buscava dominar e esmagar os concorrentes. Era brutalmente exigente com seus empregados e raramente dava a eles muito além de encorajamento para que trabalhassem duro. Em 1899, a Carnegie Steel era a maior fabricante de aço do mundo, com produção total equivalente a metade daquela da Grã-Bretanha e fornecendo um quarto do aço dos Estados Unidos.

Reconhecendo a importância de ter amigos em altos cargos políticos, Carnegie apoiou políticos como James Blaine, que disputou e perdeu uma eleição presidencial e depois se tornou secretário de Estado, e Benjamin Harrison, que foi eleito presidente em 1889 e recompensou Carnegie nomeando seu advogado para a Suprema

Corte. O advogado, George Shiras, foi confirmado em uma semana, embora não tivesse experiência judicial nem política — o único juiz da Suprema Corte tão mal preparado. A falta de qualificações, porém, não impediu Shiras de ser um amigo da indústria. Em *U.S. v E.C. Knight*, ele votou pela tese de que a American Sugar Refining Company não tinha violado a Lei Antitruste Sherman, embora controlasse 90% do setor. Depois deu o voto decisivo que declarou inconstitucional o imposto de renda, e pouco depois sustentou uma injunção pedida pelo governo para acabar com uma greve na Pullman Company. Carnegie se tornou confidente de Harrison, e pode ou não ser uma coincidência que, embora o presidente tivesse sancionado a lei Antitruste Sherman, seu governo tenha levado apenas um caso ao tribunal durante seu mandato.

Em março de 1901, Carnegie se aposentou, vendendo sua empresa para J.P. Morgan por 480 milhões de dólares. Com esse patrimônio e muitos outros, Morgan criou a U.S. Steel, a primeira empresa com capital superior a 1 bilhão de dólares. Seu capital — que então correspondia a 7% do PIB americano — era o dobro do valor das ações de todos os bancos nacionais do país. Com suas subsidiárias, a U.S. Steel empregava um número de pessoas superior ao que vivia em todo o estado de Maryland e controlava dois terços do mercado de aço. Enquanto isso, as atenções de Carnegie se voltaram para a filantropia, estabelecendo um padrão de generosidade que superava a impiedade que ele tinha demonstrado nos negócios. Ele doou 350 milhões de dólares em vida, e seus principais fundos e fundações continuam ativos hoje, incluindo o Carnegie Trust for the Universities of Scotland, o Carnegie Dunfermline Trust, o Carnegie Institute, o Carnegie Endowment for International Peace (onde eu sou acadêmico visitante e realizei o trabalho para este livro), a Carnegie Hero Fund Commission, a Carnegie Institution de Washington e a Carnegie Corporation. Ele também foi responsável pela construção de mais de 2.500 bibliotecas em todo o mundo de língua inglesa.

O histórico de generosidade filantrópica de Carnegie é marcante e um claro contraste com sua falta de disposição para partilhar uma parcela de seus lucros com os empregados. Embora ele tenha escrito apaixonadamente sobre o direito de criar sindicatos, obrigou operários de uma de suas fábricas a recusar a sindicalização por escrito. Embora as famílias de Pittsburgh precisassem ganhar 600 dólares por ano para não se endividar, ele pagava a muitos de seus empregados menos de 400 dólares por ano. Os operários de nível mais baixo ganhavam 300 dólares, quase dez mil vezes menos que Carnegie. "É perda de tempo criticar o inevitável [a distância entre as classes]", escreveu ele em um ensaio intitulado "Wealth", em 1889. De acordo com suas visões sociais darwinistas, a concentração de riqueza nas mãos de poucos era fruto da desigual distribuição de talento. Ele foi além nesse mesmo ensaio, escrevendo que "a riqueza, passando pelas mãos de poucos, pode ser uma força muito mais poderosa para a elevação de nossa raça do que se distribuída em pequenas somas (na forma de salários) para as próprias pessoas". Ele sugeriu que salários mais altos "seriam desperdiçados na entrega ao apetite, parte dele em excessos, e é de duvidar que mesmo a parcela destinada a bons usos, como acrescentar confortos ao lar, produzisse os resultados para a raça como uma raça". Em sua autobiografia, escrita após se aposentar, ele deu meia-volta: "Se eu voltasse aos negócios amanhã, o medo de problemas trabalhistas não estaria em minha mente; a ternura para com os pobres e os trabalhadores algumas vezes desorientados embora bem-intencionados encheria meu coração e o faria menos duro." É uma contradição que aqueles brutalmente competitivos — como Carnegie ou Bill Gates, que esmagaram concorrentes como insetos — se tornem tão clara e produtivamente filantrópicos? Ou sua adoção da caridade é apenas outro modo de exercitar o poder e garantir seu legado com consciência limpa?

O sucesso de Carnegie como doador certamente ajudou a melhorar a reputação que ele poderia ter tido em função de suas duras táticas de negócios. Ele passou a doar de forma sistemática, identificando uma hierarquia de investimentos de valor e os classificando da mais alta à mais baixa prioridade: universidades, bibliotecas, hospitais e laboratórios, parques, salas de espetáculo, banhos públicos e, finalmente, igrejas. Não apenas os outros valorizaram esse compromisso como, aparentemente, também ele. Na inauguração da Biblioteca Carnegie em Allegheny, Pensilvânia, à qual compareceu o amigo Benjamin Harrison, Carnegie fez um tributo — a si mesmo. "O cidadão mais pobre, o homem mais pobre, a mulher mais pobre que se esforça da manhã até a noite para ganhar a vida (como, graças aos céus, eu tive de fazer em meus primeiros anos), quando caminhar por este salão, ler os livros nos nichos, escutar o órgão e admirar as obras de arte nesta galeria juntamente com os milionários e os cidadãos mais elevados, quero que ele exclame em seu coração: 'Veja, tudo isto é meu.'"

Já outros ficaram menos impressionados. "Preferíamos que ele não tivesse cortado nossos salários e nos deixasse gastar o dinheiro nós mesmos", disseram metalúrgicos a um jornal de Pittsburgh. "De qualquer maneira, de que serve uma biblioteca para um homem que trabalha 12 horas por dia?"

John D. Rockefeller: "A verdadeira encarnação de sua época"

Magro, altivo, zeloso, John D. Rockefeller parecia uma paródia do empresário sem coração. Mas em muitos sentidos ele foi o criador singular da era moderna. Nenhum outro americano construiu fortuna maior; contabilizada a partir de uma referência constante de dólar, a sua foi a maior de todos os tempos. Seu negócio era petróleo. Em *The Prize: The Epic Quest for Oil, Money & Power*, Daniel Yergin explica que a Standard Oil de Rockefeller "funcionava segundo os métodos impiedosos e a ânsia incontida do capitalismo do final do século XIX; mas também criou uma nova era, pois se transformou em uma das primeiras e maiores corporações multinacionais do mundo". Simplificando, Rockefeller foi "a pessoa isolada mais importante na formação da indústria do petróleo". Ron Chernow, autor de uma magnífica biografia de Rockefeller, observa: "Criando novas formas industriais, Rockefeller deixou sua marca em uma era que enaltecia inventores, não administradores." Sua corporação multinacional se tornou um modelo que literalmente transformou o mundo.

Sentindo um vazio nos Estados Unidos da era dourada, Rockefeller ajudou a criar uma nova ordem econômica. Se o governo fracassou em regulamentar as indústrias efetivamente, ele se tornou tão grande que as regulamentou por conta própria. Antes das leis federais de incorporação, a Standard Oil — uma empresa nacional desde o início — teve de enfrentar um labirinto de leis estaduais que prejudicavam as empresas e eram um convite à corrupção. Mas Rockefeller teve a inspiração de abrir um caminho para a frente que criou um novo tipo de empresa. E quando a companhia se tornou tão grande que a Suprema Corte determinou sua divisão, em 1911, ele não foi derrotado. As partes do império Standard Oil cresceram de forma independente e se tornaram ainda mais valiosas, aumentando sua fortuna para 900 milhões de dólares. Chernow escreve: "Mais que qualquer outro, Rockefeller encarnou a revolução capitalista que se seguiu à Guerra Civil e transformou a vida americana. Ele incorporava todas as suas virtudes de frugalidade, autoconfiança, trabalho duro e empreendedorismo perseverante. Mas, sendo alguém que zombava do governo e passava por cima dos concorrentes, também personificou muitos de seus defeitos mais comuns. Conseqüentemente, sua carreira se tornou o centro de um debate que dura até hoje sobre o devido papel do governo na economia."

Rockefeller e um grupo de sócios iniciaram um negócio de refino de petróleo quando ele tinha apenas 24 anos de idade. Desde o início ele queria expandir a empresa, mas seus sócios eram mais cautelosos, e de modo a colocar em prática suas idéias Rockefeller comprou a parte deles. Os primeiros dias do setor de petróleo eram cheios de novatos e pequenas operações, os custos iniciais eram baixos, e Rockefeller identificou uma oportunidade de entrar e dominar. Em quatro anos, com seu sócio de idéias parecidas Henry Flagler, ele começou a construir uma empresa que podia esmagar qualquer concorrente. Em 1870 os dois fundaram a Standard Oil, uma sociedade anônima que permitiria a eles levantar o tipo de capital necessário para fabricar um produto padronizado e consistente, um desdobramento importante em uma época em que a produção irregular de querosene resultava em 5 a 6 mil acidentes fatais por ano.

Flagler se valeu do tamanho cada vez maior da Standard Oil para negociar melhores tarifas de transporte com as ferrovias. Era o tipo de vantagem não exatamente legal que as maiores empresas tinham antes que essas práticas fossem eliminadas com a lei de comércio interestadual e a Lei Elkins de 1903. Um ano após criar a Standard, a empresa formou a South Improvement Company (SIC), um cartel das maiores refinarias da região. Não apenas esse grupo desfrutava de descontos no custo de transporte, como as ferrovias também concordaram em pagar uma taxa à Standard sempre que transportassem petróleo cru de refinarias não pertencentes ao grupo. Conseqüentemente, quanto mais as concorrentes produziam, mais a SIC ganhava. O historiador John T. Flynn apelidou esse "esquema de reembolso" de "instrumento de crueldade competitiva sem paralelos na história". Mas, dada a concorrência entre ferrovias, a tática de Rockefeller tinha a vantagem de garantir movimento a todas. Ele prometeu se tornar o "juiz oficial" do setor, dessa forma solucionando grandes desafios tanto para o setor de petróleo quando para o de transporte ferroviário em uma só tacada. Quando o plano foi descoberto, produziu um coro de protestos e teve de ser abandonado, mas enquanto funcionou a Standard e as ferrovias tiveram enormes vantagens.

Na esteira do revés da SIC, Rockefeller iniciou um processo aquisitivo. De 1872 a 1879 a Standard comprou refinarias obedecendo a um padrão que envolvia fazer ofertas razoáveis pelas propriedades disponíveis e, se as ofertas fossem recusadas, cobrar preços inferiores aos dos produtores resistentes e tirá-los do mercado ou jogá-los nos braços da Standard. A extrema atenção que Rockefeller dava aos detalhes e a eficiência permitiram a ele derrotar os concorrentes de forma sensata. Quando ele descobriu que eram necessários quarenta pontos de solda para lacrar uma lata de querosene, por exemplo, sugeriu que fosse feita uma tentativa com 38 pontos. Quando uma parcela dessas latas apresentou vazamento, ele sugeriu 39 pontos. Isso funcionou e se tornou um novo padrão, infinitesimalmente mais barato. A postura — se concentrar tanto na grande escala quanto nos menores detalhes — produziu resultados extraordinários. Em 1879, nove anos após sua criação, a Standard controlava 90% da capacidade de refino dos Estados Unidos.

Com a sabedoria dos imperadores Qing, Rockefeller convidou os melhores administradores das empresas que comprou a se juntarem a ele na sede da Standard, no número 26 da Broadway, em Manhattan. Diferentemente de Carnegie, Rockefeller era considerado um excelente administrador. Ele gostava de delegar e se preocupava em conseguir o consenso entre os diretores. Seu único cacoete especial era uma insistência no segredo que depois levou o mundo a especular muito sobre o que realmente estaria acontecendo por trás da fachada de pedra lisa do prédio de escritórios na parte baixa de Manhattan.

A empresa de Rockefeller não enfrentou o mesmo tipo de problema trabalhista que assediou Carnegie. Como a Standard se tornou rapidamente um virtual monopólio, ele acabou não enfrentando as pressões da concorrência que com freqüência determinavam cortes de preços e poderiam afetar de forma negativa a capacidade de pagar aos operários um salário decente. Rockefeller resistia aos sindicatos mas pagava acima do mercado e introduziu a idéia de empregados serem donos de ações, declarando: "Quero que todos os homens sejam capitalistas, todos os homens, mulheres e crianças. Quero que todos poupem sua renda, não que a desperdicem; possuam as indústrias, possuam as ferrovias, possuam as linhas de telégrafo."

Apesar dessa visão, o domínio da Standard e suas práticas eram um pouco demais para alguns. Foram feitas investigações e até mesmo um indiciamento por conspiração criminosa contra a empresa e Rockefeller em 1879. Ainda assim, ele continuou a trabalhar para aumentar a eficiência. Quando a lei impediu a Standard de possuir empresas fora do estado de Ohio, Rockefeller nomeou três funcionários como depositários de bens fora do estado. Isso manteve as aparências mesmo quando cheques de pagamentos de dividendos das empresas dos depositários eram dados a 37 acionistas da Standard (dos quais Rockefeller era, de longe, o maior). Mas essa era uma solução ruim, e Rockefeller teve a idéia de criar uma empresa holding: consistiria de nove pessoas que teriam cotas em cada uma das empresas estaduais de propriedade da Standard. O truste, de acordo com Yergin, "permitiu o estabelecimento de um escritório central para coordenar e racionalizar as atividades das várias entidades em funcionamento — uma tarefa que se tornou ainda mais urgente com a crescente escala do negócio. E o truste deu a Rockefeller e seus sócios a fachada de legalidade e a flexibilidade administrativa de que necessitavam para operar efetivamente o que praticamente tinha se transformado em propriedades globais". A iniciativa logo foi copiada por empresas em vários outros setores, especialmente muitas no setor de agronegócio.

Em reação a isso, surgiu um movimento nas elites pública e política para deter o que consideravam empresas excessivamente poderosas. De fato, de acordo com o historiador Richard Hofstadter, para muitos americanos a caça aos trustes se tornou "um estilo de vida e uma religião". A primeira grande iniciativa legislativa para conter os trustes foi a Lei de Comércio Interestadual de 1887, que buscava especificamente acabar com as múltiplas tarifas discriminatórias das ferrovias. Contudo, a lei tinha muitas brechas, e o setor de transporte ferroviário as explorou totalmente. Três anos depois foi a vez da Lei Sherman Antitrustes, que proibia "trustes e fusões que limitassem o comércio" e ameaçava os infratores com graves punições. A lei em si era uma vitória mais da intenção do que da execução, dadas suas muitas ambigüidades, e empresas como a Standard praticamente não deram atenção a ela. Rockefeller chegou mesmo a apoiar a campanha do senador John Sherman à reeleição em 1891.

O clamor público produziu vitórias em alguns lugares. Ohio processou com sucesso a Standard por violar a constituição estadual ao transferir o controle para depositários de fora do estado. Embora isso tenha levado à dissolução do truste em 1892, Rockefeller se valeu das leis de Nova Jersey, que então permitiam que empresas tivessem cotas de outras empresas, e criou a Standard Oil de Nova Jersey para substituir o que tinha sido o Standard Oil Trust. O capital da empresa aumentou mil por cento. Ela rapidamente adquiriu o controle de 41 outras empresas, que por sua vez controlavam muitas mais. E assim, a empresa tinha trocado sua indumentária legal, mas por baixo continuava a ser o mesmo gigante: John D.

Rockefeller mantinha o controle firme e embolsava os lucros. Entre 1893 e 1901, a parcela de Rockefeller nos dividendos da Standard foi de aproximadamente 65 milhões de dólares.

Em 1897, ele tinha transferido algumas das responsabilidades administrativas para altos diretores, mas continuava a ser o rosto da empresa e era o alvo de repetidas investigações de alto nível e críticas na imprensa. Apesar do fervor de seus críticos, as mudanças foram relativamente pequenas e não ameaçaram a empresa até o assassinato do recém-reeleito presidente William McKinley, que abriu as portas para a presidência de Theodore Roosevelt.

Como Péricles, o reformista daquela época vinha da aristocracia, uma família rica do estado de Nova York que dificilmente se esperaria ser a perdição da classe endinheirada. Roosevelt era um ex-comissário de polícia atuante e ex-governador de Nova York, e um personagem complexo. Hofstadter escreve: "Ele desprezava os ricos, mas temia os pobres. Enquanto a grandeza das empresas assustava o cidadão de classe média típico por razões econômicas, assustava Roosevelt por motivos políticos." Roosevelt temia que a influência crescente dos trustes e de outras grandes corporações pudesse superar a do governo eleito. Ele não queria acabar com as grandes empresas, que considerava subprodutos inevitáveis do crescimento nacional. Ele pensava era que o governo devia desempenhar um papel mais eficaz na regulamentação. Em seu primeiro discurso de posse ele disse: "As grandes empresas existem apenas porque são criadas e protegidas pelas nossas instituições; e, portanto, é nosso direito e nosso dever garantir que elas operem em harmonia com essas instituições." E embora durante seu mandato ele tenha sido mais conversa que ação, não apenas alimentou o crescente fervor nos Estados Unidos como deu uma série de passos importantes para lidar com a situação. Criou o Departamento de Comércio, o Departamento de Trabalho e um Escritório de Corporações com poder para investigar empresas. Também assinou a Lei de Comidas e Remédios Puros e a Lei Hepburn, que fortalecia regulamentação anterior referente às ferrovias. Entre outros atos que têm influência ainda hoje, ele buscou proibir as corporações de fazer financiamento político. Muitas das iniciativas que Roosevelt defendeu não foram adotadas senão no governo seguinte, de Woodrow Wilson, mas os passos fundamentais que ele deu foram indispensáveis.

Quanto a Rockefeller, o governo de Roosevelt processou a Standard Oil em um tribunal federal com base na Lei Sherman Antitrustes em novembro de 1906. Esse foi um dos 45 processos contra trustes de seu governo. O veredito saiu em 1911, com uma decisão da maioria que dizia: "Pensamos que nenhuma mente desinteressada pode avaliar o período em questão [depois da fundação da Standard, em 1870] sem ser irresistivelmente levada a concluir que o próprio brilhantismo para o desenvolvimento comercial e para a organização (...) logo passou a intencional e objetivamente excluir outros." O governo deu à Standard seis meses para se dissolver. Os pedaços se tornaram Exxon, Mobil, Chevron, Sohio (que depois se tornou a subsidiária americana da BP), Amoco, Conoco, Arco e Sun. Em 2006, as vendas somadas dessas organizações foram de 963 bilhões de dólares. Se elas ainda fossem uma única corporação, equivaleriam a três vezes a segunda colocada, e as vendas somadas seriam superiores ao PIB da Rússia.

Rockefeller viveu até os 97 anos de idade. Sua fortuna, de 900 milhões de dólares, superava o orçamento federal em 185 milhões de dólares e no ápice equivaleu a 2% do PIB dos Estados Unidos (o triplo da fatia de Bill Gates hoje). Mas, como Carnegie, ele doou a maior parte dela, criando, entre outras instituições, a Universidade de Chicago, o Rockefeller Institute for Medical Research e a Fundação Rockefeller. Um dos netos, David, se tornou presidente do banco Chase Manhattan. Outro, Nelson, foi vice-presidente dos Estados Unidos. Um terceiro, Winthrop, foi governador do Arkansas. Quando este livro estava sendo escrito, um bisneto, Jay, se elegeu senador pela Virgínia Ocidental.

Mas a prole mais influente de Rockefeller são as empresas que sucederam aquela que ele construiu, e talvez ainda mais as idéias que moldaram essas empresas. Graças a seu sucesso sem paralelo, seus princípios básicos e suas práticas não apenas influenciaram a forma de todas as atuais corporações multinacionais do planeta, como levaram a uma mudança profunda na estrutura do poder mundial. Nesse campo, seu legado inclui um grande leque de contribuições, desde seu estilo de administração cooperativo até a propriedade centralizada com estrutura decisória descentralizada, desde sua dedicação à consolidação daquilo que chamava de "cooperação" e suas idéias de integração vertical dos negócios até suas estratégias políticas e sua visão de doação à caridade. As ações das empresas que sucederam a Standard Oil e deram nova forma a grande parte do mundo moderno, com exploração do petróleo no Oriente Médio, na América Latina, na antiga União Soviética e agora na África, mudaram a ordem internacional, dando a nações antes pequenas e secundárias grande influência, ao mesmo tempo em que essas empresas exerciam grande influência nesses países e em benefício deles. Hoje o setor de energia é o maior e mais influente do mundo, e a marca de John D. Rockefeller ainda está nele. Falando de forma mais ampla, as próprias corporações multinacionais passaram a rivalizar com as nações em influência econômica e política, superando os países em sua capacidade de operar cruzando fronteiras — em grande parte como a Standard Oil fez cruzando limites estaduais nos Estados Unidos. De certa forma, essas empresas seguiram o exemplo de Rockefeller de buscar uma forma de fugir do controle do ambiente regulatório e ao mesmo tempo tentar influenciá-lo. A divisão da Standard Oil na verdade produziu uma nova geração de multinacionais que continuou a crescer para além das fronteiras e a dominar a concorrência mesmo nunca tendo conseguido o domínio absoluto de um único mercado, como a empresa inicial teve quando controlou 90% do mercado de petróleo dos Estados Unidos. Ao mesmo tempo, Rockefeller, como Carnegie, continua a ser um exemplo do gigante empresarial que é ao mesmo tempo inovador e símbolo das grandes disparidades de sua época. Como os modernos CEOs e investidores, que nesse sentido são seus herdeiros, ele foi um exemplo e um farol.

Da mesma forma que ainda sentimos o efeito das inovações democráticas de Cleistenes e Péricles, da mesma forma que sentimos as conseqüências da liderança de Nurhaci e Kangxi e seu papel de criar a base para a força da China atual, ainda estamos lidando com as implicações das mudanças que esses gigantes da era dourada produziram, e pensando se de fato as preocupações de Theodore Roosevelt quanto à relação entre eles, suas empresas e o governo tinham fundamento. Mas essa preocupação ganha peso diferente e maior urgência quando as empresas são multinacionais e operam em um ambiente no qual a influência do governo é reduzida por tudo, desde a falta de uma legislação até a mobilidade das organizações empresariais. Ao mesmo tempo, enquanto as empresas crescem globalmente, também crescem em recursos e influência potencial. Da mesma forma, uma preocupação de uma época de caça aos trustes soa ainda mais perturbadora hoje.

Como vimos, toda era de elites foi marcada por alcance excessivo da parte delas e uma conseqüente reação. A pergunta que muitos estão começando a fazer hoje é se nossa própria época verá o mesmo fenômeno, se os atuais esforços para regulamentar os salários dos CEOs e as vantagens fiscais que desfrutam as empresas de *private equity* são essa reação ou se, dado o alcance global das atividades das atuais elites, isso terá uma forma diferente, talvez uma maior institucionalização da reação à globalização, ou talvez algo novo, inesperado, mais forte e ainda mais perturbador em suas implicações.

Para compreender a resposta a essa pergunta, precisamos estudar nossa própria superclasse de forma mais sistemática. O modelo de Mills é útil, portanto nos próximos quatro capítulos eu farei como ele fez e avaliarei nossas atuais elites em grupos — empresariais e financeiras, política, militar e aquelas que têm influência por intermédio do poder das idéias (líderes religiosos, da mídia e culturais). Essa abordagem não apenas revela as diferenças entre esses grupos, como também permite que estudemos como a natureza global da superclasse a distingue das gerações passadas de elites. Também permite que vejamos como esses grupos estão evoluindo e avaliemos as implicações dessa evolução.

Em nenhuma outra área as mudanças estão se dando mais rapidamente do que na empresarial e financeira, e nenhum outro grupo se adaptou melhor à natureza global desta época. De muitas formas, essas elites passaram a dominar e definir a superclasse — e os sucessos e desafios associados a ela —, em grande medida como seus predecessores, Rockefeller e Carnegie, fizeram em sua própria era dourada e dividida. Assim, começarei meu estudo dos grupos que compõem as elites modernas seguindo a pista do dinheiro.

CAPÍTULO 4

O momento multinacional: quando o capital e as empresas se tornam o centro de tudo

> Transformar 100 dólares em 110 dólares é trabalho. Transformar 100 milhões de dólares em 110 milhões de dólares é inevitável.
>
> Edgar Bronfman

Quando conheci Mikhail Khodorkovsky, ele não era um oligarca, o equivalente russo moderno de um barão ladrão americano do século XIX —, nem era um prisioneiro. Na verdade, na época não havia oligarcas russos. A fase soviética tinha acabado de terminar e Moscou vivia um momento de poderosa e contagiosa esperança, na crista de uma onda que levava as aspirações de todos a níveis inimagináveis apenas dois anos antes. Mas muitos dos russos que eu conheci ainda estavam um tanto desconfortáveis com suas novas liberdades. Era difícil colocar inteiramente de lado suas suspeitas, suas intuições sobre conspirações invisíveis e sua resistente certeza sobre o valor das relações certas. Nesse sentido, era um perfeito momento russo, ao mesmo tempo profundamente romântico e envolvido por algo mais sombrio. Dependendo de sua preferência, Gogol, Dostoievski, Tolstoi ou Pasternak teriam captado o clima perfeitamente — e, de fato, todos eles o fizeram a seu próprio modo em diferentes épocas.

Nós nos encontramos para o jantar em um pequeno restaurante rústico georgiano no centro de Moscou. O anfitrião era o jornalista russo Artyom Borovik, que ficara famoso testando os limites da *glasnost* como repórter na linha de frente durante a debacle soviética no Afeganistão. Na época de nosso encontro, Borovik era o criador e presidente de uma florescente editora chamada Top Secret. (Em alguns anos ele estaria morto, vítima da queda de um jato particular. Ele tinha se tornado inimigo de muitas pessoas poderosas, e a Rússia em grande medida se transformara em uma espécie de Oeste selvagem. As leis eram obedecidas e aplicadas apenas seletivamente. Quando jornalistas combatentes morriam em acidentes de avião, não apenas havia a suposição imediata de que havia algo de desonesto, como ninguém achava que tal idéia fosse no mínimo um pouco paranóica.)

Borovik estava ansioso para me apresentar a aquele jovem silencioso. Khodorkovsky era uma estrela em ascensão que enriquecera comandando uma nova instituição bancária pós-soviética chamada Menatep. O dinheiro para o banco, me foi dito, era de fontes soviéticas — talvez fontes da KGB —, mas qualquer que fosse a origem, Khodorkovsky, com vinte e tantos anos, estava transformando o banco em algo impressionante.

Retrospectivamente, acho que em parte Borovik tinha marcado o encontro não apenas porque estava tentando me ajudar a formar uma rede na nova Rússia, mas porque Khodorkovsky também era judeu. Borovik sempre pareceu muito consciente de minha condição de judeu e ansioso para denunciar e atacar o anti-semitismo sempre que o identificava. Considerando-se o lamentável histórico russo nessa área e a presença de personagens nacionalistas de crescente importância como o bombástico Vladimir Zhirinovsky, ainda visto como um possível presidente da Rússia, e o mais discreto mas, segundo Borovik, ainda um tanto intolerante general Aleksandr Lebed, outra esperança presidencial de então, tais exemplos não eram difíceis de encontrar. Embora esse tipo de alcovitagem grosseira fosse difícil de engolir, era bem-intencionada, acho. Também não era incomum em minhas viagens. Era uma espécie de tratamento que eu também recebia algumas vezes no Japão, onde parceiros comerciais tentavam se aproximar cuidando de meus supostos "interesses judaicos".

Quando Borovik e eu chegamos, Khodorkovsky estava esperando. Ele era reservado, de aparência muito jovial, e nos primeiros dez ou 15 minutos mal falou. Mas no final, estimulado por nosso prolixo anfitrião, começou a se abrir sobre a transformação da Rússia e das oportunidades de negócios que estavam sendo criadas. Mas o que ele realmente queria saber era se aquele visitante americano estava em posição de ajudá-lo a expandir sua empresa, se ligar a banqueiros americanos e líderes empresariais. Ele sentia que era importante que as novas empresas russas fizessem parte do sistema econômico global e sugeriu que o fracasso nisso tinha ajudado a derrubar a velha economia do país.

Khodorkovsky tinha aquele olhar que eu já vira nos muito ambiciosos, um olhar que os distingue muito antes de eles conseguirem a alta visibilidade associada a suas maiores realizações. É um olhar de particular intensidade, disciplina e preocupação obsessiva com os detalhes, associado à concentração maníaca muitas vezes necessária para ter grande sucesso. Mas Khodorkovsky tinha algo mais. Era um pouco fantasmagórico, levemente misterioso. Não demonstrava grande senso de humor. Era muito reservado sobre as origens de sua empresa. Eu sentia que ele pensava que clareza era perigoso, que havia inimigos à solta e que todos os negócios sérios tinham de ser feitos aos sussurros. Nesse sentido era possível ver que ele era filho do comunismo soviético (e também um pouco presciente). Porém, apesar de tudo, podiam ser identificados em Khodorkovsky e em outros líderes empresariais russos que surgiram na esteira da queda do comunismo traços que conhecemos de nossa rápida olhada na história das elites — especialmente elites empresariais como Rockefeller e Carnegie. Em um momento em que as novas regras não eram claras, Khodorkovsky estava tirando vantagem do caos. Ele tinha estudado no Instituto Mendeleev de Tecnologia Química e sido subchefe do Komsomol na universidade. Lá ele teve a oportunidade especial de fazer experiências de criação de pequenas empresas, "autofinanciadas", na expressão de burocratas desconfortáveis com a linguagem do capitalismo. Sua primeira tentativa foi um café, que não deu certo. O segundo empreendimento foi a Fundação da Iniciativa Jovem.

Khodorkovsky tinha originalmente concebido a Fundação da Iniciativa Jovem como um guarda-chuva sob o qual os alunos da universidade poderiam oferecer seus serviços a instituições do Estado, como institutos científicos ou tecnológicos. Mas Khodorkovsky viu uma oportunidade dentro da oportunidade. As instituições soviéticas trabalhavam com dois tipos de dinheiro: dinheiro vivo (*nalichnye*) e um tipo de moeda interna que só podia ser usada entre negócios financiados pelo Estado (*beznalichnye*). Apesar de ter o mesmo valor de face que o dinheiro, devido a seu uso limitado o "não-dinheiro" na verdade só valia um décimo da moeda que realmente podia ser utilizada fora dos canais governamentais. Khodorkovsky viu que havia um câmbio que ele poderia usar em seu benefício. Em troca de serviços prestados a instituições estatais, o Estado iria transferir para sua conta um volume de não-dinheiro, que ele então converteria em dinheiro a ser usado para os salários de seus jovens consultores. Claro que ele também era capaz de ficar com uma quantia significativa. Era o grande esquema para fazer dinheiro, uma espécie de pedra filosofal pós-comunista com a qual algo de pouco valor era transformado em ouro.

Claro que, embora Khodorkovsky tivesse feito uma importante descoberta — uma inovação empresarial bem adequada ao momento de transformação na qual a Rússia se encontrava —, ele não poderia tê-la feito sozinho. Parte de seu brilhantismo, pelo menos na época, era ter feito amigos em altos postos. Em seu maravilhoso livro *The Oligarchs*, David Hoffman apresenta a visão de Olga Kryshtanovskaya, socióloga que estuda as elites russas: "Os diretores industriais que cooperaram com Khodorkovsky sabiam 'que estavam trabalhando com as autoridades, que não era com artistas'. Neste caso, a transação era uma moleza, uma simples transferência bancária que teria sido difícil ou impossível não fossem as boas relações de Khodorkovsky."

Usando sua rede e o fácil acesso ao capital, Khodorkovsky teve a ascensão meteórica de cobaia capitalista a legítimo gato gordo em poucos anos. Após criar o banco Menatep, ele trabalhou um curto período como consultor do governo, e depois, com o Menatep e a ajuda de seus amigos no governo, montou a compra de um gigante do petróleo verticalmente integrado, o segundo maior da Rússia, chamado Yukos.

A Yukos se mostrou ao mesmo tempo a maior vitória de Khodorkovsky e sua ruína. Surgiram boatos de que ele só conseguira comprar a Yukos por ter sido favorecido, e era difícil negar que o processo de privatização russo de 1995 tinha sido feito sem conflito de interesses. (Por exemplo, bancos que conseguiram a supervisão do leilão de bens do Estado normalmente acabaram se tornando eles mesmos os donos desses bens.) Além disso, uma de suas supostas inovações de financiamento com a Yukos era sua capacidade de pagar pela compra da empresa fazendo empréstimos garantidos por seu faturamento futuro. Mas, para um homem que buscava legitimidade e também sabia da importância do controle político para a criação de fortunas na nova Rússia, o canto das sereias da política era irresistível. A Yukos tornou Khodorkovsky um dos homens mais ricos da Rússia, várias vezes bilionário, mas, assim que começou a cogitar um futuro na vida política do país, ele tropeçou. Ou melhor, foi derrubado. Ele se tornou uma ameaça à liderança do governo que um dia tinha reconhecido ser fundamental para seu sucesso. Ampliou demais seu campo, e as dúvidas acerca de suas finanças deram o pretexto para que o presidente russo Vladimir Putin o jogasse na cadeia, onde está hoje.

Este ciclo — inovação, seguida de excepcionais expansão e acumulação de poder e encerrada com dificuldades com o Estado — foi tão comum entre os oligarcas russos quanto entre os barões ladrões americanos. Um oligarca após o outro passou por isso, cada um tirando vantagens das oportunidades criadas por um grande momento de transformação histórica. Os oligarcas foram então cooptados, detidos, levados ao exílio ou reduzidos a um papel menor por outra elite que buscava se estabelecer em nome das massas.

Poucos oligarcas da Rússia aprenderam a evitar algumas das armadilhas que abalaram seus antecessores. Roman Abramovich, sócio de Boris Berezovsky, outro oligarca obrigado a se exilar, assumiu as rédeas de grande parte do império de Berezovsky e o aumentou. Ele discretamente adquiriu grandes nacos de companhias industriais russas, acabando por controlar 80% da petrolífera russa Sibneft, 50% da Rusal, o monopólio russo do alumínio, e 26% da companhia aérea nacional Aeroflot. Abramovich, diferentemente de Berezovsky, cuidadosamente se manteve discreto o maior tempo possível e depois, quando isso não era mais possível, contratou assessores de imprensa de primeira categoria para administrar sua imagem, em uma tentativa de evitar o destino que teve aquele que um dia foi seu mentor. Manteve um relacionamento próximo com Putin e chegou mesmo a ser governador do território de Chukotka, na Sibéria. Mas, talvez consciente das lições do passado recente da Rússia, também diversificou seu patrimônio, incluindo o clube de futebol londrino Chelsea e enormes casas e iates de luxo no Ocidente, e deu um jeito de conseguir se transferir imediatamente se o clima mudasse para ele no ambiente instável da Rússia de Putin.

Como Rockefeller, os oligarcas russos agarraram um momento, lucraram o máximo com ele e depois se recolheram, quando o governo se apresentou para impor limites. Embora Putin pareça influente hoje, não há a certeza de que sua marca autoritária acabará vitoriosa ou se ele irá esmagar o espírito empreendedor da Rússia e espantar os investidores globais dos quais depende para explorar seus enormes recursos. O que está claro é que, no cabo-de-guerra entre Estado e empresas, houve um fluxo e um refluxo. Mesmo com os impulsos reincidentes de Putin, o futuro da Rússia depende de suas ligações com a economia global e da capacidade de suas elites, em número crescente como membros da superclasse, de manter sua posição como uma força influente dentro do país.

Em certo sentido a história russa de capitalismo selvagem, a ascensão dos oligarcas e a reação a eles não apenas lembram a história de elites passadas. Também são coerentes com similares lutas atuais entre elites empresariais e elites governamentais ao redor do mundo. A distribuição de poder mudou. Líderes empresariais estão se beneficiando da vitalidade e das oportunidades criadas pela globalização: fácil acesso ao capital, a novos mercados, à influência que surge das múltiplas fontes de poder e bases de operação em todo o mundo. Líderes governamentais são mais limitados pela natureza geográfica de seus papéis, e em alguns casos estão tomando atitudes draconianas para tentar fazer a balança pender novamente para seu lado por intermédio de reestatização, regulamentação mais dura e aplicação seletiva de interpretações criativas da lei. Todos estão buscando novos modelos, novas abordagens para o relacionamento entre empresas e governo na era global.

O grupo empresarial da superclasse

Quando *The Power Elite*, de C. Wright Mills, foi lançado, em 1956, ele se concentrava em diferentes grupos de elite. Alguns tinham a ver com status social ou com as origens da riqueza. Os capítulos tinham títulos como "As celebridades" e "Os muito ricos". Outros se concentravam na natureza do poder das elites: "Os altos executivos", "Os ricos corporativos", "Os senhores da guerra", "Ascendência militar" e "O diretório político". Ele enfatizava o cruzamento desses grupos e as mudanças que os afetavam, mudanças em relação ao que tinha sido a norma histórica nos Estados Unidos e antes na Europa.

Escrevendo sobre os "ricos corporativos", Mills observou uma mudança pela qual "hoje os cargos corporativos dos ricos possuem todos os poderes e privilégios inerentes às instituições da propriedade privada". Em outras palavras, ele reconhecia que o mundo dos Estados Unidos de meados do século tinha se tornado um sistema empresarial não apenas de riqueza, mas também de classes. As conseqüências da Revolução Industrial estavam ficando claras. Mills estava impressionado com o modo como os altos executivos das empresas tinham assumido grande parte do poder que antes pertencera aos donos. "Será que os antigos expropriadores agora são expropriados por seus administradores assalariados?", perguntou ele, com sua visão de tendência marxista se revelando um pouco mais. Como grande parte dos americanos no período após a Segunda Guerra Mundial, Mills estava assustado com uma ordem alterada em que as corporações estavam ganhando um papel ainda maior que no passado, quando o verdadeiro centro de gravidade do país eram empresas menores, a classe média e, ainda antes, aqueles que possuíam a terra e trabalhavam nela.

Mills concluía seu estudo de cada grupo da elite com uma discussão de como o poder é equilibrado na sociedade e de como antigas teorias sobre esse equilíbrio precisavam ser revistas.

> Os americanos se aferram à idéia de que o governo é uma espécie de máquina automática, controlada pelo equilíbrio de interesses rivais. Essa imagem da política é simplesmente uma transcrição da imagem oficial da economia: em ambas o equilíbrio é obtido por intermédio da ação de muitos interesses, cada um deles contido apenas por interpretações legais e amorais do que é tolerável.
>
> O ideal de um equilíbrio automático chegou à sua elaboração mais radical em termos econômicos no século XVIII: o mercado é soberano e na economia mágica do pequeno empreendedor não há centro autoritário. E também na esfera política: a divisão, o equilíbrio de poderes prevalecem, e portanto não há a possibilidade de despotismo. "A nação que não adotar um equilíbrio de poder", escreveu John Adams, "precisa adotar um despotismo. Não há outra alternativa".

Mills, fica claro, acreditava que o equilíbrio tinha desaparecido, que os pequenos agentes tinham sido substituídos por grandes agentes que freqüentemente se moviam de forma concertada, que cooperavam para eliminar inteiramente o equilíbrio. Ele lamentava que as grandes decisões fossem tomadas sem debate público (sentimento de fácil compreensão na esteira da decisão americana de iniciar uma guerra no Iraque sem o benefício de uma declaração de guerra do Congresso ou qualquer verdadeira discussão nacional). E quando ele argumentou que a classe média, o "eixo e o estabilizador" do país, estava cada vez mais fraca, nós da época atual — uma época em que as classes médias encolheram em toda parte do mundo afora China e Índia por mais de um quarto de século — mais uma vez ouvimos ecos perturbadores.

Esses ecos estão entre os motivos pelos quais seu livro continua a ser relevante hoje, porém o mais impressionante nas observações de Mills é que, embora elas levantem questões importantes sobre como as sociedades funcionam, também são anacrônicas. Ele estava escrevendo não apenas sobre um país, mas também sobre o resultado da transição do momento provocada por um acontecimento — a Segunda Guerra Mundial — e sobre as tendências econômicas, sociais, tecnológicas e políticas que levavam a ela. De fato, ele estava avaliando o resultado daquele tipo de grandes transformações que, como vimos, provocam mudanças fundamentais nas estruturas da elite.

Hoje, cinqüenta anos depois, está acontecendo outra transformação semelhante com o advento da era global. Fluxos globais de capital e informação já são instantâneos, e o tempo e o custo do transporte diminuíram amplamente. O resultado torna possível a existência de empreendimentos globais, mas também leva sua mensagem a públicos variados, unindo-os. A marca global é um importante elemento da formação da cultura global, com empresas como Coca-Cola, Microsoft, IBM, GE, Nokia, Toyota e Intel tendo mais de 30 bilhões de dólares em valor estimado, fruto da consciência internacional que construíram ao longo dos anos. Além disso, no caso da maioria das grandes empresas, os mercados com maior crescimento estão além-mar, na China ou Índia no caso de empresas de países desenvolvidos, ou nos Estados Unidos e Europa para as *blue chips* emergentes de China e Índia. Com tais desdobramentos também surge a necessidade de as grandes corporações buscarem regulamentações e padrões harmônicos, de modo que não tenham o grande custo de adequar produtos às necessidades de países específicos. Assim, a globalização das empresas provoca mudanças nos governos, e a mobilidade das empresas, sua capacidade de projetar influência — em qualquer parte rápida e efetivamente — e seus recursos cada vez maiores dão a elas uma influência ainda mais poderosa do que Mills poderia imaginar quando avaliava as grandes empresas de sua época, muitas das quais tinham raízes em um só país e precisavam operar segundo um único conjunto de regras. Além disso, não apenas o início da nova era fez com que o grande núcleo de poder deixasse de ser a elite do mais rico e poderoso país do mundo e se tornasse aquele do mundo sem fronteiras da economia global, como isso também levanta muitas questões sobre quais grupos de poder são importantes e como seus relacionamentos mudaram desde a época de Mills.

Uma visão da natureza dessa transição foi oferecida recentemente no que poderia ser considerado um ambiente improvável, um dos muitos acontecimentos de gala de Washington, eventos que normalmente oferecem pouco mais do que fofocas e frango borrachudo. Foi o jantar anual do Atlantic Council, um *think tank* que apóia as relações transatlânticas que foram o esteio da política externa dos Estados Unidos desde, bem, sempre. Esse jantar reuniu quinhentos líderes empresariais, de governo e militares, e homenageou três atuais ou antigos membros da superclasse. Steve Schwarzman, que graças à força do *private equity* tinha se tornado a estrela do mês em Wall Street, estava recebendo um prêmio de liderança empresarial. O general Jim Jones, ex-comandante supremo aliado na Europa e ex-comandante do Corpo de Fuzileiros Navais dos Estados Unidos, recebeu um prêmio por conquistas militares. E pelo trabalho no governo, o prêmio foi para um homem que tinha se sentado perto do alto da pirâmide, um membro da superclasse dentro da superclasse, Alan Greenspan, que por cerca de duas décadas tinha sido o inescrutável Yoda dos mercados financeiros globais no cargo de presidente do Banco Central americano, o Federal Reserve. Mesmo depois de sua aposentadoria Greenspan demonstrou que podia movimentar os mercados com uma frase bem-feita.

Apresentados pelo ex-secretário de Estado Colin Powell, que teve uma recepção adorável da platéia em traje de gala, cada um dos premiados ocupou uma cadeira para participar de uma rodada de perguntas e respostas com um homenageado do passado, o duas vezes assessor de segurança nacional dos Estados Unidos, general Brent Scowcroft. Scowcroft, que foi sinuoso e inteligente ao entrevistar os premiados, se virou primeiramente para Greenspan. A pergunta dizia respeito ao impacto da aliança atlântica no trabalho de Greenspan no Fed, mas Greenspan foi mais fundo, analisando o final da Guerra Fria como um momento fundamental não apenas no sentido geopolítico, mas também em termos da economia global. Quando o Muro de Berlim caiu para revelar a catástrofe econômica e o completo fracasso do planejamento centralizado, disse ele, isso foi um despertar não apenas para aqueles que estavam diretamente envolvidos na Guerra Fria. Greenspan viu a queda da União Soviética e do comunismo não apenas em termos das oportunidades que isso criava nos países diretamente afetados, como no caso da ascensão dos oligarcas, mas também como um sinal para o mundo emergente de que só havia um caminho: aceitar o resultado da experiência de 75 anos em filosofia político-econômica comparada e ingressar nos mercados globais. O enorme potencial daquele momento era composto de 1 bilhão de novos trabalhadores e consumidores da economia global aceitando nosso ponto de vista. Greenspan falou dessa promessa com profunda convicção e demonstrando, mesmo em nosso mundo complexo, o inigualável "poder das idéias".

Seus comentários foram um contraste chocante com as observações muito mais limitadas e práticas de Schwarzman. O CEO da Blackstone falou de como os Estados Unidos estavam perdendo competitividade por causa de regulamentações como a Sarbanes-Oxley, que exigiam transparência mais detalhada e supervisão sobre as finanças das empresas. Ele observou que alguns conselhos de empresas tinham passado a gastar um terço de seu tempo atendendo a exigências legais e que, conseqüentemente, os líderes empresariais dos Estados Unidos não conseguiam se concentrar nas questões certas, as que diziam respeito a agregar valor para os acionistas. Ele também observou que tais regulamentações tinham provocado uma queda de 90% nas ofertas públicas iniciais nos Estados Unidos porque as empresas que queriam lançar ações o estavam fazendo no exterior, em mercados com menos regulamentações. Conclamou os membros do governo americano que estavam na platéia a assumir um papel de menor interferência ou o mercado simplesmente iria para outro lugar. E classificou a ascensão das empresas de *private equity* como uma "resposta capitalista" aos problemas causados por Washington, que não compreendia o dano que suas leis estavam causando à competitividade das empresas com sede nos Estados Unidos.

Embora não falasse com o tipo de visão histórica de Greenspan, Schwarzman ilustrou outra importante conseqüência da grande mudança de nossa era, comparável ao final da Segunda Guerra Mundial para Mills, o fim da Guerra Civil para os barões ladrões ou a decisão de se isolar do mundo para os Ming. Em uma economia global em que corporações multinacionais já não são ligadas a um só país, elas ganharam um novo tipo de poder acima dos governos nacionais, que por sua natureza são limitados por fronteiras. As empresas criaram um novo tipo de mercado em que governos competem uns com os outros por investimentos, abalando de uma forma básica um dos mais conhecidos, poderosos e até recentemente duradouros princípios da soberania. O colunista do *New York Times* Thomas Friedman relatou uma importante conversa que teve com o CEO da Intel, Craig Barrett. "Houve uma citação chocante. Ele disse: 'A Intel hoje pode crescer e nunca mais contratar outro americano. Não é nosso desejo, não é nossa intenção, mas podemos fazer isso'. Assim, isso significa que as empresas globais hoje pairam acima dos países. Elas soltaram suas amarras. A Intel paira sobre o sul da Califórnia, sobre os Estados Unidos, sobre onde quer que opere no mundo. Ela na verdade não tem uma sede."

Consideremos as dez maiores corporações do mundo: Wal-Mart, ExxonMobil, Shell, BP, General Motors, Chevron, DaimlerChrysler, Toyota, Ford, ConocoPhillips. Além do fato de que quatro são filhas das Sete Irmãs saídas da Standard Oil há mais de um século, em 2006 aproximadamente seis em cada dez dólares de faturamento vieram de operações fora de seu país de origem e aproximadamente a mesma parcela, 59%, de seus empregados viviam fora desse país. Essa internacionalização também está presente em seus conselhos de administração, com uma média de um a cada cinco membros sendo estrangeiros ao país de origem. De fato, entre as S&P 500, as maiores empresas com ações nas bolsas de valores dos Estados Unidos, 2007 foi um divisor de águas: pela primeira vez as quinhentas empresas tiveram mais de metade de seu faturamento no mercado internacional e não em seu mercado "nacional". Apenas cinco anos antes, em 2002, o faturamento externo tinha sido de 35%. A tendência se tornou tão pronunciada que bancos de investimento estão oferecendo a investidores dos Estados Unidos que buscam um meio "seguro" de investir no mercado internacional uma cesta de empresas americanas que têm a maior parte do seu faturamento no exterior. A Goldman Sachs criou em 2007 uma cesta que inclui 34 grandes empresas dos Estados Unidos com quase dois terços de suas vendas no mercado internacional. Em termos de valorização de ações, na primeira metade de 2007 esse grupo superou o mercado como um todo em mais de dois por um.

Em termos do porte da empresa, nós certamente percorremos um longo caminho desde os dias de Mills, quando as cerca de trinta empresas com faturamento superior a 1 bilhão de dólares por ano eram os óbvios gigantes da indústria. Em 2007 a menor empresa na relação *Fortune* Global 500, a empresa aeroespacial canadense Bombardier, teve um faturamento de 14,9 bilhões de dólares e ativos superiores a 18 bilhões de dólares. As empresas *Forbes* Global 2.000 vêm de 57 países, e a menor tem faturamento de 40 milhões de dólares. (O total de ativos dessas empresas é estimado em mais de 100 trilhões de dólares.) De fato, minha própria empresa estimou que há bem mais de mil empresas que podemos chamar de multinacionais emergentes, com vendas superiores a 1 bilhão de dólares e localizadas nos mercados emergentes do mundo. Como nosso piso para filiação à superclasse é ser uma das 2 mil maiores empresas do mundo, isso significa que literalmente milhares de empresas que faturam acima de 1 bilhão de dólares estão fora da relação. Outra forma de mostrar como 1 bilhão é uma renda anual pequena hoje é que entre os bilionários do mundo, os 62 maiores — duas vezes o número usado por Mills de *empresas* americanas de 1 bilhão de dólares no final dos anos 1950 — teriam mais de 1 bilhão de dólares por ano de renda com um retorno de apenas 10% sobre seus ativos. (A maioria ganha muito mais.) Tudo isso é inflação? Não. A inflação transformaria o bilhão de dólares de 1956 em aproximadamente 7 bilhões de dólares hoje. Mas esses 7 bilhões de dólares colocam uma empresa apenas no 333º lugar na lista *Fortune* 500 de 2007. Claramente os principais fatores são crescimento econômico e fusão corporativa.

De fato, os números associados à elite de poder de hoje provavelmente fariam a cabeça de Mills explodir. Afinal, o PIB americano em 1956 era de 438 bilhões de dólares, não muito mais do que o atual faturamento anual de Wal-Mart ou Exxon-Mobil. Naquela época, o governo federal americano gastava cerca de 70 bilhões de dólares, o que hoje poderia ser financiado pessoalmente por uma ou duas das pessoas mais ricas do mundo. Hoje nós medimos o poder em trilhões. Os mais de 100 trilhões em ativos de propriedade das 2 mil maiores corporações do mundo. Os 10 trilhões controlados apenas pelos 10 mil fundos comuns dos Estados Unidos (o que significa um porte médio de 1 bilhão de dólares cada). Os 2 trilhões de dólares controlados pelos 10 mil fundos de *hedge* do mundo. Os 2 trilhões de dólares em poder de compra (400 bilhões de dólares em ativos, mais a alavancagem disponível) atualmente controlados pelas poucas centenas de empresas de *private equity* do mundo. O mais de 1 trilhão em reservas controlado pela SAFE (sigla em inglês para Administração Estatal do Câmbio), a autoridade monetária da China. Cada um desses fundos de capital com mais de 1 trilhão, todos eles controlados por grupos muito pequenos de indivíduos, representam uma concentração de poder sem precedentes. Há um grupo de alguns poucos milhares de pessoas da elite empresarial que efetivamente controlam talvez 100 trilhões de dólares, dois terços de todos os ativos do mundo.

A elite empresarial interligada

Mills observou como associações e diretórios interligados aumentavam a influência dos indivíduos. Mas na era global e na era da internet, tais associações desabrocharam e as oportunidades para ligações e cooperação aumentaram drasticamente. Empresas enormes como Procter & Gamble e Boeing coordenam e alimentam cuidadosamente relações entre os dezenas de milhares de empresas fornecedoras, distribuidoras e associadas com as quais trabalham. Eventos como Davos, o Fórum Boao para a Ásia, o evento Allen & Company em Sun Valley, o encontro anual de FMI/Banco Mundial e milhares de programas semelhantes (em 2006 houve mais de 1 milhão de conferências apenas nos Estados Unidos) unem as elites. Associações industriais fazem o mesmo, e grupos como esses se tornaram enormes e ganharam muito poder. Por exemplo: a Câmara de Comércio dos Estados Unidos tem um orçamento anual de 150 milhões de dólares, mais de 3 milhões de filiados, e é uma voz poderosa, especialmente para os maiores membros da comunidade empresarial. Em 2004 eles usaram mais de duzentas pessoas em mais de trinta estados para tentar influenciar o resultado das eleições em benefício de candidatos favoráveis às empresas. O *Washington Post* citou a câmara e cinco outras organizações, coletivamente chamadas de "o Bando das Seis" como a fonte à qual o governo Bush apelou em busca do apoio fundamental às suas iniciativas econômicas. As cinco outras eram Business Roundtable, National Association of Manufacturers, National Restaurant Association, National Federation of Independent Businesses e National Association of Wholesaler-Distributors. Tais associações, semelhantes a milhares de outras hoje, muitas vezes também têm grande alcance internacional, já que incluem corporações globais de grande influência.

No que diz respeito à concentração do poder nas mãos de indivíduos, uma demonstração mais reveladora talvez seja como os conselhos e a administração das maiores empresas se superpõem, unindo a superclasse em uma rede ampliada. Por exemplo: considerando apenas os três mais altos executivos de empresas (na maioria dos casos o presidente do conselho, o CEO e o diretor-executivo) das cinco maiores empresas, assim como os membros de seus conselhos — aproximadamente setenta pessoas —, descobre-se que eles têm ligações ativas com mais de 145 outras grandes empresas, seja pela participação em conselhos, cargos de assessoria ou antigos cargos na alta administração. Dessas 145, 36 estão entre as cem maiores do mundo, e 52 estão entre as 250 maiores. Dezesseis dessas empresas têm em seus conselhos mais de um representante das cinco maiores. Essas 16 são Akzo Nobel, ABB, Astra-Zeneca, British Airways, Deutsche Bank, Ernst & Young, Ford, GE, Goldman Sachs, Lehman Brothers, Lloyds TSB, Pfizer, Royal Bank of Scotland, Sara Lee, Unilever e Vodafone — todas grandes atores por seus próprios méritos.

Delas, qual tem as maiores ligações com as cinco maiores empresas? Goldman Sachs, com quatro laços.

Posições de destaque na superclasse empresarial também trazem com elas uma ampla influência em outros setores, especialmente em função da enorme riqueza que hoje está acumulada nas mãos da elite empresarial. Fiquei particularmente impressionado com isso certo dia, quando ia de carro para meu escritório no Carnegie Endowment for International Peace. Ele fica em um trecho da Massachusetts Avenue, em Washington, que é conhecido por seus *think tanks*, uma série de instituições que são centros de geração das idéias de política pública que acabam guiando o governo dos Estados Unidos.

Os *think tanks* e as histórias de sua criação ilustram bem como as elites empresariais podem influenciar o processo de definição de prioridades. O Carnegie Endowment, por exemplo, foi uma da longa lista de instituições filantrópicas financiadas por Carnegie, mas uma que deu a ele especial acesso aos principais formadores de opinião nos Estados Unidos e em todo o mundo. Imediatamente ao lado fica a Brookings Institution, muito maior, hoje presidida pelo ex-subsecretário de Estado e repórter da revista *Time* Strobe Talbott, e reúne muitos ex-altos funcionários do governo dos Estados Unidos. A instituição foi fundada com uma doação de um empresário de St. Louis chamado Robert Somers Brookings, que fez fortuna no final do século XIX com a empresa de equipamentos domésticos Cupples and Marston e depois dedicou a vida à filantropia, se tornando patrono do que iria ser talvez não apenas o mais duradouro e influente *think tank* de Washington mas também da Universidade Washington em St. Louis. Em uma seqüência de acontecimentos pouco surpreendente, em 1916 Brookings estabeleceu uma verba para algo chamado de Government Research, na capital americana, e um ano depois foi nomeado pelo presidente Wilson para o Conselho de Indústrias de Guerra, onde se tornou presidente do comitê de fixação de preços. Duas outras entidades fundadas por Brookings se fundiram dez anos depois para formarem a instituição que hoje fica ao lado do Carnegie.

Naquela manhã, eu percebi do outro lado da rua a nova placa em frente ao influente Institute for International Economics, uma instituição que fora criada pelo ex-funcionário do Tesouro Fred Bergsten, e em cujo prédio a expressão "Consenso de Washington" foi criada. A placa dizia: The Peter G. Peterson Institute for International Economics. Peterson, sócio de Stephen Schwarzman na fundação da

Blackstone e ex-secretário de Comércio, era um dos primeiros financiadores do *think tank* de Bergsten, que agora tinha seu nome. Também tem seu nome a Cadeira para o editor da revista *Foreign Affairs* no Council on Foreign Relations, onde o próprio Peterson é há muito tempo presidente do conselho. Ele também criou a Cátedra de Ética Empresarial Peter G. Peterson na Faculdade de Administração Kellog da Universidade Northwestern.

E é assim de um extremo ao outro da rua, exemplos de empresários patronos empregando seu dinheiro na busca de grandes idéias e, nenhuma surpresa, exercendo alguma influência sobre quais serão essas idéias. Esse é o caso especialmente em *think tanks* com motivação política, como o direitista American Enterprise Institute, inicialmente financiado por diversas fundações familiares, principalmente o Howard Pew Freedom Trust. Seu presidente fundador, William Baroody, foi forçado a renunciar quando suas políticas mais centristas incomodaram os dois outros principais financiadores, as fundações Smith Richardson e Olin. Da mesma forma, à esquerda, o Center for American Progress recebeu um grande financiamento de George Soros, em função de suas preocupações com o governo de George W. Bush, e de um grupo de democratas ricos chamado Democracy Alliance. Soros e o bilionário Peter Lewis eram as principais vozes na aliança em função do volume de sua riqueza. (Aviso: fiz alguns trabalhos para o Democracy Alliance em seus primeiros anos como assessor do fundador, Rob Stein, advogado e ex-chefe do Departamento de Comércio.)

Doações podem ser usadas para comprar influência global, o que hoje faz parte dos procedimentos básicos de ação da superclasse. Verbas de muitos tipos, desde prédios públicos até títulos acadêmicos, aumentam o destaque e o prestígio do indivíduo e ampliam suas redes de ligações. Elas também ajudam a estabelecer prioridades e freqüentemente podem ser usadas para motivar *think tanks* e outras organizações sem fins lucrativos a dar validade "independente" a idéias que são importantes para o doador, sua empresa ou seus interesses políticos. Entre apenas alguns exemplos dessas verbas — e há mais exemplos do que membros da superclasse, como quer que você a defina —, estão (e até estas são apenas listas parciais para cada indivíduo citado):

Mukesh Ambani, família Ambani
Presidente do conselho e diretor-administrativo das Reliance Industries, Ltd.
Faculdade Internacional Dhirubhai Ambani, Mumbai, Índia

Instituto de Informação e Tecnologia de Comunicações Dhirubhai Ambani, Gujarat, Índia
Cidade do Conhecimento Dhirubhai Ambani, Mumbai, Índia.

Michael Bloomberg
Prefeito de Nova York, fundador de Bloomberg LP
Torre Bloomberg, Nova York
Faculdade Bloomberg de Saúde Pública, Universidade Johns Hopkins
Salão Bloomberg, Faculdade de Ciências Naturais, Instituto de Estudos Avançados, Universidade Princeton
Salão Emma B. Bloomberg, Universidade Princeton
Cátedra Bloomberg de Jornalismo, Universidade Columbia
Cátedra Charlotte Bloomberg de História da Arte, Universidade Johns Hopkins
Cadeira William Henry Bloomberg, Universidade Harvard

Maurice R. "Hank" Greenberg
Presidente do conselho e CEO de C.V. Starr & Co.; ex-CEO da AIG
Centro Maurice R. Greenberg de Estudos Geoeconômicos, Council on Foreign Relations
Centro Internacional de Conferências Maurice R. Greenberg, Universidade Yale
Centro Weill Greenberg, Faculdade de Medicina Weill Cornell, Nova York
Centro Maurice R. Greenberg de Estudos Judaicos, Universidade Harvard
Edifício Maurice R. e Corinne P. Greenberg, Asia Society, Nova York
Pavilhão Maurice R. e Corinne P. Greenberg, Hospital Presbiteriano de Nova York

Ratan Tata, família Tata
Presidente do conselho, Tata Group
Instituto Tata de Pesquisa Básica, Mumbai, Índia
Instituto Tata, Bangalore, Índia
Instituto Tata de Ciências Sociais, Mumbai, Índia
Centro de Treinamento em Administração Tata, Mumbai

Centro Jamsetji Tata de Controle de Desastres, Mumbai
Hospital Memorial Tata, Mumbai
Centro de Ecotecnologia JRD Tata, Chennai, Índia
Academia Tata-Dhan, Madurai, Índia
Centro Tata, Calcutá, Índia
Cátedra Sir Ratan Tata, Instituto Indiano de Administração, Bangalore

Doações para caridade são uma forma de influência não apenas porque sustentam determinadas causas, mas também porque salientam a posição social da pessoa. Por exemplo: o evento de caridade anual da Fundação Robin Hood em Nova York reúne chefões do mercado financeiro para uma demonstração de generosidade adornada com um elemento daquela "consciência conspícua" que já mencionei. Segundo o *New York Times*, "o evento arrecadou 71 milhões de dólares, 32% mais que há um ano, no que foi uma demonstração de excesso da era dourada". Larry Robbins, um administrador de fundo de *hedge*, começou a noite com uma doação de 10 milhões de dólares para a instituição de caridade, que levanta recursos para formação de professores e outros trabalhos de assistência a crianças pobres. Vinte e duas pessoas o acompanharam, comprometendo 1 milhão de dólares cada. Um jantar para dez pessoas com o famoso chef Mario Batali saiu por 1,3 milhão de dólares. Uma viagem para assistir aos Jogos Olímpicos e uma oportunidade de passar algum tempo com uma personalidade da televisão geraram quase o dobro. Duas pessoas pagaram 400 mil dólares cada para cantar com a veterana banda de *heavy metal* Aerosmith. O evento, salpicado de estrelas como Gwyneth Paltrow, Ben Affleck, Martha Stewart e Michael Douglas — assim como o onipresente Steve Schwarzman —, foi até hoje o auge de um programa que levantou quase 1 bilhão de dólares para suas instituições de caridade preferidas.

Assim, as redes da elite empresarial podem assumir uma série de formas. Operar juntas, fazer negócios juntas, integrar juntas conselhos de administração, até mesmo ir juntas a jantares de gala — todas essas coisas ajudam a criar as redes que fortalecem e definem a superclasse. E essas redes começam cedo. Como exemplo, vejamos a turma de 1979 da Faculdade de Administração de Harvard. Apenas nessa turma se formaram Meg Whitman, CEO do eBay; Jeffrey Skilling, ex-presidente da Enron; John Thain, ex-presidente da Goldman Sachs e atual presidente da Bolsa de Valores de Nova York; Ron Sargent, CEO da Staples; George McMillan, CEO do Palladium Group; Elaine Chao, secretária do Trabalho (que por acaso também é casada com o senador republicano Mitch McConnell, de Kentucky), e Dan Bricklin, que desenvolveu a primeira planilha eletrônica. E como instituições como Oxford, Cambridge, a Escola Politécnica francesa, o Instituto Indiano de Tecnologia e a Universidade de Tóquio desempenham uma função semelhante, os líderes se lançam no mundo com laços importantes antes mesmo de outras camadas de relações começarem a se formar.

O que o poder global pode fazer

Porém, ainda mais importante que esses laços é como aqueles que se beneficiam deles de fato exercem sua influência de forma global. Segundo Schwarzman, ele e Pete Peterson passaram alguns anos fazendo a Blakstone voltar sua atenção dos Estados Unidos para o resto do mundo. "Há algumas razões para termos demorado um pouco para nos tornarmos a empresa global que somos hoje", me disse ele. "Primeiramente, nosso país natal, os Estados Unidos, tem cerca de 30% do PIB global, e basicamente o ambiente regulatório mais amigável para transações. Ele também oferece a capacidade de fazer negócios com pessoas que pensam de modo semelhante e resolvem problemas. E, historicamente, muitas das inovações financeiras implementadas no mundo foram feitas nos Estados Unidos."

"Estar neste mercado principal inicialmente o desencoraja a ir para qualquer outro lugar, porque sempre é mais difícil fazer negócios", continuou ele. O desenvolvimento da videoconferência, que foi suficientemente aperfeiçoada por volta de 2000, levou alguns a uma grande expansão. "Isso nos permitiu iniciar nossas operações européias, que foram extremamente bem-sucedidas. Depois nos voltamos para a Ásia." Descrevendo com entusiasmo o que encontraram na Índia, ele explicou: "Tendo começado com *private equity*, nós agora passamos a administrar capital. Operamos o segundo maior fundo comum da Índia e logo passaremos a fazer operações imobiliárias lá. Em grande medida, como acreditamos em fazer as coisas em seqüência, queremos começar em um país e depois passar para outros (...) mas nós gostamos de na Índia eles falarem inglês, nossa língua materna. É uma enorme vantagem competitiva ser capaz de se comunicar. Eles também têm uma legislação, um sistema judicial e, embora seja desajeitada, eles têm uma democracia, de modo que é algo familiar. Agora estamos indo para China e Japão, que serão mercados muito importantes para nós." Schwarzman viu em primeira mão as tendências que tornaram a expansão global possível para empresas como a Blackstone e que fizeram surgir o poder que os grandes agentes financeiros têm hoje sobre os governos no mundo.

Um artigo que eu escrevi para o *New York Times* chamado "Whistle Stops on Wall Street" comentava um fenômeno cada vez mais comum: candidatos a altos cargos públicos e os ocupantes desses cargos freqüentemente param para se encontrar com altos membros do setor financeiro sempre que estão em Nova York e em outras capitais financeiras. O raciocínio é simples. Os líderes políticos reconhecem que agora respondem a dois públicos — os eleitores que votaram neles e os mercados financeiros que todos os dias fazem um referendo sobre suas políticas. Isso é o mercado em ação. O sistema contrabalança o poder político. Isso resulta em grandes injeções de capital e ajuda a produzir transparência, alimentar a geração de empregos e reforçar regras que comprovadamente levam ao crescimento econômico.

Por exemplo: a negociação diária no mercado de títulos do governo é influenciada pela opinião que os agentes têm sobre se os programas do governo terão ou não sucesso na geração de crescimento ou estabilidade, assim como outros fatores que eles achem que possam ter impacto sobre a capacidade dos governos de pagarem suas dívidas. Da mesma forma, a visão que os investidores têm dos líderes políticos se reflete nos preços que pagam por moedas, ações e *commodities* fundamentais que são afetadas pelas decisões dos governos nacionais. Em apenas uma tarde do final de julho de 2007, por exemplo, o peso argentino caiu para a taxa de câmbio mais baixa em quatro anos; os investidores, preocupados com as futuras eleições e as tendências contra o mercado da provável vencedora, Cristina Fernández de Kirchner, ficaram assustados e reduziram suas posições em peso ou apostaram na sua queda. Da mesma forma, os mercados da dívida da Rússia foram derrubados quando os investidores temeram que a pressão do governo Putin por mais empréstimos por hipoteca, de modo a estimular o crescimento, expusesse os bancos do país a riscos inaceitáveis caso a economia desacelerasse.

Embora essas decisões não sejam tomadas por um único indivíduo em uma sala, a comunidade formada pelos maiores investidores na dívida russa ou no peso argentino é pequena; eles se conhecem, sabem como irão reagir e, juntos, esses poucos produzem uma sensação de mercado. Algumas vezes, disse um investidor experiente, "são 12 caras que determinam o preço. Algumas vezes, quando as pessoas se preocupam com um grande investidor, como um George Soros, pode ser sobre aquilo que uma só pessoa pensa... ou sobre o que os investidores pensam que ele pensa". Desse modo, grandes agentes do mercado controlam os líderes políticos com rédea curta: se um presidente, um ministro ou um presidente de Banco Central um dia faz um pronunciamento que os mercados consideram impalatável, o país pode ter dificuldades para conseguir empréstimos no dia seguinte. Isso, por sua vez, limita o crescimento econômico, o que significa menos empregos ou menos dinheiro para os consumidores. A ascensão dos mercados como contrapeso dos líderes políticos (que ocorre à medida que mais países estão ligados aos mercados globais) é inicialmente uma tendência saudável. Mas, se o sistema favorece lucros a curto prazo, operações em grande escala e parceiros que têm influência sobre os mercados, é também uma tendência que prejudica a necessidade de crescimento a longo prazo, fere pequenos países e economias e exacerba a desigual distribuição de dinheiro e poder em muitos desses países ao redor do mundo.

Joe Stiglitz argumentou no mesmo sentido, apenas de forma mais dura, durante uma conversa, certa noite, em seu escritório repleto de papéis na Universidade Columbia: "A liberalização do mercado de capital — movimentação livre e não controlada de capital através de fronteiras — pode, em certo sentido, abalar a democracia. Alguns países em desenvolvimento experimentaram isso de forma muito clara. Quando um partido voltado para Wall Street perde a eleição, os mercados ficam insatisfeitos e começam a retirar seu capital. E como os eleitores sabem disso, eles se preocupam com as reações de Wall Street. Wall Street vota tanto quanto o povo do país. O interessante é que alguns mercados, como a Coréia, não precisam do dinheiro de Wall Street, porque seu povo poupou o bastante. Eles ligaram seu mercado ao sistema global, de modo que o povo do país que tem dinheiro pode transferir seu dinheiro para Wall Street, e Wall Street pode transferir seu dinheiro para dentro e para fora do país livremente. A liberalização dos mercados de capital — tornando mais fácil para aqueles em Wall Street aplicar e retirar seu dinheiro do país — dá maior poder de voto a Wall Street."

Schwarzman viu as conseqüências. "Nós nos tornamos mais importantes para cada economia na qual ingressamos. Percebemos que temos de ser agentes responsáveis. (...) Esperamos que as pessoas não reajam negativamente, pois o que estamos fazendo é uma tentativa de desenvolver empresas e torná-las melhores, e normalmente podemos fazer essa venda em qualquer parte do mundo." Ele então apresentou outra dimensão da influência de que empresas assim têm. "De vez em quando, porém, algo sai dos trilhos e você precisa da ajuda de pessoas que não conhece pessoalmente. É uma das coisas maravilhosas do mercado financeiro. Você pode chegar a qualquer um no mundo com um telefonema.

"Nós não tentamos fazer ou fazemos essas coisas", disse ele, "mas algumas vezes é necessário. Em *private equity*, essa marcha ao redor do mundo ocasionalmente passa por um quebra-molas. Houve um quebra-molas desses com uma série de incidentes na Alemanha acerca da 'praga de gafanhotos'. Para aqueles de nós que estão no negócio, mesmo em *private equity*, foi chocante. Àquela altura, em outros países onde compramos empresas, parecia não haver grande oposição ao que fazíamos. Na Alemanha, de repente nos tornamos alvo de críticas e hostilidade. Então examinamos e descobrimos que tinham sido feitos vários estudos na Europa e na Alemanha sobre a geração de empregos em relação a investimentos em *private equity*, e eu quis saber qual era a mensagem. Então pedi a uma pessoa que conheço para marcar um encontro meu com a sra. Merkel, a chanceler alemã. Passei uma hora com ela, vimos os estudos e eu apresentei nossos objetivos. A sra. Merkel é médica por formação, então é muito concentrada em dados e muito lógica. Ela prestou atenção a tudo e disse: 'Se você pode fazer nossas empresas se tornarem muito melhores e contratarem mais pessoas, devemos fazer mais disso na Alemanha, não menos, porque no final isso é bom para nós. Nossas empresas serão mais competitivas, porque estão enfrentando ameaças do Oriente. Então, eu posso apoiá-lo no que faz porque é muito lógico.' E cerca de oito semanas depois nós compramos do governo uma grande participação na Deutsche Telekom e estamos ajudando a melhorar a empresa, e é assim que agora temos a chance de transformar a postura da Alemanha contra o *private equity*, embora outros ainda tenham idéias negativas sobre nosso setor."

Schwarzman descreve o funcionamento dessas relações globais como sendo "apenas da natureza do mercado financeiro. Todos os países têm suas grandes instituições financeiras, que são fundamentais para o desenvolvimento do país, e todos no mercado financeiro conhecem alguém que conhece alguém na chefia de uma dessas empresas. Aquela pessoa conhece um alto funcionário do seu governo que pode ser útil em determinada situação. Isso não significa que você sempre irá conseguir impor seu ponto de vista, mas só o que você quer é uma audiência para apresentar o que tem na cabeça. Se as pessoas escolhem não aceitar isso, não há nada que você possa fazer. Mas o segredo é a rede. No final, o mundo é muito pequeno. Em praticamente todas as áreas que estudo, são vinte, trinta, cinqüenta pessoas em todo o mundo que no final das contas determinam as decisões. Isso me impressionava quando eu era mais jovem. Quando eu estava em um nível mais baixo havia dois ou três graus de separação. À medida que você envelhece e se torna mais experiente, os graus de separação meio que diminuem. É parte do que torna a vida no mercado financeiro tão interessante e excitante. Você basicamente pode se transportar com o mesmo alfabeto para diferentes pontos geográficos e é capaz de compreender uma boa dose do que está acontecendo, porque eles estão usando a mesma linguagem".

Fale com diversos executivos de *private equity* e fica claro que esse é um negócio que depende de ter as pessoas certas no comando. Muitas das equipes de administração das grandes firmas de *private equity* têm uma relação muito próxima com a maioria dos importantes escritórios corporativos e gabinetes governamentais. Embora a maioria das empresas seja dirigida por tipos durões de Wall Street, eles decoram seus escritórios, compram direito de acesso e também compram verdadeiro conhecimento administrativo por intermédio de tais associações. Por exemplo: além de Pete Peterson, que foi secretário de Comércio, a Blackstone também tem como conselheiro sênior o ex-secretário do Tesouro e CEO da Alcoa Paul O'Neill. O presidente do conselho da Cerberus é um ex-secretário do Tesouro e CEO da CSX Corporation, John Snow; seu presidente global é o ex-vice-presidente Dan Quayle, e segundo a revista *Fortune*, quaisquer problemas de pronúncia que Quayle pudesse ter em sua vida anterior, não tem nenhuma dificuldade para somar dois e dois. Quayle também esteve no conselho do japonês Nippon Credit Bank e usou suas ligações lá para ajudar a abrir caminho pela tomada daquela instituição pelo Cerberus. O presidente do Carlyle Group, famoso por suas ligações tortuosas com ex-altos funcionários do governo, incluindo George H. W. Bush, é hoje o ex-CEO da IBM e da American Express Louis Gerstner. De seu escritório na suíte dúplex do Carlyle em Nova York, Gerstner explicou: "Não posso discordar de que exista uma classe de elites globais. Se você está dirigindo uma corporação multinacional, ou é cientista, um médico sério em uma organização de pesquisa ou um jornalista, você não pensa em idéias e oportunidades chegando com taxas ou através de uma fronteira. O que quero dizer é que essas redes de elite não são esnobismo. Elas apenas existem, evoluem. Então, por que não se valer delas? Por que não se tornar parte delas? É muito natural hoje fazer parte de uma comunidade mais ampla se o seu objetivo é ter melhores informações, vender mais produtos, ter acesso a mais clientes".

Bill McDonough, vice-presidente do conselho da Merrill Lynch e ex-presidente do Banco Central do Estado de Nova York, concorda que apenas algumas centenas de pessoas são os verdadeiros "poderosos" do mercado financeiro global. "Cada um deles faz o que é possível para o sucesso de sua empresa, mas todos estão plenamente conscientes da necessidade de salvaguardar o sistema, não forçando demais a barra em momentos de dificuldades no mercado. Em minha experiência tanto no Fed quanto em vários cargos no setor privado, os líderes da comunidade financeira têm uma boa noção do seu poder, de quando e como usá-lo."

Empresas de *private equity*, como a maioria das instituições financeiras e as grandes corporações, têm a capacidade de comprar indivíduos de alto nível e boas relações que podem ajudar a ampliar suas redes e sua influência. Assim, é do interesse delas agir assim. Elas, claro, também têm outra vantagem: a capacidade de contratar os melhores e mais brilhantes quando eles ainda são jovens. Um alto executivo de fundo de *hedge* me disse: "Todos os anos saem apenas algumas centenas de pessoas das melhores faculdades dos Estados Unidos — talvez alguns milhares em todo o mundo — que são a nata. Onde elas começam? Antes talvez pudesse ser na diplomacia, no Direito ou em alguma outra área. Mas hoje nós temos tal vantagem em termos de remuneração que podemos nos oferecer como primeira opção. Claro que também há altos e baixos nos ciclos do mercado. Há alguns anos nós, dos fundos de *hedge*, éramos o cume porque estávamos pagando a quem começava seus MBAs salários-base de 200 mil e bônus que poderiam duplicar isso. Hoje as empresas de *private equity* estão oferecendo bases de 300 mil ou 400 mil dólares e pacotes totais de primeiro ano da grandeza de 1,2 milhão de dólares. Isso para MBAs de Harvard ou coisa assim, gente de 25 anos de idade. Então, o que você faria se estivesse nessa posição? Onde você iria trabalhar?"

Deixando de lado as tendências na comunidade financeira, nas últimas décadas uma das respostas mais prováveis a essa pergunta seria Goldman Sachs. A partir de sua fundação, em 1889, a Goldman se transformou no nome mais respeitado de Wall Street. O faturamento anual da empresa chega hoje ao patamar de 70 bilhões de dólares, basicamente fruto de seus inacreditavelmente lucrativos negócios em títulos e ações e de sua liderança em investimentos bancários. A empresa ganhou quase 10 bilhões de dólares em 2006. Sua torre de escritórios no número 85 da Broad Street, em Nova York, e suas filiais em todo o mundo abrigam um grupo altamente privilegiado de aproximadamente 30 mil funcionários. Quão privilegiados? O funcionário médio ganha 622 mil dólares por ano. (Segunda remuneração mais alta em Wall Street: Lehman Brothers, com 334 mil por ano por funcionário.) Estimou-se que os 25 mais altos executivos da empresa em 2006 receberam 25 milhões de dólares cada, com o CEO, Lloyd Blankfein, sendo o mais bem remunerado em Wall Street, com 54 milhões de dólares.

O escritório de Blankfein na torre da Goldman fica no último andar. Chegando a um saguão grande e tranqüilo, os visitantes são conduzidos a uma suíte em curva, o escritório do presidente. Revestimento em madeira clara, arte de bom gosto e um grupo de assessores em constante movimento compõem boa parte do clima, mas o mais perturbador é a sensação de que aquele é verdadeiramente o centro do universo dos negócios. Quando Henry Paulson era o presidente da Goldman, antes de se tornar secretário do Tesouro dos Estados Unidos, ele criou uma figura formidável que parecia adequada ao ambiente. Paulson é alto, poderoso e imponente — mesmo no contexto de um escritório na Goldman que exibia fotografias de natureza e livros refletindo sua enorme e duradoura paixão por pássaros.

Lloyd Blankfein transmite uma imagem diferente. Mais baixo, calvo, nascido no Bronx, ele é um mestre do humor discreto, embora seja um dos melhores e mais brilhantes tipos chegados à Goldman depois da faculdade de Direito de Harvard, em 1981. Ele começou como corretor de ouro na divisão de *commodities* da Goldman, por não ser considerado suficientemente criativo para o setor de investimentos bancários da operação. Treze anos depois ele chefiava a divisão de *commodities*, e em mais quatro anos era um dos chefes das operações de renda fixa, moedas e *commodities* da Goldman. Ele se tornou presidente em 2003, derrotando o muito elegante protótipo de banqueiro de investimentos John Thain. Cauteloso e brilhante, Blankfein desfruta das vantagens do sucesso. Durante a semana, embora trabalhando 24 horas por dia, ele mora em um apartamento de 27 milhões de dólares no Upper West Side. E para os finais de semana ele *quase* teve uma propriedade de 4,2 hectares em Southampton, na extremidade leste de Long Island. A propriedade de 41 milhões de dólares, chamada Old Trees, tem uma quadra de tênis, uma piscina com vista para o mar (ligada à casa principal por uma calçada aquecida) e uma casa de hóspedes com sua própria piscina. Mas quando a notícia da possível compra vazou, Blankfein teria ficado furioso e cancelado o negócio, por seu compromisso em manter um estilo de vida discreto. Até hoje, segundo observadores em Hamptons, o discreto CEO da Goldman ainda consegue entrar e sair das lojas sem ser notado, enquanto a visão de astros de filmes B dispara comentários pelo pequeno centro.

A influência da Goldman vai além da capacidade de seus analistas e operadores de fazer subir ou cair o preço de ações e títulos, como fazem diariamente com os relatórios que preparam e as decisões que tomam de vender ou comprar títulos. A empresa molda novas visões do mundo, como fez em 2003, por exemplo, com sua sugestão de que Brasil, Rússia, Índia e China eram uma classe especial de mercados emergentes que chamaram de BRICs e que se tornariam particularmente importantes nas décadas seguintes. Ela cria novos instrumentos financeiros que moldam o mercado global, pode engrandecer ou derrubar os CEOs ou ministros de Estado que regularmente passam por suas portas em busca de capital e recomendações de "compra" relacionados a suas decisões e funciona como o ponto central de uma rede internacional de negociantes.

A Goldman tem um longo histórico de envolvimento com o setor público. Dos quatro antecessores de Blankfein como CEOs, dois foram secretários do Tesouro (Hank Paulson e Bob Rubin), dois foram presidentes do Conselho Nacional de Economia (Rubin e Steve Friedman) e um é ex-senador e o atual governador de Nova Jersey (Jon Corzine). O chefe de gabinete da Casa Branca, Josh Bolten, se formou na Goldman; o ex-subsecretário do Tesouro Robert Zoellick trabalhou um período na Goldman antes de retornar ao setor público como presidente do Banco Mundial, e seu antigo posto no Departamento do Tesouro é hoje ocupado pelo ex-CEO da Goldman John Whitehead. Durante os anos Clinton, o secretário do Tesouro Bob Rubin teve a companhia do ex-funcionário da Goldman Ken Brody, que presidiu o Export-Import Bank dos Estados Unidos. A lista se prolonga por uma série de funcionários de alto nível e nível médio ao longo de vários governos, que trabalharam na Goldman antes ou depois de passar pelo funcionalismo público. Isso levou o comentarista de economia Kyle Pope, escrevendo para o *Los Angeles Times*, a sugerir que nenhuma outra empresa teve tanta influência desde a Standard Oil.

Por que homens ricos aceitam empregos mal-remunerados no governo que são acompanhados de vigilância da imprensa e do aborrecimento de ter de lidar com a burocracia? É basicamente o mesmo que era verdade para Khodorkovsky: legitimidade e prestígio estão associados a esses cargos, e também há a chance de passar da influência indireta para a administração direta. Quando visitei o escritório de uma conhecida eminência parda de Wall Street um dia depois de Paulson ter aceitado o cargo de secretário do Tesouro, meu anfitrião me disse: "Tem se falado muito sobre por que ele fez isso, e a melhor explicação que eu ouvi foi que ele e muitos dos camaradas próximos a ele se preocupam com possíveis perturbações ao mercado caso o cara certo não esteja lá com suas mãos no leme. Eu acho que ele sente que realmente pode agregar valor e que pode realmente ser necessário." (Depois, a crise das hipotecas sugeriu que poderia haver alguma verdade nessa tese.)

É impressionante que tenha havido um volume relativamente baixo de protestos pelo fluxo constante de executivos do número 85 da Broad Street para escritórios em Washington. O vice-presidente da Goldman Sachs International, Bob Hormats, ele mesmo um ex-alto funcionário de governo, disse: "É bastante incomum (...) acho que é porque está provado que, quando o pessoal da Goldman Sachs assume esses cargos, eles não privilegiam a Goldman Sachs. Não há nenhum indício de que usem qualquer influência em benefício da Goldman Sachs. Se tivesse havido um único, considerando-se a marcante atuação da empresa no setor privado, teria acabado. Haveria um escândalo."

A observação de Hormats se ajusta ao comentário de McDonough sobre altos executivos financeiros que sabem muito bem que não devem jogar duro demais uns com os outros. O bem de todos depende do bom funcionamento do sistema. Dentro do sistema as regras não precisam ser quebradas (embora freqüentemente sejam) para gerar sucesso e exercer enorme influência. Uma das principais conquistas dos líderes da comunidade financeira global nas últimas décadas foi sua capacidade de globalizar mercados ao mesmo tempo defendendo a idéia de auto-regulamentação, ou de muito pouca supervisão. Ter altos representantes dessa comunidade no governo ajuda a garantir que continue a ser assim, e que qualquer iniciativa de controle seja apresentada e concebida com eles à mesa em papéis de influência. Especialmente considerando-se que esses indivíduos no final acabam retornando ao setor financeiro depois de um período no governo, freqüentemente há mais do que recompensas apenas ideológicas em manter o sistema forte.

Elites da energia: uma rede público-privada única

Cruzar a linha entre influência empresarial e influência governamental é extraordinariamente comum, independentemente da área. Vemos o mesmo tipo de ação no setor de material bélico, na mídia e especialmente na área de energia. Isso se deve em grande parte ao fato de que a maioria das maiores empresas energéticas do mundo é estatal; mais de três quartos do petróleo e do gás mundiais são encontrados em países cuja produção é controlada pelo governo, segundo estimativas da empresa de consultoria PFC Energy. Isso também se deve ao fato de que o fluxo de energia é fundamental para o funcionamento dos Estados, e muitas regiões ricas em petróleo e gás são marcadas pela instabilidade; assim, a força militar, basicamente nas mãos dos governos, é a chave para o funcionamento do setor.

O cabo-de-guerra governo-setor privado afetou as elites em muitos países, especialmente, como vimos, em grandes países produtores de petróleo como a Rússia. De fato, a liderança pelo setor privado da comunidade de energia formou uma das mais importantes redes de poder global, altamente concentrada nas mãos de alguns poucos agentes principais, e uma que — como as finanças — se globalizou cedo, bem antes de muitos outros setores. (Grande parte desse processo foi comandada pelas Sete Irmãs originadas da Standard Oil.) É também uma rede muito agitada hoje, em função tanto das modificações geopolíticas quanto do reconhecimento de que o paradigma da energia global está mudando por causa do aquecimento global, de inovações em tecnologias alternativas e de preocupações persistentes de segurança nacional com o atual sistema — especialmente seus mecanismos de fixação de preços e suas conseqüências indesejadas relativas a quem ele fortalece.

Alguns dos principais atores dessa rede de poder híbrida são os altos executivos das principais empresas de energia de propriedade estatal (empresas de petróleo nacionais, ou NOCs, na sigla em inglês) ou os funcionários do governo aos quais elas se reportam. Do outro lado estão empresas de petróleo independentes (IOCs, na sigla em inglês) que trabalham com elas, freqüentemente detendo tecnologia mais avançada e recursos fundamentais. As duas vivem em uma cuidadosa simbiose, mutuamente dependentes, influenciando umas às outras, interagindo umas com as outras.

No âmbito das NOCs, Abdallah Jum'ah, CEO e presidente da estatal saudita Aramco, é provavelmente o executivo mais importante. Ele assumiu o cargo em

1995, depois da nomeação de Ali I. Al-Naimi, então presidente da empresa, como ministro saudita do petróleo e dos recursos minerais. Jum'ah efetivamente comanda o gigante do setor de combustíveis. A Aramco é superior a todas as outras IOCs e NOCs, com um quarto das reservas mundiais de petróleo, além da quarta maior reserva de gás natural do mundo. O próprio Jum'ah embarcou na missão de ao mesmo tempo estabilizar os preços do petróleo e expandir o alcance da empresa para novos mercados. Ele realiza sua missão com a desenvoltura de um diplomata global, freqüentando encontros como Davos e grandes simpósios sobre energia, e, embora seja respeitoso e um bom ouvinte, domina os salões em que está em função de sua posição.

A Aramco tem feito esforços especiais de criar parcerias com não-membros da OPEC sob a liderança de Jum'ah. Durante anos a Aramco foi o principal elemento das relações saudita-americanas e continua a ser um grande fornecedor de petróleo para a Europa. Jum'ah buscou diversificar a distribuição da Aramco, se concentrando principalmente nas economias emergentes da Ásia. Ele recentemente citou Arábia Saudita e China como "dois dos mais importantes relacionamentos energéticos do planeta", e disse: "Planejamos estar com vocês [China] pelo próximo século." A empresa também se esforçou muito para entrar no mercado indiano, apesar de uma tentativa fracassada de comprar a Hindustan Petroleum. Em 2005, a Aramco exportou 450 mil barris de petróleo cru por dia para a Índia e outros 500 mil barris por dia para a China. Esses números provavelmente aumentarão à medida que as economias indiana e chinesa continuem a amadurecer e crescer nas próximas décadas. A Aramco também fez esforços para entrar no setor de energia sul-coreano e tem uma participação de 35% na terceira maior refinaria da Coréia do Sul, a S-Oil.

Em função de sua importância para a Arábia Saudita e para o resto do mundo, a Aramco inevitavelmente se tornou um pára-raios de críticas. Alguns religiosos conservadores consideram a empresa "ocidental" demais e muito distante da própria Arábia Saudita. De fato, a companhia emprega 2 mil americanos apenas na Arábia Saudita, e o inglês continua a ser seu idioma oficial. Para deter as críticas, a empresa iniciou um processo de "sauditização" e em 2006 afirmou que 85% da força de trabalho era composta de sauditas. A tendência para a integração global não é coerente durante o período de administração da Saudi Aramco por Jum'ah; ele tem sido capaz de dirigir e, em alguns casos, enfraquecer as forças da globalização de modo a aumentar as margens de lucros e reduzir as discordâncias.

O antecessor de Jum'ah na Aramco, Ali I. Al-Naimi, tem sido chamado de "Greenspan do petróleo", em uma referência ao ex-presidente do Banco Central dos Estados Unidos, Alan Greenspan. Como ministro do Petróleo da Arábia Saudita, ele é um dos mais antigos e influentes personagens do setor, e quando se pergunta a Dan Yergin, ganhador do prêmio Pulitzer, autor de *The Prize* e presidente e CEO da Cambridge Energy Research Associates, quais indivíduos compõem o grupo da superclasse da energia, Naimi é um dos primeiros nomes mencionados. A posição de Naimi sobre o oceano de petróleo saudita faz dele, aos olhos de alguns observadores, o líder de fato do cartel da OPEC, o que por sua vez dá a ele o poder de operar mudanças em todo o setor internacional de energia.

A ascensão de Naimi ao topo da Saudi Aramco e depois sua nomeação como ministro do Petróleo o colocam entre os membros tecnocráticos da superclasse. Formado na Universidade Lehigh, na Pensilvânia, depois de estudar geologia em Stanford, Naimi representa a ligação entre os mundos das NOCs e IOCs quando tenta estabelecer um fornecimento de combustível que beneficie ao mesmo tempo o reino saudita e a economia global. Essa perspectiva global o ajudou a solucionar diversos problemas, desde a contenção dos preços do petróleo no final dos anos 1990 até potenciais crises do petróleo em função de instabilidades internacionais. Ele foi o homem que ensinou à OPEC que o preço do petróleo em disparada não era tão benéfico quanto preços estáveis. Naimi é um personagem tão importante que se tornou uma espécie de referência de direção para o setor. Jornalistas literalmente o seguem em suas corridas matinais em busca de uma revelação sobre o futuro da indústria do petróleo.

Yergin dá novas visões dessa classe e de como ela evoluiu. Ele chama a atenção para os iranianos, e um fenômeno interessante no mundo da energia no qual algo que em outro setor poderia ser considerado um comportamento ruim pode produzir bons resultados empresariais. "Uma das coisas com as quais fiquei chocado", observou ele, "foi quantas vezes nos últimos dois anos, quando os iranianos diziam algo acerca de seu programa nuclear ou política regional, eles conseguiam aumentar o preço do seu petróleo... e o de todo mundo. Eles fazem uma ou duas afirmações e o preço do barril sobe 5 dólares e, com isso, eles ganham 85 milhões de dólares a mais naquela semana".

Segundo altos executivos do petróleo do Oriente Médio e especialistas do setor como Yergin, outro dos mais importantes nomes é o de Fu Chengyu, presidente e

CEO da China National Offshore Oil Corporation (CNOOC). Fu era pouco conhecido fora da China até a tentativa fracassada de sua companhia de assumir o controle da empresa de petróleo e gás americana Unocal, em 2005, por 18,5 bilhões de dólares. A jogada foi outro exemplo do crescente poder da economia chinesa, que estará exercitando seus músculos ainda mais nas próximas décadas. Nas palavras de Fu, a oferta representou "a natureza em mutação da China empresarial". A nacionalidade chinesa de Fu é uma das poucas características que o distinguem da tradicional superclasse da energia. Fora isso, ele se ajusta ao modelo: é altamente educado, primeiramente no Instituto do Petróleo do Nordeste da China, e depois na Universidade do Sul da Califórnia. Como presidente de diversas *joint ventures*, no início de sua carreira ele conseguiu criar muitos laços com companhias de petróleo estabelecidas, como BP, Amoco, Texaco, Chevron e Phillips. Ele ingressou na CNOOC quando ela foi criada pelo governo chinês, em 1982, e abriu caminho até se tornar presidente, em 2000, e presidente e CEO, em 2002. Como Naimi na Arábia Saudita, Fu não teve a ajuda de relações políticas no Partido Comunista, tendo sido bem-sucedido por ser um "*workaholic* que não fuma e não bebe, com perfil internacional". Em seu período como comandante da CNOOC Fu ganhou a confiança do partido e provavelmente permanecerá no posto enquanto ele estiver satisfeito.

A experiência internacional de Fu fica evidente em seu estilo de administrar e em seus objetivos. Ele não considera a oferta pela Unocal diferente de qualquer outra transação: simplesmente fazia sentido empresarial. Ele compreende a importância dos mercados de ações e acredita que "a transparência faz os acionistas adorarem você". A presença de quatro pessoas internacionalmente respeitadas no conselho de administração, entre eles o ex-CEO da Shell Evert Henkes, dá à CNOOC um clima a mais de independência empresarial. Ainda assim, a empresa é controlada pelo Estado, que fundou a CNOOC para explorar as reservas de gás e petróleo da costa da China e detém o controle da empresa. Essa é uma faca de dois gumes. Dá a Fu uma forte base de apoio em uma economia que o setor estatal ainda domina (embora já não seja responsável pela maior parte do PIB chinês). Mas são os laços governamentais da firma que deixaram os legisladores americanos preocupados com a tomada da Unocal pela CNOOC. Desde então Fu buscou ampliar o *portfolio* internacional da CNOOC com investimentos na Nigéria e na Malásia, entre outros países. Esses negócios asseguram à China tanto petróleo tradicional quanto gás natural liquefeito e garantem que sua economia continuará a crescer.

Do "Rei Sol" ao "Casulo de Deus"

No lado mais puramente privado do setor petrolífero (se é que tal coisa existe, dada a dependência das grandes da energia de concessões governamentais, regulamentação e proteção), há sinais do tipo de relacionamentos emaranhados sobre os quais tenho falado repetidamente como elos entre aqueles nos postos mais altos dos mundos empresarial e governamental.

Poucas coisas são melhor exemplo disso do que o caso da carreira na maior parte brilhante, embora ligeiramente truncada, de John Browne como principal executivo da British Petroleum. Para começar, claro, os ativos americanos da BP são fruto do empreendimento monolítico de Rockefeller, a Standard Oil. E, como na cadeia descrita no capítulo 1, o próprio Browne era um dos pontos individuais de ligação da superclasse, atuante em associações fundamentais e membro de conselhos empresariais fundamentais. Ele integrou o conselho consultivo internacional da Goldman Sachs mesmo quando o então presidente da BP, Peter Sutherland, o homem que posteriormente seria a nêmesis de Browne em uma amarga luta interna corporativa, era presidente da Goldman Sachs International.

Filho de um ex-administrador da BP, Browne estudou em Cambridge antes de ingressar na Faculdade de Administração de Stanford. Ele entrou para a BP em 1966, como estagiário, e abriu caminho até se tornar o executivo-chefe, em 1995. Nos anos seguintes, antes de sua demissão, em 2007, o "Rei Sol" se tornou o queridinho da superclasse da energia por sua ousadia em correr riscos e sua esperteza empresarial, que fizeram da BP a segunda maior IOC, atrás da ExxonMobil. A aquisição multibilionária por Browne de Amoco, Arco e Castrol deu início a um período de fusões que levou ao surgimento das "supergrandes" do setor de energia. O motivo? "Tem a ver com economia de escala", disse ele ao *Guardian* em 2005. "Tem a ver com uma empresa como a BP ter acesso ao tipo de coisa que apenas uma grande empresa como a BP pode fazer, como assumir riscos e ir aos lugares onde podemos encontrar as grandes reservas de hidrocarbonetos." Com seu enorme tamanho, a BP hoje é capaz de penetrar em novos mercados ao redor do mundo, fazendo parcerias em países que antes estavam fora dos limites das IOCs ocidentais. Um desses mercados é a China, onde a BP está agora aumentando seus esforços para alimentar de combustível a economia em crescimento. Nos últimos anos a empresa investiu cerca de 1 bilhão de dólares nessa meta. "A China, como uma das economias em mais rápida expansão, oferece grandes oportunidades [para a BP]", explicou Browne em 2004, "especialmente suas empresas voltadas para o consumidor (...). [Nós] esperamos ampliar isso com novos projetos no futuro".

Uma das contribuições únicas de Browne foi conduzir a BP para procedimentos "verdes" mais ambientalmente amigáveis. Essa iniciativa foi fruto de sua crescente preocupação com o efeito dos combustíveis fósseis no meio ambiente e, conseqüentemente, na economia mundial. Começando por redefinir a missão da empresa como ir "Além do Petróleo", Browne colocou em prática medidas que levaram à redução das emissões da BP para um nível "10% abaixo dos níveis de 1990, sem custos. De fato, a empresa aumentou em cerca de 650 milhões de dólares o valor das ações, porque a maior parte das reduções foi fruto da eliminação de vazamentos e desperdício". Ainda assim, alguns críticos disseram que não era suficiente, com uma organização ambientalista o castigando com um prêmio de "A melhor impressão de um ambientalista". Ainda assim, mais por intermédio de sua ênfase e de suas palavras do que pelas ações da empresa, Browne reconheceu o efeito de uma economia globalizada e criou um precedente na comunidade empresarial, pressionando líderes mundiais a reconhecer a ameaça do aquecimento global.

Além de seu posto na BP, Browne foi diretor não executivo da Intel e da Goldman Sachs. Graças a esses conselhos, Browne tinha contato regular com o atual secretário do Tesouro, Henry Paulson, e com o fundador da Intel, Andy Grove. Como ele mesmo disse certa vez, "participo desses conselhos porque acredito que posso dar uma contribuição, mas também porque posso aprender com grandes pessoas". Entre seus outros postos estavam o de presidente emérito do conselho consultivo da Faculdade de Administração de Stanford e a presidência do Conselho Consultivo Internacional da Faculdade de Economia e Administração da Universidade Tsinghua, em Pequim. Browne foi relacionado como uma das pessoas mais influentes da revista *Time* em 2004. Ele também participava regularmente da conferência anual Bilderberg. Com sua liderança inovadora e suas muitas ligações, John Browne disparou para o topo da superclasse da energia e, nesse processo, transformou o mercado global de energia. Embora ele no final tenha sido obrigado a se retirar precocemente em função de uma série de erros de administração e à ameaça de um escândalo pessoal legal, sua influência como modernizador ainda é sentida. A BP continua fiel à sua mensagem e sua estratégia de "Além do Petróleo" (embora também busque tornar mais rígidos os controles administrativos que levaram aos problemas que determinaram sua saída) e ainda busca se adaptar a um paradigma global de energia em mutação. Em mais um sinal de sua influência, apesar dos problemas que enfrentou em seus últimos dias na empresa, seu substituto, Tony Hayward, era conhecido em toda a empresa como colaborador íntimo e protegido de Browne.

Uma das críticas a Browne em seus últimos dias tumultuados na BP era a de que ele se concentrava mais em administrar a imagem da empresa, especialmente com governos e formadores de opinião em todo o mundo, do que em realmente administrar as operações, o que levou a uma série de constrangedores e trágicos acidentes em refinarias e oleodutos. Mas cultivar laços de alto nível decididamente não é exclusividade da BP. Nos Estados Unidos, a grande ligação entre a superclasse da energia e o governo foi objeto de um enorme número de livros, filmes, denúncias na mídia e debate público. Do documentário *Fahrenheit 9/11*, de Michael Moore, até *As famílias do petróleo*, de Craig Unger, os laços entre petróleo e a liderança política americana produziram muitos estudos e especulações. Os fatos sugerem que as ligações são muitas: a família Bush, o vice-presidente Dick Cheney e o ex-secretário de Estado James Baker estiveram ou continuam a estar diretamente ligados à liderança da energia nos Estados Unidos, por exemplo. Um ex-secretário de Comércio dirige uma empresa de energia. Condoleezza Rice foi diretora da Chevron durante dez anos. Donald Rumsfeld e a ex-administradora do Departamento de Proteção Ambiental Christine Todd Whitman têm grandes participações em companhias ligadas ao setor. Em 2004 e 2006, grandes empresas do setor doaram entre 20 e 25 milhões de dólares por ciclo eleitoral para candidatos que defendiam seus interesses — em média 80% para republicanos e 20% para democratas. Os principais itens da pauta desses lobistas eram políticas internas que amenizassem ou impedissem custosas leis ambientais e, mais especificamente, políticas externas que protegessem seus interesses — como a intervenção no Oriente Médio e a grande pressão sobre países como Venezuela, Bolívia e Equador quando eles ameaçassem nacionalizar bens de empresas de energia dos Estados Unidos. Se isso não produz a cooperação direta e sinistra que marca retratos cinematográficos como *Syriana — A indústria do petróleo*, também é inquestionável que os Estados Unidos repetidamente escolheram políticas que atendem aos interesses do setor, sejam guerras, reduções de impostos, a resistência a controles ambientais mais rígidos ou desviando os olhos quando produtores de petróleo se comportam mal (Ver o capítulo 9 para a história de Teodoro Obiang, cleptocrata-chefe da Guiné Equatorial.)

As ligações do setor de energia com o governo dos Estados Unidos foram especialmente controvertidas durante os primeiros anos do governo Bush, nos meses anteriores ao 11 de Setembro. Naquela época foi atribuída ao vice-presidente Cheney uma reavaliação da política energética dos Estados Unidos que produziu uma série de mais de trezentas reuniões do vice-presidente com sua força de trabalho — da qual a enorme maioria, segundo o *Washington Post*, era de altos executivos do setor de energia. Embora grande parte das reuniões tenha permanecido secreta, relatórios confirmam que incluíam representantes de ExxonMobil, Duke Energy, Constellation Energy, BP e mais de três dúzias de grandes grupos industriais, além do grande partidário de Bush e presidente da Enron, Ken Lay.

Eu me lembro do clima na época. Minha empresa ajudou a organizar uma conferência sobre o futuro do setor de energia americano, e a Enron era uma das patrocinadoras. O encontro aconteceu no Ritz-Carlton em Pentagon City alguns dias depois dos ataques de 11 de Setembro. A Enron ainda estava bem, na sétima posição na lista *Fortune* 500, e, um após o outro, deputados, senadores e responsáveis por instâncias de controle se aproximavam para cumprimentar Lay, tratando-o com o grau de deferência normalmente reservado a visitas de chefes de Estado. Estava claro para todos que, dado o destaque de sua empresa, sua liderança como arrecadador de fundos para Bush e sua especial proximidade com Cheney, aquele morador de Houston tinha se tornado um grande poderoso de Washington. Ele estava ocupado apresentando para ouvidos atentos suas propostas de menos regulamentação e mais liberdade de mercado para seus agentes que, seria revelado alguns meses depois, haviam abusado das liberdades que tinham e de muitas que não tinham. Uma pessoa em especial, o presidente da Comissão Federal de Regulamentação Energética, Patrick Wood, surpreendeu alguns observadores por não simplesmente fazer seu discurso e sair, como muitos altos funcionários, mas se dedicar quase ao evento inteiro e passar boa parte do tempo com Lay.

Com o declínio e queda de Lay e seus sócios, hoje o peso pesado da superclasse da energia nos Estados Unidos claramente é Rex. W. Tillerson, que exemplifica ainda mais a propensão à ternura entre elites do petróleo e do governo, bem como o crescente alcance global do grupo. Tillerson assumiu as rédeas da maior corporação do mundo negociada em bolsa, a ExxonMobil, em 1º de janeiro de 2006. O *Wall Street Journal* o descreve em termos eloqüentes: "Com sotaque texano, rosto enrugado e verdadeiras habilidades de montaria, o sr. Tillerson incorpora a imagem hollywoodiana do homem do petróleo fanfarrão americano." Ele é um dos poucos grandes CEOs do petróleo que nunca fez um MBA ou um mestrado, mas isso não o impediu de chegar a uma posição de extraordinários poder e influência.

Qualquer morador do adequadamente chamado de "casulo de Deus" (a suíte executiva da Exxon) é, automaticamente, um grande agente no grupo da energia da superclasse. A ExxonMobil gera 83.700 empregos em 95 países no mundo todo. Em 2006, a empresa bombeou o dobro do petróleo e do gás do Kuwait e teve um faturamento de 370 bilhões de dólares, com lucro recorde de 39,5 bilhões. Nos Estados Unidos, o poder do cargo deu a Tillerson grande acesso à Casa Branca e a uma série de republicanos de alto nível, entre eles o ex-presidente da Câmara, o deputado do Illinois Dennis Hastert. Esses laços parecem produzir resultados no que diz respeito a influenciar a pauta política. Imediatamente depois de uma "reunião particular" com Tillerson em 2006, por exemplo, Hastert foi para o plenário da Câmara e pediu ao Congresso que permitisse a abertura de poços no Refúgio Nacional da Vida Selvagem do Ártico, proposta que ele antes não tinha defendido tão abertamente. A efetiva influência de Tillerson sobre as elites políticas também é fruto do generoso orçamento da empresa para lobistas. A ExxonMobil gastou mais de 7,5 milhões de dólares com *lobby* em 2004, e aproximadamente o mesmo montante em 2005. (Em comparação, suas grandes primas petroleiras BP e Shell gastaram apenas 2,8 milhões e 1,4 milhão de dólares, respectivamente.) Os laços políticos também se estendem ao exterior, especialmente à Rússia, onde, segundo a CNN, Tillerson é "bastante ligado aos círculos oficiais, chegando até o presidente Vladimir Putin".

Como Tillerson disse em 2006, "vivemos em uma comunidade global, nossas economias são interdependentes, e, como a energia é fundamental para o crescimento econômico, é natural que parte da demanda de fornecimento de energia também seja interdependente". Conseqüentemente, ele planejou gastar até 20 bilhões de dólares em 2007 em esforços de exploração de petróleo e produção. Além das atuais operações de refino da empresa em 26 países e da exploração de petróleo e gás em 37, Tillerson fez algumas tentativas na implacável tundra da Sibéria, onde campos de gás natural já deram lucros inesperados. Lá, a empresa controla a parte americana do projeto Sakhalin, um consórcio de empresas petrolíferas americanas, russas, japonesas e indianas no valor de mais de 12 bilhões de dólares.

Tillerson tem outro desafio a enfrentar: a opinião pública. A empresa e seu notório ex-CEO Lee Raymond, com quem Tillerson trabalhou diretamente durante

13 anos, tinham uma persona atrevida que costumava ser classificada de arrogante. Raymond acabou sendo amaldiçoado especialmente pelos ambientalistas por seu teimoso ceticismo quanto ao papel dos combustíveis fósseis no aquecimento global. Tillerson deixou claro que partilha das dúvidas de seu antecessor. Como a *Fortune* escreveu em 2007 ao se referir à marca eco-amistosa da BP: "Além do petróleo? Na Exxon tudo é petróleo."

Apesar de sua postura desafiadora, Tillerson tentou melhorar a imagem da empresa. Ele argumentou que, "apesar de lacunas nas provas científicas, o 'risco à sociedade representado por emissões de gases estufa pode se mostrar [suficientemente] significativo (...) [para que] se justifique agir agora'". A importância da opinião de um homem sobre esta questão, considerando-se sua posição no topo da maior empresa do mundo, destaca ainda mais a importância do papel da superclasse na formação de opinião. Mas é igualmente importante lembrar que esses altos executivos do setor também afetam a vida de milhões de pessoas de outras formas — como por intermédio do preço da gasolina nos postos. Enquanto os defensores do setor argumentam que esses preços são fruto do cabo-de-guerra do mercado entre oferta e demanda, essa é apenas parte da história. As empresas tomam decisões sobre as margens de lucro que querem, e essas decisões tiram dinheiro diretamente do bolso dos consumidores tanto quanto o aumento de preços em função de redução de oferta. E, claro, produtores de petróleo tomam outras decisões, sobre investir ou não em mais produção ou mesmo aumentar a produção, o que também afeta a oferta e os preços. Conseqüentemente, os homens no topo do setor de energia influenciam bilhões de vidas das formas mais diretas possíveis, tomando decisões que têm impacto sobre componentes fundamentais do preço de uma mercadoria vital.

Indústria global, liderança global

Hoje, as empresas dominam a superclasse e os americanos dominam os líderes dessas empresas. Das 22 maiores empresas do mundo, metade atualmente é comandada por americanos — uma concentração de poder nas mãos de representantes de um país que é lar de apenas 5% da população da Terra. Mas o quadro está mudando rapidamente. A tendência sugere que um maior número de executivos-chefes e banqueiros virá do resto do mundo, à medida que um número maior das maiores empresas passar a vir de outros lugares que não a região transatlântica.

No final do século XVIII a família Rothschild construiu uma das maiores redes internacionais de negócios do mundo, do modo antigo. Eles tiveram filhos. O patriarca do clã, Mayer Amschel Rothschild, foi pai de 19 filhos, dez dos quais chegaram à idade adulta e criaram empresas por toda a Europa, da Alemanha à Inglaterra, passando por Áustria e Itália. Hoje, claro, fusões, aquisições e novas tecnologias tornam muito mais fácil criar redes. Isso, por sua vez, abre novas oportunidades para líderes empresariais do mundo emergente conseguirem capital e crescerem: os Mittal e os Abramovich, por exemplo, e pessoas como Yan Cheung, da Nine Dragons Paper Company, uma das mulheres mais ricas da China.

Será uma força democratizante que irá fortalecer aqueles antes sem poder? Ou a contínua incorporação de setores globais resultará simplesmente em trocar um grupo de elites de uma época por um novo? Alguns observadores sugerem que as mudanças na governança corporativa estão enfraquecendo os executivos-chefes e estimulando uma tendência democratizante, enquanto outros observam que o poder está se concentrando nas mãos de alguns membros fundamentais dos conselhos, empresas de *private equity* e investidores em fundos de *hedge*, e sugerem que o poder está voltando dos administradores para os donos. Mas o quadro global é confuso. Depois do colapso do comunismo na Rússia, os líderes tiraram o controle econômico e político das mãos de um pequeno grupo — as lideranças do Partido Comunista e os membros do Politburo — e experimentaram transferi-lo para um grupo muito mais amplo. Hoje, porém, grande parte do poder econômico que acabou sendo tomado por alguns poucos oligarcas e seus aliados está sendo reclamada pelo Estado.

Mills tinha pouca esperança na perspectiva de conseguir um perfeito equilíbrio de poder entre elites e as massas. É, claro, papel do governo e dos sistemas jurídicos administrar esse equilíbrio. Portanto, nossa atenção se volta para as elites governamentais, nacionais e internacionais, que operam em um momento de profunda mudança histórica que questiona muitas das mais fundamentais suposições sobre a natureza e o papel do Estado-nação.

CAPÍTULO 5

Globalistas *versus* nacionalistas: a linha de fratura política de um novo século

> Na ausência de justiça, o que é soberania se não roubo organizado?
>
> Santo Agostinho

A história irá registrar que, durante oito anos no início do século XXI, George W. Bush foi a pessoa mais poderosa da Terra. Algumas vezes é difícil afirmar de forma definitiva quem está no topo da pirâmide de poder em uma determinada área. Em religião, o papa é sem dúvida o maior católico, mas muitos imãs e rabinos também têm grande influência. Rex Tillerson pode comandar a maior empresa privada de energia do mundo, mas, como já vimos, pode ter menos poder que o ministro do petróleo saudita Ali Al-Naimi. Bill Gates pode, segundo vários parâmetros, estar no topo do mundo da tecnologia da informação, mas hoje o comentário é o de que o Google é mais "quente" que a Microsoft na frente da inovação, e o setor é tão mutável que uma nova descoberta tecnológica pode destronar o magnata do software nascido em Seattle a qualquer momento. Em outras palavras, embora seja possível nomear os príncipes da economia do conhecimento, coroar um único rei é muito mais difícil.

Mas há apenas um comandante-chefe do que é de longe a força militar mais poderosa do mundo, e ele por acaso também é o executivo-chefe do país mais rico do mundo — um que tem um PIB que é o triplo do segundo, o Japão. O presidente dos Estados Unidos tem um extraordinário poder para conduzir os negócios do país como achar melhor, apesar dos mecanismos de equilíbrio cuidadosamente fornecidos pela Constituição segundo os papéis que ela cuidadosamente atribui ao legislativo bicameral dos Estados Unidos e à sua Suprema Corte. Membros do seu gabinete ocupam os cargos segundo sua vontade; de fato, presidentes têm a opção de alterar a estrutura do seu gabinete, demitir e contratar novos membros e decidir quem ocupa comitês de assessoramento de grande influência como o Conselho de Segurança Nacional, o Conselho de Segurança Interna ou o Conselho Nacional de Economia. Hoje há mais de 3 mil cargos como esses, ocupados por nomeados pelo presidente, um número que inchou desde os seiscentos de apenas trinta anos atrás. Dessa forma, o maior poder de um presidente na verdade pode ser sua capacidade de dar autoridade àqueles que o cercam, concedendo e retirando poder. Como me disse o ex-secretário de Estado Colin Powell: "Em nosso sistema é difícil exagerar a importância do presidente. Outros aconselham. O Congresso impede. Mas ele é o proponente e o principal tomador de decisões. Vi presidentes não se darem conta plenamente disso mesmo quando estavam chegando ao cargo. E com freqüência, quando leio comentários sobre o que está acontecendo no nosso governo, eles reduzem a responsabilidade que o presidente tem por seus atos ou pela sua decisão de não interferir."

Bush demonstrou o extraordinário poder de sua posição decidindo iniciar uma guerra global ao terror e invadir dois países sem qualquer coisa que lembrasse uma declaração de guerra formal do Congresso. Quando um presidente tem no cargo o apoio de um Congresso controlado pelo seu partido, como foi o caso de Bush nos primeiros seis anos de mandato, o poder excepcional é tornado ainda mais extraordinário, e em alguns casos incontestável. A desaprovação internacional a suas ações, ou mesmo uma maioria de americanos se opondo a suas políticas não podem impedir o ocupante do cargo nessas circunstâncias. Não há mais clara medida do poder real do que a capacidade de impor sua vontade a um eleitorado resistente ou, como Bush fez, a um mundo resistente. "Este é o governo George W. Bush", disse um alto observador republicano em Washington. "Certamente os papéis que o vice-presidente, Dick Cheney, e que Donald Rumsfeld desempenharam foram importantes. Mas o que eles fizeram, os papéis que eles desempenharam, até que ponto foram autorizados a ir, isso em última instância foi decisão do presidente (...) e os resultados são em última instância responsabilidade dele."

O poder do presidente moderno, especialmente no que diz respeito a assuntos externos, claramente não era o que os fundadores dos Estados Unidos tinham em mente. Quando John Adams observou que "há perigo para todos os homens. A única máxima de um governo livre deve ser nenhum homem ter o poder de colocar em perigo a liberdade pública", ele estava apresentando um ponto de vista partilhado por muitos como ele que tinham definido as novas instituições e leis dos Estados Unidos no final do século XVIII. De fato, os primeiros impulsos dos líderes da nova república se refletiram nos Artigos da Confederação que criaram apenas um executivo-chefe muito fraco, concedendo poderes muito maiores a um legislativo unicameral, numa reação ao que era visto como abusos da monarquia britânica. Com esse espírito, o Congresso ganhou o poder de declarar guerra, aprovar nomeações do Executivo e dar o voto decisivo na escolha do presidente caso nenhum candidato tivesse maioria no colégio eleitoral.

Com o tempo, os presidentes afirmaram sua primazia de várias formas, da gradual expansão do Executivo e do orçamento, e, portanto, da influência associada a ele, até a modificação de conceitos como o de "privilégio executivo". Essa movimentação para consolidar o poder no que os funcionários do governo Bush gostam de chamar de "Executivo unitário" efetivamente faz aquilo que era considerado anátema pelos fundadores dos Estados Unidos: colocar os presidentes e aqueles no seu governo acima da lei por colocá-los além dos poderes de investigação do Congresso. De sua parte, claro, os líderes do Congresso americano se mostraram periodicamente tão caprichosos, mal informados, egoístas, partidaristas e — não raramente — muito piores em seu respeito à lei que presidentes se beneficiaram de um considerável apoio popular para a expansão do papel e das prerrogativas do executivo-chefe.

O vácuo de poder

O padrão de usurpação de poder pelo presidente e de anulação de responsabilidade pelo Congresso não apenas se repete ao longo da História; ele também reproduz padrões que levaram à concentração de poder político nas mãos de poucos nos Estados Unidos, principalmente no que diz respeito à definição do papel global do país.

Por exemplo: o papel principal na estrutura de poder político nos Estados Unidos na verdade não é o de presidente. É o do eleitor. Mas os eleitores abrem mão do poder quando não cumprem a sua responsabilidade como cidadãos de compreender e deliberar sobre as escolhas apresentadas a eles. Cerca de 40% dos americanos com direito a voto não se deram o trabalho de exercê-lo na eleição presidencial de 2004 e quase 60% não votaram nas eleições de meio de mandato dois anos depois. Segundo uma pesquisa de 2007 da Pew Survey sobre o conhecimento pelos americanos das questões atuais, fica claro que muitos também não levam muito a sério suas responsabilidades cívicas. Apenas dois terços dos entrevistados eram capazes de citar o nome do vice-presidente; o número de americanos que conseguia identificar a cantora Beyoncé Knowles era quatro vezes maior do que o número daqueles que conseguiam identificar o líder da maioria no Senado, Harry Reid; e três vezes mais americanos conseguiam identificar o *quarterback* do Indianápolis Colts, Peyton Manning, do que o secretário de Defesa, Robert Gates. Apenas metade sabia que a violência religiosa estava por trás da maioria dos combates no Iraque, e menos de um terço podia identificar os sunitas como o principal grupo em conflito com os xiitas em um país que dominara as manchetes americanas nos cinco anos anteriores à pesquisa. Menos de um terço sabia o nome do presidente da Rússia, e apenas cerca de um terço dos americanos, segundo um estudo do governo canadense citado na *Economist*, tinha passaporte, sugerindo que sua preparação para "supervisionar" a maior potência da era global lamentavelmente não existia. Com esse tipo de base de conhecimento, ou melhor, de ignorância, ou os eleitores são cada vez mais manipulados ou simplesmente escolhem não participar do sistema de governo, eliminando o principal contrapeso ao poder do presidente.

O fato de que a maioria das questões internacionais não tem apelo para os eleitores também deu aos decisores de Washington a sensação de que podem conduzir sua política internacional dentro dos limites de uma pequena comunidade de especialistas. É o fator anulação em funcionamento. Algo como um terço dos congressistas americanos e quase dois terços dos membros das suas equipes não têm passaportes. Mesmo esses profissionais em tempo integral da comunidade que estabelece políticas parecem ter escolhido não serem participantes plenamente engajados na definição do papel internacional dos Estados Unidos — ou estão trabalhando com base no equívoco de que podem fazer avaliações construtivas do papel do país no mundo sem de fato se aventurarem nesse mundo. Quatro dos cinco presidentes eleitos entre 1976 e 2006 não tinham praticamente nenhuma grande experiência em política internacional. É de espantar que o debate sobre as conseqüências de grandes ações internacionais seja tão equivocado, ou que essas ações pareçam não incorporar a História ou uma compreensão das questões regionais? Como me disse um consultor político de grande destaque: "Os americanos tendem a agir mais com base no que eles acreditam do que naquilo que sabem, e eles gostam de líderes com impulsos similares."

O vazio criado pela nulidade do Congresso é ocupado por aqueles que irão influenciar essas questões — não surpreendentemente, um grupo que inclui uma concentração muito maior daqueles com interesses globais, e que é capaz de, por intermédio de outras ferramentas de poder e influência, usurpar influência desproporcional para si mesmos.

Um desses grupos, objeto de meu último livro, *Running the World*, é a comunidade de política internacional de Washington. É um grupo muito pequeno e altamente unido de pessoas influentes, muitas das quais se conhecem e trabalharam juntas a maior parte de suas carreiras. O grupo que ocupou ou provavelmente ocupará os principais postos na política externa e na segurança nacional e aqueles que têm maior influência entre eles não é composto de mais de algumas centenas. A maioria estudou ou lecionou em um punhado de universidades de elite (para citar alguns poucos, o ex-secretário de Defesa Donald Rumsfeld e Frank Carlucci foram colegas de quarto em Princeton; Henry Kissinger e o assessor de segurança nacional de Jimmy Carter, Zbigniew Brzezinski, competiram em Harvard; o pai de Madeleine Albright deu aulas de assuntos internacionais para Condoleezza Rice). Membros desse grupo costumam pertencer ao Council on Foreign Relations e a outros grupos que os unem ainda mais, e freqüentemente trabalham juntos para um governo após o outro. Também em conseqüência de seu domínio dos principais postos da política americana, eles são os poucos com os maiores laços com as elites de política externa dos governos de todo o mundo — o que por sua vez os torna ainda mais valiosos em Washington.

Para concorrer à presidência, os candidatos precisam de equipes de grandes assessores, não apenas para dar conselhos, mas como "validadores" que demonstram a competência do candidato em, por exemplo, questões internacionais. Não surpreendentemente, os melhores validadores são aqueles que ocuparam altos cargos no passado. Conseqüentemente, aqueles que o fizeram são os com maior probabilidade de fazê-lo novamente. Como observado em *Running the World*, é uma daquelas comunidades em que a melhor credencial para entrar é já ser membro dela. O resultado é um grupo altamente fechado de decisores e uma impressionante concentração de poder em um pequeno círculo.

Esse poder se estende para além dos salões do Executivo. Nós vimos a influência exercida por empresas como a Goldman Sachs nos altos escalões do governo dos Estados Unidos, mas é importante chamar novamente atenção para a porta giratória que permite a criadores de políticas deixarem as principais empresas para ir para o governo e depois retornar a essas empresas. É uma das formas pelas quais a comunidade financeira mantém a sua influência. Talvez não surpreenda que cada um dos recentes secretários do Tesouro dos Estados Unidos tenha posteriormente ocupado um alto cargo no mundo financeiro: o ex-secretário John Snow na Cerberus, o ex-secretário Paul O'Neill assessorando a Blackstone, o ex-secretário Lawrence Summers na D.E. Shaw, o ex-secretário Robert Rubin no Citigroup, o ex-secretário Nicholas Brady em sua própria empresa, a Darby Overseas Investments. A realidade é que um alto cargo no governo é uma das formas mais diretas de conseguir uma posição remunerada em Wall Street, no setor de defesa ou em outras áreas da comunidade corporativa. Embora tudo isso possa ser incluído na categoria "notícias de lugar nenhum" — supostamente todos esses indivíduos precisam trabalhar em algum lugar após deixarem o governo —, não diminui o fato igualmente importante de que grandes empresas de Wall Street e corporações com um longo rol de ex-funcionários do governo têm influência desproporcional nas decisões sobre políticas.

Só precisamos de alguns poucos exemplos para ter uma noção do impacto dessa ligação das elites em diferentes grupos de poder. No momento em que este livro estava sendo escrito, o conselho da Goldman Sachs incluía Stephen Friedman, ex-CEO da Goldman e atual presidente do Conselho Consultivo de Informações Externas do presidente, e James Johnson, ex-comandante da Fannie Mae e principal assessor de candidatos democratas à presidência. Na Goldman encontramos uma grande variedade de ex-altos funcionários do governo, entre eles, para citar apenas alguns, o ex-subsecretário de Estado Bob Hormats, o ex-subsecretário do Tesouro John F.W. Rogers e o ex-presidente do Fed de Nova York, Gerald Corrigan.

Observe as outras grandes empresas além da Goldman e o resultado é o mesmo. O conselho da Morgan Stanley inclui o ex-chefe de gabinete da Casa Branca Erskine Bowles, a ex-presidente do Conselho Nacional de Economia Laura Tyson e o ex-contador-chefe da Comissão de Títulos e Câmbio Donald Nicolaisen. O conselho do Citibank: o ex-diretor da CIA John Deutch e o ex-secretário do Tesouro Robert Rubin. O conselho da Lehman Brothers: o ex-presidente do Ex-Im Bank John Macomber e o ex-contra-almirante Marsha Johnson Evans. E aquele que provavelmente é o conselho com o maior conjunto de ex-funcionários do governo, o do American International Group: o ex-secretário de Defesa William S. Cohen, o ex-presidente do Conselho de Consultores Econômicos do presidente Martin Feldstein, a ex-representante comercial dos Estados Unidos Carla Hills, o ex-embaixador na ONU Richard Holbrooke, o ex-contador-chefe da Comissão de Segurança e Intercâmbio Michael Sutton e o ex-"tzar da energia" Frank Zarb.

Claro que a lista não pára nas fronteiras americanas; as listas de líderes internacionais com laços com as principais instituições financeiras são igualmente longas. O ex-primeiro-ministro britânico John Major ingressou no Carlyle Group depois de seu período no cargo, e o ex-primeiro-ministro peruano Pedro-Pablo Kuczynski se juntou ao Credit Suisse First Boston. Eu presidi um painel em Davos em 2006 com o primeiro-ministro do Paquistão, Shaukat Aziz, que durante nossa conversa no salão verde descreveu como tinham sido úteis seus anos no Citigroup para prepará-lo para o cargo político.

Mesmo com os esforços constantes para evitar conflitos de interesse por parte desses indivíduos e dos muitos outros que passaram pelas portas giratórias entre as comunidades governamental e empresarial, é possível perceber como as visões de mundo de duas comunidades tão integradas estão começando a se fundir. Com um grupo tão pequeno no topo do aparato americano de implantação de políticas e com uma probabilidade tão alta de que muitos de seus membros trabalhem nas organizações empresariais mais engajadas internacionalmente e de melhor remuneração antes e/ou depois de seus mandatos, fica claro por que as pautas de algumas poucas grandes corporações globais ecoam a atmosfera mais rarefeita do governo dos Estados Unidos. Esta, portanto, está entre as forças que ocupam o vazio criado pela ignorância do público americano e de muitos de seus representantes eleitos. E isso produz resultados diretos, um dos quais é uma legislação abertamente favorável às instituições financeiras. Para dar um exemplo que era polêmico no momento em que este livro estava sendo escrito, empresas de *private equity* conseguiram convencer o Congresso a considerar sua "parcela de lucros" em empresas como ganhos de capital e não como renda ordinária, resultando em uma substancial redução de impostos (15% em vez de 45%). Muitos, até mesmo alguns líderes financeiros como Warren Buffett, consideraram isso tão claramente desigual que surgiu um movimento de oposição.

Em função do alcance e do poder internacionais dos Estados Unidos, a porta giratória para a comunidade financeira é um fenômeno com conseqüências globais.

Não por acaso esse grupo é amplamente predisposto a pregar políticas como fronteiras abertas, menos regulamentação e impostos mais baixos. Ele também defende renegociação de dívidas e ajuda financeira no caso de empréstimos ruins, como com o Plano Brady depois da crise da dívida latino-americana nos anos 1980, e a intervenção dos Estados Unidos para evitar uma catástrofe financeira no México durante a Crise Tequila do final de 1994 e 1995. Em muitos sentidos, isso não acontece apenas porque um grupo influencia o outro. É porque há apenas um grupo, com seus membros se transferindo de um conjunto de postos para outro. Como esse grupo é globalmente sofisticado, bem-educado, inteligente e bem-sucedido segundo qualquer parâmetro, não surpreende que muito do que eles defendem seja também inteligente e merecedor de implementação. Mas onde fica o contrapeso no sistema? Onde está a supervisão que é dever da democracia para com os muitos que são afetados por essas decisões, como os contribuintes que terão de pagar a conta das ajudas financeiras ou do corte de impostos financeiros para ricos investidores em empresas de *private equity*? É difícil imaginar o papel de supervisor sendo desempenhado por um Congresso que em sua maioria não entende nem de finanças nem do cenário mundial, e claramente esse não é o papel de um Executivo que busca nessa comunidade fechada os seus principais decisores.

Como Thomas Friedman me disse certa tarde em seu escritório, a apenas dois quarteirões da Casa Branca: "Aqui, agora, a assimetria entre legisladores, homens de negócios e tecnólogos no conhecimento de como a economia global funciona é tão grande quanto o oceano Atlântico; ou seja, quantos legisladores você conhece e acha que têm pelo menos uma pista de como o mundo funciona, coisa que você ou o CEO médio de multinacional tem? Portanto, esses governos nacionais têm um problema: como você pode controlar algo que não compreende e é altamente complexo como o funcionamento interno da economia global? E se o governo não pode fazer isso... é natural que a comunidade empresarial se apresente. Se esse era o objetivo original do sistema ou se isso é do interesse de todos são questões abertas à discussão."

Gângsteres do capitalismo?

Como Kevin Phillips conta em seu livro *Wealth and Democracy: A Political History of the American Rich*, o dinheiro está no sangue da política americana.

Os interesses dos endinheirados sempre desempenharam um importante papel na definição da agenda política americana e influenciaram o comportamento de presidentes e daqueles que os cercam. Phillips descreve como os ricos moldaram a política ao longo de toda a História dos Estados Unidos, desde os grandes lucros obtidos pelas empresas americanas como resultado de guerras apoiadas por elas (os preços das ações foram multiplicados por dez ou vinte no caso de alguns fornecedores de material bélico durante a Primeira Guerra Mundial) até a fortuna de altos funcionários, como os dez membros do gabinete de Warren Harding que, em conjunto, valiam mais de 600 milhões de dólares. Ele cita as observações de Franklin Roosevelt em uma carta a um dos principais assessores de Woodrow Wilson: "A verdade (...) é, como você e eu sabemos, que um elemento financeiro nos grandes centros foi dono do governo desde os dias de Andrew Jackson — e eu não estou inocentando inteiramente o governo de W.W."

Preocupação semelhante com as ligações entre dinheiro e poder foi expressa quase ao mesmo tempo pelo general-de-divisão Smedley D. Butler, que recebeu duas vezes a mais alta condecoração militar americana, a Medalha de Honra do Congresso, e foi um dos mais francos iconoclastas da história das Forças Armadas dos Estados Unidos. Populares entre grupos pacifistas e antifascistas em sua época, os comentários de Butler poderiam ter se perdido na História se não se parecessem tanto com as críticas que ouvimos hoje:

> Eu passei 33 anos e quatro meses em serviço ativo na força militar mais ágil do país, os Fuzileiros Navais. Servi em todos os postos, de segundo-tenente a general-de-divisão. E durante esse período eu passei a maior parte do tempo sendo um capanga de alto nível de grandes empresas, de Wall Street e dos banqueiros. Fui um extorsionário, um gângster do capitalismo (...)
>
> Assim, eu ajudei a tornar o México, especialmente Tampico, seguro para os interesses petrolíferos americanos em 1914. Ajudei a tornar o Haiti e Cuba lugares decentes para o National City Bank faturar. Ajudei a violentar meia dúzia de repúblicas da América Central em benefício de Wall Street. O histórico de extorsões é longo. Eu ajudei a purificar a Nicarágua em benefício da casa bancária Brown Brothers and Co. em 1909-1912. Levei a luz à República Dominicana pelos interesses açucareiros em 1916. Ajudei a tornar Honduras "correta" para as empresas americanas de frutas em 1903.

> Na China, em 1927, eu ajudei a garantir que a Standard Oil seguisse seu caminho sem problemas.

Tais ligações existem até hoje. O depoimento de Butler lembra argumentos atuais de que nossas duas recentes Guerras do Golfo foram travadas em benefício das empresas de petróleo para garantir que a produção não fosse interrompida e que as ameaças a ela fossem eliminadas. Essas intervenções tiveram outros beneficiários, que têm considerável influência, fornecedores do governo federal como a empresa um dia comandada pelo vice-presidente Dick Cheney, a Halliburton. De modo semelhante, durante as épocas de Clinton e do primeiro Bush, muitos destacaram que as ajudas financeiras relacionadas à quebra dos mercados emergentes de 1997-98, com a Crise Tequila, e com a crise de poupança e empréstimos do final dos anos 1980 e início dos anos 1990 beneficiaram enormemente os colegas e amigos de Wall Street de Robert Rubin e Nicholas Brady, que por acaso também estavam entre os principais grupos que eles consultaram para tomar suas decisões. Sim, essas decisões também tiveram importantes benefícios macro-econômicos, e as conseqüências de não tomá-las teriam sido graves. Mas, nesses casos, as elites políticas e econômicas estão tão interligadas que é difícil não ver elementos de vantagem pessoal.

Some-se a esse fenômeno o fato de que em grau muito maior do que na maioria dos outros países (onde campanhas políticas têm financiamento público), o sistema americano de financiamento de campanhas tem o que só pode ser descrito como um efeito corruptor, tornando os políticos dependentes primeiramente dos doadores e depois dos eleitores em geral. Isso, por sua vez, dá uma vantagem especial a quem comanda grandes instituições e pode usar essas posições, recursos e redes para desempenhar um papel fundamental no levantamento de recursos. Isso nunca foi mais verdadeiro do que hoje, quando os principais candidatos à presidência em 2008 tiveram de arrecadar mais de 100 milhões de dólares, cada. As barreiras financeiras no caminho ao mais alto cargo nos Estados Unidos são tão altas que é inconcebível que alguém as supere sem aliados ricos e poderosos dos setores público e privado.

O fato de ter listas, mecanismos e redes de levantadores de recursos à sua disposição tornou mais fácil para a senadora Hillary Clinton começar no ponto em que a equipe de levantamento de fundos de Bill Clinton tinha parado. Ter acesso a doadores como Vinod Gupta também ajuda. Gupta, que comanda a empresa de tecnologia InfoUSA, fez sua empresa dar 900 mil dólares em viagens à Europa, ao Caribe e ao México para o presidente e a senadora Clinton. A empresa também assinou um contrato de consultoria de 3,3 milhões de dólares com Bill Clinton e fez uma doação de seis dígitos para sua biblioteca. (Todas essas informações vieram a público graças a um processo movido por acionistas incomodados da InfoUSA que não achavam que tal generosidade fosse do interesse da empresa.) Gupta também financiou uma festa de virada de milênio de 1 milhão de dólares no Washington Mall, fez uma doação de 250 mil dólares para a Fundação Clinton e deu mais de 200 mil dólares para o Partido Democrata durante a última campanha de Hillary Clinton ao Senado. Quando questionado sobre o que a empresa recebeu em troca, além do relacionamento íntimo entre Gupta e os Clinton, um porta-voz disse: "Há apenas o óbvio valor de ter um ex-presidente em sua equipe e à sua disposição para conselhos."

A experiência de Clinton não é única. O maior doador da campanha e do início da presidência de George W. Bush foi a Enron Corporation, a infame empresa de energia com sede em Houston que foi à falência no final de 2001. O escritório de advocacia da Enron, Vinson & Elkins, foi o segundo, e suas doações somadas chegam aos sete dígitos. O escritório de contabilidade da Enron, Andersen Worldwide, foi o quarto. Os dez maiores doadores para a campanha de Bush em 2004, todos com contribuições superiores a 300 mil dólares (de seus comitês de ação política ou de empregados e suas famílias), foram: Morgan Stanley, Merrill Lynch, PricewaterhouseCoopers, UBS-Americas, Goldman Sachs, MBNA Corporation, Credit Suisse Group, Lehman Brothers, Citigroup e Bear Stearns.

O que os doadores recebem em troca? Acesso a altos funcionários, cargos em conselhos presidenciais, nomeações para altos cargos de amigos que partilham seus pontos de vista, participação em missões comerciais, intervenções de funcionários americanos para adequar elementos de regulamentações globais e estruturas de tarifas aos interesses de setores específicos, seja por intermédio da OMC, de acordos bilaterais ou de outros canais, esforços para aumentar o controle da propriedade intelectual e, de tempos em tempos, esforços para eliminar conflitos que possam ameaçar interesses empresariais. (Isso ocorre freqüentemente com a China, por exemplo, quando tensões políticas levam empresas com grandes interesses naquele país, como Boeing, Motorola ou Citibank, a um esforço para evitar o tipo de crise ou sanções comerciais que seriam as mais prejudiciais a elas.)

Kevin Phillips, ao avaliar o efeito corrosivo do dinheiro na política e nos ideais americanos, cita o ex-senador Bill Bradley, que quando concorreu à presidência em 2000 afirmou que uma das razões pelas quais o dinheiro estava tão ligado à política era fruto de "uma incapacidade de compreender que democracia e capitalismo são partes distintas do sonho americano, e que para manter esse sonho vivo é preciso impedir que uma corrompa a outra". Uma das mais graves conseqüências desse fenômeno tem sido a fusão de "livre mercado" e "democracia" na receita que os Estados Unidos prescrevem para o mundo. Essas duas idéias são freqüentemente vistas como uma só. Mas há hoje incontáveis exemplos de países nos quais os mercados estão se tornando mais livres mas a democracia está sofrendo — vem à mente a China, assim como a Rússia e a maior parte do Oriente Médio. Em cada um desses lugares os interesses empresariais ignoram alegremente o sofrimento político das populações, desde que haja retorno. Defender mercados livres é bom e ajuda a produzir mudanças positivas na sociedade, e certamente há desafios relacionados com a efetiva defesa da democracia. Mas a incapacidade de abordar adequadamente esses desafios provoca, como vimos, concentração de riqueza e poder nas mãos de poucos que, por sua vez, agem segundo seus próprios interesses (como os mercados esperam que eles façam), sem o equilíbrio que o bom governo exige.

As regras mudam mas o jogo continua o mesmo: as elites políticas em todo o mundo

A ligação entre as elites do dinheiro e da política existe há séculos. Phillips observa que, das cinqüenta pessoas citadas pelo *Wall Street Journal* como sendo as mais ricas do último milênio, trinta eram governantes ou altos funcionários de governo, e outras nove eram banqueiros ou agentes de governo. Talvez ainda mais significativamente, o livro de Cullen Murphy *Are We Rome? The Fall of an Empire and the Fate of America* conta a evolução da palavra latina *suffragium* ao longo dos cinco séculos de ascensão e declínio de Roma. Segundo a análise do historiador de Oxford Geoffrey de Ste. Croix, a palavra originalmente significava "tábua e votação" ou "cédula", mas com o passar dos anos — à medida que as tradições republicanas desapareciam e o sistema se tornou uma das transações entre redes de elites estabelecidas — passou a significar "pressão que pode ser exercida em benefício de alguém por um homem poderoso". No final, quando o dinheiro se tornou a forma de influenciar, o termo passou a significar "um presente, um pagamento ou um suborno".

Quando Silvio Berlusconi concluiu seu primeiro mandato de primeiro-ministro da Itália, em 1994, o país foi abalado por um escândalo que trazia de volta a antiga linguagem de sua capital. Comentaristas chamaram o colapso de "Tangentopoli" (subornópolis). Mas isso não foi o suficiente para encerrar a carreira política de Berlusconi, na época o homem mais rico da Itália e o 14º na lista de bilionários da *Forbes*, e ele retornou ao cargo em 2001. Foi reeleito por causa de sua energia, de sua personalidade desmesurada e, em grande medida, de sua capacidade de usar o poder de alguns de seus bens, que incluíam um império de comunicações com três redes de televisão, uma empresa cinematográfica e o maior grupo editorial da Itália. Muitos dos funcionários ou ex-funcionários dessas empresas acabaram entrando para a política, filiados ao partido de Berlusconi. Porém, mais significativa foi a cobertura que elas deram ao político em sua luta para voltar ao cargo. Segundo cálculos independentes, durante a campanha as redes de televisão da Mediaset, de Berlusconi, dedicaram a seu proprietário um tempo de cobertura 11 vezes maior que ao seu adversário. A Itália Uno, uma dessas redes, concentrou sua cobertura no combate ao crime e aos imigrantes, que eram os principais temas da campanha de Berlusconi. Quando o Canale 5, a menos tendenciosa de suas empresas, citou um grande erro de Berlusconi, ele pessoalmente chamou Enrico Mentana, seu chefe de jornalismo, e se queixou da matéria. Sua revista *Panorama* apoiou a campanha, assim como o jornal da família, *Il Giornale*, comandado pelo irmão de Berlusconi. Às vésperas da eleição, o *Guardian* classificou seu controle desses meios de comunicação de "o maior conflito de interesses da democracia ocidental". Considerando-se seus bens e o controle pelo Estado das outras três principais redes de televisão, Berlusconi teria praticamente o controle de todas as redes importantes na sexta maior economia do mundo.

Berlusconi descartou as preocupações quanto à sua riqueza com uma bravata, dizendo que não apenas o país precisava de sua capacidade empreendedora como sua decisão de ser primeiro-ministro na verdade era um sacrifício. "Não, veja, me desculpe, mas eu trabalhei minha vida inteira. Estou fazendo um favor ao país. Não preciso de um cargo para ter poder. Tenho casas ao redor do mundo, barcos estupendos, incluindo o iate de Murdoch, que acabei de comprar, tenho belos aviões, uma bela esposa, uma bela família."

Cinco anos depois ele sem dúvida sentia com maior sinceridade ainda que tinha feito um sacrifício quando foi afastado do cargo em meio a um escândalo e a acusações de que tinha se valido indevidamente de seu poder político para se proteger de um processo. O império e as redes de Berlusconi — incluindo seu principal administrador, contratado ao Morgan Stanley — não puderam mantê-lo no poder, desse modo sugerindo os limites até mesmo da riqueza extraordinária. Aparentemente, nem sua sagacidade empresarial serviu para administrar o país, indicando a diferença que há entre as habilidades necessárias para as elites nos negócios e na política. Ele tinha feito muito mal a si mesmo se afastando da comunidade empresarial que parecia ser a aliada natural. A economia italiana piorou sob sua liderança, e seu temperamento explosivo e a tendência a fazer comentários pejorativos sobre muitos dos líderes europeus (ele certa vez comparou um membro alemão do Parlamento europeu a um chefe de campo de concentração) facilitaram a tarefa de seus adversários de derrubá-lo. Assim como os boatos de escândalos e negócios em causa própria, não esclarecidos até hoje.

Berlusconi foi um pioneiro em outra área, adotando uma postura que reduziu a diferença entre nacionalismo e internacionalismo. Ele era pró-Estados Unidos — apoiava os esforços de Bush no Oriente Médio, por exemplo —, pró-gobalização, mas antiimigração, e combatia seus colegas europeus. É uma postura que outros irão reproduzir em reação a uma crescente divisão política na Europa e em outras regiões: a crescente tensão entre facções nacionalistas e internacionalistas na sociedade. Em sua maioria, as empresas são pró-internacionalistas, acompanhando os fluxos de capital e a mão-de-obra barata. O trabalho é mais nacionalista, ameaçado especialmente pela imigração e por acordos comerciais que podem levar ao fim de postos de trabalho. A posição de Berlusconi era aproximadamente no meio, o centro desse novo *continuum*. Outro que adotou postura semelhante foi o presidente francês Nicolas Sarkozy, que disputou o cargo usando seu histórico de ser duro na segurança, duro com a imigração e duro em preocupações similares como manter a Turquia fora da União Européia; mas ele também é pró-Europa e mais pró-Estados Unidos e pró-Israel do que qualquer outro líder francês no passado recente.

As ligações entre Sarkozy e líderes das comunidades empresariais e de comunicações são profundas, remontando a seus dias de prefeito do elegante subúrbio parisiense de Neuilly-sur-Seine, e foram cuidadosamente cultivadas durante sua ascensão ao cume da política francesa. Sarkozy estabeleceu relacionamentos particularmente próximos com alguns magnatas da mídia, que foram importantes para ajudá-lo a derrotar a candidata socialista Ségolène Royal na disputa pela presidência. Muitos dos laços são praticamente familiares: Martin Bouygues, CEO de um conglomerado global que é dono da principal rede de TV francesa, é padrinho do filho mais novo de Sarkozy, enquanto Arnaud Lagardère, comandante de um fornecedor de material bélico e de uma empresa de comunicação dona de vários jornais e estações de rádio, chama Sarkozy de "irmão". Bernard Arnault, bilionário e presidente e CEO da Moët Hennessy Louis Vuitton, dona do diário de negócios *La Tribune*, foi ao casamento de Sarkozy. E pouco depois das eleições presidenciais de 2007, o presidente eleito relaxou alguns dias no iate de seu amigo e partidário, o bilionário Vincent Bolloré. Os negócios de Bolloré, que hoje têm faturamento anual superior a 8 bilhões de dólares, incluem publicidade, transportes, energia e uma série de meios de comunicação. Um repórter do *Le Monde* lembrou que depois de um dos comícios de campanha de Sarkozy, o candidato observou para um grupo de jornalistas: "Engraçado, eu conheço todos os seus patrões."

Sarkozy quebra o padrão de líderes governamentais franceses de diversas formas importantes. Ele não apenas é o primeiro presidente francês cujo pai não nasceu na França (era húngaro), como também é o primeiro nascido depois do final da Segunda Guerra Mundial. Em função de uma carreira acadêmica inicial sem brilho, ele também não conseguiu ingressar na escola francesa dos futuros líderes políticos, a École Nationale d'Administration (ENA). Contornar esse obstáculo foi algo impressionante. Como um CEO francês me disse: "Nós temos a tradição de celebrar a *égalité*, mas na França todos são iguais até o curso secundário. Então, quando você entra para o curso secundário, começa a ser dirigido para programas que o conduzem a universidades especializadas que, como a ENA, normalmente são o único caminho para o cume. Mas Sarkozy fez isso da única outra forma possível: ele abriu caminho para o coração das elites que freqüentaram essas faculdades, sendo leal, duro e trabalhador. Ele é muito bom com as pessoas das quais espera ajuda."

Sarkozy habilidosamente fez aquilo que as elites políticas precisam fazer em um sistema de partidos: conquistar as elites empresariais e políticas que estão no controle, trabalhar bastante essas relações e improvisar quando necessário. É um padrão identificado em praticamente todos os membros da superclasse política e, de fato, na maioria dos elementos da superclasse que buscam ascender no contexto de hierarquias institucionais estabelecidas — sejam partidos, empresas, organizações religiosas ou famílias criminosas. Outro segredo é o desempenho. Em sua trajetória de prefeito a membro do Parlamento, passando por conquistar o apoio do líder de direita Jacques Chirac e ser nomeado ministro do Orçamento, até ser escolhido porta-voz do partido, o magro, vigoroso e intenso Sarkozy fez o que precisa ser feito para seguir em frente. De fato, ele tentou quase tudo, incluindo namorar a filha de Chirac. Ele tropeçou quando seu avanço estava sendo muito vagaroso e tomou outro caminho, apoiando um rival de Chirac, mas ao tropeçar foi obrigado a se reinventar e dar nova forma à moderna direita francesa.

Quando se recuperou e retomou relações com Chirac, Sarkozy se tornou ministro do Interior do governo Chirac em 2002, e assim conseguiu ajudar os gaullistas a oferecer uma alternativa conservadora às propostas de extrema-direita de Jean-Marie Le Pen. Ele era o ministro responsável quando grupos de imigrantes que se sentiam excluídos da economia francesa fizeram protestos em 2005. Usando seus laços com a mídia, suas habilidades e uma firmeza nova na política francesa, ele prometeu acabar com o problema eliminando a "escória" dos guetos com uma mangueira industrial. Ele jogou com o desconforto nacional francês com o fluxo de imigrantes, especialmente do norte da África, e ao se valer dessa postura de Le Pen, o cooptou, acabando por garantir sua vitória sobre Royal.

Desde sua eleição, Sarkozy recuou um pouco mais para o centro, escolhendo nomear um gabinete em que metade dos integrantes é de mulheres, e escolhendo como ministro das Relações Exteriores Bernard Kouchner, um queridinho da esquerda e um dos fundadores da Médecins Sans Frontières (Médicos sem fronteiras). Agindo assim, ele reconheceu a importância da imagem e dos meios de comunicação na política moderna, seu gosto pelos gestos dramáticos e sua consciência da relevância política de grupos não tradicionais como as ONGs. Esses passos foram tão inovadores quanto sua postura firme contra os imigrantes não foi.

Em uma época em que a expansão da União Européia e a globalização levantam questões sobre a identidade européia — especialmente em relação à admissão da Turquia —, é bastante irônico que um dos líderes europeus de maior destaque tenha raízes húngaras. Afinal, foi o controle da Hungria e a rivalidade com o império Austro-Húngaro que estiveram no cerne das últimas invasões otomanas (turcas) no coração da Europa, que culminaram em 1683 na Batalha de Viena. Aqueles conflitos sublinham que políticos e políticas podem mudar, mas proximidade e geografia não, e para a Europa, isso, o "choque de civilizações" com o mundo islâmico, sempre será uma questão mais premente do que até para os Estados Unidos. Isso explica o grau de intolerância lá — da qual a polêmica da charge dinamarquesa é um bom exemplo — e por que o novo nacionalismo europeu de Sarkozy tem raízes tão profundas e horrendas. É um paradoxo fascinante. O pan-europeísmo parece muito moderno e antinacionalista, mas para muitos na Europa ele também é um regionalismo antiglobalista, um desejo de preservar o que é considerado europeu e reafirmar o papel da Europa em um mundo no qual será muito mais difícil para Estados isolados agirem sós em relação a isso.

Essa tensão entre internacionalismo e nacionalismo se tornou uma questão fundamental para a superclasse política global durante seu surgimento nas últimas décadas. Estruturas internacionais em evolução, como os mecanismos multilaterais oficiais (a ONU, as instituições financeiras internacionais, alianças e "grupos de trabalho" da Otan até o G8 ou o G20) e informais (grupos de banqueiros praticando a auto-regulamentação ou parcerias público-privadas que lidam com questões como a aids) e antigas instituições nacionais, estão lutando para definir seus papéis na era global. Há o reconhecimento de que instituições políticas, tradições e culturas nacionais não estão preparadas para as exigências da nova realidade. Ao mesmo tempo, o cotidiano das elites políticas aspirantes exige que elas operem no sistema nacional, começando no ponto certo, caindo nas graças dos grandes, encontrando um mentor e ocupando postos importantes sob sua orientação.

Nesse sentido, é interessante que em sua maioria a superclasse política — com exceção de insurgentes e golpistas — opere em um sistema muito mais fechado que as superclasses empresariais e financeiras, especialmente porque cada sistema nacional normalmente tem apenas dois aparatos de partido que funcionam bem. Todos os incentivos para conquistar poder político estão em um sistema doméstico, mas, tendo conquistado o poder, os líderes descobrem uma realidade perturbadora. Muitas das questões mais fundamentais com as quais precisam lidar, aquelas que estão ou estiveram na primeira fila para Sarkozy, Berlusconi ou Bush, bem como para líderes no mundo em desenvolvimento, têm origem internacional e demandam soluções internacionais. Para produzir resultados internos, é preciso trabalhar fora do sistema doméstico. Aqueles que reconhecem os méritos da cooperação internacional se tornam globalistas. Aqueles que resistem a ela, freqüentemente de modo a serem vistos como defensores dos interesses locais, são nacionalistas. Os nacionalistas classificam acordos necessários para cooperação como redução da soberania, enquanto os internacionalistas os vêem como fundamentais para preservar o bem-estar nacional na era global. Os nacionalistas buscam preservar o poder dos sistemas políticos domésticos fechados em um mundo de sistemas econômicos cada vez mais abertos. Essas tensões e divisões cada vez mais definem a paisagem política global.

Para muitos líderes políticos de hoje, a solução é caminhar na corda bamba até o topo, permanecendo fiéis aos sistemas políticos nacionais e ao mesmo tempo conseguindo ganhos internacionais que algumas vezes ameaçam as prerrogativas nacionais. Talvez ninguém enfrente um desafio desses tão difícil quanto o presidente chinês Hu Jintao. Nascido em 1942 — outro líder que é filho da época pós-Segunda Guerra Mundial —, Hu vem de uma família de comerciantes da cidade de Taizhou. Segundo sua família, ele foi uma criança obediente que teve um desempenho escolar bom o bastante para garantir a ele uma vaga na Universidade Qinghua, onde se formou em engenharia. (Como Bill Gates disse certa vez, muitos líderes chineses são formados em engenharia, algo que era estimulado pelo regime comunista e que permitiu a pessoas como Gates falar com eles sobre questões científicas e apreciar sua compreensão, maior do que costuma ser em capitais como Washington, nas quais a elite política ainda é dominada por advogados.) Quando saiu da faculdade ele ingressou no Partido Comunista, e no início de sua carreira trabalhou com o apoio de um funcionário do partido chamado Song Ping, que tinha recebido a tarefa de identificar os líderes da próxima geração.

No início dos anos 1980, a disciplina tinha dado a Hu um posto no alto escalão da Liga Jovem Comunista, onde se saiu bem o bastante para receber a aprovação e o apoio do secretário-geral do Partido Comunista, Hu Yaobang (sem parentesco). O Hu mais velho deu novo impulso à carreira do futuro presidente, conseguindo sua nomeação, aos 39 anos de idade, para o Comitê Central do partido e, aos 42, para o cargo de secretário provincial do partido — algo que nunca tinha sido oferecido a alguém tão jovem. Nessa última função Hu demonstrou um dom especial que lembra os dons de outras elites políticas que estudamos até agora, como o "conservador compassivo" Bush ou os "nacionalistas-internacionalistas" Sarkozy e Berlusconi: ele foi capaz de criar uma persona na qual era visto como coisas diversas por pessoas diferentes. Como secretário do partido em Guizhou ele criou um clima que estimulava a diversidade intelectual e parecia flexível e mais aberto a idéias reformistas. Quando se transferiu de lá para o Tibete, onde supervisionou a província em uma época de protestos pró-Dalai Lama nas ruas de Lhasa, demonstrou sua disposição de usar a força para eliminar a ameaça ao governo de Pequim. Seu trabalho no Tibete de 1989 a 1992 o tornou estimado no círculo interno do Partido Comunista, o único eleitorado que interessa no sistema chinês, e ele foi nomeado membro do comitê permanente do Politburo. Apenas seis anos depois, em 1998, Jiang Zemin o nomeou vice-presidente e assim o colocou como seu mais provável sucessor.

Hu conseguiu não apenas parecer aos membros mais velhos que comandavam o partido ao mesmo tempo progressista e duro, como também foi visto como uma voz do futuro e conquistou muitos seguidores entre outros membros de sua própria geração. Essa postura equilibrada, que o levou a assumir a presidência em 2002, obviamente foi acompanhada por muitas outras, mais difíceis: equilibrar a enorme necessidade de crescimento da China com o simultâneo desejo de estabilidade, o dinamismo das cidades e das regiões litorâneas com a pobreza das regiões rurais, sua dependência de capital externo e comércio exterior com o desejo de continuar a controlar seu destino, seu impulso de ser uma potência global com seu desejo de preservar uma identidade nacional chinesa, o capitalismo exuberante com o desejo de preservar certos elementos do sistema comunista. Hu resumiu sua abordagem central desses desafios com a frase "sociedade harmoniosa", que usa uma tradicional virtude chinesa para emoldurar seu plano de lidar com as desigualdades que continuam a ser a ameaça mais visível à unidade interna. Ele buscou estimular alguns pequenos níveis de inovação democrática em nível local na sociedade chinesa, ao mesmo tempo deixando claro que o partido continua comprometido com o monopólio da política e o controle central do Partido Comunista. Nessa postura, sempre há algo para todos ou algo para inflamar todos os críticos. É uma linha fina, e o modo como ela funciona será visto basicamente em uma dimensão do desempenho de Hu que é difícil de avaliar agora — seu papel como líder da elite do partido, os mais velhos, que irão escolher a geração de líderes que os sucederá.

Nos bastidores: a globalização da sala enfumaçada

Menos visíveis na superclasse política global que primeiros-ministros, presidentes, importantes parlamentares e ministros das Relações Exteriores são aqueles que os tornam possíveis, os aconselham, moldam sua retórica, definem suas posições. No passado, talvez poucas profissões tenham sido tão provincianizadas pela observação do ex-presidente da Câmara dos Estados Unidos Tip O'Neill de que "toda política é local". Mas hoje a famosa sala dos fundos esfumaçada se tornou ela mesma globalizada, com um punhado de altos consultores políticos aconselhando líderes e aspirantes ao redor do mundo. Eles levam junto técnicas de pesquisa, de opinião, estratégias de marketing televisivo, pesquisas sobre a oposição e uma série de outras ferramentas que estão começando a tornar muito parecidas as eleições em todo o mundo. Agindo assim, eles também estão criando laços entre partidos políticos em diferentes países, entre seus líderes e entre suas ideologias — laços que lentamente produzem algo como coalizões políticas globais.

Embora os partidos comunistas de meados do século XX possam ter sido pioneiros no que diz respeito a isso, eles foram prejudicados por um produto com graves falhas e estratégias em geral ruins. (Quando você é obrigado a conquistar corações e mentes com armas, isso sugere que a sua mensagem talvez precise ser um pouco mais trabalhada.) Mas a verdadeira mudança nos anos 1990 foi liderada por consultores e partidos dos Estados Unidos e da Grã-Bretanha, cujos esforços rapidamente se estenderam para além daquele tradicional eixo de língua inglesa, ajudando candidatos inexperientes no antigo bloco soviético, por toda a Europa e pela América Latina, e até na Ásia e na África. O resultado foi um grupo que complementa em influência aqueles que têm dinheiro: um que oferece as palavras e as técnicas que conquistam eleitores em todo o mundo, que transfere lições de um país para outro e é coletivamente responsável pela banalização do discurso político global, pela maior "sofisticação" das campanhas eleitorais ou, como parece mais provável, por ambas.

Já nos anos 1930, o pesquisador americano George Gallup viajou para a Grã-Bretanha para divulgar suas técnicas de pesquisa, e por toda a segunda metade do século XX políticos britânicos visitaram os Estados Unidos de modo a estudar campanhas eleitorais e debater estratégias com seus pares. A harmonia entre Reagan e Thatcher se estendeu a uma discussão de como administrar suas situações políticas, e o sucessor de Thatcher, John Major, introduziu na Grã-Bretanha os debates presidenciais ao estilo americano. Talvez infelizmente para Major, seu rival na eleição de 1997, na qual os debates foram introduzidos, era Tony Blair, que tinha se dedicado a encontrar um novo discurso para o Partido Trabalhista e, junto com ele, as novas "tecnologias" de campanha. Os criadores do "Novo Trabalhismo" se voltaram para o grupo que tinha inventado os "Novos Democratas" nos Estados Unidos: Bill Clinton e o pequeno grupo de consultores que o cercava. Alguns já tinham criado redes, como Philip Gould, que trabalhara com o principal pesquisador democrata, Stanley Greenberg, e seu colaborador e amigo James Carville, o vistoso nativo da Louisiana de língua afiada que ficou famoso em 1992 como guru político de Bill Clinton.

Gould escreveu:

> Eu não era uma voz solitária em apoio a Clinton entre os trabalhistas. Margaret McDonagh, John Braggins e Alan Barnard, que teriam altos cargos na campanha eleitoral de 1997, estavam de um modo ou outro trabalhando para Clinton. Jonathan Powell, que então trabalhava na embaixada britânica em Washington e agora é chefe de gabinete de Tony Blair, observava a campanha de Clinton pessoalmente e estabelecia laços que depois se mostrariam inestimáveis. Isso gerou Millbank Tower [a sede do Partido Trabalhista] e a "sala de guerra" que abriga; respostas rápidas e o computador Excalibur [usado para monitorar as comunicações da oposição]; uma obsessão por mensagens; e uma concentração absoluta em pessoas que trabalham duro e suas preocupações (...). Na época a mensagem de Little Rock não foi ouvida, mas não podia ser calada. A experiência Clinton foi fundamental para o Partido Trabalhista. Em cinco anos, quase tudo que estava escrito em meu documento tinha sido implementado. A modernização do trabalhismo não dependeu de Clinton, teria acontecido de qualquer forma, mas sua eleição forneceu um roteiro para a modernização.

Hoje Gould é reverenciado em círculos políticos dos dois lados do Atlântico como um dos agentes mais importantes para a criação do "Novo Trabalhismo". "Ele é uma lenda", disse Anita Dunn, da Squier Knapp Dunn, importante consultoria política dos Estados Unidos. Dunn, que está entre os membros mais sérios e respeitados da elite de sua profissão, continua, observando que, embora a globalização da consultoria política seja um fenômeno importante, basicamente foi criado e dominado por grandes americanos, entre eles republicanos como Frank Luntz, John McLaughlin e Richard Wirthlin, e seus colegas democratas Greenberg, Carville e Mark Penn, presidente da Burson-Marsteller e principal estrategista da campanha presidencial de Hillary Rodham Clinton. Gould está em uma categoria própria entre os praticantes não-americanos da profissão. "Acho", disse Dunn, "que ele é o único consultor político não-americano que poderia com sucesso vir para os Estados Unidos, que, afinal, é o berço desse tipo de prática, e fazer enorme sucesso".

A própria Dunn relembrou uma conversa com representantes de um partido social-democrata europeu que estavam preocupados que seu candidato não se saísse bem em um futuro debate presidencial. Eles queriam contratar profissionais para ajudá-lo em sua "preparação para o debate", outra expressão, como "sala de guerra", "resposta rápida" (ou "réplica rápida") e "pesquisa de oposição", oriunda da política americana que ganhou o mundo.

Stanley Greenberg, cuja empresa, Greenberg Quinlan Rosner, trabalhou em dezenas de campanhas internacionais, cita entre seus clientes de maior destaque Bill Clinton, Nelson Mandela, Thabo Mbeki, Tony Blair, Ehud Barak e Gerhard Schroeder. Nas relações entre alguns deles pode ser identificada uma nova tendência que talvez ganhe força à medida que esses consultores e aqueles ligados a eles ampliem suas redes por todo o planeta. Clinton, Blair e Schroeder eram todos vozes "novas" para seus partidos de centro-esquerda, e fizeram um esforço para permanecer em contato, criando uma espécie de "terceira via" global. Em certos momentos outros se juntaram a ela, como o primeiro-ministro holandês Wim Kok e o primeiro-ministro da Itália, Massimo D'Alema, que ingressou no grupo em uma reunião organizada em Washington na primavera de 1999 pelo Democratic Leadership Council, uma organização política de centro que era intimamente ligada a Clinton. O diálogo que levou a essa reunião na verdade foi resultado de uma conversa que Blair teve com a primeira-dama Hillary Clinton alguns anos antes. Juntos, aqueles líderes discutiram pontos comuns em suas mensagens e a que grau seus pontos de vista estavam ganhando terreno "da América Latina à Austrália", e buscaram transformar partidos isolados em um esforço mais coordenado. Embora a derrota de Al Gore, em 2000, tenha prejudicado o esforço com a eliminação de seu membro de maior destaque, os laços continuam a existir, especialmente na rota Washington-Londres, por intermédio da qual o primeiro-ministro britânico Gordon Brown mantém uma relação próxima com muitos pares ideologicamente próximos nos Estados Unidos.

Outra dimensão dessas redes políticas globais é que os consultores políticos não trabalham exclusivamente para partidos políticos. Greenberg, por exemplo, também consegue uma parcela substancial do faturamento de sua empresa com organizações particulares, como Boeing, BP, British Airways, Sun Microsystems, Monsanto, UnitedHealthcare, Business Roundtable e Organization for International Investment. Mark Penn supervisiona uma empresa de relações públicas que tem entre seus clientes Ford, Merck, Verizon, BP, McDonald's e Microsoft; segundo o site da empresa, Penn "ajudou a eleger mais de 25 líderes nos Estados Unidos, Ásia, América Latina e Europa". Entre os de maior destaque está seu sucesso em ajudar Tony Blair a conquistar um terceiro mandato como primeiro-ministro na Grã-Bretanha. De fato, por maior que seja sua reputação por fazer pesquisas para os Clinton, ele também ganhou na comunidade empresarial a reputação de "brilhante" e "excepcionalmente criativo" por seu trabalho em campanhas empresariais, entre elas ajudar a Microsoft a desmontar sua fama de empresa desrespeitosa. Críticos, como o pesquisador rival Mark Blumenthal, sugeriram que Penn e sua empresa "demonstraram uma sede pelo trabalho corporativo, freqüentemente em conflito com as agendas políticas de seus clientes políticos, que há muito dividiu os pesquisadores democratas". Entre os democratas Penn é visto como um defensor especialmente entusiasmado dos pontos de vista empresariais, mas o conflito é identificado em praticamente todos os consultores. Um alto funcionário do Partido Democrata disse que a acusação é "talvez parcialmente verdadeira e uma boa parte amargura [porque] Mark agora é o rei do pedaço".

Apesar de seus laços empresariais, esses consultores normalmente se parecem mais com acadêmicos amarrotados. Greenberg, que tem um ph.D. por Harvard e é casado com a deputada Rosa DeLauro, tem um semblante intenso mas cerebral, com grande senso de humor e uma excepcional capacidade de identificar as questões centrais em ação em uma disputa política. Ele é escritor e trabalhou para uma gama de ONGs e organizações sem fins lucrativos, incluindo a campanha para banir minas terrestres. Penn, que também estudou em Harvard, costuma aparecer de jeans quando recebe para encontros de alto nível em sua casa de Georgetown, Washington. Também ele é casado com uma mulher influente, Nancy Jacobson, uma das principais arrecadadoras de fundos do partido Democrata. Ele é escritor e comentarista muito requisitado, e conhecido entre aqueles que participaram das campanhas nas quais atuou como uma pessoa cujo cérebro por vezes funciona tão rápido que deixa alguns dos ouvintes comendo poeira. Ele trabalhou muito próximo aos Clinton, que valorizam muito o que uma pessoa de seu círculo íntimo chamou de seu "gênio especial". De fato, ele foi demitido do posto de consultor da campanha presidencial do vice-presidente Al Gore, em 2000, quando, em resposta a uma pergunta de Gore sobre se haveria algum sinal de uma "fadiga de Clinton", Penn retrucou: "Eu não estou cansado dele. Você está?" Os outros conselheiros de Gore, que se preocupavam com a proximidade excessiva de Penn e os Clinton, pressionaram e conseguiram seu afastamento. Gore passou a comandar sua campanha, se afastando de Clinton, e retrospectivamente pessoas de dentro do partido acreditam que ele se arruinou, perdendo a ajuda que Clinton poderia ter dado e os votos resultantes que poderiam ter garantido a ele a vantagem na disputa muito apertada com George W. Bush.

Redes interligadas e instituições instáveis

Cumprir os deveres domésticos e internacionais de seus cargos é outro difícil equilíbrio que os membros da superclasse política precisam encontrar. O desafio é ainda maior pelo fato de que os mecanismos formais com os quais precisam operar internacionalmente são muito fracos — alguns tão mal formados e desequilibrados que eles são obrigados a buscar novos ou a adotar abordagens informais. Isso não é novidade; a interação internacional sempre foi uma parcela importante das questões de Estado. A diferença hoje é o grau em que os mercados globais criaram relações mutuamente dependentes entre governos e investidores, e o grau em que o controle pelo setor público dos principais ativos — de sua moeda, de suas fronteiras, de sua cultura — está diminuindo. Além desses fatores, há uma consciência cada vez maior da importância de questões transnacionais, digam elas respeito a aquecimento global, terrorismo, proliferação de armas de destruição em massa, tráfico de drogas, pessoas ou dinheiro falso, pandemias e outras ameaças à saúde global, para citar apenas algumas.

Seria ótimo se os líderes fossem capazes de transformar as instituições internacionais em fóruns nos quais essas questões pudessem abordadas com eficácia. Mas em sua maioria essas instituições são relíquias frágeis de uma visão de mundo que tem 60 anos, frutos daquilo que o planeta era no final da Segunda Guerra Mundial ou da dinâmica que ele tinha durante a Guerra Fria. E a maioria não se adaptou bem à medida que as circunstâncias mudaram. Hoje o Banco Mundial e o FMI estão mergulhados em um profundo debate sobre seu futuro, sobre estruturas de voto que dão poder desproporcional aos Estados Unidos e à Europa, e mesmo sobre a viabilidade de seus modelos de operação. Bancos de desenvolvimento regional como o Banco Interamericano de Desenvolvimento, o Banco de Desenvolvimento Asiático, o Banco de Desenvolvimento Africano, o Banco Europeu para Reconstrução e Desenvolvimento também se esforçam para se adaptar a um mundo no qual a maior parte do fluxo de capital é do setor privado e no qual governos estão cada vez menos dispostos a fazer empréstimos ou seguir as receitas de conselheiros internacionais cujas fórmulas mostraram produzir na melhor das hipóteses resultados dúbios. A ONU foi abalada por escândalos, a Assembléia Geral é amplamente considerada desajeitada e pouco produtiva, o Conselho de Segurança — embora ocasionalmente eficaz — dá peso especial a cinco países porque eles por acaso ganharam uma guerra que aconteceu há uma vida e muitas das agências que compõem a ONU são consideradas incapazes de realizar o serviço para o qual foram criadas.

Altos funcionários do FMI recentemente se mostraram preocupados com debates internos e externos sobre o papel e a relevância do fundo no futuro. Em 2007, um grupo de eminentes cidadãos do mundo foi convidado a fazer recomendações para o futuro, mas eles passaram ao largo de questões como a estrutura de voto do FMI — que dá aos Estados Unidos quase 20% dos votos, embora já não seja uma nação de contribuição regular, mas reserva à China, país com as maiores reservas do mundo, menos de 4% dos votos. Eles não abordaram o fato de que pela tradição os países europeus escolhem o chefe do FMI (o diretor administrativo do FMI durante a maior parte de 2007 foi Rodrigo Rato, antes ministro das Finanças da Espanha) e os Estados Unidos escolhem o presidente do Banco Mundial. Esses fatos causam grande irritação em boa parte do resto do mundo, especialmente nos países que tradicionalmente foram os que mais pegaram dinheiro do FMI e aqueles que tiveram de seguir receitas politicamente impopulares de modo a conseguir os recursos.

Segundo Rato e seus colegas, há ainda mais em jogo. O FMI tradicionalmente se sustentou emprestando dinheiro a governos e recebendo de volta o volume emprestado, mais juros. Em 2002, sua carteira de empréstimos era de mais de 100 bilhões de dólares. Em meados de 2007, depois de um ataque ao fundo liderado por países como a Argentina, que simplesmente decidiriam que não queriam mais dançar a música do FMI, o FMI tinha uma carteira de apenas 13 bilhões. Ela logo cairá ainda mais, quando a Turquia pagar sua dívida de 8 bilhões. Então, as eminências pardas do fundo estão começando a pensar em como produzir recursos suficientes para mantê-lo operando. Uma possibilidade que eles avaliaram foi liquidar algumas das reservas de ouro do FMI, a segunda maior reserva de ouro de todo o mundo. Reinvestindo esse dinheiro, poderiam ser gerados recursos para manter a instituição. Para fazer o quê? Para continuar a dar conselhos aos países, ajudar a controlar os fluxos financeiros globais, antecipar e reduzir problemas.

"Ainda é um papel fundamental", observou Rato, "e somos os únicos em posição de desempenhá-lo".

Mas há uma questão mais profunda, que é a de se os países continuarão a autorizar o financiamento. A distância entre os escritórios do fundo em Washington e o Capitólio é grande. Provocado a dar exemplos do que o fundo estava fazendo que pudessem ter apelo para o Congresso, Rato sugeriu que o trabalho do fundo no Iraque tinha sido um grande sucesso e que financeiramente o país estava funcionando melhor que nunca. Embora pudesse ser verdade, era uma impressionante demonstração de insensibilidade para com os interesses ou as tendências de um novo Congresso democrata. O FMI é visto com ceticismo por muitos no Capitólio como um sorvedouro de dinheiro que concede empréstimos a países que acabam odiando os Estados Unidos não importa o que o país faça para ajudar. É visto como uma ameaça à soberania, um mecanismo do muito temido "governo mundial" e como sendo absolutamente ineficaz.

No exterior, o Banco Mundial e o FMI são vistos com hostilidade porque seus programas são considerados insensíveis, draconianos ou voltados para os interesses de Estados Unidos, Europa, Wall Street ou das grandes empresas. Durante a crise dos mercados emergentes de 1997-1998, eles foram atacados em manifestações de São Paulo a Seul. Um cartaz marcante no Brasil dizia: "FMI: Filhos da Mãe Internacionais".

Os líderes do fundo claramente ficaram frustrados. (O próprio Rato renunciou ao cargo antecipadamente, citando "problemas familiares".) A organização tem uma função importante; como o único organismo capaz de coordenar políticas governamentais, de fato seria vital em um momento de crise financeira global. Mas são necessárias mudanças. Hoje, com a mudança no fluxo de capital e o fato de que o oceano de capital privado em muito superou em importância as esporádicas ofertas de capital governamental que antes podiam levar os mercados a ajudar a atingir as metas do FMI, o fundo precisa da cooperação de uma rede informal de instituições financeiras privadas para fazer seu trabalho. "Hoje é diferente", disse Robert Rubin. "Em uma crise financeira o fundo tem um papel fundamental a desempenhar, mas também temos de trabalhar sistematicamente ao telefone com os bancos para tentar induzir as pessoas a não fazer nada, ou o que quer que estejamos buscando. Para cada situação que enfrentamos, temos de criar uma estrutura *ad hoc* combinando FMI, o Tesouro e a comunidade financeira. É o que fazemos." Em síntese, um grupo informal de líderes políticos e líderes do setor privado, juntando agentes nacionais e internacionais, tem de ser criado às pressas para atender às necessidades específicas de desafios específicos. Embora isso ofereça flexibilidade e seja administrável em função de sua natureza "só para convidados", ele também não é representativo dos interesses globais em geral e sofre um pouco com os problemas de resultado associados a qualquer abordagem *ad hoc*.

Luis Alberto Moreno, presidente do Banco Interamericano de Desenvolvimento, enfrenta desafios semelhantes em sua instituição, que hoje tem quase 50 anos de idade. Os países da região estão menos inclinados a fazer empréstimos, o velho modelo empresarial não funciona, e os mercados financeiros estão dirigindo fluxos de capital para a região e fazendo as regras. As Américas viram um enorme aumento no fluxo de remessas, dinheiro mandado por familiares nos Estados Unidos para seus parentes no México, América Central e outros países do hemisfério. Hoje esse fluxo é superior a 50 bilhões de dólares por ano. Eles são muito mais importantes para o crescimento e o desenvolvimento nacional do que os cerca de 6 bilhões de dólares anuais emprestados pelo BID. O banco também pode enfrentar a competição de um "Banco do Sul" que Chávez quer criar como uma fonte de empréstimos alternativa para os sul-americanos — um que siga mais os seus princípios que aqueles dos Estados Unidos. As regras e as metas de um banco assim provavelmente dariam mais dores de cabeça ao BID. "Todos os bancos de desenvolvimento multilaterais estão enfrentando desafios semelhantes", disse Moreno. "É importante que percebamos que nosso sistema de instituições financeiras internacionais realmente está em um momento decisivo. Isso pode não ser o principal assunto em muitos países, mas se não o abordarmos, milhões de pessoas, bilhões, irão sofrer."

James Wolfensohn, ex-estrela de Wall Street e depois presidente do Banco Mundial, me disse: "Eu não descarto instituições como o Banco, o Fundo ou a família de instituições financeiras internacionais, mas não há dúvida de que o peso delas é muito menor do que era e que o mundo mudou muito mais do que elas." Como outros, Wolfensohn considera um problema as estruturas de propriedade e administração dessas instituições. "Não há nenhuma dúvida de que isso é um problema", disse ele. "É verdade para a ONU. É verdade para o Banco Mundial. Temos no conselho do banco dois diretores para 48 países na África subsaariana — de um total de 24 diretores —, ainda assim, eles são uma enorme parcela da concentração do banco.

"Eu acho que as instituições não mudaram junto com o mundo. Eu me lembro de há sete ou oito anos ir a um encontro do G7. Era a primeira vez que eles convidavam Jiang Zemin, então presidente da China. Havia seis ou sete grandes países em desenvolvimento, e eu acredito que o presidente brasileiro se levantou e disse como se sentia orgulhoso de estar entre aqueles homens famosos, e então sugeriu que talvez no ano seguinte a reunião pudesse ser realizada no Rio, porque havia tantas pessoas mais no mundo em desenvolvimento e que em quarenta anos elas representariam 40% do PIB mundial, e seria bom ter um pouco mais de voz no que está acontecendo. E eu achei aquilo ao mesmo tempo engraçado e válido, porque as instituições globais não se ajustaram às mudanças que aconteceram ao redor, especialmente os Estados Unidos e a Europa não se ajustaram. E eles ainda pensam que o núcleo central é o G7 — ou o G8 se os russos tiverem a sorte de ser convidados —, e que a idéia de ter a China ou a Índia, dois países que juntos têm um terço da população do mundo, duas das economias com crescimento mais acelerado do mundo, é exótica demais para ser considerada."

Wolfensohn está de volta ao setor privado, operando em um pequeno conjunto de escritórios no centro de Manhattan. Ele passa seu tempo trabalhando para um pequeno grupo de clientes, se dedicando a seus interesses artísticos (violoncelista rematado, foi durante muitos anos presidente do Carnegie Hall) e dando consultoria sobre questões internacionais, como fez quando foi um enviado do Quarteto de Madri para conversações entre Israel e os palestinos. É protótipo do membro da superclasse, que integra o grupo por suas realizações no setor privado, no setor público e nas artes. Quando o tema passa a ser a relevância das instituições globais, sua intensidade e sua frustração são palpáveis.

Isso vale para literalmente todos com os quais eu conversei sobre essas instituições. Eles reconhecem que há uma missão fundamental, uma necessidade vital de que elas abordem as questões da pobreza e da desigualdade, do funcionamento do mercado financeiro global, e definam políticas. Mas a mudança é pouca e lenta, e eles temem que essas instituições estejam se tornando menos relevantes em uma época em que são mais necessárias e que haja pouca disposição de fazer o trabalho difícil de reinventá-las. Para que elas se tornassem mais eficazes seria necessário abordar as questões fundamentais de propriedade, da hierarquia social dos países e da soberania — ou efetivamente transferir soberania para esses mecanismos de governo mundial quando a soberania continua a ser o fio condutor da política nacional em todo o mundo.

Kishore Mahbubani, ex-embaixador de Cingapura nas Nações Unidas e atualmente reitor da faculdade de Políticas Públicas Lee Kuan Yew, uma das instituições asiáticas de maior influência, confirmou a necessidade de reinvenção institucional. "As cartas precisam ser muito embaralhadas em termos de governo global", me disse ele. "Quero dizer, você não pode ter um Conselho de Segurança da ONU que represente os vencedores da guerra de 1945. Assim, uma coisa eu posso dizer: em 2045 eles já não estarão ocupando esses papéis, porque entre hoje e 2045 o mundo irá mudar profundamente (...) ele já mudou profundamente (...) E é simples: se não houver mudanças, eles irão perder legitimidade. A questão fundamental é em nome de quem eles estão falando. (...) em 2050, três das quatro maiores economias do mundo serão asiáticas: (1) China, (2) Estados Unidos, (3) Índia, (4) Japão. Como você pode excluí-las da devida propriedade ou da liderança do FMI ou do Banco Mundial? Como você pode excluir alguns dos maiores países do mundo de papéis significativos no Conselho de Segurança da ONU ou de coordenar mecanismos como o G7?"

O ex-subsecretário-geral da ONU Mark Malloch Brown também acredita que o sistema precisa de uma revisão, argumentando, porém, que não devemos esquecer rápido demais o que funciona. "Você realmente tem de ser muito realista sobre as vantagens comparativas que o sistema da ONU tem em determinadas questões", me disse ele. "Mas não podemos ignorar que essas organizações têm a capacidade de levar água limpa a 2 bilhões de pessoas, suprir a lacuna de investimentos em um país ou convencer os norte-coreanos a parar de lançar aqueles mísseis. É preciso colocar isso em um contexto (...). Somos organizações de governos, mas isso já não é o bastante (...). Estamos entre o ponto inicial, como um tipo de funcionalismo público intergovernamental na tradição anglo-saxônica, e algum novo papel como defensores e empreendedores globais."

Um caso informal: a escolha entre soberania e democracia

Está implícito nessa análise o fato de que essas instituições não podem fazer isso sozinhas; elas precisam trabalhar com o setor privado e firmar novos tipos de parcerias. Do ponto de vista da superclasse, isso significa muitas coisas. Primeiramente, as instituições intergovernamentais formais têm problemas, portanto a influência de sua liderança como membros da superclasse está desaparecendo. Em segundo lugar, as questões internacionais com as quais elas deveriam lidar estão ao mesmo tempo ganhando importância e sendo abordadas por intermédio de mecanismos informais. Esses mecanismos são criados para ocupar um vazio, e muitas vezes preencher lacunas, mas eles transferem poder de um modo que faz até as mais desajeitadas e desiguais estruturas de governo das instituições internacionais existentes parecerem mais igualitárias ou pelo menos voltadas mais diretamente para os interesses do povo em geral que dos negócios dos ricos. Em vez de instituições dominadas pelos vitoriosos da Segunda Guerra Mundial e pelos líderes do Ocidente industrializado, há governos isolados ou grupos deles, ou instituições multilaterais fracas colaborando com líderes do setor privado, ou todos eles colaborando com algumas ONGs de grandes verbas, resolvendo problemas, alocando recursos, estabelecendo regras. Governos podem ter recursos limitados, mas concedem autonomia. Além disso, eles podem preencher pequenas lacunas do governo global, mas sem um claro mandato daqueles sobre os quais têm impacto ou com um grande desequilíbrio que dá influência especial ao setor privado ou a subconjuntos de países que contrabalançam o das multilaterais. E no centro desses grupos que preenchem as lacunas estão membros da superclasse: as elites que comandam as grandes instituições financeiras, os grandes investidores, líderes empresariais fundamentais, bilionários, filantropos e mesmo um punhado de grandes astros das artes que podem conduzir ou moldar as atividades de ONGs.

Dito isso, muitas dessas atividades têm grande valor, e sua existência é muito melhor do que o vazio que elas ocupam. Um número considerável está no campo da medicina: as parcerias público-privadas que estão no cerne de mais da metade das atividades da Organização Mundial de Saúde, por exemplo; ou a Global Alliance for Vaccines and Immunization (GAVI), que é financiada em 75% pela Fundação Gates; ou a TB Alliance, que também tem recursos públicos e privados. Outro exemplo é uma iniciativa recente do Aspen Institute, da Overseas Private

Investment Corporation (OPIC, um órgão do governo dos Estados Unidos), e do Palestine Investment Fund para criar uma Middle East Investment Iniciative — uma cooperação internacional de líderes palestinos, americanos e europeus dos setores público e privado —, a fim de ajudar a financiar a criação de empregos para palestinos. O programa é fruto de discussões do Grupo de Estratégia para o Oriente Médio do Aspen, presidido por Henry Kissinger e Madeleine Albright. Mais um exemplo é um esforço recente da União Européia de desenvolver aeronaves mais respeitosas do meio ambiente, um projeto de 1,6 bilhão de euros chamado de Clean Sky e que é parcialmente financiado pelos governos. Todos esses programas específicos certamente têm objetivos admiráveis, mas com grande parte do financiamento vindo mais de fontes privadas do que de públicas, os financiadores claramente têm influência, sejam eles o representante da Fundação Gates no conselho da GAVI ou a aposta de 800 milhões de euros da indústria aeronáutica no Clean Sky, desse modo determinando quão ambiental pode ser o projeto, a rapidez com que será desenvolvido e no que irá se concentrar.

Joseph Stiglitz, que foi economista-chefe do Banco Mundial, observou que "temos esse problema de soberania. Alguns governos não gostam de participar de instituições internacionais porque não as controlam. Mas em uma democracia ninguém pode controlar tudo. A única pessoa que pode ter a certeza de fazer as coisas de seu jeito em um ambiente de governo é um ditador. Por mais difícil que seja ter de engolir abrir mão da soberania de modo a fortalecer devidamente essas instituições, é importante entender que nossa condução da política econômica internacional muitas vezes é, em certo sentido, antidemocrática. Por exemplo: nós delegamos a redação de regras de propriedade intelectual a um pequeno grupo de ministros do Comércio — que freqüentemente sabem pouco sobre questões de propriedade intelectual ou ciência. Os ministros costumam fazer isso em colaboração com os grupos de interesses especiais com os quais costumam trabalhar. Bem, essas são as pessoas certas para estabelecer essas regras? Ou vejamos outro caso: deixar o FMI encarregado da reestruturação de uma dívida soberana é o mesmo que deixar instituições particulares de crédito administrarem nosso sistema de falências. Será que nos Estados Unidos nós chegaríamos a considerar a possibilidade de tal arranjo institucional?"

Ele pára um segundo, então acrescenta: "Pessoas demais — não aquelas ligadas a grupos de interesses especiais — simplesmente se desligaram dessas questões de política econômica internacional. De modo que a realidade é que, seja porque as instituições são muito fracas ou insuficientemente democráticas ou porque as pessoas não se envolvem o suficiente no processo, estamos deixando decisões fundamentais a cargo de grupos de interesse e daqueles que as comandam." No caso de bancos conduzindo renegociação de dívidas, as instituições financeiras têm para com seus acionistas a obrigação de maximizar o pagamento de uma forma que pode ser diametralmente oposta aos interesses dos cidadãos do país devedor, que podem preferir que o país invista seus limitados recursos em programas sociais ou de geração de empregos, por exemplo. Também pode ser do interesse de nações desenvolvidas que tais programas sejam apoiados porque podem produzir estabilidade, enquanto a preocupação dos bancos no cumprimento das obrigações para com eles possa acabar gerando pressão e estimular conflitos. Esse tipo de tensão foi exatamente o que em 2001 levou a Argentina a parar de trabalhar com os bancos e o FMI a reestruturar sua dívida e basicamente fazer isso sozinho, sem a benção dos líderes do sistema financeiro internacional. O país viveu tempos muito difíceis por conta disso, mas no final chegou ao fundo do poço e começou a se recuperar em seus próprios termos, e a decisão do então presidente Néstor Kirchner de desafiar a aliança público-privada no coração da comunidade financeira acabou, retrospectivamente fazendo bastante sucesso entre o povo.

As elites na comunidade financeira resistiram a sugestões de que fossem reguladas por alguma nova entidade supranacional ou por entidades análogas às existentes nos mercados domésticos. Elas pediram auto-regulamentação e mercados livres aos líderes nacionais cujas campanhas elas tinham financiado e que dependiam de sua avaliação coletiva no "referendo do mercado" diário ao qual já me referi. E até agora, em maior ou menor grau, elas conseguiram exatamente o que queriam.

A importância de tais posturas pode ser identificada nos comentários anteriores de Robert Rubin e em conversas com pessoas como Timothy Geithner, um antigo protegido de Rubin que hoje é presidente do Federal Reserve Bank de Nova York. Geithner parece deslocado no interior do enorme prédio de escritórios do Fed, a apenas três quarteirões de distância da Bolsa de Valores de Nova York. Os escritórios são imponentes e o próprio prédio é projetado no estilo monolítico de um templo financeiro de uma época anterior, mas Geithner é muito jovial, amigável e leve. Ele de fato é comparativamente jovem — apenas 42 anos ao ser nomeado para o cargo, em 2003. Ele trabalhou no Departamento do Tesouro de Clinton, onde desempenhou um papel fundamental na administração das crises econômicas internacionais do final dos anos 1990, e se mostrou calmo e eficiente mesmo nas circunstâncias mais difíceis. Em função do papel do Fed de Nova York de administrar as relações com outros bancos centrais e com a comunidade financeira, ele se tornou uma engrenagem fundamental no sistema financeiro global.

Geithner reconhecia que uma parcela significativa do trabalho realizado hoje para administrar os mercados, de moedas a derivativos, deve ser feita em conjunto com os líderes da comunidade financeira mundial. Ele disse: "Nós aqui temos um poder de união que é distinto da autoridade formal de nossa instituição, e que pode ser uma ferramental muito poderosa. Há um debate entre os economistas sobre quão poderosa ela é comparada com ferramentas tradicionais como, por exemplo, política monetária, mas eu acho que a História tem muitos exemplos do uso do poder de união de forma efetiva. (...) O trabalho com instituições financeiras durante a crise da dívida latino-americana dos anos 1980, o trabalho para administrar as possíveis conseqüências do colapso do LTCM [Long Term Credit Management], o trabalho depois da crise asiática em que eu me envolvi no Tesouro."

Ele enfatizou que o papel dos bancos centrais continua a ser importante e falou com admiração do trabalho que o Bank for International Settlements (BIS), de Basiléia, Suíça, fez para garantir que os dirigentes dos principais bancos centrais do mundo se reunissem a cada dois meses para partilhar pontos de vista e idéias. Ele observou que "as principais reuniões lá têm hoje 26 países. A China está sempre presente". Embora ele cite isso como um exemplo de grande cooperação entre governos, também é importante notar que apenas uma parcela dos países do mundo está envolvida e que o BIS não é uma organização escolhida para esse papel por eleitores de nenhum país. Ao contrário, essas reuniões são, elas mesmas, parte da estrutura semiformal do mundo, que está evoluindo a partir de um acordo entre os países mais poderosos sobre como eles gostariam que as questões financeiras do mundo fossem administradas. Da mesma forma, Geithner observou que essa comunidade de agentes se tornou muito interligada e que ele mesmo, na verdade, fala com maior freqüência com eles do que com quaisquer outros, exceto um ou dois personagens fundamentais no sistema do Fed americano. "Eu passo muito tempo com esses dirigentes da bancos centrais, e eles têm uma formação e uma experiência de categoria internacional. Eles partilham formação e pontos de vista semelhantes; nós falamos uma mesma língua."

Geithner sugeriu que nessa comunidade a cooperação com agentes empresariais é fundamental. Lembrando de uma situação em que teve de administrar uma crise no mercado de derivativos, ele disse: "Nós reunimos as 14 maiores empresas em uma sala no fim do corredor com seus principais supervisores, um grupo das maiores instituições globais e seus supervisores em cinco países. E dissemos a eles: 'Vocês têm de resolver este problema. Digam como irão resolvê-lo e criaremos alguma regra básica para garantir que não hajam 'caronas'* para atrapalhar e para vocês saberem que, se agirem individualmente, todos os seguirão.' E não há nada escrito, nenhuma orientação, nenhum regulamento, nenhum processo formal. Nós fizemos isso sem que houvesse um pedido formal. Dissemos a todos que iríamos fazer, mas ninguém nos pediu para fazer."

Ele continuou: "Essas 14 empresas eram responsáveis por algo como 95% do volume nesse mercado. O Fed, a SEC (Security Exchange Comission), a britânica FSA (Financial Services Authority), os suíços e os alemães estavam aqui. E eram os principais. Cada empresa mandou três pessoas, eles tinham uma comissão executiva que todo início de semana fazia uma teleconferência com as outras empresas. E o melhor do processo foi sua eficácia. Não havia nada escrito, a não ser cartas das empresas apresentando seus compromissos. Não há mecanismo formal pelo qual pudéssemos impor isso a ninguém, portanto tivemos de inventar. Acho que o princípio é que você precisa ter um processo de cooperação sem fronteiras. Isso não significa que precise ser universal, com todas as jurisdições ou todas as instituições. Só é necessária a massa crítica dos jogadores certos. É um mundo muito mais concentrado. Se você se concentrar no número limitado das dez ou vinte maiores instituições com algum alcance global, pode fazer muito. Na verdade é interessante. Das 14 grandes empresas (...) [o presidente e CEO da Goldman Sachs] Lloyd Blankfein as chama, brincando, de 'as 14 famílias', como em *O poderoso chefão* (...) Os japoneses não estavam entre elas, o que foi interessante. Na verdade são os suíços, os alemães, os americanos, os ingleses. De fato, basicamente Estados Unidos e Europa. Sem empresas asiáticas."

O antecessor de Geithner, Bill McDonough, hoje vice-presidente do conselho da Merrill Lynch, tinha o mesmo ponto de vista. Ele me disse: "Dirigentes de bancos

* Do original em inglês "free rider". O "carona", como o termo é conhecido no meio da ciência política e das relações internacionais, é aquele agente que se beneficia de algum acordo ou instituição sem arcar com os custos do seu desenvolvimento. (N.R.T.)

centrais trabalham bem juntos porque eles passam muito tempo juntos, como nas freqüentes reuniões do Bank for Internacional Settlements e as reuniões anuais do FMI e do Banco Mundial. Eles ficam sabendo por que razão outros dirigentes estão adotando determinadas políticas. Eles se tornam amigos pessoais. E isso ajuda muito na administração de crises das quais eu tive uma grande dose quando era presidente do Fed de Nova York. Eu, por exemplo, passei grande parte da noite antes da reunião com o setor privado de Long Term Capital Management informando aos dirigentes de bancos centrais da Europa o que estava acontecendo e por quê. Poder chamá-los pelo primeiro nome, como amigos, facilitou muito as conversas."

Richard Darman, conselheiro sênior do Carlyle Group e presidente do conselho da AES Power, observou do alto do sistema as mudanças que ocorreram, primeiramente no setor público, durante o governo Reagan. "A partir dos anos 1970, e talvez no início dos anos 1980, dois membros do clube de dirigentes de bancos centrais do G5, o dos Estados Unidos e o da Alemanha, eram especialmente poderosos. Eles costumavam ser chamados de 'G2'. Juntos eles conseguiam exercer enorme influência sobre câmbio e mercados financeiros globais.

"Na época em que me tornei subsecretário do Tesouro, no início de 1985", continuou ele, "o aumento do fluxo de capital privado já era suficiente para deixar claro que o papel do G2 em especial, e dos dirigentes de bancos centrais em geral, iria diminuir em importância relativa". O poderoso presidente do Fed, Paul Volcker, se deu conta, com alguma relutância, de que seu mundo estava mudando. Como nem mesmo um clube ampliado de dirigentes de bancos centrais podia mais controlar as relações de câmbio, os bancos centrais precisavam envolver os ministros do Tesouro e das Finanças de seus países, de modo a influenciar o conjunto das políticas públicas que, por sua vez, influenciavam os fluxos e os mercados privados.

"Na época eu integrava a equipe que negociava dois dos acordos financeiros da época, o Acordo Plaza e o Acordo Louvre. Eles representam um desvio significativo do mundo do velho clube dos bancos centrais — não apenas porque foram produto de um grupo que incluía ministros das Finanças, mas também porque diziam respeito a um conjunto de possíveis políticas que estavam muito além do âmbito tradicional dos dirigentes de bancos centrais.

"Nos anos 1990, os fluxos de capital privado passaram a ter tal domínio que os dirigentes de bancos centrais eram irrelevâncias marginais em termos do que podiam fazer por intermédio de intervenções. Seus poderes de regulamentação davam a eles algum controle, mas havia formas de sair do seu alcance. Assim, o 'clube' se ampliou ainda mais, passando a incluir alguns dos agentes financeiros dos quais você falou. E os próprios agentes financeiros eram cada vez mais globalizados para se adaptar ao âmbito e à complexidade crescentes do mundo econômico real. Então, o que realmente significa ser membro de um clube tão ampliado?" Darman sentia que o próprio grupo tinha se tornado um pouco maior do que realmente era e menos delimitado por tradicionais distinções de classe como posição herdada, mas ele reconhecia que ainda era um grupo muito pequeno, com um impacto muito significativo em todo o mundo.

A superclasse financeira, porém, não é o único grupo ocupando o vazio criado pela fraqueza das instituições globais. Thomas Friedman chamou minha atenção: "Hoje temos todo um conjunto de questões que surgiram com a intensificação da globalização, e que demandam governo global, mas não há governo global. Assim, isso cria um problema central fundamental. Não apenas não há governo global para todos esses problemas que demandam administração global, como não haverá governo global. A soberania sempre irá impedir isso. Então a questão passa a ser: o que preenche esse vazio? Bem, o que ocupa esse vazio são, em certa medida, ONGs atuando transnacionalmente em questões menores. O que preenche esse vazio são, algumas vezes, coalizões globais; talvez seja a Fair Labor Association, trabalhando para que os governos aproximem empresas têxteis de ONGs de modo a criar um parâmetro global que impeça abusos na exploração do trabalho. Uma coisa nova que está surgindo para preencher o vazio são as cadeias de suprimentos, toda a relação entre Wal-Mart, Nike, McDonald's e a comunidade de ONGs. Por exemplo: a Conservation International trabalhou com o McDonald's durante anos para criar um padrão para seus suprimentos — quem compra mais carne, pão, picles e tomates que o McDonald's? Portanto, o modo como seus fornecedores trabalham a terra, se eles o fazem de uma forma ambientalmente sustentável, é uma grande questão. Quero dizer, isso é governo global do modo como é feito no mundo hoje."

Estimativas atuais sugerem que ONGs em todo o mundo têm um faturamento total superior a 1 trilhão de dólares por ano, fazendo delas uma força a ser reconhecida. John Elkington, um dos autores de um estudo sobre ONGs publicado por SustainAbility, diz que esse volume é ampliado pela confiança popular, que supera a de governos e empresas, e que, conseqüentemente, as ONGs podem passar a estar "entre as instituições mais influentes do século XXI". A relevância desse grupo como parte de um *continuum* de tomadores de decisão e influenciadores é destacada no âmbito ambiental no livro de Daniel Esty e Andrew Winston *Green to Gold: How Smart Companies Use Environmental Strategy to Innovate, Create Value, and Build Competitive Advantage*, no qual eles escrevem:

> Hoje o papel governamental está mudando (...) à medida que legisladores e fiscais se expandem vertical e horizontalmente. Com "vertical" queremos dizer os diferentes níveis de governo (...). Descendo a escala vertical, encontramos funcionários estaduais e municipais que têm sido os que aplicam leis ambientais mais agressivamente que o governo federal. (...) Em um nível mais alto, vemos acordos globais como o Protocolo de Kioto (...). A dimensão "horizontal" se refere ao surgimento de novos agentes vigiando o desempenho ambiental, como as ONGs (...) e blogueiros com sites lidos por milhões.

Um dos maiores e mais influentes membros desse padrão de governo "horizontal" é o World Wide Fund for Nature, uma ONG suíça com orçamento superior a 120 milhões de dólares e operações em noventa países. Por um lado, a liderança do WWF, incluindo seu presidente, chefe Emeka Anyaoku, da Nigéria, e seu diretor-geral internacional, James Leape, dos Estados Unidos, é considerada enormemente influente; ela representa mais de 5 milhões de membros em todo o mundo e uma organização com mais de quatro décadas de luta para promover a biodiversidade e preservar o meio ambiente. O WWF investiu mais de 1 bilhão de dólares em mais de 12 mil projetos em todo o mundo, desempenhou um papel principal em ajudar a preservar várias espécies, do tigre ao antílope lechwe, e fez campanhas para tudo, da preservação da água potável até políticas de desenvolvimento sustentável. Mas, com um mandato para trabalhar em associação com governos e empresas, o WWF também se tornou alvo de críticas de outras organizações ambientalistas que citam os fortes laços entre os líderes da organização e as grandes empresas. Houve um coro de protestos em 2003, por exemplo, quando uma alta funcionária americana do WWF, Kathryn Fuller, que também participava do conselho da gigante americana do alumínio Alcoa, se recusou a votar com outros membros do WWF International contra um grande projeto hidrelétrico da Alcoa na Islândia. Os críticos também observaram que a Alcoa deu 1 milhão de dólares para o WWF, o que foi considerado mais um risco à sua isenção. Ataques semelhantes foram dirigidos às relações entre a organização e outras empresas financiadoras, entre elas a francesa Lafarge, uma empresa de mineração e exploração de pedras, e o HSBC, o banco internacional que deu ao WWF mais de 35 milhões de libras no que na época foi uma doação recorde, mas considerada pelos críticos um esforço de comprar apoio a seus investimentos em operações florestais e represas ambientalmente inamistosas como a conhecida Três Gargantas, na China.

Defensores do WWF observam corretamente que poucas organizações fizeram mais para aumentar a conscientização sobre a biodiversidade e questões ambientais, e que parte de seu sucesso se deve à sua capacidade de trabalhar intimamente com governos e empresas. Mas os críticos sugerem que essa proximidade é um comprometimento, e nessa divergência de opiniões está um dos problemas ligados à ascensão das ONGs como agentes de governos — sua obrigação de prestar contas é limitada e elas são inevitavelmente conduzidas por talões de cheques, desse modo abrindo caminho para maior influência dos membros ricos em recursos da superclasse.

Esse tipo de cooperação público-privada se tornou fundamental para a administração global em tudo, desde controlar o comércio de produtos falsificados até problemas no mercado de fornecimento de energia; de levar remédios a vítimas de epidemias como a aids até restringir as viagens em caso de pandemias; de bloquear o fluxo financeiro para terroristas a deter a proliferação de armas de destruição em massa. De fato, o número de situações está crescendo à medida que mais atividades ignoram fronteiras, desse modo ficando além da jurisdição de Estados-nação isolados.

Assim, de um lado há instituições internacionais fracas, e do outro uma crescente necessidade de governo global. Surgem instituições informais. Algumas são público-privadas como as descritas por Geithner e Friedman. Mas outras são público-públicas, como as redes de representantes de governos que cooperam para coordenar políticas em tudo, de comércio a questões relativas à segurança.

Por exemplo: altos funcionários de diferentes países se vêem unidos em grupos baseados em alianças — criadas em função da História, das circunstâncias ou de missões e recursos complementares. Eles desenvolvem relações pessoais, tanto no cargo quanto fora dele, coerentes com a noção e a definição de nosso conceito de superclasse. O ex-ministro do comércio da União Européia lorde Brittain e a ex-representante de comércio dos Estados Unidos Charlene Barshefsky me falaram sobre os fortes laços que desenvolveram com seus pares na comunidade de comércio e o fato de que muitos continuam a manter essas relações hoje. Como veremos no próximo capítulo, altos funcionários militares falam do mesmo modo sobre relações estabelecidas na Otan ou em iniciativas militares conjuntas. O ex-assessor de segurança nacional Sandy Berger contou uma história parecida. "Os assessores de segurança nacional tinham uma espécie de clube (...). Não me refiro a um clube formal, mas informal. Eu tinha uma linha direta em minha mesa com os assessores de segurança nacional de França, Inglaterra e Rússia. Fazíamos muitos acordos assim. Isso elimina a burocracia, evita a burocracia dos Ministérios das Relações Exteriores. (...). Durante a crise no Kosovo muitas decisões foram tomadas comigo lidando diretamente com meus pares nos gabinetes de Chirac e Blair."

Esses grupos políticos (ou "clubes", como muitos parecem vê-los) são criados em função de tarefas específicas, embora alianças fundamentais e relacionamentos históricos desempenhem um papel central na sua definição. Basicamente da mesma forma como as aeronaves G5 unem líderes do mundo empresarial (e alguns do setor público), os agrupamentos "G" de países criam mecanismos informais que desempenham um papel significativo na definição do resultado de políticas globais e de metas comuns aos participantes. Já ouvimos como o G2 era importante entre dirigentes de bancos centrais antes de ser superado por G5, G7 e G10. Entre os ministros do Comércio, os Estados Unidos e a União Européia também eram G2 — os grandes que, quando operando em conjunto, comandam o resto do mundo em muitas questões fundamentais. Em outras questões comerciais, o Quad — G2 mais Canadá e Japão — era fundamental.

Essa institucionalização do poder concentrado é periodicamente desafiada. Por exemplo: ministros do Comércio se reuniram em Cancún, México, em 2003, para tentar fazer progressos na Rodada de Doha das negociações sobre comércio mundial. Adotando uma postura empregada no passado, o representante de Comércio dos Estados Unidos, Robert Zoellick, e o Comissário de Comércio da União Européia, Pascal Lamy, tentaram guiar a reunião, buscando um acordo sobre uma reforma nos subsídios agrícolas que eles tinham concebido. Mas um grupo, chamado de G20-plus, liderado por países como Brasil, Índia, China e Indonésia, resistiu à pressão, fazendo apelos ainda mais enfáticos para que os Estados Unidos e especialmente a União Européia eliminassem as distorções causadas pelos subsídios aos seus produtores rurais. (Esses subsídios representam um faturamento importante para produtores europeus e americanos que também temem perder mercado para importações mais baratas do exterior. Mas para o mundo em desenvolvimento isso representa uma barreira impenetrável, permitindo que os produtores locais vendam seus produtos a preços abaixo do mercado, que impossibilitam a concorrência externa.) Um dos líderes do G20-plus, o ministro das Relações Exteriores brasileiro, Celso Amorim, saiu da reunião identificando nela um divisor de águas, e disse: "Saímos desse processo mais fortes do que entramos."

O mais famoso dos grupos G é o G7, criado em 1976 e que inclui Estados Unidos, Canadá, França, Alemanha, Itália, Grã-Bretanha e Japão. Os ministros da economia do G7 se reúnem quatro vezes por ano, com os presidentes dos bancos centrais participando de três desses encontros. Em 1997, a Rússia foi convidada a integrar o G7 — com a criação do G8 —, embora não participe dos encontros econômicos e financeiros em função de seu PIB comparativamente pequeno. Ela, porém, participa das reuniões ministeriais gerais do G8 sobre energia, educação, meio ambiente, desenvolvimento, trabalho e políticas de saúde. No G7 e no G8 também há reuniões regulares de chefes de Estado. De fato, do ponto de vista da política global, esse grupo se tornou um dos mais influentes mecanismos de coordenação informal do planeta.

Por exemplo: embora a maioria dos líderes mundiais que conseguem uma audiência com o presidente americano o veja raramente e apenas alguns consigam fazê-lo uma vez por ano, os líderes de outros países do G8 mantêm um contato muito mais regular. Em 2006, o presidente Bush teve reuniões privadas com cada um dos líderes do G8 em média três vezes, além das discussões que aconteceram na cúpula de líderes daquele ano em São Petersburgo, na Rússia. Essas reuniões bilaterais nem sempre são apenas de negócios. Uma visita oficial do então primeiro-ministro do Japão, Junichiro Koizumi, em junho de 2006, foi uma das mais memoráveis do governo Bush, culminando com uma visita à casa do ídolo musical de Koizumi, Elvis Presley. Após dois dias de discussões, demonstrações militares e um jantar oficial em Washington, a dupla partiu para uma viagem a Graceland, em Memphis, Tennessee. No caminho, "Don't Be Cruel" era tocada pelo sistema de som do Air Force One e DVDs de Elvis passavam nos monitores, enquanto comissários serviam o aperitivo preferido do cantor, sanduíches de banana com manteiga de amendoim fritos. Na propriedade, a filha de Elvis, Lisa Marie, e sua ex-mulher, Priscilla, comandaram uma visita guiada dos dois convidados especiais, embora tenham deixado os dois chefes de Estado partilhar algum "tempo privativo" juntos no jardim da Meditação, onde Elvis e seus pais estão enterrados. Depois, de pé em frente ao famoso Jungle Room, Koizumi foi convencido a colocar um par de óculos escuros ao estilo Elvis, sacudir os quadris e soltar alguns compassos de "Love Me Tender" para o batalhão de jornalistas. Bush riu mas não se juntou a ele, e depois mandou o primeiro-ministro de volta para casa com uma *jukebox* carregada de sucessos de Elvis.

Além do G7/8, há outros grupos G, cada um deles criando núcleos semelhantes para os líderes e altos representantes de seus países-membros. Entre eles está o Grupo dos 20, criado em 1999 para preencher algumas lacunas criadas pelo ainda mais poderoso G7/8. Esse grupo, que se reúne apenas uma vez por ano, de fato representa 90% do PIB global, 80% do comércio global e 60% da população do mundo. O G24, criado em 1971, se reúne duas vezes por ano para debater questões ligadas ao desenvolvimento e tem um amplo perfil de países em desenvolvimento. O G77, fundado em 1964, estranhamente tem 130 membros e objetivo semelhante. Há ainda o G22 (o "Grupo Willard"), que foi suplantado pelo G33, por sua vez suplantado pelo G20. Há até mesmo um "Não-G6", também conhecido como Grupo de Oslo, que inclui Canadá, Chile, Indonésia, Quênia, Nova Zelândia e Noruega.

Outras alianças, da Associação de Países do Sudeste da Ásia (Asean, na sigla em inglês) até o Mercosul, passando pela União Africana e o Movimento dos Países Não-Alinhados, também ocupam o vazio, permitindo reuniões que orientam os países enquanto eles operam em organizações institucionais ou de forma independente. Esses encontros, como Davos ou reuniões de negócios, são elementos de união entre os membros da superclasse política e ajudam a eliminar diferenças de objetivos ou reduzir níveis relativos de poder.

Essa união é fundamental. Como o ex-embaixador de Cingapura na ONU Kishore Mahbubani me disse, "os países da Asean estão se reunindo regularmente. As partidas de golfe que eles disputam desempenham o mesmo tipo de papel que você mencionou. Ah, sim. De fato, eu digo que o motivo pelo qual os países do Sudeste da Ásia não entraram em guerra é uma palavra de origem escocesa de cinco letras: golfe".

Tais agrupamentos de Estados e líderes poderosos — tanto informais quanto institucionais — levam muitos a acreditar que a globalização é determinada por algumas poucas ações, freqüentemente em conluio com líderes financeiros e empresariais do setor privado. De fato, com base no que vimos, é fácil entender por que surge essa impressão. Essa suspeita teve um efeito corrosivo, produzindo uma linha de fratura entre aqueles que acreditam que a globalização é do seu interesse e aqueles que acreditam que não é.

A rede global de antiglobalistas

Bill McDonough estava confortavelmente sentado em seu escritório na Merrill Lynch, uma suíte moderna em um prédio que se ergue acima da ferida em Lower Manhattan onde costumava ficar o World Trade Center. Ele observou: "Há uma idéia crescente de que a economia moderna está beneficiando os de maior sucesso às custas daqueles com menos sorte. Nos Estados Unidos, a metade inferior da distribuição de renda não está se sustentando.

"Eu acredito que em todas as sociedades, claramente nas democracias em que o eleitorado pode mudar o governo na eleição seguinte, tem de ser dada maior atenção a deixar claro a todas as pessoas que elas também podem se beneficiar, ou pelo menos que o sistema de ensino dá a seus filhos essa oportunidade. É o sonho americano. Mas mesmo em sociedades menos democráticas, os governos comandam durante muito tempo com o consentimento dos governados. Quando não, há uma revolução.

"No comando da globalização, líderes de governo, presidentes de bancos centrais e líderes da comunidade empresarial simplesmente têm de trabalhar mais e fazer o necessário para que todas as pessoas acreditem que o sistema beneficia a todos."

O ex-embaixador dos Estados Unidos na ONU Richard Holbrooke, um dos mais destacados e respeitados líderes de política externa no Partido Democrata, observou que as conseqüências dos atos da elite global produziram o que poderia ser caracterizado como uma elite antiglobalista. Esses antiglobalistas não apenas estão distantes dos mundos de Londres, Wall Street e todas as redes internacionais improvisadas que preenchem o vazio do governo global em benefício dos mais poderosos países e entidades econômicas — eles se opõem ativamente a isso. Eles "não têm nada a ver com aquele mundo do que você chama de 'superclasse'", me disse Holbrooke. "Uma das questões que [o presidente do Irã Mahmoud] Ahmadinejad levantou em Nova York segundo pessoas que o viram foi seu ataque à ONU como sendo uma criação ocidental. E quando alguém na reunião do Council on Foreign Relations no qual ele falou disse: 'Sabe, todos aqueles países da ONU se opõem a você', ele respondeu: 'Espere um segundo. Eu acabei de chegar de Havana [a última reunião do recém-revitalizado Movimento dos Países Não-Alinhados]. Eu estava com líderes de 125 nações e todos atacaram vocês.' Eu menciono isso porque há diferentes elites. Esse outro grupo é a multidão anti-Davos. É o povo antiglobalização. (...) Então, sim, eu concordo com você em que há essas elites e há essas redes, mas elas também provocaram a criação dessas anti-redes."

No cerne da "anti-rede" está um pequeno número de líderes, unidos por muitas características e posturas comuns, embora venham de regiões extremamente distintas do mundo. Eles podem ser classificados como "nacionalistas", adversários dos Estados Unidos ou críticos da globalização ocidental. Entre eles estão Mahmoud Ahmadinejad, Hugo Chávez e Vladimir Putin. Todos lutaram ou foram treinados para lutar por seu país: Ahmadinejad foi soldado na guerra do Irã contra o Iraque; Chávez é militar de formação; Putin foi agente de carreira da KGB. Na sua visão, a globalização é o velho imperialismo ocidental disfarçado em novos trajes, e eles reagem a isso em grande parte do modo como foram treinados a reagir a tais incursões. Considerando-se o fluxo de produtos e idéias ocidentais para suas regiões em função da globalização e a crescente influência internacional que ela dá a corporações multinacionais com freqüência intimamente ligadas a governos ocidentais, é fácil entender o porquê (embora também possamos ver uma ironia no fato de que governos ocidentais estão preocupados por essas multinacionais se afastarem de suas raízes históricas). Coerentes com a visão de ceticismo para com o Ocidente que é muito tradicional no contexto de suas heranças nacionais, todos eles tomaram o que poderia ser considerado um caminho conservador para uma elite estabelecida em seus países. Todos demonstram muito carisma para com seus partidários e a mídia, e todos são capazes de crueldade e dissimulação igualmente grandes.

O que talvez seja mais importante, todas essas antielites vêm de países que têm uma idéia de si mesmos como um grande Estado, um líder regional ou internacional. O Irã é o berço da civilização persa, que um dia levou o Trono do Pavão até o interior da Índia. Em muitos sentidos, é a maior civilização moderna que o Oriente Médio produziu e, ainda hoje, um dos maiores produtores de petróleo do mundo. A Venezuela também acalenta grandes aspirações e tradições. Lar do "Libertador"

Simón Bolívar, o homem que, mais que qualquer outro, determinou o fim do colonialismo na América Latina, a Venezuela também desfruta de especial posição e influência em função de suas enormes reservas de petróleo. A Rússia, claro, é a superpotência que implodiu, uma das grandes forças definidoras do século XX e um país em que praticamente todos os cidadãos adultos foram obrigados, no início dos anos 1990, a repensar muito do que tinha sido ensinado sobre si e o mundo. Hoje também tem poder renovado por causa de suas grandes reservas de petróleo, gás natural, minerais, madeira e outros recursos.

Embora todos esses países tenham se beneficiado dos mercados globais, todos abrigam muitos que acham que a evolução do sistema global não dá a eles um espaço correspondente à visão que têm de si mesmos. Isso, por sua vez, foi usado por seus líderes oportunistas e seus seguidores, que se valeram das forças reacionárias que a era global produziu entre seus compatriotas.

É interessante notar que, com alguns poucos ajustes, dois ou três movimentos na direção oposta, esses países poderiam estar entre os grandes defensores da nova era. Nenhum outro país do Oriente Médio, fora Israel, é tão cosmopolita quanto o Irã. Durante anos especialistas sugeriram que sua forma nascente de democracia faria dele o mais provável ponto de partida para a reforma política da região. Tem uma vibrante tradição artística, aceita a divergência acadêmica e deu às mulheres papéis mais relevantes que qualquer outro lugar do Oriente Médio. A Rússia produziu o desabrochar do capitalismo selvagem que criou os oligarcas, mas também demonstrou extraordinária vitalidade e instinto para negócios entre suas elites. Sempre esteve dividida entre suas identidades européia e asiática, mas na era global isso poderia deixá-la em uma situação excepcional: uma ponte com 11 fusos horários que podia ligar o dinamismo de seu vizinho chinês ao de uma Europa unida a Oeste. O petróleo da Venezuela foi controlado pelas empresas da Standard Oil, suas elites estudaram os Estados Unidos, e em alguns momentos em meados e no final do século XX não havia país na região mais próximo dos Estados Unidos.

O fenômeno pode ser comparado aos ricos que passaram a rejeitar os excessos dos super-ricos nos Estados Unidos. A reação à globalização liderada pelos Estados Unidos vem de alguns países perto do fenômeno que os afeta — países que têm ou tiveram bons motivos para pensar que poderiam estar na linha de frente dele caso as coisas tivessem sido um pouco diferentes. Seu fracasso em conseguir o que outros têm é fruto de uma série de equívocos, incluindo excesso de confiança em recursos naturais, pouca ênfase na educação, corrupção endêmica e manutenção das prerrogativas das elites locais. E, sentindo que foram deixados para trás, eles estão atacando cada vez mais.

Hoje, Putin, Chávez e Ahmadinejad não têm uma agenda única, mas todos buscam consolidar poder e aumentar a importância de seus países no mundo. Apesar de suas diferenças e da distância, eles descobriram que trabalhar em conjunto atende às suas necessidades. Tem sido cada vez mais fundamental na postura deles a escolha politicamente popular de confrontar os Estados Unidos e culpar o país pelos males de um sistema mundial que deixou muitos cidadãos descontentes. Quase um terço dos russos vivem abaixo da linha de pobreza do Banco Mundial e quase dois terços se dizem infelizes. A grande desigualdade entre os oligarcas e as massas alimenta a insatisfação. Para Putin, a escolha é aceitar a responsabilidade ou encontrar bodes expiatórios além das fronteiras russas — com freqüência rebeldes chechenos ou os Estados Unidos. Sua retórica antiamericana atingiu o desconfortável nível da Guerra fria de antes, a ponto de comparar os Estados Unidos ao Terceiro Reich. Duas semanas depois dessa afirmação polêmica ele testou novos mísseis projetados especialmente para penetrar nas defesas antimísseis européias e americanas.

Ahmadinejad atacou os Estados Unidos e Israel reunindo grupos de pessoas que negam o Holocausto e pedindo que Israel fosse "apagado do mapa". Ele confrontou o sistema internacional reafirmando o direito do Irã de desenvolver seu próprio programa nuclear, e regularmente ataca os Estados Unidos. A liderança do país definiu sua política externa especificamente como uma reação à "arrogância global" — um código para a política externa dos Estados Unidos. O Irã não apenas fez ameaças raivosas ou desempenhou o papel de Davi contra Golias; reconheceu que, ao enfrentar os Estados Unidos, não importa quão ultrajante seja a abordagem, fala por muitos outros países que acham que o sistema internacional não funciona para eles. Por exemplo: seus esforços para desenvolver o programa nuclear sem restrições encontraram eco em dezenas de outros países que sentem ter sido transformados em cidadãos de segunda classe pela exclusão do "clube nuclear", um subconjunto da elite de poder particularmente poderoso.

Chávez e Ahmadinejad visitaram os países um do outro. Hoje, carros iranianos são fabricados na cidade venezuelana de Maracay. Chávez também demonstrou sua solidariedade para com seu irmão iraniano se aliando ao Hamas, aos sírios e a outras forças anti-Israel. Panfletos pró-palestinos apareceram a milhares de quilômetros do Oriente Médio, nos postes de Caracas. Um especialista, Alberto Garrido, foi citado como tendo dito: "A esquerda venezuelana durante décadas considerou uma aliança com países muçulmanos como uma das formas de criar uma nova civilização derrubando os valores americanos." Claro que Chávez foi além, com ataques constantes a George Bush, chamando-o de "sr. Perigo" e de "asno". (Ele se referiu ao secretário-general da Organização de Estados Americanos — que ele considera aliado dos Estados Unidos — como "um idiota de i até a".)

Chávez construiu uma aliança de líderes de países que sofreram muito no passado e muitos dos quais estão exatamente agora incorporando os povos indígenas a seus sistemas de governo, incluindo o ex-presidente da Argentina, Néstor Kirchner; Evo Morales, da Bolívia; Rafael Correa, do Equador; Daniel Ortega, da Venezuela; e, claro, seu grande patrono e modelo, Fidel Castro. Ele recriou na região uma espécie de mentalidade de espião *versus* espião da Guerra Fria, financiando candidatos anti-Estados Unidos, e reviveu a velha competição de ajuda para o desenvolvimento da Guerra Fria empenhando bilhões em ajuda a países de tendência esquerdista por toda a América Latina. Ele ajudou a Argentina a pagar sua dívida com o FMI, ajudou a Bolívia a pagar indenizações, empenhou 1 bilhão de dólares em ajuda de crédito ao Equador e, juntamente com Ahmadinejad, anunciou a criação de um fundo de investimentos de 2 bilhões de dólares para a região. A ajuda já concedida é muitas vezes maior que o 1,7 bilhão fornecido pelos Estados Unidos no mesmo período (a maior parte do qual foi destinada à "guerra às drogas"). E, com Putin, imitou outra convenção da Guerra Fria: negócios de armas na mesma moeda. Na esteira de um acordo de 3,8 bilhões de dólares de envio de F-16 americanos para a Polônia em meados de 2006, Putin e Chávez acertaram o envio para a Venezuela de mais de1 bilhão de dólares em armas russas apenas um mês depois. Enquanto o preço do petróleo continuar firme, esses países têm grandes recursos próprios para levar a cabo suas iniciativas internacionais — mesmo que esses recursos pudessem ser mais bem aplicados para resolver necessidades internas urgentes.

Estabelecendo uma pauta em oposição ao que consideram um sistema injusto, esse núcleo central imitou um padrão do G8 (do qual a Rússia, claro, é membro): os líderes desse eixo alienado se encontram com freqüência cada vez maior. De fato, em uma das extraordinárias ironias da era atual, poder-se-ia dizer que o caminho daqueles que mais se opõem à globalização em sua forma atual (ou aparente) é criar uma aliança global de antiglobalistas. Apenas em 2006, importantes líderes do bloco Venezuela-Bolívia-Cuba-Irã-Rússia-Síria se reuniram mais de vinte vezes — sem contar encontros como a Assembléia Geral da ONU ou o encontro de Países Não-Alinhados que aconteceu em setembro. Apenas Chávez visitou China, Rússia, Bielo-Rússia, Irã, Indonésia, Vietnã, Malásia, Portugal, Qatar, Síria, Mali, Benim, Angola, Argentina, Brasil e Jamaica — e não apenas estabeleceu fortes laços com as elites políticas como também ganhou grande popularidade.

Porém, fale com esses líderes e eles poderão dizer que sua aliança não é antiglobalista, mas uma coalizão contra a globalização dominada pelos Estados Unidos. Isso não é apenas uma mera evasiva. Por causa da fraqueza das instituições globais e do fato de que elas foram suplantadas por estruturas informais que como padrão são dominadas por governos ou instituições privadas ocidentais, eles estão reagindo a um verdadeiro defeito do governo global e uma verdadeira realidade em termos da composição das elites globais.

Muitos desses líderes são facilmente condenáveis como sendo assassinos, racistas e escroques. Mas descartá-los sem avaliar por que eles desfrutam de popularidade interna e externa, sem entender a força que ganharam, sem entender de que necessidades eles falam, é um erro. É um erro cometido todos os dias por muitos na superclasse política do mundo. É possível ver isso em declarações unilaterais e nada construtivas de que os membros do grupo fazem parte de um "eixo do mal", ou a utilização de desgastadas fórmulas da Guerra Fria para lidar com problemas do século XXI. A divisão provocada por esse sistema começou a definir o debate em nações e entre nações de modo poderoso. Sejam elas classificadas de nacionalista *versus* internacionalista, populista *versus* globalista ou anti-neo-imperialista *versus* pró-globalização americana, essas questões estão dando o tom das discussões sobre comércio, uso da força, regulamentação global e imigração em todo o mundo.

As elites políticas globais enfrentam outros desafios — aqueles ligados a ter de reagir a um público global, além do interno, nacional. Eu já mencionei líderes mundiais fazendo campanha em Wall Street para continuar nas graças dos mercados dos quais dependem, mercados que fazem referendos diários sobre seus programas e fornecem o capital de investimento de que precisam para atingir suas metas. Mas esses desafios assumem muitas formas.

Há pouco tempo eu visitei Bogotá, na Colômbia, para uma reunião com o presidente, Alvaro Uribe, sobre a luta de seu país para conseguir um acordo de livre-comércio com os Estados Unidos. Na época o país era alvo de sindicatos de trabalhadores e de grupos de direitos humanos por causa do grande número de líderes sindicais que tinham morrido na guerra civil do país e do pequeno número de assassinos que o governo tinha conseguido processar até o momento. Os sindicatos americanos — com líderes como John Sweeney entre os membros mais nacionalistas da superclasse política global — geralmente se opõem ao livre comércio porque o consideram uma ameaça aos trabalhadores do país. No caso da Colômbia, eles tinham descoberto uma questão que tinha apelo junto aos integrantes da nova maioria democrata em Washington, e até então estavam sendo bem-sucedidos em seus esforços para impedir o acordo.

Nós nos encontramos no Palácio Presidencial, em Bogotá, uma bela cidade encravada em um vale nos Andes. O Palácio estava cercado por soldados impecáveis, alguns com capacetes pontudos que lembravam os soldados do kaiser Guilherme na Primeira Guerra Mundial. Lá dentro, fomos recebidos calorosamente pelo presidente e sua equipe. Uribe, que estudou em Harvard e Oxford e fala um inglês muito bom, tinha sido duro com o crime e as drogas, e era extremamente popular tanto com o povo colombiano quanto com o governo Bush, que o considerava um de seus poucos aliados face à ameaça das drogas e, mais importante, à ameaça representada por seu vizinho do leste, Hugo Chávez. De fato, desde o início, em 1999, do Plano Colômbia, um esforço conjunto dos Estados Unidos e da Colômbia para combater as drogas e estabilizar o país, a Colômbia não apenas se tornou o terceiro maior destinatário de ajuda externa americana como estabeleceu o que só pode ser visto como uma espécie de "relação especial" com os Estados Unidos — uma que Venezuela e Argentina um dia tiveram.

Uribe tinha feito o que prometera. Trinta mil paramilitares depuseram as armas. Quase seiscentos foram extraditados para os Estados Unidos. Os principais cartéis das drogas foram desmantelados, embora muitos menores tenham ocupado seu lugar. Os assassinatos de líderes sindicais diminuíram, e alguns dos mortos certamente eram atuantes nos grupos rebeldes Farc e ELN, que sustentavam uma guerra contra o governo colombiano havia quase meio século. Havia uma melhoria no diálogo com os sindicatos. Tudo isso explicava o alto índice de aprovação interna de Uribe. O que ele não conseguia entender era por que estava tendo tanta dificuldade em fechar um acordo comercial com os Estados Unidos.

Uribe era um sujeito muito magoado, e no meio da reunião, tendo escutado uma avaliação dura de por que o Partido Democrata — o partido de seu amigo

Clinton, afinal — o atacava como violador dos direitos humanos e tornava sua vida difícil, ele se ergueu. Ele achava que estava fazendo tudo certo. Tinha até contratado um grupo de consultores de Washington que incluía Mark Penn e Joe Lockhart, ex-secretário de imprensa de Bill Clinton. Não era assim que o jogo era jogado? As coisas poderiam estar indo melhor? Ele caminhou pela sala. Estava com raiva e frustrado.

Embora globalmente sofisticado, Uribe aparentemente ainda estava despreparado para a realidade de ser um líder político na nova era, na qual tinha públicos em vários países, muitas vezes com pontos de vista e necessidades opostos. Em sua maioria, os colombianos sabiam que ele estava lutando contra inimigos duros da melhor forma possível. Mas os americanos, distantes da violência civil, tinham uma visão diferente. Eles estavam menos interessados no que Uribe tinha conseguido no campo de batalha, mais concentrados em outras questões, como violência contra líderes sindicais, que eram relevantes para a política americana. A nova maioria democrata precisava dar alguma espécie de vitória comercial aos sindicatos que eram importantes para sua base de apoio e que tinham se sentido ignorados e violentados por muito tempo.

Uribe se enfureceu. "Espero que as pessoas nos Estados Unidos saibam que me colocaram em uma situação muito difícil. Elas não entendem o que isso pode significar para os Estados Unidos na região... para tudo o que conseguimos?"

A realidade, como eu discuti com alguns colegas empresários enquanto voávamos de volta no G5 deles (só para registro, comendo Big Macs a 41 mil pés), era que "eles" não entendiam. "Eles" não precisam, porque na maioria dos casos o poder dos políticos vem de dentro das fronteiras. Mas cada vez mais, bem no alto, a superclasse política também depende de centros de poder mais distantes. Eles estão divididos, tanto quanto seus países. Estão tão divididos quanto o mundo de hoje.

CAPÍTULO 6

A era da assimetria: a decadência dos titãs e a ascensão dos guerreiros da sombra

> Cada arma que é feita, cada navio de guerra lançado, cada foguete disparado é, em última instância, algo roubado daqueles que têm fome e não são alimentados, dos que têm frio e não são vestidos.
>
> Dwight D. Eisenhower

Nos primeiros anos da Guerra Fria uma nova idéia fincou raízes no consciente americano e nas operações de seu governo: guerra permanente. A idéia foi apresentada simultaneamente por vários homens, com destaque para um cavalheiro que pode ser considerado um dos pais fundadores do *establishment* militar-industrial moderno. Charles "Engine Charlie" Wilson, que era presidente da General Motors quando a Segunda Guerra Mundial eclodiu, comandou o enorme esforço de guerra da empresa durante o conflito como diretor do Conselho de Produção de Guerra. Nessa função, quando a vitória aliada parecia iminente, em 1944, ele argumentou que, de modo a evitar uma recessão no pós-guerra, o país precisaria criar uma "economia de guerra permanente". Menos de uma década depois, como secretário de Defesa, Wilson ajudou a introduzir no Pentágono reformas que marcaram o início dessa transformação. Trabalhando com o presidente Eisenhower, Wilson começou a modernizar o *establishment* de defesa dos Estados Unidos, racionalizar gastos e dar maior eficiência à cadeia de comando.

Wilson foi o primeiro de uma série de líderes empresariais a chefiar o Departamento de Defesa. Depois dele veio, em 1957, Neil McElroy, o ex-presidente da gigante industrial Procter & Gamble. McElroy assumiu o cargo poucos dias depois do lançamento do satélite russo Sputnik — o alvorecer de uma nova era na Guerra Fria —, e seu período no cargo testemunhou a contínua implantação da pauta de "guerra permanente" de Wilson. McElroy administrou uma grande e cara reestruturação determinada pela Lei de Reorganização da Defesa de 1958. Em cada um de seus três anos no cargo o orçamento anual do Departamento de Defesa foi superior a 40 bilhões de dólares, o que correspondia a 10% do PIB e muito mais da metade do orçamento federal de 70 bilhões de dólares. (Embora os Estados Unidos gastem mais de dez vezes essa quantia em defesa hoje, o orçamento oficial de defesa é de "apenas" 4% do PIB, 1,5% abaixo da média histórica dos 45 anos anteriores.)

O relacionamento íntimo entre os secretários de Defesa dos Estados Unidos e a comunidade empresarial começara com o antecessor de Wilson, Robert A. Lovett. Antes de sua nomeação, Lovett era banqueiro de investimentos da Brown Brothers Harriman (a mesma empresa em que trabalhou Prescott Bush, senador, pai e avô de dois presidentes). Depois de Wilson e McElroy, dois gigantes empresariais, veio Thomas S. Gates, que trabalhou na instituição bancária e de investimentos Drexel & Company e depois se tornou presidente e CEO do J.P. Morgan Bank. Gates foi sucedido por outra estrela em ascensão do mundo empresarial, Robert McNamara, presidente da Ford Motor Company na época de sua escolha como secretário de Defesa. Tais laços duraram anos, assim como a idéia de guerra permanente. De fato, a porta giratória entre posições de comando no setor governamental de defesa e posições de destaque na comunidade fornecedora de equipamento de defesa se tornou uma característica da vida de Washington, não menos impressionante e resistente que os monumentos no National Mall.

A ameaça de conflito com a União Soviética, deixada clara pela "ação policial" na Coréia, e ataques e pressões do Irã e outros subordinados deram a justificativa para a guerra permanente. Isso, por sua vez, deu a justificativa para os Estados Unidos iniciarem meio século de gastos recordes em defesa, sem dúvida o maior investimento público de qualquer sociedade — em qualquer momento, por qualquer objetivo — em toda a História.

Assim que a Guerra Fria terminou e passou a fase momentânea de uma quase euforia com a "nova ordem mundial", a "racionalização" da guerra permanente retornou. No dia 11 de setembro de 2001, em um surto nacional de reação exagerada, os Estados Unidos iniciaram sua "guerra contra o terrorismo", a primeira campanha militar contra uma sensação. Essa nova guerra foi iniciada em um ambiente emocional pós-traumático, sem o que poderia ser chamado de debate racional. (De fato, na época o próprio debate foi considerado irracional e, para muitos, antipatriótico.) Os gastos com defesa dispararam, com centenas de bilhões de dólares dados diretamente a fornecedores.

Conseqüentemente, em uma nova era de secretários de Defesa criados em empresas, questões começaram a ser levantadas. Os laços empresariais de praticamente todos os secretários de Defesa no período pós-Guerra Fria, do ex-CEO da Halliburton Dick Cheney ao ex-CEO da G.D. Searle e da General Instrument Corporation Donald Rumsfeld, geraram preocupação quanto aos motivos, às relações, à porta giratória e à ligação entre todos esses fatores e as políticas militares americanas. Com a péssima execução das operações dos Estados Unidos no Iraque, fica claro que os orquestradores da guerra definitivamente não eram os conspiradores supercompetentes que alguns críticos identificaram. Mas é inquestionável que a reação rápida e instintiva ao 11 de Setembro produziu uma revitalização dos gastos americanos com defesa e uma nova preponderância das elites de defesa dos Estados Unidos, um renascimento que parecia improvável no início dos anos 1990, quando os orçamentos diminuíam e parecia difícil encontrar inimigos significativos. Como eles foram tão ruins na administração de sua própria guerra, é de espantar que esses líderes tenham sido tão bons em convencer o país a embarcar no mais novo capítulo custoso da era da guerra permanente.

Há três possibilidades. Uma é que a ameaça terrorista era grande o bastante para justificar tais gastos. Outra é que as partes interessadas fizeram uma campanha para promover seus interesses de forma coordenada. A terceira é que, sem grande coordenação consciente, mas com muita seleção inconsciente de mensagens, prioridades e interesse pessoal coincidente (os instrumentos dourados do poder na caixa de ferramentas dos membros da superclasse em todo o mundo), o resultado se deu como se realmente fosse o desejo refletido do povo americano em geral.

A ameaça terrorista em perspectiva

Dificilmente há como justificar a idéia de que a ameaça terrorista é equivalente às antigas razões para se travar uma guerra. Os fatos desmontam os argumentos apresentados pelo governo Bush e por outras pessoas do grupo alarmista que pensam que o céu está desabando, especialistas em terrorismo cuja relevância depende da urgência da ameaça e até o grupo desequilibrado de islamófobos quase racistas que dominam os meios de comunicação de direita. A própria retórica usada para descrever a ameaça freqüentemente não pertencia ao âmbito do racional. Como Zbigniew Brzezinski destacou, "o terror é uma tática, não um inimigo".

Quando analisados, os números sugerem que a ameaça terrorista na verdade é um tanto menor do que foi apresentada. Segundo o Departamento de Estado, houve aproximadamente 14 mil ataques terroristas no mundo em 2006, em comparação com 11 mil em 2005. O número de mortes relacionadas a esses ataques subiu de 14.600 para aproximadamente 20 mil civis um ano depois. Embora os números sejam chocantes, são baixos em comparação com uma série de outras questões que, apenas em termos de custo, podem ser consideradas ameaças mais imediatas. Aproximadamente o mesmo número de crianças morre de causas evitáveis em todo o mundo a cada 12 horas quanto morrem pessoas em atos de terrorismo durante todo um ano. Segundo a ONU, há o mesmo número de mortes por HIV/aids ao redor do mundo a cada três dias quanto de vítimas de terrorismo em um ano.

Mesmo com tudo isso, os números do terrorismo são ainda menores do que poderiam parecer. Das 20 mil pessoas que o Departamento de Estado diz terem sido mortas pelo "terrorismo" em 2006, dois terços morreram no Iraque. Em outras palavras, aproximadamente 14 mil não-combatentes morreram em ataques terroristas em conseqüência de uma situação provocada pelos Estados Unidos com sua invasão não provocada do Iraque em 2003. Essas mortes provavelmente não teriam acontecido não fosse pela invasão, o que nos deixa com um número de mortes por terrorismo no mundo todo não relacionadas ao Iraque de cerca de 6 mil.

Além disso, praticamente todos os mortos e feridos pela violência terrorista na verdade eram não-americanos. Em 2005 houve 56 mortes de civis americanos relacionadas a terrorismo, e em 2006 o número caiu à metade, para 28. Destes, a maioria foi morta no Iraque. Assim, o número total de americanos mortos por terroristas fora do Iraque foi de cerca de uma dúzia.

Embora os dados possam confirmar que o terrorismo é um problema sério, não sugerem que seja uma justificativa válida para a mais ampla reconstrução do sistema de segurança nacional dos Estados Unidos nos últimos sessenta anos. Não parece justificar as centenas de bilhões de dólares gastos no Iraque. Nem parece justificar uma situação belicosa com o Congresso, onde o pedido de verbas para a defesa em 2008 era de 481 bilhões de dólares — 66% mais alto que o de seis anos antes e o maior volume em dólares reais desde 1985, o auge dos gastos da Guerra Fria da era Reagan.

Essa é uma reação proporcional? E se não é, por que não?

Mesmo no pior ano registrado de perda de vidas americanas, as terríveis 2.974 mortes de 2001, um número de americanos quase 15 vezes maior morreu em acidentes automobilísticos, acima de seis vezes mais morreram em homicídios e mais ainda morreram em incêndios ou inundações. Mas nenhuma dessas ameaças maiores à vida americana produziu sequer uma fração da parcela da reação mobilizada contra o terrorismo. Apesar das alegações em contrário, não há absolutamente nenhuma possibilidade de que o terrorismo ameace a existência fundamental dos Estados Unidos, ou, a não ser no mais inimaginável dos cenários nucleares coordenados, sequer tenha um impacto econômico palpável no contexto do tamanho geral da economia americana. Mesmo no pesadelo de uma arma nuclear detonada em uma grande cidade dos Estados Unidos, o país sobreviveria, apesar da possibilidade de perdas terríveis. Além disso, não há motivo para acreditar que, mesmo provocado por nossas intervenções no Oriente Médio, o terrorismo se apresente como uma ameaça tão significativa quanto — do ponto de vista histórico — foram um dia as lutas de vida ou morte contra o comunismo, o nazismo ou as ambições imperiais japonesas.

Então, como realmente é a ameaça? A Al Qaeda, a rede terrorista responsável pelos ataques do 11 de Setembro, tem um número indeterminado de membros, com as melhores estimativas sendo de vários milhares. Seu orçamento é de cerca de 30 milhões de dólares por ano, segundo o *Relatório da Comissão do 11 de Setembro*. Isso é aproximadamente o custo de um helicóptero militar de carga Chinook. Ou corresponde, segundo a "taxa de gastos" recente no Iraque, ao que os Estados Unidos gastam no Iraque em quatro horas. Isso não significa que ela não possa gastar o dinheiro de forma mais eficiente do que os Estados Unidos fazem no Iraque (não poderia não ser assim), mas indica alguns limites à capacidade deles. Além disso, embora muito tenha sido dito sobre o "poder" de sua estrutura em rede, a falta de uma organização unida em tempo integral torna difícil avaliar a verdadeira força da Al Qaeda em determinado momento, e torna muito fácil para os interessados superestimá-la.

Para conseguir melhores resultados, a Al Qaeda depende do aumento de sua aparente ameaça pelos meios de comunicação e por governos que reagem de forma desmedida, como o governo Bush — resultados que dificilmente são conseqüência de suas ações diretas. Por exemplo, embora os ataques de 11 de setembro tenham provocado danos à propriedade no valor de 16 bilhões de dólares em Manhattan, a reação dos Estados Unidos aos ataques teve, segundo algumas estimativas, custo superior a 1 trilhão de dólares, e as vidas de mais de 4 mil soldados americanos e dezenas de milhares de iraquianos, para não falar no custo representado pela erosão das liberdades civis internas e o dano incalculável à reputação dos Estados Unidos entre a comunidade internacional.

Em síntese, tornamos os terroristas maiores do que eles realmente são. E a questão passa a ser: por quê? Poderia ser uma conspiração de líderes empresariais, políticos e militares fumando charutos em uma sala dos fundos enfumaçada? A resposta claramente é não — não apenas pela falta de capacidade de planejamento entre as pessoas que fizeram da guerra ao terror o que ela é hoje, mas porque simplesmente não era necessário convocar aquela reunião na sala dos fundos.

Para começar, considerando-se que o sistema político nos Estados Unidos na época dos ataques de 11 de setembro estava nas mãos de um governo com a postura ideológica que a administração Bush tinha em relação ao Oriente Médio, seu histórico com regimes estratégicos na região e seus fortes laços com a indústria petrolífera e importantes fornecedores de equipamento de defesa, ninguém deveria se chocar com o resultado: todos os vetores de força dos importantes agentes de poder apontavam na direção do tipo de aventura militar unilateral que se materializou. Isso foi em parte conseqüência de um sistema em que a estrutura de incentivos aos políticos torna vantajoso adotar uma postura belicista — e no qual a estrutura de incentivos do complexo militar-industrial torna altamente lucrativo apoiar essa postura belicista. Foi também conseqüência do clima político em um país ferido, que levou os Estados Unidos a se abrirem a tal abordagem, desinteressados de um debate mais aprofundado e ansiosos por uma demonstração de ação e força. Além disso, por pior que a equipe de Bush tenha sido na administração da guerra no Iraque e na manutenção de alianças internacionais, ela se mostrou excepcionalmente disposta a manipular a opinião pública.

(Quero sublinhar que a análise acima não é de modo algum uma negação da ameaça terrorista. É uma crítica à justificação e à condução da "guerra contra o terrorismo", e uma demonstração das perigosas predisposições que foram em parte fruto de uma economia de defesa e de uma comunidade de planejamento criada com a idéia de guerra permanente. Da mesma forma, a ameaça representada por essas redes amorfas de indivíduos hostis, especialmente em relação à proliferação de armas de destruição em massa e à estabilidade de alguns poucos Estados vulneráveis — Paquistão, Líbano, Egito e alguns outros —, é altamente perigosa. Uma devida abordagem multilateral somando iniciativas militares, de planejamento, informações, políticas e econômicas certamente é necessária e urgente.)

Também é fundamental que os planejadores americanos e ocidentais reconheçam a importância relativa de grupos terroristas e de agentes não-estatais. De fato, a maior mudança na estrutura da superclasse militar-industrial global nas últimas décadas foi ter deixado de se concentrar em conflitos de simetria (o mundo bipolar da Guerra Fria) para se concentrar em conflitos de assimetria (o presente, no qual os Estados Unidos e o Ocidente são enorme e desproporcionalmente poderosos em comparação com outros países ou agentes não-estatais). Embora isso possa mudar em alguns anos — se a China der continuidade a seu maciço fortalecimento militar, se a Rússia se tornar mais beligerante ou se os Estados Unidos conseguirem provocar o surgimento de uma nova aliança de inimigos —, é de esperar que nas próximas décadas vejamos uma série de confrontos nos quais os Estados Unidos ou seus aliados se verão na situação definida em 1964 pelo analista da época do Vietnã David Galula, de luta entre o leão e a mosca: conflitos em que "a mosca não consegue um golpe que leve ao nocaute e o leão não pode voar".

Isso determinou algumas mudanças substanciais na estrutura da superclasse militar-industrial global: a redução do papel de alguns agentes tradicionais e a ascensão de outros, uma nova ênfase em diferentes habilidades e, como nos outros grupos que estudamos, uma ênfase crescente na cooperação global. Ainda há uma superclasse militar-industrial, mas ela está mudando rapidamente e as futuras mudanças provavelmente levantarão questões acerca das doutrinas e estruturas que hoje parecem intocáveis.

As raízes das redes globais

Quando o chefe do Comando do Pacífico dos Estados Unidos (Pacom, na sigla em inglês) está no seu grande escritório de esquina em Camp Smith, em Oahu, Havaí, sua bandeira de quatro estrelas drapeja no alto do mastro em frente ao prédio. Mas o mastro pode ser visto como o epicentro de algo mais que o principal posto de comando militar do mundo. É o ponto central de uma série de relacionamentos — políticos, econômicos e relativos à segurança — que une os líderes das Forças Armadas americanas no Pacífico a seus equivalentes por toda a sua área de responsabilidade. Nesse sentido, é como outras grandes operações de defesa dos Estados Unidos: uma empreitada muito nacional com amplos laços globais. Um ex-comandante do Pacom me disse que essas ligações eram "cada vez mais [parte] do trabalho. Temos mais laços diretos com o povo e as lideranças da região do que qualquer outro setor do governo dos Estados Unidos. Em muitos casos nos tornamos os diplomatas. Estamos ligados à cooperação de defesa, que tem um grande componente empresarial. Podemos ser poderosos de muitas formas, mas também sabemos cada vez mais que a segurança é um acordo de parceria. (...) A força vem da maior cooperação. E estão no cerne de boa parte disso as redes históricas e cuidadosamente criadas entre mim, meus superiores e os líderes militares da região". É um comentário que eu ouço de líderes militares americanos e estrangeiros em todas as partes do mundo. Guerreiros estão cada vez mais descobrindo que também fazem parte de uma rede global.

A tradição significa muito para as elites militares, em grande parte porque elas partilham muito treinamento e porque a História é um elemento muito importante das instituições e da cultura que a fortalecem. Por exemplo: todos os comandantes do Pacom foram oficiais navais; quando o presidente Bush revelou sua intenção de nomear para o cargo um oficial da força aérea, isso provocou uma reação tal que o obrigou a recuar. Dos últimos cinco comandantes do Pacom, quatro se formaram na Academia Naval dos Estados Unidos em Anápolis, que tem o papel histórico de principal base de formação de oficiais navais profissionais nos Estados Unidos. Por exemplo: um recente comandante do Pacom, o almirante Dennis "Denny" Blair, que ocupou o cargo de 1999 a 2002, foi da turma de formandos de Anápolis de 1968. Sua turma também produziu, entre outros, o atual comandante da Junta de Chefes de Estado-Maior, Michael Mullen, o ex-secretário da Marinha James Webb, o atual comandante dos fuzileiros navais, general Michael Hagee, e o tristemente famoso tenente-coronel e ex-membro do Conselho de Segurança Nacional Oliver North. A turma anterior produziu o comandante da Junta de Chefes de Estado-Maior que antecedeu Mullen, o general dos fuzileiros Peter Pace. O subcomandante de Pace, Edmund Giambastiani, era da turma de 1970.

A Academia Militar dos Estados Unidos em West Point e a Academia da Força Aérea dos Estados Unidos têm históricos semelhantes de produzir os mais altos quadros de suas forças, assim como muitos altos líderes governamentais e empresariais. Muitos de seus formados também interagem com as estrelas em ascensão que depois passam a comandar com eles programas de graduação ou profissionais em instituições como a Faculdade Nacional de Guerra e a Universidade Nacional de Defesa, em Washington, a Faculdade de Guerra do Exército em Carlisle, Pensilvânia, e a Faculdade de Guerra Naval em Newport, Rhode Island. Programas como esses, que existem em todos os países, aproximam líderes de formas importantes. Por exemplo: Denny Blair era Rhodes Scholar em Oxford na mesma época que o futuro presidente Bill Clinton, o homem que aprovou sua nomeação para o que então era chamado de CINCPAC (comandante-chefe do Comando do Pacífico, na sigla em inglês). Blair, um oficial naval da sexta geração, também foi bolsista da Casa Branca em um programa concebido para identificar estrelas em ascensão com interesse no serviço público. Pertencia à sua turma de bolsista da Casa Branca entre 1975 e 1976 o formado em West Point, ex-Rhodes Scholar e futuro comandante supremo aliado dos Estados Unidos na Europa, Wesley Clark.

Tais programas de treinamento têm definido a futura elite das Forças Armadas dos Estados Unidos nos últimos duzentos anos. Mais recentemente eles passaram a formar um número cada vez maior de jovens futuros oficiais de outros países. A Academia Naval, por exemplo, tem atualmente alunos de Guiana, Honduras, Irlanda, Malásia, Maldivas, Ilhas Maurício, Filipinas, Cingapura, Taiwan e Tailândia. West Point ostenta tradição semelhante, tendo até mesmo produzido três antigos chefes de Estado estrangeiros: Anastasio Somoza, ex-presidente da Nicarágua, Fidel Ramos, ex-presidente das Filipinas, e José María Figueres, ex-presidente da Costa Rica (e um dos ex-CEOs do Fórum Econômico Mundial). Esse esforço para globalizar as redes das elites militares dos Estados Unidos se tornou uma importante ferramenta da política externa americana há várias décadas. Um programa desses, o Programa Internacional de Formação e Treinamento Militar, cresceu muito desde o início dos anos 1990 e hoje oferece formação militar a representantes de mais de 130 países. Esses programas não apenas disseminam os métodos e as ideologias militares dos Estados Unidos, como também beneficiam o país de várias outras formas, desde gerar boa vontade até apoiar vendas de armas pelos Estados Unidos, passando por criar redes que podem ser usadas por comandantes americanos.

Um dos mais polêmicos desses programas é o de treinamento mantido desde 1946 pelas Forças Armadas dos Estados Unidos para formar líderes militares latino-americanos. Conhecido durante boa parte de sua existência como Escola das Américas, o programa mudou de nome em 2000, em função de sua associação com violações de direitos humanos praticadas por alguns de seus formados, freqüentemente no contexto da luta americana na Guerra Fria contra supostas ameaças comunistas. O programa hoje é chamado de Instituto do Hemisfério Ocidental para a Cooperação de Segurança, e entre os formados há um conjunto impressionante de nomes conhecidos: o ex-presidente da Argentina general Leopoldo Galtieri, famoso pelo fiasco das Malvinas e por acusações referentes ao desaparecimento de opositores de esquerda; o presidente interino da Argentina Roberto Eduardo Viola, que permaneceu quase duas décadas preso por violação dos direitos humanos durante a guerra suja no país; o ditador equatoriano general Guillermo Rodríguez; o líder salvadorenho de esquadrões da morte major Roberto D'Aubuisson; o general guatemalteco e ex-presidente de fato do país José Efraín Ríos Montt, cujo regime foi responsável por uma longa relação de atrocidades documentadas durante a guerra civil no país; Manuel Noriega, do Panamá, que depois se voltou contra seus antigos aliados nos Estados Unidos; e o desacreditado e corrupto agente de informações peruano Vladimiro Montesinos, para citar apenas alguns. É fácil ver, dado o histórico desses homens e do apoio que eles receberam dos Estados Unidos durante suas carreiras, como o programa pôde passar a ser visto como negativo. Ainda assim, também ilustra como esses programas de treinamento podem ser uma ferramenta poderosa e eficiente, tendo dado aos Estados Unidos uma rede de amigos poderosos que partilhavam a visão americana (ou iam além dela) no que dizia respeito à ameaça comunista na região durante a Guerra Fria. Os atuais programas de treinamento têm um objetivo similar, embora, espera-se, com subprodutos menos perniciosos.

Em grande medida como Harvard e Yale no caso dos líderes empresariais mundiais, esses programas militares têm grande prestígio no exterior. O general John Jumper, que foi chefe do Estado-Maior da Força Aérea americana durante o governo George W. Bush, me disse: "Se você for a qualquer um desses países, os verá usando equipamento de uma escola nos Estados Unidos. A primeira coisa que dizem é que estudaram nesta ou naquela faculdade de guerra. Na verdade, é um negócio melhor para eles e seus países do que para nós."

Além dos laços estabelecidos no treinamento, programas entre forças armadas, como exercícios conjuntos, encontros promovidos por alianças importantes e outros esforços de cooperação semelhantes, são sempre citados por líderes como sendo fundamentais. O almirante Dennis Blair me disse: "Os canais de comunicação militares freqüentemente foram melhores que os políticos ou diplomáticos. Me lembro de que quando começamos a lidar com a crise no Timor, em um momento em que as negociações por outros canais tinham chegado a um impasse, fui capaz de pegar o telefone e falar com meus equivalentes australianos e encontrar soluções, fazer as coisas acontecerem. Tínhamos um relacionamento antigo. Não havia falsa formalidade em nossa relação. Podíamos ir direto ao ponto."

O general Anthony Zinni, o fuzileiro franco e com a malandragem das ruas que era o CINC (Commander in chief) do Centcom, o Comando Central dos Estados Unidos para o Oriente Médio, contou histórias parecidas. Uma relação que se mostrou particularmente significativa foi uma travada com um oficial militar paquistanês em ascensão chamado Pervez Musharraf durante várias visitas ao país. Quando depois Musharraf deu um golpe militar no Paquistão e se tornou um dos líderes mundiais mais importantes para os Estados Unidos, em várias oportunidades Zinni recebeu a missão de se valer de seus laços pessoais para solucionar questões delicadas.

Um ex-integrante da Junta de Chefes do Estado-Maior me disse: "Há profundos e negros segredos nesse processo diplomático que eu nunca entendi. Tornamos as coisas mais difíceis para nós do que é necessário. Por exemplo: militarmente nós temos uma associação de comandantes de forças aéreas sul-americanas. Eles se reúnem duas vezes por ano. A maioria desses caras só quer que você os ensine a consertar seus C-130 de 1965. Com uma miséria de peças de reposição, que são trocados comparados com o dinheiro que gastamos ao redor do mundo, faríamos maravilhas para esses camaradas. Mas é difícil conseguir isso. Eu diria que é sabedoria de centavos e tolice de libras."

Os líderes consideram os laços entre militares úteis mesmo quando há fissuras nessa rede. Jumper destaca que, em meio às divergências em relação ao Iraque, "no auge de nossa ansiedade com os franceses, eu conversei uma vez com o comandante da Força Aérea francesa e a mensagem era simples: superaremos isso mais cedo ou mais tarde. Isso introduz um elemento de estabilidade que, no momento da reconciliação, tornará tudo mais fácil. E impede que as pessoas fiquem nervosas. E nós temos muito em comum. Apesar de todos os problemas que temos, os franceses estão quase sempre conosco. Não estão lá incondicionalmente, e sempre têm de ligar para casa antes de fazer algo. Nem sempre é maravilhoso, mas funciona melhor do que as pessoas diriam avaliando as manchetes".

O general Jim Jones, expansivo comandante supremo aliado dos Estados Unidos na Europa, ofereceu outro ponto de vista do atual papel dos líderes militares dos Estados Unidos como integrantes da superclasse global. Nossa conversa aconteceu em um dos muitos cafés do Centro de Convenções de Davos. Quando perguntei a ele sobre a relevância dos fortes laços entre elites militares transatlânticas para administrar uma enorme e complexa aliança militar como a Otan, ele respondeu: "Quando se avalia o atual relacionamento político entre os Estados Unidos e a Otan, fica claro que, no nível político, há grande dificuldade em se chegar a um discurso que faça sentido. Inversamente, não há tal dificuldade no plano militar. Sabemos como fazer a coisa funcionar e sabemos nos concentrar nas questões militares importantes que afetam o funcionamento entre as partes. Essas relações pessoais e profissionais surgiram desde a criação da própria Otan, e hoje elas se estendem e beneficiam também os Estados Unidos. Aqueles que escolhem a carreira militar tendem a construir tais relacionamentos, que se tornam muito duradouros."

Jones, um homem alto que se sentia um tanto desconfortável em uma moderna cadeira européia, continuou: "Eu faria uma observação pessoal. Os relacionamentos no mundo político internacional parecem não ter a mesma característica de relação humana que surge na comunidade militar internacional. Também me parece que a mudança de pessoal nos níveis superiores ocorre com maior freqüência no lado político-diplomático das coisas que no lado militar. Provavelmente não é realista esperar que a coesão entre os dois grupos possa ser a mesma."

Citando momentos específicos de sua carreira, Jones prosseguiu: "Por exemplo: durante o mais recente encontro de cúpula em Riga, Letônia, no último instante a Turquia contribuiu com uma força muito necessária no Afeganistão. Eu dou o crédito ao Chefe de Defesa turco (Chod, na sigla em inglês) por ter conseguido convencer seu governo de que aquilo era não apenas fundamental, mas a coisa certa a fazer. A decisão turca, que só foi tomada após uma enorme pressão militar, mostra que uma coesão militar internacional pode ser eficaz, especialmente quando é fundamental.

"Outra característica de trabalhar com a comunidade de altos líderes militares é que, na Europa, os chefes de defesa raramente aparecem nos meios de comunicação.

Em outras palavras, o modo como eles operam é principalmente nos bastidores. Em meu pronunciamento de despedida aos Chods [da Otan], eu destaquei que aquela não era uma situação ideal e que eles, como indivíduos e como grupo, seriam muito mais eficazes se conseguissem ter um papel mais público em termos de suas políticas nacionais e nas da aliança. Estou dolorosamente consciente de que há uma diferença muito real em nosso lado do Atlântico, quando comparado com o lado europeu do Atlântico em relação ao que os chefes de defesa podem discutir publicamente. Por isso eu sou extremamente grato ao meu país. Os Chods europeus se satisfazem — excessivamente, em minha opinião — em permitir que seus senhores políticos façam 'aquele tipo de trabalho'. Na maioria dos países é assim por uma questão de legislação ou de postura firme, não de passividade por parte dos Chods."

Líderes militares europeus com os quais eu conversei eram, como destacou Jones, mais relutantes que seus equivalentes americanos em falar abertamente. Um alto oficial britânico me disse, porém, que "para todos nós, trabalhar juntos pode ser algo fundamental, de sobrevivência, no pior dos casos. E o sistema internacional no campo político simplesmente não funciona muito bem. Então, quem irá se apresentar e ocupar o vácuo senão nós?" Isso me lembrou um comentário feito por Colin Powell. "Ao longo dos anos eu desenvolvi muitas relações, verdadeiras amizades com altos funcionários, líderes políticos, diplomatas e militares. Talvez seja por eu ter passado a maior parte de minha carreira no Exército, talvez porque o laço entre os soldados seja maior, mas esses [relacionamentos] foram especiais, e eu apelei a eles com freqüência quando outros canais estavam bloqueados. Penso que algumas vezes os problemas que temos no sistema internacional e a fraqueza desse sistema são superados e administrados se valendo de canais informais, canais invisíveis que se provaram vitais."

Verde não é apenas a cor dos uniformes

Após seu período na Otan, o general Jim Jones, freqüentemente um crítico sincero de alguns dos planos dos Estados Unidos no Iraque, recusou ofertas para ser subsecretário de Estado e assumir outro comando. Em vez disso se transferiu para o setor privado, tendo sido convidado a comandar uma grande iniciativa da Câmara de Comércio relativa a energia. Ele também ingressou no conselho de administração da Invacare Corporation, que vende produtos médicos. Nisso foi ao mesmo tempo parecido e diferente de muitos de seus colegas. Vários assumem altos postos empresariais. De fato, atravessam a porta giratória e se encaminham para a indústria bélica — apesar das afirmações de muitos deles de que a porta giratória é menos importante que antes graças a uma legislação concebida para impedir os potenciais conflitos de interesses produzidos por ela.

Do ponto de vista das empresas, por que não buscar conselhos daqueles que melhor conhecem a área e têm a maior experiência prática? Um alto executivo do 13º maior fornecedor militar dos Estados Unidos, a Science Applications International Corporation, me disse: "Quem melhor para nos falar das necessidades que têm os soldados em terra, para trabalhar conosco, que um cara como Tony Zinni?" Por outro lado, um importante fornecedor militar observou: "Veja, há muito falatório sobre um governo nas sombras, e eu estou aqui para dizer que é verdade. Em todos os níveis as ligações entre nossa empresa e o governo são impressionantemente profundas."

É um equilíbrio delicado. Líderes militares precisam ganhar a vida quando deixam as Forças Armadas, e não devem ser punidos por terem escolhido servir ao país — assim como seu país não deve ser privado de seu conhecimento ou da experiência pela qual já pagou. Tendo dito isso, há uma curta distância entre uma inocente rede de velhos camaradas até os negócios do complexo militar-industrial que — no passado, em países do mundo todo — levaram a excesso de gastos, atrasos, erros não punidos e corrupção explícita. Em sua versão internacional isso também teve impacto no importante papel desempenhado pelas vendas de armas na política externa, levando à realização de negócios simbólicos que algumas vezes envolvem sistemas de armas que podem não ser perfeitos para os países envolvidos mas que foram defendidos por interesses com boas relações no *establishment* de defesa — como no caso do negócio de armamentos de 20 bilhões de dólares em dez anos que os Estados começaram a fechar com a Arábia Saudita em 2007 como forma de conter a influência iraniana no Golfo Pérsico. Embora o programa ainda precisasse ser aprovado pelo Congresso no momento em que este livro estava sendo escrito, já havia controvérsia sobre a inclusão no pacote de munição de precisão — cobiçada pelos sauditas, defendida pelos fabricantes americanos das armas, mas temida por outros, incluindo os israelenses, que achavam que isso era dar aos sauditas uma capacidade nova e ameaçadora.

No cerne do desafio de conseguir um equilíbrio entre militares, indústria e governo está um sistema que, como já foi observado, há muito apagou os limites entre os setores público e privado da indústria bélica. Considere aqueles cinco últimos comandantes do Comando do Pacífico. O antecessor do atual comandante foi o almirante Thomas Fargo, um antigo oficial submarino de pequena estatura. (Fargo era um modelo tão bom de sua classe que, quando Scott Glenn estava fazendo as pesquisas para o papel do capitão Bart Mancuso no filme *Caçada ao Outubro Vermelho*, usou como modelo Fargo, na época subcomandante.) Quando Fargo se reformou da Marinha se tornou presidente da Trex Enterprises e presidente do conselho da Loea Corporation e da Sago Systems, todas elas empresas de alta tecnologia militar. Ele também integrou os conselhos da Hawaiian Holdings e da Hawaiian Electric Industries, instaladas nas mesmas ilhas que servem de base ao Pacom.

O antecessor de Fargo, Dennis Blair, não apenas se tornou presidente do influente Instituto de Análise de Defesa, como também integrou o conselho do fornecedor de defesa da EDO Corporation e da Tyco International. Infelizmente para Blair, quando se descobriu que o instituto tinha concluído para o governo um relatório sobre o futuro do projeto de caça a jato F22 Raptor e que a EDO fornecia peças para o F22, houve gritaria sobre um possível conflito de interesses. Poucas pessoas tinham reputação mais intocável de comportamento ético que Blair, e observadores próximos acham que esta é uma questão de não ser suficientemente sensível às aparências, mas a situação mostra muitas dimensões dos laços que existem e os problemas relacionados a esses laços.

O antecessor de Blair foi o almirante Joseph Prueher, hoje nos conselhos de Merrill Lynch, Fluor Corporation, Emerson Electric, Wornick Company, New York Life e do fornecedor da defesa DynCorp International. Outro recente CINC do Pacom, o almirante Chuck Larson, está no conselho da Northrop Grumman, terceira maior fornecedora de material bélico do mundo. Como de hábito, são negócios, e bons negócios. Não há nada de intrinsecamente errado nisso, mas ajuda a manter o poder daqueles no alto, seja nas Forças Armadas, no governo ou no setor empresarial.

Não surpreende que haja um padrão semelhante nos conselhos das principais fornecedoras de material bélico. Vejamos apenas os "três grandes": Lockheed Martin, Boeing e Northrop Grumman. A Lockheed Martin é a maior fornecedora de material bélico do mundo, uma gigante que faturou 36 bilhões de dólares em vendas em 2006. No seu conselho estão o ex-subsecretário de Defesa E.C. "Pete" Aldridge; o ex-chefe do Comando Estratégico almirante James O. Ellis; o ex-subsecretário de segurança interna e comandante da guarda costeira almirante James Loy; e o ex-comandante supremo aliado na Europa e vice-comandante da Junta de Chefes do Estado-Maior Joseph Ralston. A segunda na lista de fornecedores de equipamentos de defesa é a Boeing, com vendas de 30 bilhões de dólares, além de um volume quase idêntico em vendas comerciais; assim, sua diretoria não tem tantos executivos oriundos de setores das Forças Armadas e da Defesa, embora inclua o general Jones (bem como um ex-chefe de gabinete da Casa Branca, um ex-secretário de Comércio e um ex-subsecretário de Estado). A terceira, Northrop Grumman, tem no conselho o almirante Larson e o general Richard Myers, ex-comandante da Junta de Chefes de Estado-Maior; o ex-deputado Vic Fazio, um antigo membro da Comissão de Forças Armadas da Câmara; e o ex-membro do Conselho de Segurança Nacional e ex-presidente do Painel de Defesa Nacional, Philip Odeen.

A porta giratória deve, por sua própria natureza, girar. Muitos dos que saem do mundo empresarial passam algum tempo nos altos níveis da administração federal (e da tomada de decisões em encomendas). Quando Donald Rumsfeld foi substituído por Robert Gates os críticos observaram que ele tinha sido membro do conselho da SAIC, TRW (fornecedora da Defesa que hoje faz parte da Northrop Grumman), e de outro fornecedor, o Charles Stark Draper Laboratory. Mas os laços atuais ou recentes incluem ainda Peter Teets: foi presidente e executivo da Lockheed, e hoje é subsecretário da Força Aérea; Gordon England, que foi vice-presidente da General Dynamics e secretário da Marinha e hoje é subsecretário de Defesa; Michael Wynne, ex-alto executivo da Lockheed e da General Dynamics e hoje secretário da Força Aérea; James Roche, vice-presidente da Northrop Grumman que foi secretário da Força Aérea de 2001 a 2005. Philip J. Perry, grande lobista da Lockheed Martin e hoje conselheiro geral do Departamento de Segurança Interna (sua esposa é filha de Dick Cheney); e Rudy deLeon, subsecretário de Defesa e vice-presidente sênior da Boeing.

As ligações entre os palcos de poder político e industrial são muitas e não se limitam aos postos mais altos. Segundo o *New York Times*, "ex-executivos da Lockheed integram o Conselho de Políticas de Defesa, o Conselho Científico de Defesa e o Conselho Consultivo de Segurança Interna, que ajudam a formular as políticas militares e de informações e escolher armas para as futuras batalhas". E nem sempre as ligações envolvem cargos oficiais e nomeações. O CEO da Boeing, James McNerney, manteve um relacionamento de amizade com o presidente George W. Bush desde seus dias no time de basquete de Yale, e compareceu a eventos oficiais da Casa Branca, como um jantar em homenagem ao primeiro-ministro indiano Manmohan Singh, em 2005. O CEO da Lockheed, Robert Stevens também estava entre os 134 convidados do jantar, que foi impressionante em um governo pouco afeito a acontecimentos sociais. No ano seguinte Stevens participou de uma mesa-redonda em Cancún que debateu economia e se sentou ao lado de Bush, perto do presidente mexicano Vicente Fox e do primeiro-ministro canadense Stephen Harper.

A fusão de quadros de liderança militares e da indústria bélica é significativa em vários níveis. O poder está concentrado nas mãos de poucas pessoas com históricos semelhantes e, em questões fundamentais, pontos de vista parecidos sobre preocupações básicas como o tamanho do orçamento da Defesa, quais programas estimular e quais cortar ou quais podem ser as maiores ameaças iminentes. Essas semelhanças deixam aqueles no alto predispostos a ter relações especiais com base em interesses comuns, o que os predispõe a certos comportamentos, como conceder vantagens comerciais especiais. Isso pode ser algo pequeno, como dar indícios de quando certos programas serão licitados, quais características terão maior peso em uma proposta ou dicas sobre o que se passa na cabeça de decisores fundamentais em outros pontos de um processo. Pode se apresentar na forma de contratar amigos valiosos ou publicar anúncios defendendo determinadas prioridades políticas.

Bernard Schwartz, um dos principais CEOs da indústria bélica americana por mais de duas décadas, defendeu a porta giratória: "Se um camarada de uniforme passa para a reserva e tem muitos amigos, dois anos depois, quando estiver no negócio, será capaz de procurá-los. O que há de novo nisso? Quero dizer que os negócios também são assim. Os seres humanos são assim. Não vejo nada de necessariamente criminoso nisso. É natural que alguém diga 'Eu jogo tênis com um cara e não jogo com ele só porque ele é um general-da-armada, mas porque talvez uma ou duas vezes durante nossa amizade eu possa dizer, Ei, dê uma olhada nisso, ou talvez isso deva ser algo que você queira comprar, ou temos um interesse nisto'. Mas acho que este é o comportamento humano. Estou dizendo que algo se perderia se fizéssemos alguma coisa para impedir os indivíduos de investir nas pessoas em quem confiam e com quem trabalham".

Consolidação e concentração do poder militar

Um dos aspectos mais significativos da indústria bélica nos Estados Unidos hoje é o grau em que ela se concentrou na última década. A partir de meados da década de 1990, a redução do orçamento destinado à defesa e o excesso de capacidade industrial no setor, remanescente da Guerra Fria, levaram fabricantes de armas e fornecedores de equipamentos de defesa a se fundir em um ritmo sem precedentes. A consolidação foi saudada e encorajada pelo governo, que reembolsou os custos de transição, e também por Wall Street. Em menos de uma década, mais de cinqüenta grandes empresas do setor tinham sido fundidas em apenas cinco ou seis empresas líderes. Os próprios executivos da Lockheed Martin disseram que a concentração de poder entre fornecedores das Formas Armadas é mais intensa que em qualquer outro setor empresarial, com exceção de bancos. Desde os ataques de 11 de setembro e das guerras no Iraque e no Afeganistão, os negócios dispararam. Os principais fornecedores americanos — Lockheed, Boeing, Northrop, General Dynamics e Raytheon — tiveram aumento de vendas anual de 10% desde 2001. (O orçamento do Pentágono cresceu em média o mesmo no período: 11%.). Em 2005, os lucros das cinco primeiras aumentaram 25% em comparação com o ano anterior, chegando a 12,94 bilhões de dólares.

Embora os Estados Unidos dominem com folga o mercado global de armas, vários países estão presentes no setor, especialmente a Grã-Bretanha. Mike Turner tem um lugar na lista de membros da elite militar-industrial como principal executivo da BAE (British Aerospace, na sigla em inglês), a maior fabricante de armamentos do Reino Unido e terceira mais lucrativa do mundo. A BAE é um gigante global, empregando quase 100 mil pessoas em cinco continentes, e os Estados Unidos são responsáveis por 26% de suas vendas — uma anomalia em um mercado dominado por empresas americanas. É a sétima maior fornecedora dos Estados Unidos — a única fornecedora estrangeira do Pentágono entre os dez primeiros — e, como noticiou o *New York Times*, a empresa tem acesso especial a alguns dos programas mais secretos do Departamento de Defesa. (Claro que essa posição privilegiada pode mudar depois da revelação de que a BAE teria subornado o príncipe saudita Bandar bin Sultan para facilitar uma venda de armas no valor de 54 bilhões de dólares.)

A indústria bélica britânica é um exemplo da globalização e da liberalização do comércio. Mais aberto mercado bélico do mundo, ele compra três quartos de suas armas por intermédio de concorrência direta, obrigando as empresas britânicas a competir com companhias americanas e européias. Turner sempre criticou o sistema, dizendo que ele é danoso à indústria local britânica, e acalentou publicamente a possibilidade de fusão com uma empresa dos Estados Unidos. "Se você somar o que é gasto com defesa na Europa e nos Estados Unidos, verá claramente qual é o nosso futuro", observou ele em 2003.

A tendência do setor à consolidação, especialmente no último quarto de século, fortaleceu a classe dirigente central, dando grande influência a um pequeno número de indivíduos. Em 2006, apenas cerca de uma dúzia de empresas em todo o mundo eram responsáveis pela maior parte do faturamento internacional do setor. Antes do final da Guerra Fria, o poder no setor era muito mais distribuído. Mas, com as empresas se fundindo em nível internacional, os líderes das maiores empresas se tornaram um círculo de indivíduos poderosos, cada um com suas próprias ligações com líderes no governo.

Uma das conseqüências dessa rede concentrada é que, além das fusões em um ritmo sem precedentes, as empresas bélicas ao redor do mundo estão se tornando cada vez mais globais em suas metas. Não é novidade a cooperação entre países em certos aspectos da produção de armas, mas nos últimos vinte anos a colaboração internacional na indústria bélica aumentou significativamente em ritmo e alcance. Não apenas empresas nacionais estão mais do que nunca negociando mais informação e armas com governos estrangeiros, como estão participando de alianças estratégicas, *joint ventures* e até mesmo fusões com suas equivalentes no exterior. A cooperação transnacional do setor foi especialmente marcante na Europa ocidental e também se expandiu para incluir muitos países no mundo em desenvolvimento, dando acesso a informação e tecnologia para permitir a criação de uma base industrial bélica nacional.

Ao mesmo tempo que as empresas bélicas se tornaram mais integradas em uma rede global, também se tornaram mais autônomas, tomando a iniciativa da reestruturação da base industrial bélica internacional — um papel antes desempenhado pelo Estado. Elas naturalmente defendem os projetos que se adequam a elas, seja em função daquilo que podem produzir melhor, do que dá a maior margem de lucro ou do que consideram ser a preferência de seus contatos nas Forças Armadas. Isso, por sua vez, leva a um processo auto-sustentado no qual o que era produzido tem a maior probabilidade de ser produzido a seguir. O incrementalismo triunfa porque é mais lucrativo e se baseia em esforços do passado para vender uma idéia ou a doutrina militar subjacente a ela. Assim, mais uma vez identificamos o padrão: alguns poucos líderes de algumas poucas grandes empresas desempenhando um papel dominante no mercado e assumindo as responsabilidades que anteriormente eram de instituições públicas e que afetam uma grande parcela do povo como um todo, incluindo decisões que são determinantes na definição da doutrina de defesa de um país. Eles são particularmente atuantes na defesa de grandes e/ou caros sistemas de armas, como esquadrilhas de combate de porta-aviões, grandes aeronaves e armas espaciais de alta tecnologia, que são ao mesmo tempo lucrativas e oferecem enorme prestígio. Há resistência a mudança e reavaliação. Mudar o complexo militar-industrial de rumo é como mudar a direção de um navio de guerra, em uma época em que barcos menores e mais rápidos com tripulações menores lançando aeronaves não-tripuladas talvez sejam uma solução melhor.

As redes entre as empresas bélicas

A interligação entre as empresas na indústria bélica se dá principalmente no plano nacional, em um equilíbrio complexo entre cooperação e competição. Por exemplo: a Lockheed e a Boeing têm uma disputa na justiça desde 1998, quando a Lockheed processou a Boeing por roubar informações confidenciais de modo a vencer uma concorrência, mas continuaram a se associar e cooperar em concorrências lucrativas, como uma oferta de um enorme lançador de satélites em 2005. Da mesma forma, a BAE freqüentemente se envolve em uma disputa feroz com duas EADS britânicas menores (sigla em inglês para Empresa Aeroespacial e de Defesa Européia), ao mesmo tempo que se junta a eles em *joint ventures* como um grande acordo de fabricação de mísseis em 2001. As empresas costumam cooperar mais face à competição estrangeira, que é cada vez mais comum nesse setor globalizado.

Ao mesmo tempo, porém, o setor está cada vez mais ignorando fronteiras nacionais e criando alianças para atender a um mercado global. Quando Ronald Sugar chegou à Lockheed, deu nova ênfase a "criar parcerias internacionais com empresas estrangeiras". Como ele disse ao *Washington Post* em 2004, "consideramos que o mundo está ligado por interesses financeiros, comerciais e de segurança". Tais parcerias podem ser complicadas, especialmente com um Congresso americano que reluta em partilhar tecnologia e empregos nacionais. Mas se o que Turner, da BAE, pensa tem importância, esse "sentimento protecionista" irá desaparecer: "Noções de 'nós contra eles' têm pouca aplicação na economia global", disse ele a uma platéia em Washington em maio de 2006. "Mercados abertos ajudam a todos." (Isso contradiz diretamente a preocupação já citada com a proteção à capacidade de produção local do Reino Unido. Mas, apesar da aparente discordância entre as duas posições, elas estão ligadas por um aspecto fundamental — são absolutamente coerentes no sentido em que são do interesse dos acionistas e dos líderes da BAE.)

Eles estão todos em uma salinha

O círculo mais alto do *establishment* militar global — ministros da Defesa, chefes de Estado-Maior — se reúne com freqüência em situações bastante íntimas oficialmente organizadas. O mesmo costuma ser verdade quando o setor industrial está envolvido e são fechadas vendas de armamentos. Vários ambientes oferecem uma oportunidade para a reunião da superclasse militar-industrial — militares profissionais, planejadores civis, fabricantes de armas e fornecedores do setor de Defesa.

Criada em 1962, a Conferência de Munique sobre Política de Segurança é um desses fóruns em que funcionários de alto nível se reúnem e trabalham juntos sobre a segurança americana e européia e questões de defesa. A conferência foi grandemente ampliada em 1999, passando a incluir representantes da Europa Oriental e da Ásia, assim como integrantes dos meios de comunicação e da indústria bélica. Um alto membro do Council on Foreign Relations o chama de "um bom barômetro das relações transatlânticas". A lista de participantes em 2006 estava repleta de poderosos, incluindo Donald Rumsfeld, a então ministra de Defesa da França, Michèle Alliot-Marie, o CEO de Eads, Tom Enders, o senador americano John McCain, o editor do *Die Zeit*, Josef Joffe, o secretário-geral da Otan, Jaap de Hoop Scheffer, e o vice-presidente da Booz Allen Hamilton, James Woolsey. Comparando esse fórum com outros eventos como Davos e Bilderberg ou reuniões da Comissão Trilateral, Richard Holbrooke me disse: "Para os meus interesses pessoais, a conferência de segurança de Munique é de longe a melhor, por ser mais limitada. É um verdadeiro encontro das elites internacionais de segurança nacional. Originalmente eram apenas Estados Unidos e Europa, mas agora inclui Índia, Israel, a China participa, e eles juntam duzentas pessoas em uma sala menor que esta, então você está apertado com Don Rumsfeld, Angela Merkel, John McCain, Hillary Clinton, ministros de Defesa, o rei Abdullah, o presidente [da Geórgia] Saakashvili; eles estão todos em uma salinha (...). A discussão é séria, concentrada e embasada. É minha conferência preferida." O encontro gira em torno de debates sobre questões básicas, como qual deve ser a missão da Otan, a questão sensível de como agir fora de seu teatro de operações ou como lidar com a futura extensão da Otan para a Europa Oriental e Central. Também tem importantes implicações para vendas de armas, com as discussões variando de interoperabilidade de sistemas aos méritos da utilização de defesas antimísseis e novas plataformas de armas — com essas discussões produzindo vendas ainda pendentes e novos compradores para novas vendas.

O Diálogo de Shangri-La é outro cenário importante para planejadores militares e de defesa na região do Pacífico asiático. Desde 2002 esse diálogo busca funcionar como "o melhor canal disponível na região do Pacífico asiático para desenvolver e encaminhar políticas públicas inteligentes e eficazes de defesa e segurança". A conferência é organizada pelo Instituto Internacional de Estudos Estratégicos (IISS, na sigla em inglês) e financiado por grandes fabricantes de armas e sistemas de defesa — BAE, Boeing, EADS, Northrop Grumman e Mitsubishi, entre outros. (O conselho do IISS inclui vários personagens globais de grande trânsito: David Ignatius, colunista do *Washington Post*; Thomas Pickering, que já foi vice-presidente da Boeing, subsecretário de Estado para assuntos políticos entre 1997 e 2001 e capitão-de-corveta da Marinha; Robert Ellsworth, vice-presidente do IISS, ex-deputado americano pelo Kansas, embaixador na Otan entre 1969 e 1971, secretário-assistente e subsecretário de Defesa dos Estados Unidos entre 1974 e 1977, membro do conselho da General Dynamics e membro do Council on Foreign Relations.) Representantes de 22 países, incluindo nove ministros de Defesa, participaram da reunião de 2006, em Cingapura. O IISS também promove o Diálogo do Golfo, que reúne autoridades de defesa e de política externa do Oriente Médio e de potências mundiais como Estados Unidos, China e Rússia. Esses encontros são fóruns importantes que reforçam os laços de cooperação militar (muito importantes, mesmo em intervenções humanitárias, como nos dias que se seguiram ao tsunami de 2004, que devastou grande parte das regiões litorâneas do sudeste da Ásia) e estabelecem novos. Como outras reuniões das elites, eles se tornaram cenários nos quais o consenso é definido — neste caso, referente a ameaças, à confiabilidade de parceiros, a elementos da doutrina militar em uma aliança.

A privatização das Forças Armadas: uma rua de mão dupla

No momento em que este livro estava sendo escrito, havia cerca de 170 mil militares americanos no Iraque. Menos conhecido é o fato de que há outros 125 mil prestadores de serviço contratados, muitos armados e desempenhando funções tradicionalmente exercidas pelas Forças Armadas nacionais. Esses mercenários normalmente são ex-militares, mas se transformaram em uma indústria em crescimento acelerado — um fenômeno que levou empresas como a Blackwater, com sede na Carolina do Norte, de praticamente nada a um faturamento declarado de 100 milhões de dólares em apenas uma década. Apenas nos últimos três anos a empresa, comandada pelo herdeiro de um império de autopeças, um ultradireitista chamado Erik Prince, venceu concorrências de segurança diplomática do Departamento de Estado no valor, em um período de vários anos, de 750 milhões de dólares. (A Blackwater também faturou com o furacão Katrina, recebendo contratos no valor de 250 mil dólares por dia.) Prince, um ex-SEAL da Marinha americana que fez doações de aproximadamente 200 mil dólares para políticos do Partido Republicano, pegou uma empresa que fazia estandes de tiro e a transformou: no momento em que este livro estava sendo escrito, a Blackwater tinha funcionários trabalhando em nove países por todo o mundo, uma esquadrilha de mais de vinte aeronaves e uma base de dados de mais de 20 mil homens disponíveis. Em menos de dez anos Prince criou uma companhia que hoje é considerada pioneira das empresas militares particulares, ou PMF, como são conhecidas na sigla em inglês.

As PMFs são parentes menos visíveis das tradicionais forças de batalha, mas estão se transformando em participantes poderosos da dinâmica das relações Forças Armadas-Estado. Em seu estudo do setor de Forças Armadas privatizadas, P.W. Singer descreve a ascensão das PMFs como "um padrão global geral", com operações "em todos os continentes com exceção da Antártida, incluindo áreas relativamente atrasadas e regiões estrategicamente fundamentais". As PMFs são fundamentalmente empresas particulares contratadas por governos para prestar uma série de serviços militares e de segurança. Entre eles, manutenção de armas sofisticadas, proteção de instalações e segurança pessoal, tradução, interrogatório e treinamento de militares e forças policiais; normalmente não está incluído combate direto. As PMFs existem pelo menos desde os anos 1950, quando o Reino Unido e a África do Sul criaram semelhantes grupos de mercenários para treinar e lutar no Oriente Médio, em Angola e Serra Leoa; os Estados Unidos também contrataram empresas particulares para treinar os militares e as forças policiais vietnamitas nos anos 1960 e 1970.

Há hoje nos Estados Unidos cerca de 35 grandes PMFs, entre elas nomes agora conhecidos como Kellogg, Brown and Root (Halliburton), DynCorp e Trident, além da conhecida Blackwater. Essas empresas com freqüência têm ligações com conglomerados bélicos maiores; a Northrop Grumman, por exemplo, é dona da Vinnell Corporation, em Fairfax, Virgínia. A Vinnell é um bom exemplo da história e das atuações das PMFs nos Estados Unidos: fundada por oficiais da reserva das Forças Armadas, ela opera na Arábia Saudita há mais de trinta anos, com a principal responsabilidade de treinar a Guarda Nacional Saudita — uma força de 100 mil soldados que protege a monarquia contra ameaças potenciais do exército regular. Chalmers Johnson, autor de *As aflições do império*, escreveu que, nos últimos anos, a Vinnell construiu, administrou, produziu, doutrinou e equipou cinco academias militares sauditas, sete estandes de tiro e um sistema de saúde, ao mesmo tempo treinando e equipando quatro brigadas mecanizadas sauditas e cinco brigadas de infantaria. A Arábia Saudita, por sua vez, destinou centenas de milhões de dólares a grandes corporações bélicas para equipar essas forças.

São importantes as implicações dessas relações. Se as PMFs realmente representam "a nova face empresarial da guerra", os governos não terão mais o monopólio da violência, e o poder do Estado estará enormemente abalado. Ainda mais importante, as empresas particulares também estão livres de supervisão legislativa ou pública. De fato, L. Paul Bremer, administrador americano do Iraque, determinou que os prestadores de serviço estavam isentos de processo no Iraque, colocando-os fora do alcance da lei — ponto em que alguns supostamente agiram. (Nos Estados Unidos os contratos precisam ser aprovados pelo Departamento de Estado e pelo Pentágono.) Isso permite que líderes produzam "um curto-circuito na democracia, transferindo importantes tarefas de política externa a empresas externas que não podem ser responsabilizadas". Ou, como define um jornalista, os comandantes dessas empresas podem "ignorar as conseqüências e fugir às responsabilidades". (Com o aumento do fenômeno das PMFs, os Estados terão de ajustar suas políticas externas de modo a levar em conta a presença delas e controlá-las melhor.)

Entre os empregados da Blackwater há alguns altos ex-funcionários do Pentágono e da comunidade de informações, entre eles o ex-funcionário de contraterrorismo do governo Bush, Cofer Black; o ex-inspetor do Pentágono, general Joseph Schmitz, o ex-vice-diretor assistente do diretório de operações da CIA, Robert Richer, e o ex-agente de campo da CIA na América Latina Rick Prado. Um artigo da *Harper's Magazine* no outono de 2006 descreveu como a porta giratória funcionou no caso da Blackwater.

> Richer é um ex-chefe da Divisão de Oriente Próximo da CIA e durante muito tempo serviu em Amã, onde, durante um período a partir de 1999, ocupou o cargo de chefe de base. Durante anos ele foi o homem da agência junto ao rei Abdullah da Jordânia, com quem estabeleceu uma relação extraordinariamente próxima. "Houve alguns altos e baixos em nossa relação com a Jordânia, mas o rei sempre esteve bem com a CIA", disse uma pessoa informada sobre a situação. "A principal relação do rei é sempre com a CIA, não com o embaixador americano."
>
> (...) Fontes dizem que, após se aposentar, Richer ajudou a Blackwater a fechar com o governo jordaniano um acordo lucrativo para dar o mesmo tipo de treinamento oferecido pela CIA. Milhões de dólares que a CIA tinha "investido" na Jordânia deixaram o país juntamente com Richer.

Muitos dos soldados da Blackwater no Iraque — soldados que tinham entre suas principais missões proteger Paul Bremer — recebem substancialmente mais do que os militares dos Estados Unidos; eles com freqüência ganham em um mês o que os soldados ganham em um ano, com alguns recebendo consideravelmente mais que secretários de gabinete dos Estados Unidos.

Um crítico entre as 15 maiores empresas identifica algo diferente. "Eis o que aconteceu ao longo dos anos: os caras ficaram espertos. Eles descobriram que podiam fazer a tarefa x no governo por salários do governo, mas que se fizessem isso no setor privado ganhariam muito mais. Então eles se transferiram e, usando sua influência, transferiram os recursos daqueles que pagavam pelo trabalho no governo para aqueles que contratavam outros para fazer isso."

No exterior há pontos de vista extremamente diferentes sobre a "privatização" das Forças Armadas. Durante as amplas reformas dos anos 1990, os líderes militares chineses do Exército de Libertação do Povo (ELP) passaram a pregar a mudança em benefício próprio. De fato, há uma convicção generalizada de que uma das razões para a transição de Hong Kong ter sido tão serena e seu papel de entreposto capitalista ter sido tão cuidadosamente mantido foi a necessidade que os altos funcionários militares chineses tinham de que o sistema bancário de Hong Kong preservasse e ampliasse sua riqueza pessoal.

A recém-descoberta valorização do capitalismo que tomou conta do ELP nos anos 1990 transformou alguns deles em membros da superclasse global, entre eles Ren Zhengfei, hoje presidente da Huawei Technologies, que transformou um empréstimo de 9 milhões de dólares do banco estatal em uma das maiores empresas de telecomunicações internacionais da China. A Huawei, que se apresenta como uma concorrente de baixo custo de provedores famosos do Ocidente, se valeu do conhecimento adquirido por Ren quando foi pesquisador técnico das Forças Armadas chinesas. O ELP também apoiou a empresa, da mesma forma como os antigos líderes da KGB russa alimentaram, pelo menos durante algum tempo, oligarcas como Mikhail Khodorkovsky. O Exército precisava de capacidade de comunicação de alto nível, e se altos oficiais também pudessem lucrar financeiramente com o crescimento da empresa, melhor. Ren, que passou uma década no Exército, reconhecidamente comanda a empresa em um regime militar e mantém a discrição, mas está tendo dificuldade em se manter abaixo dos radares agora que o faturamento da empresa superou os 11 bilhões de dólares. Outros negócios do ELP nos anos 1990 variaram do suntuoso Palace Hotel de Pequim a corretoras de títulos como a fracassada J&A Securities, e outros empreendimentos de destaque, como a Great Wall Telecom, o China Poly Group, a China Carrie Enterprises e o China Xingxing Group.

No final de 2006, o governo chinês levou essa tendência à sua conclusão natural, anunciando planos de financiar fabricantes particulares de equipamentos militares — em oposição à propriedade estatal —, desse modo estimulando a competição e a inovação e dando ao ELP melhor escolha de produtos e serviços no que diz respeito à sua missão central. Empresas como a Shaanxi Baoji Special Vehicles, que produz veículos blindados pessoais, e uma série de empresas de alta tecnologia surgiram para desempenhar esse papel, com freqüência aceitando, no processo, bilhões em bolsas e dezenas de bilhões em contratos, tudo com o objetivo de reduzir a defasagem tecnológica chinesa em relação ao Ocidente. Isso acontece quase ao mesmo tempo em que a China anuncia gastos militares recordes, com o orçamento de 2007 sendo o maior em cinco anos. O aumento, oficialmente de 45 bilhões de dólares, é quase de 18% em relação a 2006.

Como disse um sócio sênior de uma das principais empresas ocidentais de *private equity* atuantes na China, "há reviravoltas em cima de reviravoltas nisso tudo. O ELP cria novos negócios para enriquecer seus figurões. O governo rompe os vínculos quando começa a haver dinheiro demais e começam a correr boatos de corrupção. Então essas empresas são deixadas livres para serem mais verdadeiramente privadas, mais independentes e, com freqüência, mais bem-sucedidas. O que acontece a seguir é exemplificado por um jantar ao qual compareci recentemente em Xangai, em que, quando eu estava falando com o CEO de uma grande empresa de tecnologia sobre uma série de reuniões que teria em Pequim, ele disse: "Por que você ainda se dá o trabalho de ver aqueles velhos? Nós somos o futuro do poder na China."

A questão da guerra permanente: um país e uma aliança acima de todos os outros

Mesmo face à ascensão da China e seu recente aumento nos gastos militares, e apesar do falatório no Ocidente sobre o perigo que isso representa, a República Popular da China ainda tem um longo caminho a percorrer antes de se equiparar ao líder incontestável nos gastos militares mundiais: os Estados Unidos. Apenas com base em dólares investidos, mais de cinqüenta anos de "guerra permanente" confirmaram o status dos Estados Unidos como a única verdadeira superpotência mundial. Segundo o respeitado Instituto Internacional de Pesquisa da Paz de Estocolmo (Sipri, na sigla em inglês), do cerca de 1,2 trilhão de dólares gasto em defesa em todo o mundo em 2006 pelos governos, 529 bilhões, aproximadamente a metade, foram gastos pelos Estados Unidos. Além disso, cerca de 80% do mesmo valor foram gastos pelos Estados Unidos e seus aliados da Otan. Segundo os dados do Sipri, depois dos Estados Unidos os que mais gastaram foram Grã-Bretanha, com 59 bilhões de dólares, França, com 53 bilhões, China, com 50 bilhões (veja a discrepância em relação ao número "oficial" citado na página 257), e Japão, com 44 bilhões de dólares. Apenas os 13 primeiros gastaram mais de 10 bilhões de dólares no ano, cada um. Da mesma forma, na relação das cem maiores empresas bélicas do mundo em 2007 da publicação *Defense News*, sete das dez primeiras são dos Estados Unidos, e as outras três têm sede em Grã-Bretanha, Holanda e Itália. Todas as vinte primeiras são de países da Otan.

O Sipri também tem um Projeto de Transferência de Armas que acompanha quem está vendendo armas para quem. Segundo o projeto, o grande ano de vendas de armas foi 1982, durante a Guerra Fria, quando cinco países — União Soviética, Estados Unidos, França, Grã-Bretanha e Itália — foram responsáveis por 82% dessas transações. Desde então as vendas mundiais de armas diminuíram e hoje correspondem à metade do que eram há 23 anos, mas cinco países continuam na frente: Estados Unidos, Rússia, França, Alemanha e Holanda. Entre eles, a Rússia está na frente, em função de sua vantagem nos preços e do fato de que muitos dos compradores de armas são nações emergentes para as quais é mais fundamental preço do que sofisticação tecnológica. Mas a operação russa de venda de armas apresenta uma concentração de compradores. De 2001 a 2005, 43% das vendas da Rússia foram para a China e 25% para a Índia. Assim, esses dois gigantes emergentes foram responsáveis por mais de dois terços de todas as exportações russas de armamento.

Considerando-se seu domínio da indústria privada de armas, a perspectiva de os Estados Unidos retomarem o primeiro lugar entre os vendedores de armas na lista do Sipri parece boa, com o país praticamente empatado com a Rússia em fatia de mercado. Entre 2001 e 2005, 36% das vendas americanas foram para Grécia, Israel, Grã-Bretanha e Egito, mas Índia e Japão estão subindo. O relacionamento com a Índia é considerado especialmente importante em função do tamanho potencial do mercado, mas também porque a Índia é agora um contrapeso fundamental tanto a uma China cada vez mais marcial quanto a um Paquistão instável. Assim como a cooperação entre líderes militares ajuda a fazer vendas, as vendas ajudam a firmar laços políticos e diplomáticos a longo prazo. Alianças levam a vendas de armas, e vendas de armas levam a alianças. Se o Japão, como parece provável, adotar uma postura militar ativa mais tradicional e outros na Ásia buscarem compensar o enorme aumento recente de recursos militares da China, o mercado para as vendas americanas na Ásia deverá aumentar ainda mais. Forças armadas japonesas mais atuantes, por exemplo, têm uma probabilidade muito maior de comprar o tipo de aeronave americana a que estão acostumadas, de fabricantes como Boeing e Lockheed, ou reforçar suas esquadras com sistemas de defesa avançados produzidos por Northrop Grumman ou Raytheon. Assim, um passo político que os japoneses derem após consultar os Estados Unidos provavelmente teria conseqüências comerciais relevantes para os Estados Unidos e para os líderes e acionistas de grandes indústrias bélicas. Se isso levar a uma espiral ascendente nos orçamentos militares na região, seja na Coréia do Sul ou na Tailândia, dois países que também são grandes clientes de armamentos dos Estados Unidos, os benefícios se estenderão em cascata.

O Sipri estima que as grandes vendas de armas convencionais correspondem a apenas 0,5% ou 0,6% do comércio mundial, uma fração das despesas militares totais. Isso sublinha que, em termos de significado global, este não é apenas um jogo de números. As vendas de armas correspondem a uma transferência da capacidade de projetar a força e, portanto, alteram o equilíbrio de poder regional e internacional. Talvez não deva surpreender que, em conseqüência, sejam fruto de uma colaboração tão íntima no nível mais alto das elites políticas, militares e comerciais, núcleos da superclasse global.

A mosca e o leão

Os membros menos conhecidos, ou a "elite das sombras" da elite de poder militar, são por definição mais difíceis de localizar geográfica ou demograficamente. Entre eles há traficantes de armas e líderes terroristas — criminosos cujas atividades ignoram fronteiras e provocam instabilidade internacional. Apesar de sua pouca visibilidade, esses indivíduos têm impacto global. Usando ou fornecendo armas de destruição em massa, eles potencialmente podem modificar os destinos de países.

Muitas das manchetes e boa parte da atenção no negócio de armas são dedicadas às armas mais caras ou destrutivas. O livro *O bazar atômico*, de William Langewiesche, por exemplo, estuda um dos fenômenos de mudança de poder mais desestabilizadores na segurança global: a aquisição por países pobres da tecnologia de armas nucleares. Langewiesche chama os compradores de "pobres nucleares" e observa corretamente que a posse dessas armas dá aos países e a seus líderes influência internacional muito maior. (De fato, Bill Clinton um dia classificou as armas nucleares da Coréia do Norte como "apenas plantação de dinheiro".)

Mas a história de como essas tecnologias de armamentos foram transferidas chama a atenção para muitas das tendências mais importantes no mercado global de armas: a importância crescente do tráfico ilegal de armas ou tecnologias de armas por agentes que ignoram regras internacionais, e sua capacidade de ignorar essas regras porque elas fracassaram ou estão fracassando. A efetiva negação do Tratado de Não-Proliferação de Armas Nucleares como sendo um mecanismo para restringir a posse de armas nucleares a apenas alguns países é uma das mais comuns. Com o reconhecimento recente da obtenção de capacidade nuclear por Índia, Paquistão e Coréia do Norte, e com a possibilidade da obtenção pelo Irã, fica claro que, sem poder de coerção, a relevância do princípio desaparece, descartada por pequenos países e mesmo agentes que não são países na corrida para conseguir a tecnologia.

Isso, por sua vez, leva a gente como o paquistanês Abdul Qadeer Khan, que descobriu estar no centro de um comércio global ilegal de tais armas. Em meados da década de 1970, determinado a deter a ameaça de uma Índia então atômica, Khan roubou plantas de um reator do laboratório em que trabalhava na Holanda e iniciou o programa nuclear de seu próprio país, forjando sua identidade de "pai da bomba islâmica". Nos anos seguintes, Khan montou uma rede global para a proliferação nuclear e foi acusado por tribunais na Europa e na África do Sul de fazer negócios com programas nucleares secretos ou não aprovados de pelo menos seis países: Índia, Paquistão, África do Sul, Coréia do Norte, Líbia e Irã. Muito permanece desconhecido em relação à abrangência da rede de Khan, e embora ele próprio esteja hoje em prisão domiciliar em Islamabad, a afirmação do presidente Bush em 2004 de que seu governo tinha "tirado [a rede] dos negócios" parece no mínimo demasiadamente otimista. Em agosto de 2006, Steve Coll escreveu na *New Yorker* que, assim como Khan e seus muitos sócios anônimos, "os engenheiros empreendedores que se revelaram agentes da proliferação nuclear buscam a privacidade e raramente se explicam. Mas seus motivos e suas crenças — orgulho profissional, cobiça, medo de exposição e, eventualmente, convicção política — tiveram, em muitos casos, como nos de Irã, Líbia e Paquistão, tanta influência no equilíbrio nuclear quanto as decisões de primeiros-ministros e presidentes". De fato, um alto funcionário do governo dos Estados Unidos situa o papel desestabilizador de Khan no século XXI como sendo "lá em cima", com Hitler e Stalin no século XX. Mesmo sem uma patente militar ou o status de um CEO, homens como Khan têm a capacidade de moldar os acontecimentos mundiais em um grau extraordinário e aterrorizante.

Terroristas internacionais são um componente crítico similar na classe das sombras do grupo militar-industrial. Eles estão envolvidos muito mais diretamente com o uso de força e violência que seus equivalentes no comércio de armas, e os efeitos de seus atos podem ser igualmente enormes. Além de personagens notórios como Osama bin Laden, há outros com influência (supostamente) semelhante em suas respectivas redes: os líderes terroristas Ayman Al-Zawahiri (Al Qaeda), Ramadan Abdullah Mohammad Shallah (Jihad Islâmica Palestina) e Sayyed Hassan Nasrallah (Hezbollah) estão no alto de uma longa lista de indivíduos que as autoridades consideram inteligências superiores. Mas a concentração nos figurões é em parte fruto da tendência da mídia e do público a dar um rosto a um movimento, assim o personalizando. Embora líderes como Bin Laden sejam importantes — e ele e Nasrallah certamente se qualificam como membros da superclasse por seu status de ícones, seus recursos, redes e laços políticos —, há incontáveis exemplos da força de terroristas anônimos. Com o desaparecimento de Bin Laden nas montanhas entre o Afeganistão e o Paquistão, e com o desaparecimento de outros líderes importantes, a impessoalidade e a intercambialidade dos agentes sugerem que, no caso do terrorismo, as redes são mais importantes que os indivíduos. A morte de Abu Musab al-Zarqawi, por exemplo, pouco serviu para reduzir a força letal da Al Qaeda no Iraque. Ironicamente, a técnica de terror preferida por muitos dos grupos terroristas do Oriente Médio, o atentado suicida, não é apenas uma forma eficiente de causar dor ao inimigo; é uma metáfora do movimento. As identidades individuais são extinguíveis, dispensáveis.

Recentemente, com a atenção dada à chamada guerra contra o terrorismo determinando um estudo intensivo das redes terroristas, também ficou claro que uma parcela importante da capacidade dessas organizações é a "linha de suprimentos do terror": a capacidade de ter acesso a redes ilegais de comerciantes de armas, de lavagem de dinheiro, contrabando de drogas e mesmo traficantes de produtos piratas para conseguir dinheiro, movimentá-lo, usá-lo para comprar armas, documentos falsos, cruzar fronteiras, subornar funcionários, fazer o que for necessário para levar a cabo um plano. O editor de *Foreign Policy*, Moisés Naím, em seu trabalho definitivo sobre o tema, *Ilícito*, descreve "milhares e milhares" de redes combinadas que podem ser usadas em apoio a uma determinada missão e ampliar, em troca de dinheiro, a capacidade de grupos terroristas e outros negócios ilícitos.

O líbio naturalizado venezuelano Naím, sentado na sala de sua confortável casa em Bethesda, Maryland, discutiu comigo as elites das sombras de um comércio global de armas que parece impossivelmente distante: "É uma grande economia. É enormemente importante e, para muitos, difícil de identificar, mas é o que acontece em muitos países. Em muitos há apenas dois ou três níveis de distinção entre o legal e o ilegal. Ou nenhum. Vá à Rússia e ache uma empresa que não esteja a dois ou três níveis de uma entidade criminosa."

Ele continuou: "Essas são as novas elites; financeira e politicamente muito poderosas. Eles não vão a Davos, e não precisam ir. Eles não pertencem a nenhum desses círculos, mas com freqüência são financeiramente mais poderosos e politicamente mais influentes que as novas elites do poder que aparecem nas revistas de negócios e nas seções de celebridades dos jornais. Alguns deles controlam governos regionais, conselhos municipais ou têm grande influência nas Forças Armadas de mais de um país, e têm governos em suas mãos. Sabe o que essas pessoas têm que o pessoal de Davos não tem? Armas. Assim, todos esses financistas de Nova York e Londres, os grandões dos fundos de *hedge*, eles provavelmente têm bolsos muito fundos, mas não têm armas e capangas, e hoje essas são as moedas em muitas regiões do mundo." Naím se refere a lugares como muitos dos chamados Estados fracos nos quais os fora-da-lei mandam e o fora-da-lei com maior acesso às melhores armas freqüentemente é quem domina. Se os rebeldes da Colômbia e seus senhores da droga, ou os senhores da droga ao longo da fronteira entre México e Estados Unidos, tiverem acesso a mais dinheiro e, conseqüentemente, melhor tecnologia, poderão superar as forças legítimas nesses países e comprar ou intimidar líderes políticos para que ajam segundo seus interesses.

Entre os membros da superclasse da comunidade de comerciantes de armas Naím cita Viktor Bout, chamado por alguns de "o Bill Gates ou o Donald Trump do contrabando de armas". No caos do período imediatamente posterior ao fim do império soviético, Bout comprou várias aeronaves soviéticas obsoletas e, usando como fachada uma série de empresas e subsidiárias falsas, criou um serviço de transporte aéreo de armas. Nos anos 1980 e 1990 ele transportou armas (bem como diamantes, peixe congelado e até mesmo tropas de paz da ONU) por toda a Ásia e África. A partir de bases em "jurisdições permissivas", ele forneceu armas leves, bombas e mísseis para um número ignorado de clientes violentos, desde milícias hútus em Ruanda até o Talibã em Kandahar — incluindo armas estimadas em 50 milhões de dólares para a Al Qaeda. Embora possamos nunca saber ao certo o tamanho da influência de Bout, as armas que ele forneceu sem dúvida afetaram o equilíbrio de poder em várias guerras civis e ajudaram no desenvolvimento de mais de uma organização terrorista letal.

Até recentemente outro membro do mesmo grupo de elite das sombras era Monzer al-Kassar, um comerciante de armas sírio de 61 anos de idade que, por ser radicado e levar uma vida de luxo na Espanha, era chamado de "Príncipe de Marbella". Al-Kassar foi apanhado no início de junho de 2007 por dois agentes ligados à DEA, a agência de combate às drogas dos Estados Unidos, que alegaram estar tentando comprar armas para a Farc (Forças Armadas Revolucionárias da Colômbia), mais famoso grupo terrorista da Colômbia e um dos mais ligados ao tráfico de drogas. Aparentemente al-Kassar prometera aos agentes entregar 8 mil metralhadoras, 2 milhões de cartuchos de munição, 120 lançadores de granadas, 2.400 granadas de mão e mísseis terra-ar. Além disso, como nenhuma grande empresa bélica faria, ele prometeu treinamento para aumentar a produtividade de seus clientes, oferecendo perspectivas especiais na construção de dispositivos explosivos improvisados. E, seguindo a tendência de soldados de aluguel, também ofereceu mil combatentes. Supostamente o preço total do negócio seria de 8 milhões de dólares, mas o pagamento se revelou apenas uma armadilha para aquele que apoiava o terror e que foi apanhado no aeroporto de Madri. Al-Kassar era visto havia muito como um elo fundamental nas redes que dão poder aos terroristas, com uma preferência especial por causas antiamericanas.

Por mais dramáticas que sejam as histórias sobre lançadores de mísseis e ogivas nucleares perdidas, é importante notar que no contexto do mercado global de armas o segmento mais mortal do comércio é o de armas leves. O *Small Arms Survey 2006* revelou que 1 milhão de armas pessoais e leves foram compradas por Forças Armadas de todo o mundo naquele ano, com Rússia, Estados Unidos, Itália, Alemanha, Brasil e China como os principais exportadores. (Apenas Estados Unidos e União Européia foram responsáveis por 75% da produção anual.) É um negócio de 4 bilhões de dólares por ano, e, de forma chocante, o consumo militar é uma parcela mínima do volume total, com algo entre 7 e 8 milhões de armas sendo vendidas legalmente todos os anos e milhões de outras comercializadas por canais ilegais. Embora as mortes em ataques terroristas tenham sido 20 mil em 2006, o total de homicídios relacionados a armas leves foi dez vezes superior no ano anterior.

A pesquisa destaca que quase metade dos mortos era de homens jovens, e que em lugares como a Colômbia, com alto índice de violência por arma de fogo, a expectativa de vida média da população masculina é três anos mais baixa do que seria não fosse pelas armas. Segundo o Escritório da ONU para Coordenação de Assuntos Humanitários, essas armas, que correspondem a apenas um quinto do comércio global de armas, "aleijam e ferem mais que quaisquer outras armas convencionais". Para um exemplo do poder letal das armas leves, basta ver o rifle russo Kalashnikov, mais conhecido como AK-47, que, sozinho, matou muitos milhões desde sua introdução, durante a Segunda Guerra Mundial, e se tornou a arma preferida de radicais ao redor do mundo. Ele e outros foram as armas mais usadas — e em alguns casos as únicas armas usadas — nos 101 maiores conflitos travados em todo o mundo entre 1989 e 1996.

Mais uma vez, a incapacidade dos governos em agir criou um vazio que permitiu a prosperidade desse perigoso segmento da indústria de armas. Uma pesquisa feita pela ONU e uma série de ONGs revelou que muitos Estados têm leis ultrapassadas, e quase cem "não deram o que é considerado um passo mínimo na direção da implementação" de um controle de armas leves. Além disso, estima-se que a imensa maioria, talvez nove em cada dez armas negociadas, tem origem em um negócio aprovado pelos governos. Em síntese, as redes que ligam as armas legais ao mercado negro estão produzindo danos e morte em uma escala perturbadora. Todos os anos, entre 60 mil e 90 mil pessoas são mortas por armas leves em conflitos militares. Mas não interessa aos poderosos enfrentar este problema. Por quê? Porque é um problema que não encontra eco entre os líderes políticos ou empresariais. É um problema dos pobres — e com o qual os produtores globais de armas lucram.

Ironicamente, ou adequadamente, essa negligência alimenta a raiva dos pequenos contra os grandes, empurrando as pessoas na direção das elites das sombras e as afastando de seus equivalentes empresariais do primeiro mundo. Isso cria o ambiente assimétrico que é tão desconcertante para as elites militares-industriais de hoje. Os mais ricos e poderosos aperfeiçoaram um sistema que dá a alguns poucos países — ou, mais precisamente, a um país e a poucas pessoas nele — enorme domínio sobre todos os outros. Mas seu sistema também os deixa despreparados e, se o Iraque servir de indício, quase impotentes para enfrentar a ameaça que a mosca representa para o leão.

CAPÍTULO 7

A superclasse da informação: o poder das idéias

> Os homens nunca serão livres até que o último rei seja estrangulado com as entranhas do último padre.
>
> Denis Diderot

Não é por acaso que os terroristas, que estão presentes desde o amanhecer da História, tenham conseguido tal destaque durante a era da informação. Os fluxos de informação são os maiores multiplicadores de força para aqueles que, do contrário, em termos de força bruta, são relativamente fracos. De fato, as principais armas do terrorista são a câmera de televisão, o site e a manchete de jornal. Uma explosão ou uma bala é a semente, mas é a mídia o veículo que transforma uma tragédia isolada — uma que teria um impacto relativamente pequeno na época em que as notícias viajavam lentamente — em uma epidemia de medo e reação. Homens à margem de rodovias com bombas ou vestindo coletes com explosivos só ameaçam aqueles que eles atacam diretamente. Terroristas capazes de explorar os fluxos de informação ameaçam sociedades.

O que foi mais devastador em 11 de setembro de 2001: a destruição de dois prédios em Lower Manhattan ou as imagens repetidas — para todo o mundo — daqueles dois prédios simbólicos ruindo? A Al Qaeda objetivamente visou prédios simbólicos. Se o principal objetivo do terrorismo é criar o medo maior, então escolher imagens que moram na imaginação, que são fundamentais para nossa sensação de ordem, e destruí-las de uma forma espetacular é uma ótima abordagem.

Manipular as imagens se tornou uma habilidade fundamental de terroristas e insurgentes na era da informação. Se o Hamas estimula jovens árabes a jogar pedras em soldados israelenses fortemente armados em frente às câmeras, as imagens são persuasivas de uma forma ou outra: ou os israelenses estão sendo provocados e parecem desamparados e fracos, ou reagem como são treinados e parecem excessivamente violentos. Se Osama bin Laden ou Ayman Al-Zawahiri aparecem em uma fita de vídeo, não apenas destacam a incapacidade da comunidade internacional de pegá-los como automaticamente sempre conseguem atrair a atenção internacional. Essas aparições podem servir para definir os termos da discussão, convocar partidários a agir e provocar reações hostis. Talvez mais do que os verdadeiros ataques, essas pequenas peças se tornaram o principal meio pelo qual a Al Qaeda busca seus objetivos fora do Oriente Médio.

Nesse sentido, as elites das sombras que ganharam status de superclasse em função de sua influência global não são apenas criadoras de bombas ou traficantes de armas; elas são mestres em semiótica, formadas por indivíduos que manipulam a mídia tão habilmente quanto qualquer político ou celebridade (embora não contem com assessores de relações públicas). Mas as ferramentas da informação nas suas mãos são mais do que administrar imagens de noticiários ou fazer aparições nos meios de comunicação para chamar atenção para si mesmas. Elas usam a internet para ampliar e manter redes que as unem, construir uma aliança global virtual daqueles que partilham seus pontos de vista, basicamente do mesmo modo como adolescentes partilham fofocas e opiniões sobre a moda no MySpace.

Rita Katz e Josh Devon, do SITE Institute, que rastreia grupos terroristas na internet, escreveram que "a internet ajudou redes fragmentadas a se fundirem para criar uma comunidade jihadista global que transcende fronteiras nacionais, etárias, de gênero e físicas. (...) A internet levou ao nascimento de uma nova geração de jihadistas que nunca viajou para Afeganistão, Paquistão, Iêmen, Sudão ou Somália para participar de um acampamento da Al Qaeda". Eles falam de um caso famoso, quando um cidadão britânico chamado Younis Tsouli, nome de usuário Irhabi007, ajudou de forma independente vários grupos terroristas — incluindo a Jam'at al-Tawhid wa'al Jihad de Abu Musab al-Zarqawi — postando e distribuindo propaganda, incluindo manuais sobre ciberataques. Ele também tinha consigo informações sobre possíveis alvos, mandadas a eles por indivíduos ligados ao terrorismo nos Estados Unidos.

Em seu trabalho no SITE Institute, Katz e Devon identificaram e rastrearam comunidades jihadistas e identificaram links fundamentais na presença terrorista mundial na internet. Um exemplo é o Al-Fajr Media Center, que "coordena a distribuição da maioria das mensagens de líderes do jihad, comunicados oficiais, filmes e outras peças de propaganda por intermédio dos fóruns mais importantes". O grupo atende simultaneamente à Al Qaeda e a muitos outros grupos jihadistas no Oriente Médio; entre o material colocado on-line estiveram um vídeo feito por rebeldes de um Black Hawk derrubado no Iraque, os últimos discursos de Osama bin Laden e seu tenente, Ayman Al-Zawahiri, e vídeos de ataques a Brown & Root-Condor (subsidiária da fornecedora militar americana KBR) na Argélia.

Nesse sentido, diretores de um grupo como o Al-Fajr Media Center são tão poderosos quanto terroristas atuantes? Mais poderosos? Não são eles que fornecem a estrutura para as redes globais e a verdadeira munição para jogadas que são mais políticas do que militares ou criminosas? Eles não influenciam mais pessoas ignorando fronteiras do que até mesmo líderes experientes no campo de batalha no Iraque, por exemplo?

Acredito que sim. A natureza do poder está mudando. Embora em sua maioria o poder seja altamente concentrado — especialmente na mídia hegemônica e nos negócios de tecnologia da informação —, a era da informação tem componentes democratizantes embutidos. A distribuição costumava ser a grande barreira para penetrar no mundo da comunicação, fosse por meio de filmes, televisão, rádio ou jornais. Construir uma rede de distribuição, de cadeias de exibição até vans de entrega, demandava um significativo investimento de capital. Hoje, porém, os meios de distribuição estão à disposição de todos, de graça, tornando possível para pequenos grupos sem recursos se estender e afetar milhões de pessoas ao redor do mundo. Assim, um vídeo granulado intitulado "Evolução da dança", que apresenta um cara mostrando a história da dança em seis minutos — uma brincadeira —, foi visto no YouTube por quase 35 milhões de pessoas em seis meses; um exemplo banal, mas com importantes implicações.

Novo, mas ainda assim estranhamente familiar

Blogueiros e outros cidadãos da internet começaram a rivalizar com grandes meios de comunicação em seu impacto, dando notícias em primeira mão e alimentando movimentos. Segundo Alexa.com, uma "empresa de informação na internet" que estabelece um ranking de sites segundo a freqüência de usuários, alguns dos blogs mais populares de todo o mundo são: Webring: The Individualists Ring, que define seu objetivo como sendo o de defender uma "forte noção de individualismo e se opor firmemente a qualquer forma de coletivização"; LewRockwell.com, um "site antiestatal/pró-mercado gerido pelo presidente do Instituto Ludwig von Mises; e o Marxists Internet Archive. Esses sites são canais para as paixões políticas de milhões de pessoas ao redor do mundo. Assim como DailyKos.com, TalkingPointsMemo.com e um punhado de outros que comandaram a mobilização dos democratas liberais nos Estados Unidos recentemente, eles têm potencial de produzir um impacto político real.

Ainda assim, com tudo que a internet oferece para fortalecer os fracos ou atender a pequenos segmentos, veja os sites mais bem colocados na classificação da Alexa.com em meados de 2007. Todos estão nas mãos de indiscutíveis membros da superclasse. Alguns podem ser parte de um novo *establishment*, mais jovens e ricos há menos tempo, mas suas práticas comerciais, suas contas bancárias e seus papéis na sociedade certamente se parecem com as das antigas elites. O primeiro lugar no site Alexa, por exemplo, é Yahoo!, empresa com ações negociadas em bolsa que integra o índice S&P 500, tem vendas anuais superiores a 6 bilhões de dólares e até recentemente era comandada por um CEO que tinha chefiado o tradicional estúdio Warner Bros., de Hollywood. O segundo é o MSN, da Microsoft, dirigido pela empresa controlada por um dos homens mais ricos do mundo, Bill Gates. O terceiro é o Google, que tem mais de 10 mil funcionários, capital de mercado de 160 bilhões de dólares e faturamento anual de 12 bilhões de dólares. O YouTube, em quarto lugar, é propriedade da Google (comprado por 1,65 bilhão de dólares), e live.com, em quinto, é da Microsoft. O número seis, MySpace, é da News Corporation de Rupert Murdoch, uma das empresas de comunicação mais poderosas. É de se notar que Gates, Murdoch e os fundadores do Google, Sergey Brin e Larry Page, não apenas estão entre as pessoas mais ricas do mundo; eles também são regularmente relacionados entre os dez mais do "novo *establishment*" na definição de revistas como *Vanity Fair*. Em outras palavras, você gostaria de um pouco de superclasse para acompanhar sua revolução democratizante da internet?

Isso, claro, não significa que a internet não seja uma força revolucionária. É quase certamente o acontecimento mais revolucionário da cultura humana em muitas décadas, determinando a globalização, mudando a interação social, alterando a natureza do poder, permitindo a criação de riqueza e transformando mercados. É exatamente um daqueles acontecimentos históricos perturbadores que, como vimos, abalam as elites do passado e produzem novos membros. O modo como isso acontece varia de caso a caso, nos empreendimentos muito variados possibilitados pela internet, de uma plataforma de vendas tradicional como Amazon.com até algo claramente novo como um site de relacionamento social.

Elly Page foi a diretora de pesquisa deste livro, e em 2004, quando ainda estudava em Harvard, testemunhou uma dessas revoluções quando seu colega de turma Mark Zuckerberg comandou a criação do site Facebook. Ela recorda: "Na época a expressão 'rede social' mal tinha sido incorporada ao léxico, de modo que não ficou imediatamente claro para o que era o site. Qualquer aluno de Harvard podia inserir um perfil, uma página com seu nome, dormitório, atividades extracurriculares, interesses e assim por diante, e fazer aquilo com que todo nerd com problemas sociais sonhava: se ligar a 'amigos' para mostrar a todos como ele era popular.

"O site foi um sucesso instantâneo. A notícia se espalhou por celular, IM e e-mail, e até mesmo boca a boca, e em alguns dias todos sabiam. Em uma semana ou duas, quase todos os alunos eram membros.

"Inicialmente foi difícil identificar o apelo, mas era claramente viciante. Havia algo de excitante em criar sua própria identidade e dá-la ao mundo, algo gratificante em ser capaz de se apresentar da forma como quisesse. Nesse sentido, era um espaço no qual você podia se anunciar, porém, mais importante que isso, ele oferecia informações sobre outras pessoas, até pessoas que você não conhecia. Você podia encontrar o colega de turma que por acaso gostava da mesma música obscura que você, ou que tinha nascido em sua cidade natal. Você podia verificar quem era amigo de quem e quem namorava quem. Aquilo abriu um novo mundo de 'caçada' na internet. E, talvez o mais importante, dava a você algo para fazer quando não queria trabalhar. Seja como for, quase que da noite para o dia o Facebook se tornou uma parte importante da vida social cotidiana de Harvard. Sem se darem conta, os alunos começaram a passar horas no site, em vez de, digamos, realmente interagir uns com os outros."

E isso foi apenas o começo, o primeiro sinal de um fenômeno que tornou o Facebook um dos sites com maior tráfego, e altamente valorizado. Em 2007 o Facebook tinha mais de 50 milhões de membros em todo o mundo, com 200 mil outros se juntando todos os dias. A lista Alexa de sites mais visitados o situa no

15º lugar em todo o mundo, e a compra de 1,6% do negócio pela Microsoft fez a empresa valer 15 bilhões de dólares e deu a Zuckerberg, que abandonou Harvard para cuidar do crescimento espetacular de seu filhote, cerca de 5 bilhões de dólares. Nada mal para um jovem de 23 anos de idade.

Essa explosão fez de Zuckerberg um membro da superclasse? Bem, sim, considerando-se nossa definição. De fato, não há setor em que tenhamos sido capazes de assistir à criação de novos membros da superclasse tão detidamente quanto no mundo da internet. Assistimos à ascensão dos *geeks* e achamos que aquilo era algo diferente — mas realmente seria? Como aquelas novas elites tecnológicas se comparam com seus irmãos da superclasse? O histórico escolar oferece poucas diferenças. Entre os pioneiros da revolução da informação que freqüentaram Stanford estão os fundadores do Yahoo!, o CEO da Microsoft, os criadores do Google, os fundadores de Intel, Netflix, Hewlett-Packard, um dos fundadores do YouTube, um dos fundadores da Sun Microsystems, os fundadores da Cisco e o fundador da WebEx. Entre os que estudaram em Harvard: o fundador da Microsoft, o fundador do Facebook, um dos fundadores e presidente do conselho da Sun Microsystems e o presidente do conselho e CEO da Viacom. Do MIT: um dos fundadores da Texas Instruments, um dos fundadores da Qualcomm, o fundador da Lotus, o fundador de Infoseek, o fundador de 3Com e um dos fundadores da Intel. Esta, claro, é uma lista parcial.

Naturalmente, muitos pioneiros da internet freqüentaram outras faculdades, mas a questão é que esta elite não brotou muito distante da origem das outras elites. Afinal, a maçã não cai muito longe da árvore. Além disso, em muitos casos, assim que suas idéias se consolidaram, laços escolares os colocaram em contato direto com fontes de financiamento das mesmas escolas, que se tornaram parte de redes que foram fundamentais para alimentar a nova indústria. Posteriormente, quando as empresas cresceram, entraram para o mercado de ações ou foram vendidas, essa elite recém-enriquecida se ligou às elites de Wall Street e se tornou um agente fundamental em lugares como Davos, a reunião Allen & Company em Sun Valley ou a conferência Technology Entertainment and Design (TED). E então muitos buscaram usar o dinheiro que ganharam em influência política, em benefício tanto de seus interesses comerciais quanto de candidatos que partilham seus pontos de vista.

Esse padrão se repetiu em um país após o outro. Embora eventuais novas idéias produzam uma nova sensação de frescor que quebra o padrão, a elite da era da informação basicamente seguiu a trilha e o padrão das outras elites. Eles até mesmo demonstraram o tipo de abrangência e produziram o mesmo tipo de reação visto nos dias dos barões ladrões: os processos antitruste contra Microsoft, Oracle e outros; as investigações sobre opções retrodatadas na Apple Computer; as audiências no Congresso sobre acordos de censura entre o governo chinês e Yahoo!, Google e Microsoft; gravadoras processando sites de compartilhamento de arquivos como Napster e Kazaa; redes de televisão perseguindo o YouTube. E esses choques não se deram apenas nos Estados Unidos. Houve muita oposição a sites na China, julgamentos e condenações de magnatas da internet na Ásia e na Europa, e investigações de acordos de investimento um dia grandiosos e práticas que, após a queda do mercado, se revelaram algo bem diferente e algumas vezes nada além de simples fraudes.

Uma das mais dramáticas entre essas histórias é a da ascensão e queda de Takafumi Horie, que, com 30 e poucos anos, tinha a trajetória mais impressionante entre os bilionários da internet. Horie tinha transformado um site de relacionamento chamado Livedoor em um gigante entre as empresas japonesas da internet, seguindo o modelo dos Estados Unidos e até mesmo imitando o modelo de abandonar a universidade de elite de Gates, Zuckerberg e outros ao deixar a melhor instituição japonesa, a Universidade de Tóquio, para colocar em prática suas idéias. As agressivas táticas comerciais de Horie na administração do Livedoor entraram em choque com o sóbrio *establishment* japonês — um grupo já incomodado com seu estilo de astro do rock e suas demonstrações de desrespeito ao *status quo*. Com apenas dois anos no mercado ele foi acusado de manipular ações por intermédio de fraudes na contabilidade em um total de talvez 40 milhões de dólares. Ele foi julgado em 2007 e condenado a 30 meses de prisão. Seu valor líquido, que um dia tinha sido superior a 1 bilhão de dólares, tinha despencado para míseros 100 milhões de dólares, mais ou menos.

Mas Horie não se assustou. Ele argumenta que o *establishment* se voltou contra ele em parte por ter tentado comprar um time de beisebol e parte de uma empresa muito maior e mais tradicional chamada Fujisankei Communications Group. "As pessoas que me consideravam mais ofensivo eram administradores de nível intermediário com interesses no antigo sistema; aqueles na faixa dos 40 ou 50 anos de idade", contou ele ao *New York Times* no início de 2007. "Aquelas pessoas tinham passado décadas investindo em suas empresas (...) elas não querem que o mundo no qual acreditaram e que protegeram até agora seja destruído, não depois que elas lutaram durante vinte ou trinta anos sem desfrutar de seus benefícios. E agora vão deixar aquele punk estragar tudo?" Muitos observam que a sentença de Horie foi atipicamente dura, mas que há alguma hipocrisia em um sistema que o puniu por transgressões proporcionalmente menores quando práticas contábeis muito mais consolidadas e dúbias embalaram as maiores empresas japonesas durante anos. Isso e o modo como os meios de comunicação exageraram em seu caso levaram muitos a especular sobre se haveria alguma verdade em sua alegação de que apenas irritou o rígido *establishment* japonês mais do que ele podia suportar.

Horie certamente remete à mais perniciosa influência da superclasse, movida menos por um plano malévolo do que por egoísmo incontido e irracional. Eu certa vez observei altos executivos de uma grande empresa de tecnologia quando afirmavam com desfaçatez que queriam uma parte do mercado chinês e estariam dispostos a trocar seu *know-how* de internet — especialmente sua capacidade de ajudar os chineses a censurar a utilização da internet — por essa parcela, caso pudessem. Era uma grande empresa, e eles compreendiam perfeitamente as conseqüências de sua decisão. Não havia uma zona cinzenta. Eles estavam deliberadamente cruzando um limite brilhante.

Novas empresas de tecnologia fizeram outros acordos para conseguir crescimento contínuo, produzindo choques culturais à medida que eram obrigadas a atender mais às exigências dos acionistas do que a seus próprios interesses. Um caso comum da era da informação é a saga do empreendedor que no final acaba sendo obrigado a desembarcar para que os "administradores profissionais" possam levar sua empresa ao "próximo estágio". Como o capital da empresa com freqüência está altamente concentrado naquele punhado de instituições financeiras que analisamos antes (bancos de investimento, empresas de *private equity* e fundos de capital de risco), é possível ver como a "revolução" tecnológica silenciosamente passa para as mãos da atual elite de poder.

Um importante pioneiro da internet com quem conversei ficou cabisbaixo e um tanto cauteloso quando chegamos à questão da tensão entre as velhas e as novas elites. Ele tinha enfrentado o desafio de fundir a cultura de sua empresa com aquela de uma organização mais tradicional, um daqueles negócios ainda populares que permitiam aos que faziam parte da "antiga mídia" serem transformados pelas idéias da "nova mídia" e estimularem a reinvenção. (Na verdade muitos desses casamentos foram conflituosos, versões empresariais do "choque de civilizações" de Samuel Huntington). "Era natural", refletiu o CEO. "Deveríamos saber disso. E havia muitos desafios. Mas também é o modo como se progride, certo?" Ele parecia sugerir que o velho inevitavelmente iria atrás do novo, que um tentaria mudar o outro, e que, como acontece quando uma frente fria se encontra com uma massa de ar quente, poderia haver trovoadas.

Do outro lado da divisão entre velho e novo, Bob Wright tem uma longa história no jogo da mídia. Eu me encontrei com ele em seu escritório no número 30 da Rockefeller Plaza, em Nova York, onde de 1986 até o início de 2007 ele comandou a National Broadcasting Company (NBC). Em um setor que tradicionalmente tem uma relação instável com seus altos executivos, Wright tem uma impressionante solidez, em função de seu histórico de transformar a NBC de uma rede de televisão em uma empresa de mídia altamente diversificada. (Sob seu comando, a NBC Universal incluiu a rede, os estúdios de cinema Universal, várias emissoras a cabo, empresas estrangeiras como a Telemundo e várias empresas da nova mídia.) Embora tenha transferido as rédeas da NBC, ele continua como vice-presidente da General Electric. Acessível, próspero, advogado formado, Wright, com 60 e poucos anos, é um dos comandantes do setor de mídia global.

Porém, ao falar sobre a nova mídia ele pareceu sinceramente perplexo. Claro que ele e seus colegas sabem que tudo no seu setor está mudando, mas eles ainda não sabem qual é o modelo. É chocante. São as melhores cabeças no nível mais alto do setor, quase duas décadas após a introdução da World Wide Web, e há muito pouca visão prospectiva até nos níveis mais altos — mesmo de uma suíte no alto de uma das mais famosas torres de escritórios de Nova York, com uma visão impressionante da cidade abaixo. "Digamos que fazemos, sei lá, 20 ou 16 grandes filmes por ano e outros dez filmes menores, 25 ou 30 [no total], e se os mandarmos para o Japão hoje, só conseguiremos colocar no ar quatro ou cinco deles, na terceira maior economia do mundo", me disse Wright. "Por outro lado, a capacidade da internet é ilimitada, mas também não tolhida do ponto de vista da regulamentação. Assim, se quisermos pensar que o copo está meio cheio, está aberta uma possibilidade de atingir um grupo muito maior do que aquele a que estamos acostumados, e (...) temos de descobrir como fazer parte desse processo de comunicação (...). Quando eu cheguei aqui a grande questão era se uma rede de televisão tinha como sobreviver. Os jornais vão sobreviver? As revistas como são irão sobreviver? E a resposta é sim e não. Nosso maior faturamento vem de nossas redes de TV a cabo, não da NBC, e nosso negócio de filmes vai bastante bem porque há muitas formas de distribuí-los, e a televisão será parte disso ao redor do mundo. O negócio de comunicações ainda é um negócio muito bom, mas não é mais o que era, e se torna cada vez mais difícil. Mas todos no negócio de comunicação tradicional têm de reconhecer que é uma situação assustadoramente complexa essa na qual estão nos envolvendo."

Pamela Thomas-Graham, ex-consultora da McKinsey formada em Harvard que escreve romances policiais em seu tempo livre, trabalhou anos com Wright como CEO da CNBC. Na época, e depois em seu período como presidente de grupo da empresa de moda Liz Claiborne, ela também identificou os desafios apresentados pela nova mídia, especialmente seu impacto no setor que ela conhecia mais, o de notícias. De seu escritório no bairro das grifes de Nova York, ela me disse: "Há essa elite, e no geral essa elite foi bastante discreta, e bastante sociável, e parte disso foi alimentada pela mídia e pela propriedade de organizações de imprensa. Mas agora, com a ascensão dos blogs e a democratização da indústria jornalística, essas elites estão sendo invadidas por pessoas em Iowa que simplesmente têm tempo e recursos para tentar ligar todos esses pontinhos. Então é interessante que a proporção esteja se modificando no alto de certas formas, especialmente no setor jornalístico."

As elites da nova mídia não apenas viraram de cabeça para baixo o *establishment* jornalístico hegemônico, elas alteraram de modo fundamental o setor. A ascensão da blogosfera 24 horas por dia, sete dias por semana, atualizada segundo a segundo, por exemplo, tornou velocidade e oportunidade ainda mais fundamentais na reportagem. Isso também gera desafios quando as empresas têm de verificar reportagens e fontes em tempo recorde para que possam continuar competitivas. Como lembrou Thomas-Graham, "uma das noções que eu estava tentando instilar na CNBC era o fato de que, como uma organização jornalística, é preciso ser capaz de fazer uma avaliação correta. Há um momento em que os seus interesses e os de sua fonte divergem, e nesse momento você precisa ter uma postura jornalística".

É uma linha fina na qual se equilibrar. Tem sido um grande desafio em organizações como a CNBC, que em si foi uma revolução na cobertura ao vivo altamente concentrada do mercado de ações, em que a relação entre noticiário em tempo real e operações de mercado em tempo real produziu uma nova simbiose entre repórteres e o setor que eles estão cobrindo. Mercados sobem e caem com base em redes relatarem que estão subindo ou caindo. As principais personalidades da mídia se tornaram excepcionalmente poderosas. Como disse Thomas-Graham: "Algumas pessoas escreveram teses de doutorado sobre o efeito da CNBC sobre o desempenho do mercado. E isso era real, quero dizer, continua a acontecer em certos programas. Diria que Maria Bartiromo e Jim Cramer são dois que realmente têm impacto porque são extremamente bem conectados, e porque tudo acontece em tempo real."

Um ex-funcionário do governo americano que ocupou altos cargos durante quatro décadas se lembrava de ter escutado um debate de especialistas em tecnologia, entre eles o presidente do Google, Eric Schmidt; a CEO do eBay, Meg Whitman; o então presidente do Yahoo!, Terry Semel; o CEO da InterActiveCorp, Barry Diller, e o fundador da Wikipedia, Jimmy Wales. "Um debate impressionante. Eles estavam todos falando sobre essas tecnologias, e todos estavam sentados na beirada das cadeiras. E eu pensei que tudo era irrelevante, que aqueles caras não eram os verdadeiros inventores. Eles eram os CEOs que administravam. A próxima geração está sendo inventada agora por algum nerd que não arruma namorada, em sua garagem."

O ex-funcionário pensava: "A questão é: qual o efeito político das redes da nova mídia nos acontecimentos? Isso é bom ou mau? E nesse ponto eles se dividem. Eric Schmidt disse que a disseminação da informação é sempre boa, e então defendeu a decisão extremamente importante tomada pelo Google de fazer um acordo com os chineses em que 97% ou 98% de tudo o que está no Google fosse disponibilizado na China em detrimento de de 2% ou 3%. Outras pessoas no debate riram dele, dizendo que era uma decisão comercial, e ele se aferrou à sua posição, mas algumas vozes na platéia disseram: 'Você está errado. Isso pode ser usado como uma força do mal. O Goebbels moderno está escondido em algum lugar usando isso.'"

Uma crescente voz de mudança no Oriente Médio

Na paisagem em rápida mutação da tecnologia da informação, mesmo a mídia tradicional está sendo usada de modo revolucionário, permitindo o surgimento de membros não convencionais da elite da mídia como o xeque Hamad bin Thamer Al-Thani. Al-Thani é membro da família que governa o Qatar e primo distante do atual emir, xeque Hamad bin Khalifa Al-Thani. Ele começou sua carreira no Ministério da Informação e acabou chegando ao posto de primeiro subsecretário do ministro da Informação. Após o fim do Ministério, em meados da década de 1990, ele teve a idéia de criar uma organização jornalística independente ao estilo de BBC ou CNN. O emir do Qatar considerou a emissora uma oportunidade de conseguir apoio ocidental, ao mesmo tempo dissuadindo uma possível invasão por parte de seus vizinhos maiores. O canal foi criado em 1994, e em 1996 a Al Jazeera estava sendo transmitida em toda a região.

A emissora foi concebida para ser auto-suficiente, se sustentando com anúncios, mas muitos governos do Oriente Médio, especialmente os sauditas, passaram a ter uma opinião negativa em relação a ela, em função das críticas do canal às suas políticas, e pressionaram as empresas a não anunciar na Al Jazeera. Em conseqüência disso a emissora continuou a ser sustentada basicamente pelo governo do Qatar. O canal tem uma relação "pouco transparente" com o xeque Hamad bin Khalifa Al-Thani, mas, como definiu Hugh Miles na revista *Foreign Policy*, o emir até agora "manteve as mãos afastadas da emissora", e a Al Jazeera cresceu sob sua égide. A emissora se propõe a oferecer uma visão do Oriente Médio das questões internacionais, e originalmente foi considerada pelo Ocidente um marco do jornalismo independente, especialmente sua cobertura de questões polêmicas como os direitos das mulheres. Mas recentemente a Al Jazeera tem sido atacada pelo governo americano por dar espaço demais a terroristas, incluindo Osama bin Laden, e aos rebeldes iraquianos (cobertura de imprensa que, como já foi dito, acaba por multiplicar a força dos relativamente mais fracos). O antagonismo da emissora com o regime americano chegou mesmo a levar o presidente Bush a considerar um bombardeio à sua sede em Doha, em 2004.

A invasão do Afeganistão liderada pelos Estados Unidos depois dos ataques de 11 de setembro chamou a atenção internacional para a emissora. A Al Jazeera foi a única emissora de televisão autorizada a cobrir o conflito no Afeganistão governado pelo Talibã, e conseqüentemente muitas agências de notícias de todo o mundo dependiam de suas imagens e informações. Entre os grandes furos estiveram a campanha americana de bombardeio, a destruição pelo Talibã de antigas estátuas de Buda e vídeos exclusivos da Al Qaeda e de líderes do Talibã. Tendo feito seu nome, a emissora ampliou suas operações, incluindo um site em língua inglesa na internet e sucursais em Londres, Kuala Lumpur e Washington. Ela assumidamente quer competir com

CNN e BBC; empregou muitos jornalistas dessas organizações e recentemente colocou no ar uma estação de notícias em inglês que funciona 24 horas por dia. Ela também levou ao surgimento de vários concorrentes no Oriente Médio, incluindo a emissora de televisão Al Arabiya, financiada pelos sauditas.

Injeções de testículo de macaco da nova mídia: uma dose de calor

Como já foi observado, os tradicionais gigantes da mídia do passado freqüentemente estão em posição de incorporar inovações da nova mídia que atendam aos interesses das elites existentes. É o equivalente ao que Richard Burns, meu ex-sócio, costumava chamar de "injeção de testículo de macaco", o esforço de revitalizar uma organização em um só ato. Todo jornal que espera sobreviver é hoje um negócio da internet; impérios esportivos são criados a partir de uma base de fãs que se expande por intermédio de videogames; colunistas se tornam blogueiros. Assim, os maiores e mais bem-sucedidos executivos de mídia de hoje são aqueles mais capazes de continuamente reinventar suas empresas e, em certa medida, a si mesmos. Ninguém fez isso com maior habilidade, ou produzindo maior polêmica, do que Rupert Murdoch.

Como presidente do conselho e principal executivo da News Corporation, Rupert Murdoch é dono de aproximadamente 30% da empresa e tem a maior parte das ações com direito a voto, o que dá a ele um virtual controle absoluto. A estrutura de votação faz com que a News Corp. seja, segundo a revista *Time*, uma das poucas megacorporações controladas por um único indivíduo". Em meados de 2007 a companhia valia quase 70 bilhões de dólares, antes mesmo de incorporar o *Wall Street Journal*, de longe o jornal diário de negócios mais influente do mundo. Australiano de nascimento, Murdoch seguiu a trilha das elites coloniais da época e partiu para a Universidade Oxford, retornando depois à Austrália para começar a construir seu império, comprando uma série de jornais locais e nacionais. No final dos anos 1960 Murdoch tinha se tornado um dos principais magnatas da imprensa mundial, sendo dono do *News of the World* londrino, e pouco depois aumentou sua fatia de mercado comprando o *Sun*, o *Times* e o *Sunday Times* (de Londres). Ele continuou a expandir seu império nos anos 1980 e penetrou no mercado americano com a compra do *New York Post*.

Em 1985, Murdoch se naturalizou americano de modo a atender aos requisitos das leis de propriedade de meios de comunicação nos Estados Unidos — um reconhecimento a seu papel na proeminência da indústria de informação americana na era da informação. No ano anterior, ele tinha adquirido total controle do estúdio de produção 20th Century Fox e da rede de televisão Fox, o que consolidara sua posição como um dos indivíduos mais influentes do mundo. Com esses meios, o obstinado mas ainda assim encantador Murdoch supervisionou a criação e distribuição de uma seqüência de sucessos, entre eles os filmes da série *Alien*, *Titanic*, *Os Simpsons* e a franquia global *American Idol*. A News Corp. tem grandes investimentos em serviços de televisão por satélite, incluindo a DirecTV nas Américas, os vários serviços Sky na Europa e a asiática STAR TV. Finalmente, a empresa também é dona da editora HarperCollins. Em 2006, Murdoch se associou a Ahmet Ertegun, fundador da Atlantic Records, que tem cidadania turca, para driblar uma lei turca de propriedade de meios de comunicação em uma tentativa de penetrar no mercado do Oriente Médio. Por intermédio dessas empresas, Murdoch tem um enorme grau de influência sobre a informação e o entretenimento oferecidos a centenas de milhões de pessoas.

Deixando de lado essas realizações, Murdoch provavelmente é mais conhecido por revolucionar o noticiário de TV com a criação do autoproclamado "justo e equilibrado" canal Fox News em 1996. Hoje a emissora é o canal de notícias 24 horas mais popular dos Estados Unidos, à frente da CNN de seu colega bilionário Ted Turner. O jornalista James Poniewozik escreveu: "A Fox ensinou que não se deve ter medo de opinião, provocação e diversão. E, para o bem ou para o mal, provavelmente todos os programas de notícias fora da PBS foram *foxicados*. Os gráficos explosivos em seus noticiários (...) os segmentos de opinião 'Liberdade de expressão' no novo *CBS Evening News*: isso é a Fox. (...) Você pode dizer a si mesmo que não assiste à Fox News. Mas como costumavam dizer nos antigos anúncios de Palmolive, você está mergulhado nela."

Embora outros conglomerados de mídia possam ser maiores e mais lucrativos, poucos são tão poderosos quanto a News Corp. de Murdoch, em parte porque ele busca ativamente usar seu poder para pregar seus pontos de vista políticos. A analogia com as elites militares é clara: ter a capacidade de projetar a força é uma coisa; ter a disposição de usá-la é outra. Murdoch tem a disposição de usar sua influência e o faz regularmente. Entende-se que Murdoch em geral tem a capacidade de afetar as opiniões editoriais de seus jornais. Por exemplo: segundo o *Guardian*, nenhum dos jornais da News Corp. se opôs à invasão do Iraque em 2003. De fato, o envolvimento de Murdoch na postura de seus meios de comunicação foi a principal crítica do conselho editorial do *Wall Street Journal*, que resistiu à oferta de Murdoch pela empresa que controlava, a Dow Jones, em 2007. Outros relatos sugerem que, quando tentou tomar a Warner Communications, em meados dos anos 1980, Murdoch mandou repórteres do *New York Post* investigar o passado de Steve Ross, da Warner, para ajudá-lo no processo legal envolvido na tentativa de aquisição. Ele também repetidas vezes estimulou reportagens que o ajudassem e impediu projetos que achou que poderiam prejudicar seus interesses comerciais ou os interesses de aliados políticos. Mas uma pessoa há muito tempo ligada a Murdoch me disse: "Ele é inacreditavelmente complexo, e a história não é simples. Ele salvou um enorme número de negócios que em outras mãos teriam naufragado, e, se ele fosse tão ideológico, teria apoiado Blair ou Hillary Clinton ou se dado tão bem com o governo chinês?"

Em relação à política, Murdoch é sempre pragmático no que diz respeito a quem ele apóia nas eleições, e não é filiado a nenhum partido nos Estados Unidos. Apesar do viés conservador de muitos de seus meios de comunicação (o canal Fox News e o *New York Post* são provavelmente os de maior destaque), ele recentemente foi anfitrião de um evento para levantamento de fundos para a pré-candidata democrata à presidência Hillary Clinton, assim como de um encontro com a participação de Bill Clinton e Al Gore. O ex-presidente do conselho da Comissão Federal de Comunicações (FCC, na sigla em inglês), Reed Hundt, observou que "ele entende como influenciar o governo melhor do que qualquer um que eu já conheci na mídia". O ex-prefeito de Nova York Ed Koch se lembra de ter recebido um telefonema pessoal de Murdoch quando concorria à prefeitura da cidade, em 1977. Quando Murdoch anunciou que ele receberia o apoio do *Post* na manhã seguinte, Koch reagiu assim: "Eu disse: 'Rupert, você acabou de me eleger.' E foi assim. O apoio do *Post* transformou a minha campanha. Eu não teria conseguido sem isso." O acúmulo de poder pessoal por Murdoch foi confirmado por seu amigo íntimo Irwin Stelzer, do *Sunday Times*: "Eles dizem que Rupert fala com Tony Blair para proteger sua empresa [News Corp.] (...) Talvez haja um pouco disso, mas não é isso o que o move. O que interessa a ele é afetar acontecimentos."

Por enquanto Murdoch está em ótima posição para fazer isso, embora mande em um setor em que a mudança é a única constante, e tenha de mudar com ele para manter sua posição. Especialmente o jornalismo evoluiu consideravelmente nos últimos cinco anos, não apenas com a ascensão dos sites de notícias na internet e os blogs, como já vimos, mas também com noticiários que são cada vez mais orientados para o entretenimento. De fato, um grande número de americanos com idade entre 18 e 25 anos recebe mais notícias por intermédio do programa de "notícias falsas" de Jon Stewart, *The Daily Show*, do que de qualquer outra fonte. (Assim, em 2007 o canal Fox News de Murdoch lançou *The ½ Hour News Hour* para competir com a popular paródia da Comedy Central.) Na era global, redes sobrepostas de celebridades do entretenimento têm mais que o poder do astro — têm o poder de afetar resultados práticos, políticos ou de outro tipo.

Pro bono

Alguns músicos e atores são conhecidos em todo o mundo. Suas imagens estampam capas de revistas, vendem milhões de discos, geram centenas de milhões em bilheteria. Tudo o que fazem é tema de fofocas em revistas de celebridades, na TV e na internet. Eles são mais famosos e mais reconhecidos do que praticamente qualquer outro no planeta — tal é a força e o alcance da cultura popular.

Um grupo selecionado de celebridades como essas transcendeu seu status de cultura pop e usa sua incomparável visibilidade para ter maior influência. Músicos como Bono, Peter Gabriel ou Bob Geldof se tornaram freqüentadores regulares de reuniões da elite como Davos, mas também podem ser encontrados nos bastidores, trabalhando com líderes governamentais em causas como ajudar a África. Bono, por exemplo, foi um turbilhão nos últimos anos, como editor convidado de uma edição da *Vanity Fair* sobre a África, criando programas de conscientização por intermédio de produtos "vermelhos" de enorme visibilidade, de modo a levantar fundos para causas africanas e pressionando líderes de governo a perdoar dívidas de nações em desenvolvimento. Geldof agiu de modo semelhante, ajudando a organizar enormes concertos por todo o mundo, como o Live Aid, que reuniu o poder de muitos astros pop para chamar atenção para o sofrimento dos mais pobres do mundo.

Quão preparados são esses embaixadores da fama? Será que pessoas do setor de entretenimento servem para esse trabalho e têm compreensão das questões envolvidas? Como disse um ex-alto funcionário de um órgão de desenvolvimento multilateral: "Eu vi esses caras em ação, e o compromisso deles é impressionante. Naturalmente, eles não são profissionais da área, mas o que eles oferecem em termos de paixão e acesso aos meios de comunicação é fundamental. Eu me lembro claramente de, em certa ocasião, observar Bono agir nos bastidores do encontro de cúpula do G8 em Gleneagles, Escócia, e fiquei realmente chocado com seu preparo e desempenho. Geldof também estava lá, e embora ele desse duro, não era do mesmo nível de Bono." Bono é muito mais do que apenas uma celebridade bem intencionada em busca de atenção. Como um funcionário europeu de uma instituição de desenvolvimento me disse no Fórum Econômico Mundial do ano passado, "é fácil debochar, mas eu acho que nenhum funcionário público fez mais para aumentar a conscientização em relação à África ou para mobilizar ação do que Bono. Se ele acabasse ganhando o Prêmio Nobel da Paz, não seria um absurdo".

Outras celebridades — como Angelina Jolie, Nicole Kidman e Michael Douglas, para citar apenas alguns — acabaram sendo nomeadas embaixadoras da ONU. Embora algumas tenham usado o posto para sair na imprensa, Jolie merece o crédito por sua energia e inteligência na abordagem do sofrimento das crianças do mundo em desenvolvimento (muito além de sua disposição de adotar algumas delas). Reconhecendo a importância da missão, o prestigiado Council on Foreign Relations recentemente deu a ela status de membro, com quase toda certeza a única integrante atual sem formação universitária.

Em 2006, o ministro britânico de relações exteriores para Ásia, África e a ONU, Mark Malloch Brown, recebeu da revista *Times* o pedido de fazer o perfil de Jolie para sua edição com as "cem pessoas mais influentes do mundo". Ele descreveu assim seu encontro com ela: "Minha esposa Trish se divertiu bastante com isso. A história é que ela queria se encontrar comigo antes de ir a Davos, ano passado. A matéria realmente poderia ter sido muito mais engraçada, mas dizia que de algum modo eu era anti-social e que ela insistira em se encontrar comigo no seu hotel em Londres, o que, claro, me obrigou a ouvir meus amigos gritando, incrédulos. Na verdade, o engraçado é que Trish me telefonou de um carro quebrado com uma filha doente, Maddie, quando voltava para casa depois do médico em meio à neve de inverno de Westchester, e disse: 'Onde você está? Imagino que esteja fazendo algo ótimo.' Eu disse: 'Na verdade, estou em um quarto de hotel com Angelina Jolie!' Deixando de lado a brincadeira, quando conversamos eu fiquei impressionado com o conhecimento e o comprometimento dela."

Malloch Brown também descreveu a Cúpula do G8 em Gleneagles: "Estive lá ano passado com Kofi [Annan, então secretário-geral da ONU]. Bono realmente entende dessas coisas. E, com seus aliados inteligentes, ele realmente está fazendo diferença. Eles convenceram Kofi a fazer uma última tentativa de conseguir uma saída comercial para os países pobres. Mas imagine o quarto de hotel com os dois, Bono e Kofi (...). No final das contas são apenas algumas celebridades como essas que, no tempo livre de seus trabalhos com entretenimento, de seus papéis de rainhas ou princesas, ou seja lá o que forem, são inteligentes o bastante para usar muito bem aquilo que têm. A questão é: eles são representativos de algo maior? São um elo perdido entre as elites globais isoladas e a opinião e a cultura populares? Acho que eles obviamente estão preenchendo um vácuo."

O lema de minha escola secundária em Summit, Nova Jersey — e de inúmeras outras escolas, garanto — era "conhecimento é poder". Mas, na época atual, celebridade é poder. Com a moderna tecnologia da informação, celebridade significa a capacidade de atrair a atenção de enormes platéias. Assim como terroristas tentam dominar essa visibilidade, conquistar os meios globais de distribuir a informação para seus objetivos, da mesma forma as celebridades descobriram que as câmeras e os repórteres dão poder a elas. O endosso de David Beckham, Cristiano Ronaldo, Michael Jordan, Tiger Woods ou qualquer grande astro a um produto tem o poder de render faturamento para um cliente, atrair clientes para as mercadorias ou os serviços associados a eles. Para outros, pode ser o poder de aumentar a consciência sobre um assunto, alimentar paixões, iniciar ações e mobilizar recursos, como têm feito Bono, Bob Geldof, Angelina Jolie e Shakira, a estrela colombiana e embaixadora do Unicef. Quando Shakira diz à presidente do Chile, Michelle Bachelet, que "educação não é um luxo, é um direito de todos", pode não ser nenhuma idéia nova, mas tem muito mais impacto do que mil especialistas teriam.

Salvando o mundo uma idéia de cada vez

Nem todos os ativistas de categoria mundial que podem ser encontrados em Davos ou outros encontros da elite são astros do rock, claro. Na verdade, poucos são tão facilmente identificáveis quanto Bono, que desliza em meio à multidão com suas calças de couro justas usando seus característicos óculos escuros enormes.

Na verdade é uma pena, porque isso pouparia constrangimentos desnecessários. Eu me lembro claramente de uma sessão noturna em Davos há vários anos durante a qual fiquei de pé junto a um homem baixo, amistoso e barbudo com crachá escondido, mas que era o centro de um grupo de líderes empresariais e de governo, com os quais ambos conversávamos. Entusiasmado e enfático na questão do meio ambiente, ele falava inglês com sotaque mexicano. Durante uma pausa na conversa eu me apresentei, esperando descobrir quem ele era. Outra das pessoas do grupo — uma mulher prolixa, também latina, se bem me lembro —, reconhecendo que eu estava a um passo de me revelar um idiota imperdoável, disse: "Ah, você não conhece Mario?"

Aparentemente eu não exibi nos olhos um brilho de reconhecimento, então ela continuou. "Este é Mario Molina. Ele ganhou o Nobel de Química."

Eu apertei sua mão, mas ficara mais claro que eu gostaria que nunca ouvira falar nele. "Foi ele quem descobriu que estávamos destruindo a camada de ozônio", continuou a mulher, e depois em voz baixa, com o tipo de sussurro lento reservado para crianças a que você tenta poupar um constrangimento, acrescentou: "Ele ajudou a salvar o mundo."

Molina foi extraordinariamente gentil durante o restante da conversa, mas logo foi arrastado em outra direção, se encaminhando para uma reunião noturna de vários prêmios Nobel. Lá, ele, como sempre, sublinhou que a despeito dos progressos feitos desde que ele e seu colega de Nobel Sherwood Rowland escreveram o artigo revolucionário de 1974 na *Nature* explicando como o uso de clorofluorcarbonados estava levando à redução da camada protetora de ozônio na atmosfera, muito mais precisava ser feito para evitar as conseqüências potencialmente catastróficas da mudança climática.

Vários anos depois, em outro evento do tipo do qual eu participava, ouvi o ex-vice-presidente dos Estados Unidos Al Gore se referir a Molina como sendo não apenas um herói da luta para preservar o meio ambiente, mas também um homem com uma capacidade especial de aproximar as pessoas. Gore disse, por exemplo, que Molina, o único cientista mexicano a ganhar um Nobel, era a única pessoa que ele conhecia que se dava ao mesmo tempo com o prefeito da Cidade do México e com o presidente do México, adversários ferrenhos que recentemente tinham disputado uma eleição muito contestada para ocupar Los Pinos, o palácio presidencial do país. O presidente do México, Felipe Calderón, sublinhou que o poder da imagem criada em torno de Molina é fruto de suas ações; ao tentar descrever a imagem que ele gostaria que o México transmitisse, ele disse em Davos, em 2007: "Queremos que deixe de ser a imagem do cara apoiado em uma árvore tirando um cochilo com seu sombrero baixado sobre os olhos e passe a ser a do México do Prêmio Nobel Mario Molina e do diretor ganhador do Globo de Ouro Alejandro González Iñárritu."

Molina disse que, enquanto crescia na Cidade do México, descobriu que a ciência não era uma meta altamente valorizada por um jovem, e que teve de se esforçar para eliminar os problemas de imagem que isso causara nele. Mas apenas dois anos após concluir seus estudos universitários no México e prosseguir na Alemanha e nos Estados Unidos, mudou permanentemente não apenas o modo como o mundo o via, mas o modo como ele se via quando, trabalhando em seu pós-doutorado com Rowland na Universidade da Califórnia, em Irvine, se tornou o principal autor do artigo de ambos que demonstrou que a recente preocupação com o impacto do clorofluorcarbono de refrigeradores e latas de aerossol era justificada e previu a formação do que passou a ser conhecido como o "buraco da camada de ozônio". Na época em que o artigo foi publicado, muitos, mesmo na comunidade científica, eram céticos. Mas, como se vê na justificativa do Nobel para Molina, "muitos criticaram os cálculos [deles], porém muitos mais estavam seriamente preocupados com a possibilidade de uma camada de ozônio destruída. Hoje sabemos que eles estavam fundamentalmente certos. Descobriu-se que eles tinham até mesmo subestimado o risco". O Comitê Nobel foi além na descrição do trabalho, observando, de forma reverente, que com os acordos internacionais que, em última instância, foram fruto de sua pesquisa e que baniram a substância química que causava o dano, os trabalhos de Molina, Rowland e do outro agraciado, o professor Paul Crutzen, do Instituto de Química Max Planck, "contribuíram para nossa salvação de um problema ambiental global que poderia ter conseqüências catastróficas".

Dados científicos recentes comprovaram que o Protocolo de Montreal, o tratado que permitiu a redução das substâncias químicas que afetavam a camada de ozônio, realmente funcionou. Foram citadas "provas convincentes" sugerindo que a perda do ozônio é "menos rápida" e que, em várias décadas, poderá ter início uma recuperação da camada atmosférica danificada.

O que, porém, só é sugerido pelos dados é a dinâmica política e econômica envolvida em transformar conclusões científicas em ação. É nessa dinâmica que pessoas como Molina e seus colegas superam a distinção entre serem cientistas da elite e obedecerem a nosso critério para inclusão entre os membros da superclasse — que é não apenas ter impacto sobre a vida de milhões de pessoas independentemente de fronteiras, mas fazer isso regularmente. É preciso um pouco mais do que ser apenas inovador, rigoroso ou capaz de um raciocínio científico elegante. Também é necessária a capacidade de transformar descobertas e conclusões em ação.

Molina atende ao requisito, e de fato é um exemplo extraordinário do que poderia ser chamado de cientista-ativista, alguns dos quais certamente podem ser membros da superclasse, variando de gente como Anthony Fauci, do Instituto Nacional de Saúde dos Estados Unidos, que está na vanguarda dos cientistas que lutam para ao mesmo tempo combater e aumentar a conscientização em relação à aids, e J. Craig Venter, que prega os benefícios do mapeamento do genoma humano, passando por aqueles que colocam suas capacidades científicas a serviço do lado negro, como o paquistanês A.Q. Khan.

Mais do que muitos outros grupos, a comunidade científica é construída em torno da idéia de redes globais, colaboração e comunicação, o que faz com que seja mais natural ter uma influência global. Mas, como no caso de Molina, simplesmente descobrir e depois partilhar uma idéia não é suficiente. Em meados dos anos 1980, com as discussões que levaram ao Protocolo de Montreal se tornando mais acaloradas, grandes grupos empresariais, como a Aliança por uma Política Responsável de CFC, composta de mais de quinhentas organizações nos Estados Unidos, se mobilizou para prejudicar os esforços de Molina e outros que tentavam proibir ou reduzir a produção dos compostos que elas fabricavam. O grupo destacou que na época as vendas de CFC nos Estados Unidos eram superiores a 750 milhões de dólares, e disse que as vendas anuais de bens e serviços que "dependiam" desses produtos eram de 27 bilhões. Foram levantados poderosos argumentos econômicos, e a oposição política à mudança estava sendo mobilizada. Contudo, em função do ativismo de Molina e seus colegas na defesa de suas descobertas, e por causa de suas pesquisas contínuas de novas dimensões da futura crise (como a demonstração de que o buraco na camada de ozônio descoberto sobre a Antártida era resultado do impacto do frio extremo em uma atmosfera contaminada por CFC), foram apresentadas provas incontestáveis, a seguir divulgadas por intermédio do uso ativo dos meios de comunicação. É uma fórmula que foi empregada de modo semelhante recentemente para divulgar os dados que consubstanciavam outras dimensões da mudança climática, especialmente aquelas relacionadas às causas humanas do aquecimento global.

Molina continua a ser um ativista. Em agosto de 2007 ele escreveu um artigo para o *Financial Times* festejando o vigésimo aniversário do acordo de Montreal, insistindo para que fosse expandido para aproveitar "a oportunidade de reduzir as emissões de poluentes muitas vezes mais do que as reduções determinadas pelo protocolo de Kioto sobre mudança climática". Ele continuou, enfatizando o impacto da cooperação entre cientistas e tomadores de decisão que produziu o acordo internacional, que praticamente eliminou substâncias destruidoras de ozônio no mundo desenvolvido e as reduziu substancialmente no resto do planeta. As estimativas atuais sugerem que em seis décadas essas medidas impedirão mais de 6 milhões de mortes por câncer de pele apenas nos Estados Unidos, produzindo mais de 4 trilhões de dólares em benefícios de saúde. Isso é prevenir uma catástrofe do tamanho do Holocausto, graças à poderosa combinação de ciência, ativismo, modernas tecnologias da informação e sistemas políticos responsáveis. E isso claramente destaca o lugar especial que os cientistas podem ocupar na superclasse.

O reencantamento do mundo

Hoje, abalando séculos de expectativa pela chegada de uma era em que a ciência abalasse o histórico domínio das instituições baseadas na fé, o poder da religião está se somando ao poder da mídia moderna para estimular um renascimento religioso. Isso, por sua vez, deu novo gás e fortaleceu um importante elemento da superclasse global: os líderes religiosos da era da informação.

Durante a maior parte do século XX, a sabedoria convencional e uma literatura crescente afirmaram que a modernização criaria sociedades mais seculares. No início dos anos 1900, o sociólogo Max Weber chamou esse fenômeno de "desencantamento do mundo": o capitalismo iria substituir a veneração divina pela devoção ao dólar, e a disseminação da ciência e da alfabetização abalaria Deus como explicação para o desconhecido. Em meados do século o presidente Kennedy foi eleito nos Estados Unidos após proclamar sua crença "em uma América em que a separação entre Igreja e Estado é absoluta (...) em que nenhum funcionário público solicita ou aceita instruções sobre políticas públicas dadas pelo papa, o Conselho Nacional de Igrejas ou qualquer outra fonte religiosa".

O apoio popular a um governo livre da influência religiosa coincidiu com muitos sinais de ateísmo e dúvida religiosa, e não apenas nos Estados Unidos. O teólogo de Harvard Harvey Cox descreveu em 1965 "o afastamento do mundo da compreensão religiosa e quase religiosa de si mesmo" em seu polêmico livro *A cidade do homem*. No ano seguinte, a *Time* publicou uma matéria de capa intitulada "Deus está morto?", na qual observava: "Quase um em cada dois homens na Terra vive em estado de servidão a um tipo de totalitarismo que condena a religião como o ópio das massas — o que levou alguns a uma defesa heróica de sua fé, mas que também afastou milhões de qualquer noção da existência de Deus. Outros milhões, na África, na Ásia e na América do Sul, parecem destinados a nascer sem qualquer expectativa de serem levados ao conhecimento do único Deus." Claro que havia algo mais na suposta pergunta, uma implicação americana clássica de que todos os outros deviam estar errados. Mas a pergunta era verdadeira. Para muitos, a religião cada vez mais parecia tão antiga e distante quanto as histórias que ela venerava. Conseqüentemente, à medida que as elites religiosas perdiam seus rebanhos, também pareciam perder significado na estrutura de poder global.

Mas, no início dos anos 1970, muitas áreas do mundo começaram a testemunhar uma reação ao secularismo, e com ela o ressurgimento de líderes religiosos poderosos. A reviravolta religiosa foi especialmente marcante no Oriente Médio e no sudeste da Ásia: no Irã, o xá secular e ligado ao Ocidente viu seu poder diminuir ao longo dos anos 1970, culminando com a ascensão revolucionária do aiatolá Khomeini, em 1979. Movimentos similares na direção de formas mais religiosas de nacionalismo se deram na Índia, no Paquistão, em Bangladesh e no Sri Lanka. Um presidente batista "renascido", Jimmy Carter, foi eleito nos Estados Unidos, e os americanos se voltaram em massa para os sermões televisionados do evangelista Jerry Falwell e de outros ministros televisivos. O catolicismo floresceu no mundo em desenvolvimento durante o período do papa mais popular da história moderna, João Paulo II, e no final dos anos 1980 os adversários comunistas não apenas na Polônia, mas por todo o mundo, tropeçaram e entraram em colapso. A tendência de vitórias políticas das religiões continuou ao longo dos anos 1990, com a ascensão do Talibã no Afeganistão, chegando ao século XXI, com a vitória do Hamas nas eleições palestinas e dos cristãos conservadores nos Estados Unidos. Esses movimentos políticos refletiam uma transformação mais geral: em muitas regiões do mundo, as pessoas estavam se tornando mais religiosas. O rabino-chefe da Grã-Bretanha argumentou: "A religião não é mais marginal na política internacional. Após um longo período eclipsada, ela ressurgiu com uma força enorme e, algumas vezes, destrutiva."

Globalização econômica, urbanização, educação e disseminação da democracia produziram não secularização, mas um redespertar espiritual em muitas regiões do mundo. Várias pesquisas revelam esse aumento na prática e na filiação religiosa: as duas maiores seitas do cristianismo — catolicismo e protestantismo — podem alegar ter uma parcela maior da população mundial em 2000 do que tinham um século antes. Segundo uma compilação de fontes feita em 2005, 84% de todas as pessoas se consideram religiosas. A tendência pode variar um pouco por região geográfica — especialmente a Europa permanece decididamente secular, com apenas 21% de sua população alegando que a religião é "muito importante" para ela —, mas o quadro geral é o de um mundo cada vez mais religioso.

O resultado é uma pronunciada concentração de poder nas mãos de líderes religiosos. Apenas algumas religiões são dominantes, e são seus líderes que têm mais seguidores e influência global. O cristianismo domina amplamente o mundo, com uma estimativa de 2,1 bilhões de fiéis, seguido pelo islamismo, com 1,5 bilhão, o hinduísmo, com 900 milhões, a religião (ou religiões) tradicional chinesa, com 394 milhões, e o budismo, com 376 milhões. Menos de 12 religiões têm mais de 10 milhões de fiéis. (Claro que entre as maiores religiões há divisões importantes. Católicos e protestantes já não se matam com a freqüência que determinou a história da Reforma, mas as diferenças ainda são grandes. As divisões internas do islamismo, principalmente o conflito entre sunitas e xiitas, que remonta a uma discussão sobre quem deveria suceder Maomé como líder dos seus seguidores, são tão profundas e mortais hoje como sempre foram desde que a violência começou, no século VII.)

À luz do ressurgimento da filiação religiosa, especialmente o cristianismo e o islamismo, os críticos culturais tiveram de repensar o relacionamento complexo entre religião e modernidade. Em muitos sentidos, o surgimento das religiões como vibrantes movimentos populares foi ajudado, não prejudicado, pela globalização. A tecnologia da informação e a explosão das comunicações ajudaram os grupos religiosos e seus líderes a difundir suas mensagens ao redor do mundo, conquistando novos fiéis e criando redes entre as já existentes. Televisão, rádio, filmes e especialmente a internet se tornaram ferramentas extremamente eficazes do proselitismo moderno para grupos religiosos, de muçulmanos até mórmons. Além disso, essa utilização da tecnologia das comunicações não é um fluxo de informação em uma só direção, como o proselitismo tradicional costumava ser concebido, permitindo uma troca de idéias entre pregadores e fiéis. Nesse sentido, a característica de maior conectividade da globalização estimula o pluralismo religioso.

O cristianismo moderno oferece um exemplo das possibilidades de diversidade e alcance transnacional dentro de uma única religião. "Pense no que aconteceu domingo passado", escreveu o historiador Mark Noll:

> Mais católicos romanos foram à igreja nas Filipinas do que em qualquer país da Europa. Na China, onde em 1970 não havia nenhuma igreja aberta legalmente, provavelmente mais fiéis se reuniram para orar do que em toda a dita "Europa cristã". E na Europa (...) a igreja com maior número de fiéis domingo passado fica em Kiev, e é uma igreja de pentecostais nigerianos. Domingo passado, mais anglicanos foram à igreja em Quênia, África do Sul, Tanzânia e Uganda do que os anglicanos da Grã-Bretanha e do Canadá e os episcopais dos Estados Unidos somados. E um número muito maior de anglicanos foi à igreja na Nigéria do que nesses outros países africanos. Na Coréia, onde há um século só havia um punhado de fiéis cristãos, mais pessoas foram à Igreja do Evangelho Pleno de Yoido em Seul do que em todas as igrejas de denominações americanas significativas, como a Igreja Cristã Reformada. Nos Estados Unidos, a missa da igreja católica foi celebrada em mais idiomas do que nunca na história americana. Domingo passado, muitas das igrejas com as maiores congregações na Inglaterra e na França estavam cheias de rostos africanos ou caribenhos. Como um último indício da tendência global, em 1999 a maior reunião de jesuítas era na Índia, e não nos Estados Unidos, como tinha sido durante muitas décadas.

O cristianismo moderno viu outro fenômeno na proliferação de igrejas enormes. A maior do mundo, a Igreja do Evangelho Pleno de Yoido, da Coréia do Sul, tem mais de 800 mil fiéis; todo domingo a igreja do centro de Seul tem dois serviços religiosos, cada um freqüentado por mais de 12 mil pessoas. Segundo o Megachurch Research Center de Bolivar, Missouri, havia dez mega-igrejas não-católicas nos Estados Unidos em 1970; em 2005 eram 282. Rick Warren, autor de *The Purpose-Driven Life* e pastor da Igreja Saddleback, de Orange County, Califórnia, com 15 mil fiéis, costuma ser identificado como o inventor da mega-igreja moderna. Cansado de sermões sobre o fogo do inferno e de rituais vazios, Warren criou a Saddleback em 1980, pretendendo atender ao paroquiano "comum". Desde então ele espalhou sua visão da fé "intencional" em escala mundial. Em 2006, fez uma excursão por 13 países, com uma escala em Seul, onde falou para uma multidão de 100 mil pessoas. Warren tinha identificado a mega-igreja como um potencial meio de resolver problemas globais: "Nada chega perto do tamanho das igrejas", diz ele. "[Elas têm] a maior rede de distribuição, o maior número de voluntários, credibilidade local, todas aquelas coisas que tornam uma igreja capaz de lidar com aquelas questões de vazio espiritual, liderança corrupta, pobreza, doença e analfabetismo, problemas que provavelmente afetam bilhões de pessoas, não apenas milhões."

Também nos Estados Unidos as mega-igrejas funcionam não apenas como locais de oração e reunião comunitária, mas também, segundo o *New York Times*, freqüentemente operam "quase como governos substitutos", oferecendo uma série de serviços sociais, entre eles aconselhamento e educação. De fato, essas igrejas têm o potencial de rivalizar com governos nacionais e organizações seculares da sociedade civil em sua capacidade de lidar com desafios globais. Seu envolvimento com questões globais não é novidade, especialmente na tradição cristã de proselitismo que moveu grande parte da era dos descobrimentos e hoje inspira teólogos da libertação na América Central e defensores da liberdade religiosa na China. Seu poder também se manifesta na capacidade dos líderes do islamismo de emitir *fatwas* — determinações aos fiéis que não obedecem fronteiras, como aquela que condenou o escritor Salman Rushdie depois da publicação de *Versos satânicos*, considerado sacrílego profundo. Ou, da mesma forma, os apelos a protestos e vingança que se espalharam pelo Oriente Médio e pela Europa em reação às caricaturas dinamarquesas que pareciam atacar o profeta Maomé. As novas tecnologias da informação permitem a líderes religiosos convocar para a ação ou pronunciar decisões que têm o peso da lei de formas que geram impacto global instantâneo.

Pastor de festas

Um grupo de líderes religiosos espalhados pelo mundo se destaca por sua capacidade de utilizar as modernas tecnologias da informação de modo a ampliar sua influência, gerar faturamento e conseguir status internacional. É importante estudar um punhado de casos em busca de padrões, compará-los com outras elites globais e tentar entender como seus papéis ou os papéis daqueles como eles podem evoluir no futuro.

Luis Palau criou uma série de epítetos para si mesmo — ele é o "evangelista internacional", o "Billy Graham da América Latina" ou, mais recentemente, o pastor do "evangelismo da festa saudável". A partir de 1999, o negócio evangélico cristão de Palau, já famoso por arrastar multidões de centenas de milhares por todo o mundo, mudou seu formato de modo a atingir platéias ainda maiores. A Associação Luis Palau começou a promover festivais gigantescos em espaços abertos onde as famílias e amigos podiam se reunir, quase inconscientemente absorvendo a mensagem de Jesus Cristo sutilmente inserida em shows de gospel e astros convidados. Um jornal descreveu isso como sendo "evangelismo camuflado": "Seus festivais não exibem símbolos religiosos, nem coros uniformizados, nada de clero no púlpito nem leituras solenes da Bíblia ou orações gastas." O ministério de Palau é adequadamente chamado de "Vivo". Diferentemente de Billy Graham, com suas sóbrias cruzadas de estádio concentradas na oração, Palau anuncia seus eventos como sendo informais, interativos e divertidos. Muitos dos festivais têm a participação de bandas de rock e pistas de skate. Em 2003, Palau chegou mesmo a realizar um festival de primavera em Fort Lauderdale — local ideal para atrair universitários que poderiam estar se dedicando a um comportamento menos santificado. O evento atraiu mais de 300 mil pessoas.

Palau é um ótimo exemplo de líder religioso que transcende fronteiras nacionais e atinge milhões de pessoas. Ele levou seu ministério a setenta países, transmite um programa regular de rádio por mais de 2.100 emissoras de 42 países e comanda uma organização com funcionários em quatro continentes. Sua história, porém, é a de um improvável sucesso. Ele nasceu em Buenos Aires, Argentina, em uma família de cristãos praticantes com posses. Palau sabia versículos de cor ainda menino, mas não considerava aquela fé sua. Ele diz ter descoberto Deus certa noite, quando tinha 12 anos, sentado com um conselheiro de acampamento nas montanhas do sul da Argentina, em meio a uma tempestade. Seis anos depois, quando trabalhava em tempo integral como caixa de banco, começou também a pregar para ajudar a sustentar sua mãe e suas cinco irmãs. Em 1957, aos 23 anos de idade, tinha criado seu próprio ministério, com direito a sermões em barracas e programas de rádio.

Palau foi para os Estados Unidos em 1960. Conheceu sua esposa, Patricia, em um seminário em Portland, Oregon, e o casal voltou à América Latina como missionários da Overseas Crusade, viajando e pregando com os quatro filhos. A grande oportunidade de Palau surgiu nos anos 1970, quando ele cruzou com Billy Graham, para quem Palau trabalhou como intérprete e aprendiz. Para Palau, Graham não foi apenas um mentor, mas uma grande fonte de financiamento nos primeiros anos do ministério de Palau. Hoje os eventos de Palau custam caro — um recente festival em Washington custou 3,5 milhões de dólares, em grande parte pagos por empresas patrocinadoras, entre elas Pepsi e Amtrak. (John H. Dalton, ex-secretário da Marinha, presidiu o festival.)

Além de sua extensa rede global de fiéis e patrocinadores empresariais, a influência de Palau se estende à esfera política. Ele teve contato pessoal com o presidente George W. Bush em diversas oportunidades, a mais recente quando o acompanhou em uma visita oficial à China, no outono de 2005. Durante a visita os dois foram juntos, de limusine, a uma igreja, conversando sobre a situação do cristianismo na China. Palau também está entre os conselheiros espirituais convocados pelo presidente na esteira de tragédias nacionais. Em outubro de 2005, o presidente Bush o convidou a falar em um serviço em homenagem às vítimas do furacão Katrina, e dez dias após o 11 de Setembro incluiu Palau em um encontro de "líderes da fé", reunião realizada horas antes de ele discursar no Congresso sobre o estado da nação após os ataques. Segundo o *Christianity Today*:

> Palau, que fez anotações durante a reunião, disse que Bush fez uma comparação entre ele mesmo e o país. Bush disse ao grupo: "Eu fui um pecador necessitado de redenção, e a consegui." O presidente se referia a uma época difícil de sua vida, quando bebia muito e não tinha um objetivo. Mas o evangelho ficou claro para ele por intermédio de uma conversa com o evangelista Billy Graham.
>
> Bush disse ao grupo que o país estava cambaleando e precisava ficar novamente sobre seus pés. Ele disse que a devastação em Nova York desafia o país a olhar bem fundo em seu coração. "Penso que isto é parte de um despertar espiritual na América", disse o presidente.

Palau também interagiu com o presidente em ocasiões menos solenes. Ele fez a oração oficial de abertura em uma recepção na Casa Branca pelo Mês da

Herança Hispânica em outubro de 2001, evento que teve muitas presenças ilustres, entre elas as do conselheiro da Casa Branca, Alberto Gonzales, a cantora pop Gloria Estefan e o jogador do New York Mets Rey Ordóñez, entre outros. Elites e mensagens se fundiram, amplificaram e apoiaram umas às outras. Os políticos ganharam com a ligação com o divino, o clero lucrou com a associação com o poder nacional e as celebridades multiplicaram o poder de ambos. Foi uma espécie de trifeta de cultivo de poder nos Estados Unidos hiper-religiosos da era da informação.

O telemuçulmano

Os cristãos evangélicos das Américas não são os únicos a usar a mídia moderna para disseminar sua fé e influência. Amr Khaled, um contador egípcio transformado em superastro da TV muçulmana, atinge milhões de pessoas por intermédio de sermões televisionados e proselitismo na internet. Tomando-se como base os números de audiência e os acessos ao site, ele é mais popular do que Oprah Winfrey e, segundo o semanário popular *Al-Ahram*, tem no mundo muçulmano "o tipo de público que se esperaria de um astro do cinema ou da música". Ele não tem credenciais religiosas oficiais, mas conseguiu cativar uma platéia devotada de milhões de pessoas — em sua maioria jovens, educadas e em ascensão social — que vai do Oriente Médio à Irlanda, passando pela Romênia. Em sua posição de inacreditável influência e visibilidade, Khaled se tornou um elemento poderoso nas relações entre muçulmanos e o Ocidente.

Khaled foi criado em Alexandria, Egito, em uma família de classe média alta, tradicional mas não religiosa. Ele descobriu o Corão na adolescência e se tornou cada vez mais religioso enquanto concluía seus estudos em uma universidade secular, mas continuou a seguir a carreira de contador. Fez seu primeiro discurso religioso improvisado no aniversário de um parente, em um clube. Foi um grande sucesso, e isso o levou a palestras semanais — em sua maioria conselhos práticos para muçulmanos modernos — e a um programa de TV religioso em quatro episódios produzido com um amigo de colégio. Como nenhuma rede de TV comprou o programa, Khaled fez 2 mil cópias da fita e as repassou a camelôs do Cairo, que as venderam nas ruas. As vendas explodiram e Khaled teve de fazer mais 50 mil fitas antes de uma emissora por satélite saudita tomar conhecimento e oferecer um contrato a ele.

A aparência de Khaled no programa lembra seus dias de contador; ele troca as túnicas longas e esvoaçantes por elegantes ternos sob medida de estilistas europeus. Entrevistadores chamaram a atenção para outros sinais claros de uma vida confortável: seu relógio Bulgari, seu novo PDA Nokia. Suas palestras, cuidadosamente baseadas nas dos cristãos evangélicos americanos, misturam auto-ajuda pragmática e conselhos para a vida com mensagens islâmicas conservadoras. Muitos atribuem sua popularidade entre os jovens muçulmanos à sua dosagem de palavras firmes com o sorriso — suavizando as duras mensagens apocalípticas do islamismo conservador com uma face amistosa. ("Ele é muito terno e adorável", se desmanchou uma fã.). Khaled, de 39 anos de idade, também usa uma linguagem que os jovens consideram mais acessível que a dos clérigos mais velhos e tradicionais. Ele espalha gírias egípcias em suas palestras e se dirige às mulheres, o que não é comum em palestrantes muçulmanos. E, não por acaso, é um artista habilidoso. Como escreveu o *New York Times*: "Na melhor tradição dos tele-evangelistas dos Estados Unidos, o estilo de Khaled no palco vende bem. Com os olhos bem fechados, o pregador transmite uma mensagem como se viesse das profundezas de sua alma. Seu rosto se contorce. Há uma onda de emoção. Sua voz ganha um tom exaltado. Em um átimo ele aplaca sua platéia, a voz se transformando quase em sussurro."

No site de Khaled, que teve 26 milhões de acessos em 2006, seus seguidores podem baixar vídeos de suas palestras, conversar uns com os outros e até mesmo comprar suéteres com a grife Khaled. (É o terceiro mais popular site árabe da internet e está entre os mil maiores em todo o mundo, perto dos de *Washington Post* e Al Jazeera.) Várias operadores de telefonia móvel em países árabes oferecem mini-sermões de Khaled por mensagem de texto.

A fama tem seu preço, e Khaled ainda está aprendendo. Diz-se que ele dá seu número de telefone a qualquer um que peça e recebe ligações de completos estranhos. Um repórter lembra de um jantar com alguns ricos muçulmanos alemães que se atracavam com seus pratos de kebab enquanto Khaled conversava alegremente com uma adolescente libanesa que telefonara para ele inesperadamente. Segundo um colega, Khaled certa vez recebeu uma conta de mais de 8 mil dólares em menos de um mês por conversar com fãs. Ele claramente se encanta com a admiração dos fãs, mas a história também releva um traço de caráter sutil e absorto. Um repórter do *New York Times* se lembra da carreira de contador de Khaled como "o detalhe mais impressionante de sua vida", considerando-se que "ele tinha dificuldade em prestar atenção às coisas. Ele se perdia em aeroportos, passeando para olhar suéteres no *free shop* ou procurando camisas Boss, suas preferidas. Ele me disse que tinha 'perdido' uma mala enorme com 25 ternos europeus caros no retorno da Arábia Saudita depois do Ramadã, e eu o vi perder seu filho de 4 anos de idade, Aley, no aeroporto de Heathrow no único período de 10 minutos em que teve a responsabilidade de cuidar dele".

Rick Little, um conselheiro americano da ONU e CEO de uma aliança de empreendedores sociais chamada ImagineNations, falou o seguinte sobre Khaled: "Quando você vê o alcance do que ele está fazendo, os milhões de jovens que ele atinge, penso que não conheço ninguém, nenhum outro indivíduo isolado na região, que tenha sobre os jovens o impacto que Amr tem". Little descobriu Khaled quando fazia pesquisas para um livro sobre a rainha Rania, uma das amigas íntimas do religioso. Ela é apenas uma das muitas ligações influentes do religioso — figuras poderosas nos campos político e empresarial, entre eles o presidente do Iêmen, o ministro britânico das Relações Exteriores, magnatas do petróleo sauditas e a Nike Corporation. Ele foi procurado por governos europeus para ajudar na luta contra o radicalismo islâmico, e depois da enorme polêmica em relação às caricaturas dinamarquesas de Maomé, em 2006, organizou em Copenhague uma conferência de líderes cristãos e muçulmanos e jovens para debater liberdade de expressão e tolerância religiosa.

Khaled claramente tem uma influência grande e ampla sobre seus seguidores. Muitos analistas muçulmanos dizem, por exemplo, que ele é a maior força isolada por trás do enorme aumento no número de mulheres que usam *hijab*. (Ele disse às platéias que remover o véu é "o maior pecado, o maior pecado, o maior pecado".) Recentemente Khaled passou a dar grande ênfase ao vínculo entre suas mensagens e metas sociais e regionais maiores; seu programa na TV e na internet *Life Makers* estimula jovens muçulmanos a melhorar seu mundo e dar início a um renascimento árabe — a partir do que ele chama de "desenvolvimento baseado na fé". Ele acredita que a reforma dos valores islâmicos é o único modo de conter o apelo do fundamentalismo violento como o de Osama bin Laden, que atrai muçulmanos incomodados com a crescente pobreza, o desemprego, o analfabetismo e a opressão política. "Acredito que a cada cem anos as idéias do mundo mudam, e surgem pessoas extraordinárias que dão novas idéias à humanidade", disse ele.

Espiritualidade dissidente ou culto subversivo?

O apelo popular e a crescente influência da religião não se limitam às crenças hegemônicas estabelecidas. O Falun Gong, um movimento espiritual que mistura elementos de budismo, taoísmo e rituais de respiração chamados *qigong*, continua a ser uma das crenças "marginais" mais misteriosas e polêmicas, e seu fundador, Li Hongzhi, também é um enigma entre os líderes religiosos mais poderosos do mundo. Ele acredita que alienígenas vivem na Terra; também se diz um super-homem que pode atravessar paredes, curar o câncer e praticar a telepatia. Para seus seguidores, ele é o "Buda vivo". Para o governo chinês, é o líder subversivo de um "culto do mal".

Li criou o Falun Gong, também conhecido como Falun Dafa, na China, em 1992. Grupos de seguidores que assistiam a aulas e participavam dos exercícios respiratórios que são a marca registrada do movimento se espalharam por todo o país, e quando Li publicou a Bíblia do Falun Gong, *Zhuan Falun*, em 1996, se tornou um best-seller. No ano seguinte, funcionários chineses ameaçados pela popularidade do movimento proibiram a publicação de livros de Li e começaram a perseguir seus seguidores. (Li fugiu do país e hoje mora nos Estados Unidos.) Em 2000, a Anistia Internacional relatou que em um ano pelo menos 77 adeptos do Falun Gong morreram na prisão — em "circunstâncias suspeitas", com sinais de tortura e maus-tratos. A organização de direitos humanos e outros meios de comunicação relataram que o governo chinês estava sistematicamente prendendo e detendo todos os seguidores identificados, mantendo-os na prisão até eles renegarem suas crenças. O número de seguidores do Falun Gong é controverso — mais de 100 milhões, segundo o porta-voz da seita, 2 milhões pelas estimativas oficiais chinesas. (Fontes independentes, entre elas as revistas *Time* e *Asiaweek*, situam o número na casa de "dezenas de milhões".) E a batalha entre os seguidores e o governo chinês continua acalorada.

A reação da seita à repressão revela um elemento fundamental de seu poder. Membros do Falun Gong realizam encontros regulares em prédios públicos de

Pequim e em consulados da China por todo o mundo, normalmente vigílias silenciosas, para protestar contra a perseguição. Os manifestantes, embora pacíficos, freqüentemente usam armas como cartazes, sangue falso e jaulas para mostrar como são tratados pelos chineses. A primeira dessas manifestações na China foi provavelmente a mais chocante: em abril de 1999, mais de 10 mil seguidores de Li se reuniram em torno do complexo governamental de Zhongnanhai e fizeram um protesto silencioso e meditativo de pé — a maior demonstração organizada da oposição desde a Praça da Paz Celestial e, segundo todos os relatos, uma "surpresa absoluta" para o governo. É a capacidade de organizar "espontaneamente" essas demonstrações que tanto incomoda o governo. Pequim se preocupa com o potencial do grupo de deflagrar enormes revoltas sem avisar — em um país que as autoridades centrais em certos pontos se esforçam muito para controlar (em 2007 foram registrados mais de 80 mil distúrbios públicos na China). "O Falun Gong tem muitos meios de se comunicar com o público", disse um vice-presidente da fabricante de cosméticos Mary Kay Inc., que foi apanhado em um grande protesto do grupo em 2003, após ser anunciado que a empresa tinha proibido a religião entre seus funcionários chineses. "Nós sequer sabíamos que sua rede existia até a vermos em funcionamento." Essa rede informal de sites e veículos impressos liga pequenas células de seguidores ao redor do mundo e dá ao líder do grupo a capacidade de reunir um grande número de pessoas em pouco tempo. "Isso perturbou a liderança, porque Li foi capaz de mobilizar tantos tão rapidamente sem ser detectado", disse um especialista em China da Universidade da Califórnia em Los Angeles (UCLA). "Isso representa o fim do controle social na China."

O fanático pragmático

Os líderes religiosos com status de superclasse seguiram diversos caminhos até o poder. Alguns simplesmente se aferraram à tradição, com um fervor conservador tal que os destacasse, ao mesmo tempo conseguindo habilidosamente ascender nas estruturas de poder de sua religião. Diferentemente da elite da era da informação, que usou ferramentas e estratégias semelhantes às das classes empreendedoras da era anterior, esses tradicionalistas são mais como as elites existentes na maioria das classes políticas e em muitas corporações: eles encontraram os mentores certos, construíram bases de poder, se adaptaram cuidadosamente às mudanças no quadro político e disfarçaram sua ambição ao mesmo tempo que se concentravam incansavelmente no objetivo seguinte.

Um desses líderes é provavelmente o personagem mais importante hoje no Oriente Médio. O aiatolá Ali Khamenei, clérigo muçulmano e líder religioso supremo do Irã, tem mais autoridade do que qualquer outro nesse país de importância crítica. O poder de Khamenei é garantido pela constituição iraniana de 1979, que estabelece um governo baseado em *velayat-i faqih*, ou "governo do jurista experiente", dando a ele a palavra final acima de todos os outros líderes e instituições, clericais ou políticos. É necessária sua aprovação para que um presidente eleito tome posse, e ele tem o poder de declarar guerra, escolher os chefes das Forças Armadas e do Judiciário, e nomear mais da metade do Conselho dos Guardiões — uma instituição com poder de veto sobre o Parlamento iraniano. Sua posição na estrutura de poder do país foi bem exemplificada na posse de Ahmadinejad, em 2005, quando o presidente recém-empossado deu um sinal público de obediência: se curvou para beijar a mão de Khamenei.

Diferentemente da maioria dos líderes religiosos, Khamenei tem uma significativa experiência direta no governo. Ele foi duas vezes presidente do Irã, de 1981 a 1989, tendo vencido as eleições de 1981 com 95% dos votos. Seu antecessor e mentor, o aiatolá Khomeini, liderou a derrubada do xá, fundou a República Islâmica do Irã e obteve o mais alto grau clerical, a Fonte de Emulação. Seria difícil achar um mentor melhor no Irã moderno. Como líder supremo, Khamenei se revelou um modelo de pragmatismo político, criando redes de aliados estratégicos. Ele tem fortes laços com a Guarda da Revolução, a poderosa força militar do regime, assim como com a milícia voluntária Basiji, uma quase força policial que se dedica a vigiar o cumprimento das leis religiosas no Irã. A posição de Khamenei dá a ele o poder de estabelecer as políticas externa e interna e colocar em prática a agenda islâmica do país. Ele apóia abertamente uma postura de confronto com o Ocidente, e condenou publicamente "o gosto amargo e venenoso da democracia liberal ocidental". Acredita que o Irã tem o direito de buscar o poder nuclear, mas quer evitar represálias internacionais que possam ameaçar a estabilidade do regime. Funcionários dizem que ele progressivamente consolidou uma base de apoio entre os fundamentalistas, ao mesmo tempo abalando a autoridade de líderes de Estado independentes mais moderados. O próprio presidente Ahmadinejad reconheceu a influência direta de Khamenei em suas decisões; muitos acreditam que havia o dedo do clérigo na famosa carta provocadora enviada a George W. Bush em junho de 2006. Segundo a revista *Time*, Ahmadinejad e Khamenei se reúnem toda semana, em sessões descritas por observadores como as de "um discípulo com seu líder". Ele é a força que produz as decisões fundamentais em um dos principais países produtores de petróleo do mundo, o personagem fundamental para determinar como o Irã irá prosseguir com suas ambições nucleares e suas metas regionais, o decisor absoluto no que diz respeito a dar apoio ao Hezbollah e a outros poderosos grupos terroristas. Assim, ele claramente é um homem deste mundo, embora seja visto como um dos principais guias espirituais iranianos para o próximo.

Há outros que usam suas religiões ou suas posições como líderes espirituais para ampliar várias formas de poder. Como líder do Hezbollah, Hassan Nasrallah é um líder político e um terrorista, assim como um personagem religioso, da mesma forma que Muqtada al-Sadr é clérigo e líder de uma grande milícia xiita no Iraque. Outro exemplo é o grande aiatolá Ali al-Sistani, o clérigo iraquiano nascido no Irã que tem sido uma força importante no Iraque, um dos personagens fundamentais que levou a eleições no país e que, de fato, foi imprescindível para que elas acontecessem antes que muitos no país quisessem. Cada um desses líderes afeta a paz e a estabilidade, ou instabilidade, no Oriente Médio. Nem mesmo os líderes das maiores potências do mundo podem esperar conseguir atingir seus objetivos na região sem negociar com eles de um modo ou de outro. O Dalai Lama, além de ser um queridinho da mídia e das celebridades, é igualmente um líder espiritual e o porta-voz do povo exilado do Tibete que o governo do país mais populoso do mundo precisa enfrentar enquanto busca consolidar seu controle naquela região montanhosa. L.K. Advani, do partido de oposição indiano Bharatiya Janata, se vale da forte ligação do partido com a maioria hindu daquele país.

Assim como no caso de outras elites, a superclasse religiosa também tira seu poder da colaboração e de encontros com membros de outros grupos. Personagens religiosos, de grandes muftis a líderes ortodoxos gregos, podem ser vistos percorrendo os corredores do Fórum Econômico Mundial, um acontecimento que costuma ter alguns eventos com integrantes espirituais ou religiosos.

Em vez de ver a morte de Deus, o século XXI testemunhou um renascimento do interesse na fé. Seja esse reencantamento do mundo uma reação a um tempo de incerteza ou à erosão de outros elementos da identidade nacional, está claro que, como outras elites culturais, a superclasse religiosa está se valendo dos instrumentos da era da informação para criar algo novo, vibrante e transformador, ao mesmo tempo refletindo muitas das tradições, características e falhas de elites anteriores.

CAPÍTULO 8

Como se tornar um membro da superclasse: mito, realidade e a psicopatologia do sucesso

> Eu só consigo dormir à noite imaginando um grupo secreto de titereiros altamente competentes que estão tomando as decisões importantes enquanto nossos políticos eleitos discutem queima de bandeiras e a definição de casamento.
>
> Scott Adams

Teorias conspiratórias são comida caseira para a política. Na verdade, são mais que isso. Segundo os psicólogos, elas atendem a um desejo fundamental de equilibrar causas percebidas com conseqüências percebidas, desse modo satisfazendo nossa sensação de que grandes resultados não são fruto do acaso. Em um artigo sobre a proliferação de teorias conspiratórias relacionadas ao 11 de Setembro, Patrick Leman, professor de psicologia da Royal Holloway, Universidade de Londres, argumenta: "Se pensamos que grandes acontecimentos como o assassinato de um presidente podem ser resultado das ações de um indivíduo, isso indica a imprevisibilidade e a aleatoriedade da vida, o que nos perturba." Teorias conspiratórias na verdade são "psicologicamente tranqüilizadoras", diz Michael Barkun, autor de *A Culture of Conspiracy: Apocaliptic Visions in Contemporary America*, "pois elas dizem que tudo está relacionado, nada acontece por acaso e há alguma ordem no mundo".

A internet pode ser uma das principais responsáveis pela globalização, bem como um instrumento poderoso para unir comunidades de elites, mas também se revelou uma dádiva para outras turmas — aquelas com pontos de vista considerados marginais e que, antes isoladas, agora podem se relacionar com outros que aparentemente partilham essas visões. Conseqüentemente, a internet gerou uma era de ouro de teóricos da conspiração. Na esteira da morte da princesa Diana, surgiram 36 mil sites dedicados a buscar alternativas à explicação oficial de sua morte. Digite "conspiração 11 de setembro" no Google e receberá milhões de links. Além disso, o imediatismo da comunicação pela internet significa que teorias paranóicas e mitos podem atingir um número enorme de pessoas ao redor do mundo em tempo recorde. Por exemplo: em 2004, um homem de uma pequena cidade da Inglaterra colocou on-line um vídeo chamado "*9/11: Pentagon Strike*", dizendo que em 11 de setembro o Pentágono foi atingido não por um avião de passageiros, mas por um míssil. Em poucos dias o vídeo tinha sido visto por centenas de milhares de pessoas. Em semanas, tinha sido baixado por milhões ao redor do mundo.

À medida que cada vez mais idéias são partilhadas, elas alteram umas às outras, se fundindo e transformando. Barkun escreve sobre a integração de antiquadas teorias sobre o controle do mundo pelos judeus com a preocupação com alienígenas do espaço. Uma teoria afirma que o *Protocolo dos Sábios do Sião* foi produzido "pelos Rothschild e os arianos reptilianos". Barkun descobriu que nos últimos vinte anos "praticamente todas as idéias radicais de direita sobre a Nova Ordem Mundial penetraram na literatura sobre óvnis".

Uma história muito breve de coisas que na verdade não aconteceram — e suas conseqüências muito reais

Entre as teorias conspiratórias mais populares ao longo da História, há aquelas sobre pequenos grupos de pessoas, elites ou inimigos percebidos que trabalharam juntos em segredo para abalar a ordem existente ou impor sua vontade às massas. É natural que aqueles que sentem não ter poder especulem sobre onde o poder está.

Em 431 a.C., no início da Guerra do Peloponeso, o ateniense Tucídides registrou as suspeitas de seus patrícios sobre conspirações dos oligarcas espartanos: "Aquele bem-sucedido em uma conspiração era considerado como bem-informado, mas um mestre ainda maior era aquele que identificava uma." Ao longo de toda a Idade Média e na Renascença houve um esforço de vigilância especial para identificar sinais do maior dos conspiradores, o Diabo. Em 962 d.C., em Metz, França, centenas de gatos foram queimados porque se acreditava que eles eram bruxas disfarçadas; o papa Gregório IX posteriormente transformou essa teoria conspiratória específica em doutrina, em 1233, ao denunciar gatos pretos como sendo diabólicos. As próprias bruxas e seus parentes (e animais de estimação) foram enterrados, afogados, apedrejados e queimados em grande número durante os séculos XVI e XVII — talvez 200 mil bruxas e centenas de milhares de gatos.

Ao longo da História os judeus foram considerados uma ameaça por vários povos, incluindo romanos, católicos, protestantes, muçulmanos, nazistas, e quase todos os outros. Lendas sobre práticas e conspirações judaicas produziram reações draconianas. Os romanos destruíram Jerusalém e mataram até 1 milhão de judeus no ano 70, e a isso se seguiram massacres semelhantes em 113 e 132. A partir do século XIV começaram a surgir algumas das mais famosas teorias conspiratórias sobre judeus e práticas judaicas. Em 1321, quando foi dito que judeus locais tinham envenenado os poços de Guienne, França, 5 mil deles foram queimados vivos. Quando, no mesmo século, morreu de peste negra um número relativamente mais baixo de judeus do que de cristãos, provavelmente em função de hábitos higiênicos e alimentares diferentes, eles receberam a culpa pela peste, e dezenas de milhares de judeus foram queimados.

Embora um certo grau de paranóia possa ser inerente à psique humana, muitos historiadores identificam a primeira verdadeira "grande conspiração" como sendo a Revolução Francesa. Em 1792, dois deputados chamados Jacques-Pierre Brissot e Armand Gensonné fizeram um pronunciamento na Assembléia Nacional anunciando que um "Comitê Austríaco" secreto de conselheiros do rei estava tramando destruir o regime revolucionário. Eles tinham muito poucas provas, mas a simples idéia e a força de seu discurso produziram medo e incerteza na assembléia e pânico por toda Paris. Como conseqüência do alerta, a cidade "foi colocada em estado de guerra, continuamente patrulhada e iluminada por toda a noite". Mais de 90% das execuções praticadas nos dois anos seguintes — o Terror — foram de indivíduos suspeitos de sedição ou associação com inimigos da república. Segundo um historiador, "a obsessão com a conspiração se tornou o princípio central da retórica da Revolução Francesa. A narrativa da Revolução é dominada por conspirações".

Em um ataque por escrito especialmente memorável, um jesuíta francês chamado abade Barruel inicialmente atribui a Revolução Francesa à ordem maçônica, depois muda de idéia e a atribui aos judeus. (Essa ligação entre duas conspirações ajudou a produzir o que hoje corresponde a dois séculos de teorias conspiratórias envolvendo ou os maçons ou os judeus.) Naquele mesmo século, os judeus foram mais uma vez culpados quando o tsar Alexandre II da Rússia foi assassinado e houve mais de duzentas ataques a judeus, os chamados pogrons. No final do século, em 1905, a polícia secreta russa, Okhrana, adaptou um antigo romance anti-semita sobre os planos dos judeus para controlar o mundo, produzindo o que foi batizado de *Protocolo dos sábios do Sião*, desse modo divulgando uma falsa conspiração secreta por intermédio de uma real. Ao longo de todo o século XX — na Rússia, na Alemanha de Hitler e mesmo no Oriente Médio atualmente —, essa fraude foi utilizada para incitar a violência contra os judeus em reação a seu suposto plano para tomar o poder.

O temor de conspirações secretas marcou as décadas do século XX. Depois de 1917 os bolcheviques eram dominados pelo medo de conspirações contra-revolucionárias. Em 1934, Smedley Butler disse em depoimento que foi procurado por um vendedor de títulos chamado Gerald McGuire, que pedia ajuda para derrubar o presidente Franklin Roosevelt. A Comissão McCormack-Dickstein do Congresso dos Estados Unidos, que ouviu seu depoimento, se tornou depois a Comissão de Atividades Antiamericanas da Câmara, vanguarda do medo comunista dos anos 1950. Embora os Estados Unidos estivessem em uma luta real com a Rússia comunista, a afirmação de que havia comunistas por toda parte com a intenção de abalar os Estados Unidos era enormemente exagerada (em grande parte do mesmo modo como a ameaça do terror é exagerada hoje). O principal alvo da comissão foi a indústria cinematográfica, que estaria infestada de comunistas — e, talvez não por acaso, de judeus —, de modo a distorcer a cultura americana.

Teorias conspiratórias sobre elites tramando algo, claro, tiveram a ajuda da mídia, fosse em livros como o best-seller mundial *O código Da Vinci*, de Dan Brown, com suas teorias conspiratórias interligadas envolvendo cavaleiros templários, *Illuminati* e a Opus Dei, ou filmes como *JFK*, que oferece a visão paranóica que Oliver Stone tem dos acontecimentos que cercam o assassinato do presidente Kennedy. O próximo trabalho de Brown é um romance sobre outro clássico dos teóricos da conspiração, os maçons.

Quando uma colher de pedreiro é apenas uma colher de pedreiro?

Considerada a mais antiga sociedade secreta do mundo, a maçonaria atrai teorias conspiratórias como a luz atrai mariposas. Ao longo dos anos, os maçons foram acusados de paganismo, ocultismo e adoração a Satanás, e atacados por fomentar revoluções por toda parte, da Espanha de Franco à Alemanha nazista, passando pela Rússia soviética e os Estados Unidos assustados com os vermelhos. As críticas recentes à maçonaria se concentraram na influência velada de seus integrantes mais poderosos, alimentando perfis sensacionalistas na mídia popular, como o filme de Nicholas Cage de 2004 *A lenda do tesouro perdido* (no qual Cage caça um tesouro lendário guardado pelos maçons) ou *O homem que queria ser rei*, no qual um maçom (interpretado por Sean Connery) herda um reino por usar um símbolo maçônico ligado a Alexandre, o Grande, ele mesmo maçom.

A fraternidade internacional foi fundada em Londres no início do século XVIII, mas ela alega que seus princípios básicos remontam à construção do Templo de Salomão, por volta de 950 a.C., ou mesmo antes, à Grécia e ao Egito. Seus fundadores na Inglaterra eram realmente maçons, indivíduos altamente valorizados ao longo dos séculos por terem as habilidades especiais necessárias para construir catedrais, igrejas, palácios e outros símbolos de poder. Embora não seja uma religião, a maçonaria exige que seus membros jurem obediência a um Ser Divino — em qualquer forma escolhida —, e as lições e princípios da Bíblia são fundamentais para o "sistema de filosofia religiosa" da sociedade. Os membros da fraternidade têm um sistema de "apertos de mãos e senhas" secretos para se identificarem, e participam de rituais secretos em reuniões fechadas. A sociedade gira em torno de quatro virtudes cardeais — firmeza, prudência, temperança e justiça; e sete artes: geometria (origem do G icônico encontrado em muitos projetos maçons), aritmética, retórica, lógica, gramática, música e astronomia. Símbolos maçônicos foram identificados na concepção e no projeto urbanístico de Washington, nos Estados Unidos (triângulos invertidos), bem como no projeto do Pentágono e de outros prédios federais americanos (pentagramas). Alguns alegam que a nota de um dólar tem uma grande imagética maçônica: a águia no verso da nota é o símbolo de São João Evangelista, santo padroeiro dos maçons; suas 32 penas representam o número de graus no rito da maçonaria escocesa; as flechas em sua garra esquerda se referem ao rei Davi, pai de Salomão; o ramo de oliveira na garra direita é associado ao próprio Salomão; as 13 estrelas acima de sua esquerda simbolizam as tribos de Israel, e a expressão latina "*E Pluribus Unum*" sugere a fraternidade maçônica. A pirâmide não concluída com um triângulo contendo o "olho que tudo vê" também é considerada um símbolo maçônico.

Desde sua criação, em 1717, com a fundação da Grande Loja da Inglaterra, em Londres, a maçonaria teve uma história difícil. Seus membros foram condenados pelo papa Clemente XII na década de 1730, dando origem à animosidade entre católicos e maçons que resiste até hoje. Em 1826, o desaparecimento misterioso de um ativista antimaçônico chamado William Morgan estimulou o surgimento de um movimento antimaçônico nos Estados Unidos, incluindo um partido político de vida breve que apresentou candidatos à presidência em 1828 e 1832. Mas foi o século XX que apresentou os maiores desafios à fraternidade, especialmente sob o regime nazista: durante os julgamentos de Nuremberg após a guerra, o promotor-chefe e juiz da Suprema Corte dos Estados Unidos Robert H. Jackson (ele mesmo maçom) disse: "Em geral não se sabe que entre as primeiras e mais violentas das muitas perseguições movidas por todas as ditaduras modernas estão as voltadas contra os maçons." A discriminação aos maçons continuou nos Estados Unidos durante a Guerra Fria e depois, quando a ordem se juntou a grupos como o Council on Foreign Relations e a Comissão Trilateral nas mentes dos críticos que pensavam que seus membros tinham poder indevido para levar a cabo uma política secreta.

Como na maioria das teorias conspiratórias, há alguma dose de verdade nas histórias sensacionalistas sobre os maçons. De fato, a maçonaria historicamente teve em suas fileiras alguns personagens poderosos e influentes: 14 presidentes americanos eram maçons, incluindo Ford, Lyndon Johnson e Reagan, assim como vários vice-presidentes, secretários, juízes da Suprema Corte e outros altos funcionários do governo. Os laços entre a maçonaria e a política americana remontam à fundação do país: nove dos 56 delegados que assinaram a declaração de independência eram maçons, assim como 13 dos 39 signatários da Constituição, entre eles George Washington e Benjamin Franklin. O primeiro juramento presidencial foi oficiado pelo chamado grão-mestre dos maçons, Robert Livingston, usando uma Bíblia do rei Jaime de propriedade da Loja de São João, em Nova York. Além disso, essa mesma Bíblia foi posteriormente utilizada para as posses dos presidentes Harding, Eisenhower, Carter e George H.W. Bush, assim como para as inaugurações de inúmeros prédios e eventos maçônicos.

Franklin, membro da maçonaria desde os 26 anos e grão-mestre aos 28 anos de idade, certa vez disse que o "grande segredo" dos maçons "é não ter segredo algum". Essa é a atual mensagem dos maçons, que estão tentando se abrir e suavizar sua imagem de modo a atrair novos membros. Hoje o número de envelhecidos filiados à sociedade oscila entre 4 e 5 milhões em todo o mundo, com cerca de 1,7 milhão nos Estados Unidos — uma queda em relação aos 4 milhões do início da década de 1960. Algumas lojas começaram a publicar anúncios e a fazer esforços de recrutamento, destacando o aspecto fraternal e pessoal da maçonaria. Elas se concentram na faceta caritativa da sociedade, que tem pelo menos duzentas fundações ou outras instituições filantrópicas apenas nos Estados Unidos e financia tudo, desde asilos até escolas independentes. (Os maçons americanos doam cerca de 750 milhões de dólares por ano.) Apesar disso, como muitas das organizações consideradas clubes da elite antigos e poderosos, hoje a maioria dos maçons é anciã, e a organização é uma sombra de sua antiga existência nas sombras.

Ela pode ser considerada uma elite acadêmica tendo George W. Bush como membro?

Por trás das portas de ferro trancadas de uma tumba escura e sem janelas em New Haven fica uma das mais conhecidas sociedades secretas acadêmicas dos Estados Unidos. Com o passar dos anos, Skull and Bones, um clube social da Universidade Yale, consolidou sua posição de, nas palavras da ex-aluna de Yale e estudiosa da Bones Alexandra Robbins, "incubadora e ponto de encontro para gerações de elites em ascensão". Entre seus membros estiveram futuros capitães da indústria, acadêmicos influentes, astros do esporte, juízes da Suprema Corte, políticos de destaque e presidentes — inclusive George W. Bush. De fato, George W. é o último de uma linhagem de membros da família Bush que foram membros da Skull and Bones: seu avô Prescott Bush, o tio-avô George Herbert Walker Jr., o pai George Herbert Walker Bush, o tio Jonathan Bush e os primos Ray Walker e George Herbert Walker III.

A Skull and Bones foi fundada em 1832 por William H. Russel, um rico aluno de Yale (sem querer ser redundante), que importou a idéia de uma sociedade secreta estudantil da Alemanha, onde ele estudara durante um ano. Originalmente chamado de Eulogian Club, o grupo recebe cerca de 15 novos membros, ou "cavaleiros", todos os anos, tendo sempre uma lista de sócios ativos com cerca de oitocentos nomes. (Ele começou a receber mulheres em 1992, após uma amarga briga judicial entre os membros da sociedade e seu conselho administrativo que chegou aos editoriais do *New York Times* e envolveu uma intervenção da Corte Superior de New Haven.)

Alguns dos aspectos mais infames do grupo são os horrendos rituais que ele supostamente realiza. Dependendo de a quem você pergunta, eles podem envolver tudo, desde luta na lama até assassinato fingido, passando por beijar uma caveira — que, segundo a lenda, foi roubada do túmulo de Jerônimo por Prescott Bush. A primeira sessão de iniciação para os novos cavaleiros inclui uma espécie de rito de domesticação: uma cerimônia de batismo na qual os novatos recebem nomes secretos pelos quais dali em diante eles serão conhecidos pelos seus colegas de sociedade. Entre eles há nomes tradicionais, passados de membro a membro, saídos dos mitos e da literatura — Thor, Tio Remus e Hamlet, por exemplo. Alguns nomes são determinados pelas características dos recém-chegados, como Magog, tradicionalmente dado ao iniciado com maior experiência sexual. (Entre os que receberam o nome Magog: o presidente William Howard Taft, o nadador olímpico Don Schollander e, supostamente, o presidente George H.W. Bush.) Alguns iniciados são convidados a escolher seu próprio nome. De forma reveladora, segundo Robbins, quando George W. Bush recebeu essa oportunidade, "nada lhe ocorreu", e o calouro de Yale foi apelidado de "Temporário".

Como diz o colaborador do *New York Observer* Ron Rosenbaum, "Skull and Bones não é uma fraternidade como as outras; a iniciação é apenas o começo, o primeiro de uma série interminável de rituais de união que ajudam a formar a poderosa rede de veteranos da Bones — uma rede que está no cerne do cerne do *establishment* americano. Historicamente as pessoas que fizeram muito para forjar o caráter dos Estados Unidos no mundo — os Taft, os Luce, os Stimson, os Harriman, os Buckley, os Bundy e os Bush, entre outros — tiveram seu caráter forjado na tumba de Skull and Bones".

As teorias conspiratórias sobre Bones a culpam de financiar Adolf Hitler, se infiltrar na CIA, controlar a mídia americana (inclusive de ser dona da editora Farrar, Straus and Giroux), organizar a invasão da Baía dos Porcos e o assassinato de Kennedy e, em geral, de governar os Estados Unidos.

David Brooks, um colunista conservador do *New York Times*, tem uma visão ligeiramente diferente do poder intrínseco do grupo:

> Minha opinião sobre sociedades secretas é que elas são como a primeira classe nos aviões. Elas são realmente impressionantes até você ingressar nelas, e quando você está lá elas se tornam um tanto tediosas. Então, você ouve todas essas teorias conspiratórias sobre a Skull and Bones.
>
> Em minha opinião, para fazer parte de uma dessas organizações você precisa ter uma tolerância inacreditável ao tédio, porque você fica o tempo todo falando, falando e falando. Você não está comandando o mundo, está apenas conversando fiado.

O ceticismo de Brooks em relação ao grupo se ajusta perfeitamente ao que eu percebi conversando com pessoas próximas à fraternidade. No final, é pura empáfia.

O "Clube dos ex-presidentes"

Muitas das teorias conspiratórias atuais dizem respeito às instituições e aos encontros da superclasse. Um das organizações que produzem especulações delirantes é a maior empresa privada de *equity*, o Carlyle Group, que administra mais de 56 bilhões de dólares e tem filiais em 18 países. Em menos de vinte anos a empresa reuniu um catálogo de empresas com faturamento superior a 87 bilhões de dólares e que empregam mais de 286 mil pessoas em todo o mundo. Porém, a estatística mais impressionante — e mais suspeita, para as pessoas inclinadas a pensar assim — sobre o Carlyle é sua relação de funcionários de destaque: o ex-secretário de Estado James Baker, o ex-secretário de Defesa Frank Carlucci, o ex-diretor de Orçamento da Casa Branca Dick Darman, o ex-chefe da Comissão Federal de Comunicações William Kennard e o ex-presidente da Comissão de Títulos e Câmbio Arthur Levitt já estiveram na folha de pagamentos da empresa. Mas fica ainda melhor: o ex-primeiro-ministro britânico John Major, o ex-presidente das Filipinas Fidel Ramos e o ex-presidente dos Estados Unidos George H.W. Bush também trabalharam na empresa, principalmente em posições de consultoria. Até o Bush mais jovem passou um período no conselho da empresa, no início dos anos 1990. Segundo Dan Briody, autor do livro sobre o Carlyle *The Iron Triangle*, "teóricos da conspiração obcecados com sociedades secretas e conspirações desvairadas negligenciam os efeitos mais perniciosos e destrutivos de uma empresa como o Carlyle. Penetrando na própria trama da estrutura econômica do mundo, o Carlyle conseguiu mais do que poderia sonhar qualquer Comissão Trilateral ou sociedade maçônica. Eles se tornaram parte do fluxo de caixa da comunidade internacional. Milhões de pessoas investiram no Carlyle e sequer sabem disso".

O livro de Briody é em si uma espécie de tentativa de dar legitimidade a teorias conspiratórias. O parágrafo acima, por exemplo, mistura sensacionalismo com exageros e equívocos, alegando que uma empresa privada superou em influência organizações consideradas como tendo aspirações de governo mundial. Segundo Briody, isso foi conseguido se tornando "parte do fluxo de caixa da comunidade internacional", o que sem dúvida pode soar a alguns algo muito misterioso, embora eu suspeite que qualquer um com alguma noção de negócios faria a pergunta: "O que mais eles deveriam fazer? É o que empresas internacionais de *private equity* fazem." A afirmação de que milhões de pessoas investem no Carlyle e sequer sabem é outro exemplo de linguagem dramática que não conta a história inteira. Em um país de fundos de pensão, fundos mútuos e planos de aposentadoria 401(k), é justo dizer que centenas de milhões de pessoas investiram em incontáveis milhares de empresas das quais não sabem nada.

Estudando com maior atenção, surge um novo quadro: o de uma firma de investimentos de impressionante sucesso que, em função de seu sucesso, da natureza do seu negócio, do crescimento do seu setor e de sua posição especial entre as empresas financeiras na capital do país mais poderoso do planeta, é muito influente. David Rubenstein, um dos fundadores, e sua equipe de administração não estão exatamente escondidos nas sombras; jornais e revistas de negócios regularmente publicam reportagens e matérias de capa sobre eles e seus negócios.

Embora seus investimentos variem de refrigerantes a novas ponto-com, o Carlyle é mais conhecido por seu peso no setor bélico. Ele foi fundado em 1987 por William Conway Jr., Daniel D'Aniello e Rubenstein, dois executivos de empresas e um advogado de Washington que inicialmente investiram em um punhado de negócios heterogêneos mas bem-sucedidos: uma empresa de fornecimento de refeições para empresas aéreas, uma rede de comida saudável e uma empresa de biotecnologia, entre outros. Depois Frank Carlucci ingressou na empresa, e em 1990 o Carlyle começou a comprar ativos relacionados ao setor militar, começando pela aquisição, por 130 milhões de dólares, da BDM Consulting. Desde então as compras no setor produziram os melhores negócios do Carlyle. Um dos mais conhecidos foi a compra da United Defense, fornecedora do Departamento de Defesa e fabricante de armas da Virgínia, por 850 milhões de dólares em 1997. O Carlyle depois colocou a empresa na bolsa de valores, com um lucro de quase 240 milhões de dólares. A compra em 2003, por 73 milhões de dólares, da maioria das ações da QinetiQ, uma empresa de tecnologia bélica britânica, rendeu ao Carlyle mais de meio bilhão de dólares quando a empresa passou a ser negociada na bolsa em 2006 — um retorno de 800%.

A sede em Washington do que foi chamado, com algum exagero, de "Clube dos ex-presidentes" fica a meio caminho entre a Casa Branca e o prédio do Capitólio, facilitando a tarefa dos críticos de se queixar de sua potencial influência indevida sobre o *establishment* político. A empresa sem dúvida procura funcionários do governo em prol de suas empresas — assim como Carlucci fez quando a United Defense estava negociando um grande contrato com o Pentágono. (Ele supostamente teria telefonado para Jacques Gansler, chefe de compras. Carlucci também é amigo do ex-secretário de Defesa Donald Rumsfeld, que ele conhece desde o tempo da equipe de luta de Princeton.) "O problema é quando empresas privadas e políticas públicas se fundem", disse Peter Eisner, diretor do Center for Public Integrity, ao *Guardian* em 2001. "Qual chapéu o ex-presidente Bush está usando quando diz ao príncipe Abdullah para não se preocupar com a política dos Estados Unidos para o Oriente Médio? (...) A informalidade envolvida é exatamente a marca do sucesso do Carlyle."

Um dos fundadores do Carlyle disse à revista *The Nation* em 2002 que "ninguém quer se beneficiar do 11 de Setembro", embora a empresa tenha lucrado enormemente com a "guerra contra o terrorismo" americana. Seu investimento na U.S. Information Services (Usis), uma companhia particular de investigação, é um exemplo clássico. "Desde 11 de setembro o número de contratos da Usis disparou", contou um empregado do Carlyle a Dan Briody. "Todos os novos do Departamento Federal de Aviação, da Alfândega (...) todos os funcionários contratados [para a segurança interna] estão sendo investigados pela Usis. Ela também tem contratos com todas as grandes empresas aéreas e com as companhias contratadas para fazer a segurança dos aeroportos. Não exagero quando digo que o Carlyle está assumindo o controle dos contratos de trabalho governamentais, especialmente no setor de defesa." Os atentados terroristas de 2001 chamaram a atenção para outra faceta da empresa que deixou muito excitados os teóricos da conspiração — entre seus investidores (que incluem George Soros e o príncipe Alwaleed Bin Talal) havia membros da família Bin Laden. De fato, Shafig Bin Laden, um dos muitos irmãos de Osama, participava de uma conferência do Carlyle em Washington no dia dos ataques.

Apesar de todos os grandes nomes ligados ao Carlyle, eles não são muito diferentes dos grandes nomes ligados a outras grandes empresas. Esses nomes podem oferecer experiência e, claro, acesso. Como teria dito um alto funcionário do Carlyle sobre um almoço oferecido pelo então secretário de Defesa Donald Rumsfeld em 2001 (que teve a participação dos ex-secretários de Defesa Frank Carlucci, William Cohen, Caspar Weinberger, William Perry e Dick Cheney): "Pessoas do primeiro escalão são uma pequena fraternidade em que todos permanecem em contato. Quando elas atingem aquela visão global de 50 mil pés, tendem a ficar lá." Essas pessoas fazem parte da comunidade de elites globais basicamente da mesma forma que muitos outros antigos altos funcionários do governo, ou do modo como os líderes de outras grandes empresas de *private equity* como a Blackstone. O fato não precisa ser exagerado, nem demanda teorias conspiratórias para dourar a pílula. O fato de que as decisões de investimentos do Carlyle afetam a vida de mais de 300 mil funcionários espalhados pelo mundo (chegando, com suas famílias, a talvez 1,5 milhão de pessoas), além de um enorme número de investidores, concorrentes e assim por diante, realmente reflete uma boa dose de poder, mas apenas alguns poucos membros do alto escalão do Carlyle têm influência sobre todo seu patrimônio. O fato de que Rubenstein é um dos homens mais ricos de Washington, que ele, seus sócios e conselheiros são em si uma poderosa rede global, com a capacidade de investir dinheiro, apoiar candidatos políticos, participar de situações de "definição de prioridades" e até mesmo organizar seus próprios encontros, que atraem algumas das pessoas mais influentes do mundo, é outra dimensão daquele poder.

O mais chocante não é que eles estejam suplantando os círculos exclusivos de governo mundial das antigas teorias conspiratórias, mas que eles façam parte de uma comunidade maior. Eles se juntam aos líderes de uma série de outras empresas, instituições financeiras, fundações e outras organizações que inevitavelmente têm maior influência do que cidadãos comuns, pequenas empresas e mesmo políticos locais cujos destinos eles podem influenciar e que têm pouca capacidade de reagir a eles.

Uma pessoa muito próxima ao Carlyle me disse: "De certa forma eu não me incomodo com o turbilhão de boatos. A maioria deles é ridícula. Grande parte das pessoas que eles sugerem que têm maior influência aqui — os grandes nomes — está basicamente decorando vitrines a esta altura. Mas isso nos dá uma certa mística, e isso não é ruim para os negócios. Freqüentemente se supõe que sabemos mais do que sabemos. Na verdade nós somos caras muito comuns, muito disciplinados para o trabalho, muito certinhos. Isso gerou muito dinheiro para muitas pessoas e se traduz em poder — mas não as histórias fantásticas que teorias malucas e livros como *The Iron Triangle* sugerem."

Os grandes acontecimentos: menos do que o olho vê?

Digite as palavras "Bilderberg", "Comissão Trilateral" ou "World Economic Forum" em um mecanismo de busca e conhecerá o lado negro da internet: sites cruelmente concebidos com nomes como PrisonPlanet, CounterPunch, Crystalinks e Infowars. Todos apresentam alegações e manchetes que fazem tablóides populares parecerem a *Economist*: "Conexão Al Qaeda-Bilderberg?", "Comissão Trilateral: Governo mundial das sombras", "Governo corrupto, conspiração, nova ordem mundial, sem futuro".

De fato, essas três organizações e outras como elas são uma parte importante da história da superclasse. Elas são espaços de reunião, espaços para formar redes, espaços para cultivar relacionamentos, partilhar pontos de vista. Parafraseando Mark Malloch Brown, elas são os parques gramados da elite global. Além de Bilderberg, da Comissão Trilateral e do Fórum, os espaços de maior destaque são a reunião Boao, na ilha Hainan, o encontro de Pais e Filhos de Carlos Slim, na América Latina, os encontros do G50, a Reunião Anual Conjunta do FMI e do Banco Mundial, a Conferência de Munique sobre Política de Segurança, o Clube de Madri, a reunião do Fortune Brainstorm em Aspen, o encontro de Allen & Company em Sun Valley e o Bohemian Grove. A relação de encontros muda e aumenta, com outros buscando reunir grupos da superclasse, reconhecendo que, como já foi dito, a mercadoria mais valiosa nesses círculos é acesso; tais encontros estão entre os poucos que oferecem e até facilitam acesso a muitos dos líderes mais reclusos e distantes do mundo. A realidade dessas reuniões e o que elas revelam sobre os mecanismos informais de poder são muito mais interessantes que as teorias conspiratórias exageradas e suas imagens histéricas de controle total.

O Fórum Econômico Mundial

Um site antiglobalista, NewsWithViews, escreveu recentemente: "A 1.500 metros de altitude, na estação de esqui de Davos, na Suíça, os ricos e poderosos CEOs que criam riqueza e empregos estão reunidos para descobrir o 'estado do mundo'. Embora estabelecer laços seja fundamental e negócios sejam fechados, também é fechada a agenda política, que é muito distinta daquela encontrada na Constituição e na Declaração dos Direitos do Cidadão dos Estados Unidos. Com as bênçãos de seus líderes republicanos e democratas, os Estados Unidos estão sendo arrastados para um quadro global de Estados que agora são 'interdependentes', com todas as barreiras entre os Estados-nação tendo sido derrubadas."

Grupos de interesse apresentam suas críticas de modo um pouco diferente, como o Amigos da Terra fez em 2001: "Líderes empresariais vão a Davos definir sua pauta para a globalização econômica neoliberal. O Amigos da Terra vai revelar seus acordos irresponsáveis. Também planejaremos uma mudança de curso da economia global no sentido de um futuro sustentável. Os gatos gordos do Fórum Econômico Mundial podem ter a riqueza e a atenção dos poderosos, mas nós temos de nosso lado a simpatia popular e a justiça."

Embora os antiglobalistas mais radicais nunca deixem de apelar para uma imaginação fértil e uma prosa inflamada, também há críticas um pouco mais sóbrias do pensamento hegemônico, como a feita por Jeff Faux, do Instituto de Política Econômica em Washington: "Davos é (...) o símbolo mais visível da rede política virtual que governa o mercado global na ausência de um governo mundial. É mais como uma convenção política, em que as elites sondam umas as outras, identificam quais idéias e pessoas são 'grandes' e saem com uma chance maior de que seus telefonemas sejam atendidos por aqueles um ponto acima deles na hierarquia social global." Faux se refere a uma "Constituição de Davos", insinuando um plano orquestrado, um pacto social entre líderes da classe global que produziu o que ele considera serem acordos ruins para os trabalhadores do mundo.

Com Davos se aproximando do seu 40º aniversário, certamente se firmou como o maior dos encontros da elite mundial, o de maior visibilidade e, conseqüentemente, talvez o mais polêmico. Do ponto de vista do mundo lá fora, a controvérsia tem como base a preocupação de que no alto dos Alpes suíços estejam sendo tomadas decisões que afetam as vidas de milhões de pessoas, talvez negativamente, sem que elas participem. Do ponto de vista daqueles em Davos, a polêmica está em se o encontro ficou grande demais, variado demais, se continua eurocêntrico demais e se estaria à beira da irrelevância (ou já tenha superado esse limite). Mesmo na organização do próprio Fórum Econômico Mundial, que hoje gera mais de 85 milhões de dólares por ano de faturamento isento de impostos, há controvérsias sobre quem irá substituir o fundador do fórum, Klaus Schwab, e se a organização conseguirá um dia se estabilizar, considerando-se anos de agitação interna, freqüentemente fruto da personalidade inconstante de Schwab.

Os fatos sobre o encontro são bem conhecidos. Aos 27 anos de idade, o alemão Schwab abandonou uma carreira em engenharia para estudar na Escola Kennedy de Governo da Universidade Harvard, onde se interessou pelo papel dos líderes empresariais no funcionalismo público. Com esse objetivo, ele retornou à Suíça e, em 1971, criou o que inicialmente foi a Fundação do Fórum Europeu de Administração, um simpósio em que as elites empresariais européias podiam partilhar idéias sobre responsabilidade social e paz internacional. Em 1987 a fundação mudou seu nome para Fórum Econômico Mundial, e desde então cresceu e se diversificou, incluindo elites de todo o planeta e de todas as áreas — política, cultura, religião, mídia e sociedade civil (embora mulheres, asiáticos, africanos e oriundos do mundo em desenvolvimento ainda sejam mal representados). A ênfase deixou de ser ensinar a líderes empresariais estratégias de administração, passando a ser oferecer oportunidades de contatos de alto nível para todos os tipos de líderes. Como observou Henri Schwamm, ex-vice-presidente do conselho do fórum, "o pensamento estratégico na origem de Davos iria a partir de então abandonar suas raízes intelectuais para abraçar a lógica dos grandes nomes".

O fórum desempenhou um papel em diversos momentos importantes da História. Na reunião anual de 1988, por exemplo, os primeiros-ministros de Turquia e Grécia assinaram a Declaração de Davos, afastando o risco de uma guerra entre seus países. Em 1995 o ministro das Relações Exteriores de Israel, Shimon Peres, e o presidente da OLP, Yasser Arafat, chegaram a um acordo sobre Gaza e Jericó quando participavam do fórum. Além disso, alguns dos encontros potencialmente mais significativos aconteceram nos bastidores. Um influente empresário francês se lembra de ouvir falar sobre um encontro secreto entre o então presidente do Irã, Mohammad Khatami, e o secretário de Relações Exteriores do Reino Unido, Jack Straw, em Davos em 2003. Não podendo ter conversas oficiais em função de constrangimentos políticos, os dois trocaram números de celular e se encontraram discretamente na suíte de hotel do secretário Straw.

Outros incidentes potencialmente marcantes também se deram fora da reunião oficial. Em 1996 o líder do Partido Comunista russo, Gennady Zyuganov, fez uma aparição fundamental na conferência, durante a qual cortejou a poderosa platéia, basicamente ocidental, e a preveniu para vê-lo como o próximo presidente russo. Segundo David E. Hoffman, Zyuganov, que liderava as pesquisas para as futuras eleições, "roubou o show em Davos", se juntando à elite das elites e dando inúmeras entrevistas coletivas e exclusivas. O tempo todo Zyuganov se apresentou como um "comunista mais doce e gentil que iria respeitar a democracia e certos tipos de propriedade privada" — o candidato perfeito a suceder Boris Yeltsin. Um punhado de outros membros da elite russa presentes em Davos — entre eles os oligarcas Boris Berezovsky, Vladimir Gusinsky e Mikhail Khodorkovsky, e o político Anatoly Chubais — observou desalentado, temendo uma tomada comunista. O bilionário americano George Soros também temeu isso, e teria dito a banqueiros e empresários no café: "Meninos, seu tempo acabou." Chubais lembra: "Eu vi muitos de meus grandes amigos, presidentes de grandes empresas americanas, européias, dançando ao redor de Zyuganov. Eram os empresários mais poderosos do mundo, com nomes conhecidos, que com sua postura demonstravam buscar o apoio do futuro presidente da Rússia, porque estava claro para todos que Zyuganov iria ser o presidente da Rússia, e eles precisavam estabelecer uma relação com ele. Aquilo me abalou!"

Foi naquele momento, segundo Hoffman, que Chubais e os magnatas russos "decidiram imediatamente salvar Boris Yeltsin". Chubais telefonou para Moscou e preveniu os outros sobre a situação. Então convocou uma entrevista coletiva na qual denunciou a "clássica mentira comunista" de Zyuganov e alertou que sua eleição iria "levar a um banho de sangue e à guerra civil". Os oligarcas esqueceram suas diferenças e fizeram várias reuniões particulares em quartos de hotel de Davos, nas quais montaram uma estratégia para eliminar a ameaça de Zyuganov. O resultado foi o "Pacto de Davos", um acordo entre Chubais e os oligarcas pelo qual ele lideraria a campanha anticomunista e eles a financiariam — e a ele — generosamente. Os meses seguintes foram de uma grande ofensiva de mídia, com "dinheiro empregado em campanhas publicitárias, excursões regionais, suborno de jornalistas" — sempre financiada pelos oligarcas (que eram donos das maiores emissoras de TV e jornais) e orquestrada por Chubais. A vitória de Yeltsin sobre Zyuganov naquele verão mudou o rumo da Rússia e pode em parte ter suas origens no que aconteceu naquela normalmente modorrenta cidade alpina em fevereiro.

Os laços firmados ou fortalecidos em Davos ajudam a fazer as coisas acontecerem. Assim, não é surpresa que os acontecimentos mais divulgados ali — afora declarações levemente polêmicas e pequenos escândalos — sejam as festas. Em uma única noite na convenção de 2006, foram promovidos eventos noturnos por Infosys, Fundação Schwab, Goldman Sachs, Coca-Cola, *The Wall Street Journal* e Google. A festa do Google, em especial, produziu a maior excitação dos últimos anos; organizada por Larry Page e Sergey Brin no Museu Kirschner de Davos, a farra arrastou uma multidão do *crème de la crème* que incluía o ator americano Michael Douglas e o político israelense Shimon Peres e tinha um cardápio de vinhos *vintage* da mesma estatura. A dupla do Google não é formada por nerds de computador típicos, tendo fama de simpatia semelhante à de astros do cinema. Em uma festa da *Forbes* em 2006, uma jovem olhava encantada enquanto Brin tirava seu casaco e exibia "bíceps esculpidos emoldurados por uma camiseta preta justa".

Acontecimentos informais em Davos e ao redor de fato se tornaram tão comuns que uma das queixas mais freqüentes dos participantes é que eles se tornaram os verdadeiros acontecimentos. A agenda formal reúne centenas de painéis abordando uma enorme gama de questões globais e intelectuais, de "Iraque: Unidade para a estabilidade" a "O destino do universo e a busca de vida"; de "Salários de CEOs: A que ponto chegarão?" até "Por que os cérebros dormem?". Enquanto isso, durante todo o encontro, os delegados mais importantes são vistos indo ao Centro de Convenções fazer suas observações oficiais e depois saindo pela porta dos fundos na direção de grandes esportivos utilitários pretos para irem a outro canto da cidade nas montanhas. O fundador da AOL, Steve Case, disse: "Você sempre se sente no lugar errado em Davos, como se houvesse um encontro melhor acontecendo em algum dos hotéis, no qual você devia estar. Como se Davos de verdade estivesse acontecendo em segredo em algum lugar." Essa visão, a de que há outra conspiração em algum ponto da conspiração, sem dúvida soaria irônica aos teóricos da conspiração. (Ou poderia, caso eles tivessem alguma noção de ironia, o que não é o caso.)

Mas esse é um problema que começou a perturbar até mesmo os organizadores, que reconhecem que a maioria dos participantes importantes só está no Salão quando fala e depois se retira para o Belvedere, o Kongress ou um dos outros hotéis classe A e faz o trabalho realmente importante em suas suítes.

O veterano de Davos Moisés Naím sugere que alguns poucos eventos informais em Davos se tornaram os verdadeiros centros de poder. Ele diz: "A principal razão pela qual as pessoas vão a encontros é por causa da ação nos corredores fora das reuniões. Muitos participantes não dão muita atenção ao que acontece nas sessões. Eles se interessam mais pelo que — ou mais precisamente, quem — podem conseguir nos corredores. O brilhantismo de Davos é que os organizadores reconheceram essa preferência e criaram oportunidades e locais para as pessoas se reunirem. E há as reuniões privadas, que acontecem fora do programa formal e que freqüentemente são onde as coisas realmente relevantes acontecem.

"Por exemplo, há alguns jantares particulares que se tornaram muito importantes com o passar dos anos. Eu vou a Davos há 18 anos, e com o tempo você descobre que esses eventos fechados são tão importantes que certas noites você não consegue achar ninguém importante porque todos estão nesses jantares. Um deles, oferecido pela Pepsico, é tradicionalmente bom. Outro dos jantares mais interessantes e respeitados é oferecido por Victor Halberstadt e sua esposa, Masha, uma grande pintora. [Halberstadt é um antigo organizador de Bilderberg e professor da Universidade de Leiden, na Holanda.] Algumas vezes Halberstadt leva um chef especialmente para a ocasião. Ele o comanda a tudo habilidosamente como uma recepção. Em algum momento no início do jantar ele interrompe e diz: 'Vamos começar', estão saúda todo mundo, descreve com grande humor quem eles são e o que realizaram recentemente, e sempre provoca uma discussão fascinante. Assim, ele diz, por exemplo: 'Jean-Claude Trichet [presidente do Banco Central europeu], nos diga, como você vê as principais vulnerabilidades econômicas européias?' Ou se vira para [o colunista do *Financial Times*] Martin Wolf e pergunta: 'O que você acha que irá acontecer com a moeda chinesa?' Ou: 'Senhor ministro das Finanças da Turquia, quais são as repercussões da guerra do Iraque em seu país?', e assim por diante. O jantar tem um forte sabor europeu, já que normalmente inclui os CEOs de Heineken, Royal Dutch Shell, Phillips e outras grandes empresas européias. Mas Victor sempre consegue também atrair para o jantar os mais inteligentes de Rússia, Estados Unidos e Oriente Médio, bem como alguns dos acadêmicos mais interessantes e líderes da mídia. Não é apenas quem vai ao jantar, mas a forma extraordinária pela qual ele consegue fazer as pessoas trocarem informações muito interessantes que você não conseguiria apenas lendo jornais ou indo às sessões formais."

O próprio Klaus Schwab está bem consciente da evolução do evento e sempre testa sua fórmula e a ajusta. Algumas vezes ele enlouquece a equipe com o ritmo no qual produz novas idéias; ele teve uma longa série de executivos que no final acabaram se dando conta de que aquele show era dele. Complexo, ele é um intelectual dedicado; realmente adora a exploração pelo fórum do que identifica como sendo as grandes questões do momento. É um amante de arte e se interessa genuinamente pelo processo criativo.

Quando questionado sobre como o fórum mudou com o passar dos anos, Schwab, sentado em seu escritório moderno e tranqüilo com uma parede de vidro emoldurando a vista de tirar o fôlego do lago Genebra, não hesita: "Penso que o fórum se tornou muito mais multilateral. Nós incorporamos um bom número de novos grupos, como as ONGs, e também líderes religiosos. Temos cerca de trinta líderes religiosos participando este ano, e a abordagem espiritual que eles oferecem se reflete mais em algumas de nossas discussões. Também estamos reconhecendo as mudanças em nosso público e naquilo em que ele está interessado. Se eu hoje tivesse dois painéis, um sobre a OMC e um sobre pesquisa cerebral — sobre como, talvez em vinte ou trinta anos, poderemos implantar memórias nas pessoas —, acho que 70% dos delegados escolheriam o painel sobre o cérebro e 30% ficariam com a OMC.

"Um desafio nosso tem sido manter a aceitabilidade — não legitimidade, mas pelo menos aceitabilidade. Você tem de mostrar que suas ações produzem resultados concretos, o que é um dilema. Assim, temos de inventar a capacidade de criar uma validade para o que estamos fazendo. Temos de criar algumas iniciativas de parceria público-privadas que mostrem de uma forma muito prática — como nossa iniciativa de catástrofes globais, nossa iniciativa de saúde global, e assim por diante — que não estamos aqui apenas para ser um espaço de diálogo, que há resultados positivos concretos, mesmo que algumas vezes pequenos. Veja, por exemplo, a iniciativa de saúde global (...). É provavelmente a maior rede global de combate a tuberculose, aids e malária. E fazemos isso interligando empresas localmente, com ONGs e governos. Atualmente atuamos em 26 ou 27 países. Assim, atingimos milhões de pessoas, dando a algumas a oportunidade de fazerem testes, serem tratadas e assim por diante."

Schwab, que ajudou a definir o conceito da moderna elite global, que tem sido literalmente a pessoa a determinar quem atende aos critérios para ser um "Homem de Davos", sente que também as elites estão mudando: "Penso que para pertencer a uma elite você tem de atender a dois requisitos. Precisa ser uma pessoa poderosa, seja lá o que isso signifique, porque, para mim, elite significa ter influência sobre outros. Você também tem de comandar uma instituição ou organização poderosa. Diria ainda que as elites estão mudando rapidamente. Claro que sempre haverá algumas poucas pessoas que são especialmente poderosas, que têm altos salários e postos, e assim por diante, mas a volatilidade é cada vez maior. Um dia elas encarnam o poder. No dia seguinte estão fora. Portanto, ainda há uma elite, ainda há um grupo com influência especial, até mesmo grande influência. Mas em poucos anos sempre há uma mudança substancial nela".

Sua justificativa para a relevância do fórum é baseada em sua compreensão de uma época de transformação. "Em 1856, há apenas cerca de 150 anos, você teve pela primeira vez nos Estados mais mercadorias transportadas por ferrovia do que por canais. Houve a invenção do oleoduto. O primeiro cabo transatlântico. Foi uma espécie de compressão de tempo e espaço, e com isso as pessoas realmente passaram de uma identidade local para uma identidade nacional. Assim, foi preciso criar as estruturas necessárias, os governos nacionais, grandes empresas nacionais (...) que a seguir se tornaram grandes empresas internacionais. O que temos hoje é uma revolução semelhante na qual passamos de uma dimensão nacional para uma dimensão global. E ao mesmo tempo, pelas mesmas razões, as velhas estruturas de poder já não funcionam. Não acho que realmente precisemos produzir um ponto de vista comum. Acho que em um contexto global isso fará com que propostas de governo sejam mais atacadas. Acredito que precisamos de um mandato global, e nele há a necessidade de mais espaço para variedade em termos de interpretação de valores universais.

"Se você lidar com questões como aquecimento global do ponto de vista de defender interesses nacionais, terá dificuldade em fazer avanços para solucionar o problema de modo satisfatório. Assim, acho que o que estamos ajudando a fazer (...) o que precisamos (...) é muito mais no sentido de redes globais informais, muito práticas, muito concentradas. Como dar legitimidade a essas redes? Mesmo que elas não tenham um mandato, elas são monitoradas muito de perto; já é algo. Assim, além disso, precisamos ter dois princípios básicos: um é concordar com um conjunto de valores e lidar com eles com o que chamo de integridade intelectual. Não somos influenciados por interesses especiais. Somos como uma universidade. Identificamos um problema e tentamos encontrar uma solução. Isso é absolutamente necessário. No momento em que formos acusados de defender interesses específicos, perderemos nossa legitimidade aos olhos de todas as pessoas que não são representadas por esses interesses. A segunda condição é apresentar resultados concretos."

A análise de Schwab mostra a complexidade do homem e da instituição. O Fórum Econômico Mundial é uma organização dominada e custeada por grandes corporações: talvez trinta grandes patrocinadores que pagam, cada um, em torno de 300 mil dólares por ano em taxas, outro grupo de cerca de cem que paga aproximadamente 150 mil dólares e até 2 mil membros pagando até 30 mil dólares por ano para participar. A reunião poderia facilmente não abordar questões como aids, aquecimento global, questões espirituais, a África ou a pobreza; mas o faz, e por isso Bono comparece, como ele diz, para estar entre "os gatos gordos na neve".

A disposição de criar tais coalizões é um desdobramento positivo. Mas a afirmação de Schwab de que transparência e monitoramento desses esforços produzem algo como a legitimidade que deveria ser fruto de um mandato legítimo é um excesso de racionalização. Para começar, há limites à transparência dos processos utilizados, envolvam eles identificação de prioridades durante as discussões no fórum ou a determinação de quais planos serão seguidos. Afinal, muitos dos atores são do setor privado. Em segundo lugar, grupos empresariais tendem a agir no interesse dos negócios. Conseqüentemente, se uma coalizão é dominada por empresas, elas podem fazer algum bem — algumas vezes muito bem —, mas apenas na medida em que sirva aos seus interesses corporativos. Por isso são necessários mecanismos de governança pública legítima com mandatos reais para definir essas prioridades.

Por intermédio de Davos, Schwab criou legiões de defensores. O ex-embaixador da Arábia Saudita nos Estados Unidos, o príncipe Turki Al-Faisal, por exemplo, diz: "Recomendo Davos não apenas ao meu governo, mas também a meus amigos. Acho que quando as pessoas ficam juntas elas tendem a acabar fazendo coisas juntas, e isso é bom. Quando você remove as barreiras impostas às pessoas pela polidez ou pela prática civil e estabelece relações com uma pessoa ou um grupo delas, descobre que pode apelar a elas quando tem outras idéias ou precisa fazer algo. Eu vi isso em um grupo do qual fui co-presidente com alguns amigos, chamado C-100 [o Conselho de 100 Líderes, criado para promover o diálogo entre o mundo islâmico e o Ocidente], que aproximou pessoas de dentro e de fora. E o fórum foi muito importante, porque você podia abordar na conferência fontes de financiamento que não encontraria em nenhum outro lugar."

Schwab, claro, também tem seus críticos, mesmo entre aqueles que vão a Davos. Pela minha experiência, é preciso relativizar essas críticas. Há muito ego nesses grupos, e algumas vezes uma pequena censura ou o fracasso em permanecer no centro dos holofotes de Davos ano após ano provoca infelicidade entre as elites que freqüentam. Ainda assim, há pontos legítimos nas críticas. Por exemplo: um americano que foi alto executivo de Wall Street e funcionário de alto escalão do governo me disse: "Não irei a Davos a não ser que precise. Acho um horror, uma turba tediosa, mas fazemos parte daquele mundo, gostemos ou não. É o mundo internacionalista liberal. Contudo, ele não tem verdadeiras implicações nas políticas. É atualmente um grande espetáculo, e Klaus, bem, Klaus é um empresário complicado, o grande P.T. Barnum de nossa época, e ele criou em Davos a maior fraude do mundo."

Philippe Bourguignon, ex-co-CEO do Fórum Econômico Mundial, oferece um ponto de vista mais equilibrado. "Davos desempenhou o papel de pelo menos aumentar a consciência de líderes, governos e empresários. Como para HIV/aids ou aquecimento global. Mas acho que de certa forma hoje também se tornou uma grande oportunidade perdida. O encontro claramente ainda tem um papel, mas esse papel poderia ter um impacto muito maior. Não diria que é ruim, mas apenas perdeu o passo. Pessoas como [o ex-presidente francês Jacques] Chirac olham para Davos e vêem um clube de ricos líderes globais cuja única motivação é econômica, empresarial, não coisas humanas. E ele odiava. Considerava-o uma ameaça à França. Uma vez tentamos levá-lo ao encontro de Lula, o presidente brasileiro, que queria um diálogo com ele em Davos sobre questões de país em desenvolvimento e país desenvolvido, e nos esforçamos muito, mas Chirac simplesmente se recusou a ir. Não apenas não foi como convenceu Lula a se encontrar com ele fora de Davos uma semana depois do evento. Ele não fazia objeções aos assuntos. Fazia a Davos."

Bourguignon vê bolsões de oportunidade no encontro, locais em que a barulheira do "grande espetáculo" não entra e é possível trabalhar de verdade. Ele diz, por exemplo: "Há um grupo em Davos chamado Conselho Empresarial Internacional.

É especialmente interessante porque é um grupo muito bom, apenas os maiores líderes empresariais. São cem pessoas, mas por serem apenas cem, a qualidade é alta. Em segundo lugar, ele é mundialmente mais variado, com América, Europa, Ásia e assim por diante (...) muito global. E tem de tudo, de laboratórios farmacêuticos a indústria pesada, passando pelo setor digital. E produz algumas das melhores discussões. Por falar nisso, eu não acho que os líderes políticos sejam menos importantes em Davos apenas porque a economia é mais importante que a política. É porque a liderança política apenas não é tão boa. Eles não entendem isso e, portanto, se tornaram menos influentes."

Um lugar em que ele viu os líderes políticos manterem a influência usando táticas convencionais foi a China, onde o fórum tentou realizar um encontro para discutir a participação asiática muito pequena em Davos. O único problema foi que o governo chinês se recusou peremptoriamente a permitir discussões sobre certos temas sensíveis. Inicialmente, como o fórum não iria capitular, os chineses criaram seu próprio Davos (o Fórum Boao), mas depois o fórum concordou com o que uma pessoa de dentro definiu gentilmente como uma postura de maior "cooperação", e fizeram uma parceria que levou a eventos do fórum e um escritório na China. Porém, como disse uma pessoa de dentro do fórum, "o júri ainda não resolveu o que será necessário (...) e essa é realmente a maior questão para a manutenção da relevância do fórum em uma economia mundial que se moveu muito para o Oriente".

O presidente do conselho do Carlyle e ex-CEO da IBM Louis Gerstner me disse: "Eu era membro da Comissão Trilateral e de Bilderberg. Mas nunca fui a Davos. Alguns fóruns, como o Council on Foreign Relations ou a Sociedade América-China, são muito construtivos, formas úteis de partilhar seus pontos de vista com pessoas que têm interesses comuns. É como ir a um clube de xadrez ou bridge. Há pessoas com interesses comuns e você tem recompensas por contribuir, por fazer parte daquilo. Mas acredito que em um encontro grande como Davos o retorno está diminuindo muito gravemente (...) e acho que em algum momento isso também possa ser verdade para a Trilateral e Bilderberg. Que diferença eles fizeram?"

Essa sensação surgiu com freqüência em minhas conversas. Bob Kimmitt, atualmente subsecretário do Tesouro dos Estados Unidos, me disse: "Participei de quase todos esses eventos, e descobri que eles são extremamente úteis para estabelecer relações, para marcar encontros bilaterais, passar um pouco do mundo da ação para o mundo das idéias. A intersecção entre as esferas pública e privada nesses eventos pode ser importante (...) Em Davos, Bilderberg e alguns dos outros eventos que reúnem pessoas dos dois mundos (...) algumas vezes podemos usá-los para ajudar a fazer as coisas, ajudar a espalhar a mensagem. Mas em geral descobrimos que a forma mais eficaz de fazer as coisas é complementar o lado público desses eventos com reuniões bilaterais, com um intercâmbio privado. Diz respeito a saber como usá-los e manter as expectativas no nível correto."

Quando Samuel Huntington cunhou a expressão "Homem de Davos", estava lamentando o surgimento de uma elite sem um país. Ele descreveu esse grupo como tendo "pouca necessidade de lealdade nacional"; eles "achavam que as fronteiras nacionais felizmente estavam desaparecendo e consideravam que os governos nacionais eram apenas resíduos do passado, cuja única função útil é facilitar as operações globais da elite". A idéia de Huntington evoluiu com o tempo, e hoje costuma ser usada em blogs, livros, ensaios e colunas de jornal para descrever não apenas cidadãos globais, mas também um grupo que busca aplicar sua visão do mundo a todos os outros. Algumas vezes assume um sentido mais leve, enfatizando a intimidade social do encontro do Fórum, como, por exemplo, em uma observação da BBC: "E eles passeiam — com ou sem gravata — para fazer o que o homem de Davos faz melhor: estabelecer contatos e jogar conversa fora." Não surpreendentemente, Davos e o "homem de Davos" são ao mesmo tempo menos e mais do que deveriam. São menos no sentido de que Davos é um grande bazar dispersivo, cheio de uma grande variedade de pessoas, algumas extraordinariamente poderosas, algumas muito menos, alguns agentes de poder remanescentes de eras passadas, alguns que só podem ter chegado lá na bagagem de alguém. Davos raramente produz acontecimentos revolucionários e na verdade é um lugar improvável — repleto como é de repórteres — para reuniões de círculos secretos.

Mas Davos também é mais no sentido de que talvez entre quinhentas e mil das pessoas que vão são realmente membros da superclasse global. É a maior reunião deles a se realizar em qualquer parte. E também é, graças ao cérebro maravilhoso, obsessivo, complexo e imprevisível de Klaus Schwab, um lugar onde eles não falam apenas de negócios. Algumas vezes seu compromisso com a idéia de que o fórum realmente pode melhorar o estado do mundo parece um tanto ilusório — uma espécie de profecia messiânica determinando uma postura que eventualmente se revela diletantismo. Mas o programa inclui temas sociais e espirituais, e não precisaria incluir. Sim, talvez isso seja em parte para acalmar os que protestam e reduzir críticas. Mas o maior poder desse grupo, como vimos, não é o de conspiradores, e sim o de definidores de prioridades. Chamar a atenção das elites para esses temas gradualmente ajudou de forma palpável a mudar suas prioridades. Os dois melhores exemplos são a identificação da aids e, depois, do aquecimento global como grandes preocupações.

Davos é um fenômeno: agitado, fascinante, tedioso, caótico, importante, grandioso, prudente e prova de que um homem com visão e energia pode fazer diferença. E está se tornando um tanto ofegante à medida que o futuro afastamento de Schwab levanta questões sobre seu destino, mas Huntington e outros certamente estavam certos ao perceber o seu significado nos primeiros anos da era global. Se Schwab não o tivesse inventado, alguém certamente o faria.

Bilderberg e a Comissão Trilateral: dois encontros de velhos

De fato, outros criaram importantes fóruns globais, e muitos rivalizam com Davos ou o fizeram em um momento ou outro. A maioria é menor e mais exclusiva. E hoje, com encontros internacionais se tornando lugar-comum em cada grupo de líderes, muitos dos mais lendários estão perdendo seu brilho.

Bilderberg, em especial, provoca críticas peculiares. Um trecho do material promocional do livro *Bilderberger: The Timetable of the New World Order* (2006), do autor alemão Andreas von Rétyi, exemplifica o gênero, talvez não de forma tão melodramática quanto alguns outros, mas com força semelhante:

> Nossa história do mundo não é fruto de coincidências, mas de planejamento preciso. Mais de meio século atrás um grupo poderoso se formou para tomar nas mãos o destino deste planeta e conduzir o mundo na direção de um tipo secreto de internacionalismo. Muitos acontecimentos cruciais na política e na economia podem ser rastreados até a sutil manipulação de Bilderberg. Seu objetivo: controle global absoluto.
>
> Os "sumo-sacerdotes da globalização" se reuniram pela primeira vez em 1954 sob total segredo, no hotel holandês de Bilderberg. Desde então, "Bilderberg" se reúne uma vez por ano nos melhores hotéis do mundo. O que é discutido por trás de portas fechadas permanece um segredo absoluto,

> mas não temos escolha. O que quer que Bilderberg decida, irá determinar nosso futuro. Eles estão entre os órgãos centrais de um governo das sobras de alcance mundial.

O encontro anual do Grupo de Bilderberg forneceu muito material para os teóricos da conspiração desde sua criação pelo príncipe Bernhard, da Holanda, em meados da década de 1950. Em 1964, ele foi acusado de dar apoio ao socialista Gaston Deferre nas eleições presidenciais francesas. Em 1971, os críticos alegaram que os membros de Bilderberg tinham sido informados com antecedência sobre a Nova Política Econômica de Nixon, o que permitiu a eles ter lucros de 20 bilhões de dólares. E em 1974 os críticos acusaram o grupo de organizar o golpe militar em Portugal.

Bilderberg surgiu nos anos 1950 como uma iniciativa particular de líderes políticos e empresariais europeus preocupados com o compromisso americano com a Europa Ocidental. O grupo era composto de líderes empresariais, diplomatas, acadêmicos, chefes militares e altos funcionários de governos, supostamente incluindo membros do primeiro escalão da comunidade de informações.

Bilderberg faz de tudo para não aparecer. Não há um site oficial de Bilderberg, e a BBC relatou em 2004 que um telefonema para o número registrado como sendo do Bilderberg Group, baseado em Leiden, Holanda, foi atendido por um serviço de mensagens anônimo que repetiu o número e não deu nenhuma outra informação. A organização esconde o local de seu encontro anual e os participantes, aproximadamente 150, incluindo alguns jornalistas, se comprometem a manter silêncio sobre o que acontece do lado de dentro. Em 2006 o cenário — o Brookstreet Hotel, na pequena cidade de Kanata, em Ontário, Canadá — foi fechado, cercado por pesados portões de metal e ocupado por policiais com passes especiais de Bilderberg. Até a segurança é secreta. A polícia local disse a um repórter de Ottawa que a segurança era feita pela Global Risk Holdings, mas quando o repórter falou com o presidente da empresa ouviu: "Nunca ouvi falar dessa conferência. O que é? O que eles fazem?" De fato, tentar derrubar a muralha de silêncio criou uma indústria de detetives de Bilderberg, do britânico Tony Gosling ao americano James Tucker (fundador da American Free Press e autor de *Jim Tucker's Bilderberg Diary*), os franceses Pierre e Danièle de Villemarest e William Wolf (autores de *Facts & Chronicles Denied to the Public*) e o belga Geoffrey Geuens (autor de *Tous Pouvoirs Confondus* [Todos os poderes confundidos], que tem uma longa história de Bilderberg).

O encontro de quatro dias de Bilderberg em Kanata atraiu a habitual multidão de espectadores e manifestantes, cada um com várias teorias quanto ao que acontecia do lado de dentro. As especulações sobre a pauta do grupo incluíam o domínio do mundo, uma fusão do Canadá com os Estados Unidos e o México, a eliminação de tecnologia para carros que usam combustível de forma eficiente e esconder a cura do câncer. Um manifestante, um cineasta do Texas que alegava ter uma fonte do lado de dentro, apresentou sua teoria sobre Bilderberg: "É um grupo de indivíduos muito poderosos cujo objetivo é criar um governo mundial baseado em um modelo econômico medieval (...) um modelo pós-industrial com escravos e senhores de escravos." Outro manifestante que tinha acampado em frente à entrada do hotel concordou que os figurões não estavam ali por uma boa causa. "Eles estão destruindo nosso planeta", disse. "Eles estão impedindo a energia livre. (...) Estão obrigando os fazendeiros a optar por sementes geneticamente modificadas. Eles querem controlar todos. Nada de liberdade, nada de democracia."

Ao contrário da mística e da mitologia que cercam a conferência, antigos e atuais participantes afirmam prontamente que Bilderberg na verdade não determina prioridades globais. "Besteira!", disse lorde Denis Healey, um dos quatro membros fundadores, quando inquirido sobre as teorias conspiratórias. "Não existe absolutamente nada disso." Um ex-alto funcionário dos Estados Unidos que participou regularmente por mais de uma década disse que o encontro de Bilderberg tinha muito mais relevância quando foi criado, nos anos 1950, mas que desde então se tornara irrelevante quanto a produzir mudanças. "Nada que acontece em Bilderberg afeta os acontecimentos depois de Bilderberg", disse ele. Discussões com veteranos do encontro indicam que o grupo se tornou em grande medida antiquado e obsoleto; seus membros já não representam a elite do poder global como antes. Os líderes políticos que participam são em sua maioria funcionários de nível ministerial e antigos burocratas, enquanto os integrantes da comunidade empresarial e financeira são em grande parte CEOs de antigas corporações e bancos. Os poderosos atores emergentes de tecnologia e da nova mídia estão quase totalmente ausentes. "Nenhum dos gigantes das telecomunicações vai a Bilderberg", confirmou o ex-funcionário público americano. "Nenhuma dessas pessoas se dá o trabalho de ir. Elas perguntam quem são aqueles bundões velhos." O evento é quase exclusivamente transatlântico, com representação mínima de Ásia, América Latina, Oriente Médio e África.

Victor Halberstadt, que organizou muitos dos encontros ao longo dos anos como seu secretário-geral e que ainda trabalha com a organização, nega que tenha se transformado apenas em um fórum em que pessoas influentes podem se encontrar regularmente em um ambiente reservado e discutir questões de interesse mútuo. Halberstadt é um daqueles freqüentadores do mundo da elite que literalmente conhece todo mundo; ele não pode atravessar o salão do Centro de Convenções de Davos sem ser parado a todo momento, e ainda assim mantém o bom humor e tem uma noção de proporção em relação a tudo. Ele é uma personalidade especial entre os membros da superclasse, um ponto de articulação, um facilitador de ligações e uma pessoa que conseqüentemente ascendeu a uma posição de considerável influência e acesso. (Ele também integra o Conselho Consultivo Internacional da Goldman Sachs, os Conselhos de Supervisão de Koninklijke KPN, TNT e Concertgebouw, e é diretor não-executivo de PA Holdings Ltd. e RHJ Internacional.)

"Acho risíveis as acusações de governo mundial", disse Halberstadt. "Nas últimas décadas eu observei o que acontece em algumas dessas salas e desses corredores, as discordâncias, as divisões. Essas conversas com freqüência servem a um propósito útil; a História do mundo demonstra o aparecimento constante de fóruns como este. E, se eles não existissem, imediatamente seriam criados novos clubes informais, como hoje acontece na internet."

Como disse um participante habitual de Bilderberg: "Eu fui à maioria dos 12 últimos [encontros]. Não é nada. É um grupo de 120 pessoas experientes. Por experiente eu quero dizer velho. Aliás, não estou brincando quanto a eles serem velhos. Rockefeller está agora na casa dos 90. A idéia original de Bilderberg era um exemplo clássico da elite do poder. Um pequeno número de europeus e americanos se encontraria em absoluto segredo em algum lugar do mundo quando realmente fosse importante, e tentaria chegar a um consenso. Isso foi nos anos 1950 (...) e o consenso ao qual eles queriam chegar era no contexto de então da Otan e do Plano Marshall. Bilderberg e a Comissão Trilateral são absolutamente irrelevantes, a não ser como oportunidades de contato individuais. Oprah Winfrey tem mais influência do que qualquer um que vai a Bilderberg atualmente."

A Comissão Trilateral, outro grupo privado de definição de políticas, tem cerca de 350 membros da Europa Ocidental, América do Norte e Ásia do Pacífico (com um punhado de participantes trienais de outras regiões). Foi fundada em 1973 por David Rockefeller, que afirmou a necessidade de um fórum no qual partilhar os pontos de vista europeus, americanos e japoneses. Na época Rockefeller era presidente do Council on Foreign Relations, assim como presidente do conselho e CEO do Chase Manhattan Bank; considerando-se isso e seu histórico familiar, não é de espantar que o grupo, criado com a ajuda ativa do futuro assessor de segurança nacional dos Estados Unidos Zbigniew Brzezinski, se tornasse um pára-raios de teorias conspiratórias.

Os encontros trilaterais começaram a acontecer em 1975 e continuam até hoje, com o ramo japonês do grupo agora ampliado para incluir mais países de toda a região do Pacífico asiático. Em 2006 os presidentes eram Tom Foley, ex-presidente da Câmara dos Deputados dos Estados Unidos; Peter Sutherland, ex-diretor-geral da OMC e presidente do conselho de BP e Goldman Sachs International; e Yotaro Kobayashi, presidente da Fuji Xerox. Entre antigos e atuais membros há um amplo leque de ex-presidentes dos Estados Unidos, presidentes do Federal Reserve, secretários de gabinete, senadores, CEOs, banqueiros, jornalistas, acadêmicos e seus equivalentes de todo o mundo. A maioria dos participantes com os quais conversei estava ficando paulatinamente desencantada com o grupo. Quatro pessoas diferentes o chamaram de "clube de velhos".

"A Comissão Trilateral é uma piada", disse um antigo membro especialmente desinteressado, que foi alto funcionário em vários governos americanos republicanos. "É um bando de ultrapassados que não tem poder a não ser o de se reunir — e se sentir um pouco mais importante porque se reúne." Segundo a autoridade, os encontros consistiam de "apresentações inúteis de graus de abstração desligados da realidade".

A Iniciativa Global de Clinton e o poder da filantropia global

Se algo sacudiu o mundo dos encontros da elite e teve um verdadeiro impacto nos últimos anos foi a Iniciativa Global de Clinton (CGI, na sigla em inglês). Tendo acontecido pela primeira vez em Nova York, em setembro de 2005, o evento reuniu líderes empresariais e de governo e especialistas para "discutir soluções para os grandes problemas do mundo". É um projeto da Fundação William J. Clinton e do ex-presidente Clinton, com a missão definida de "aumentar os benefícios e reduzir o fardo da interdependência global; criar um mundo com mais parceiros e menos inimigos e dar a um número maior de pessoas as ferramentas de que necessitam para construir um futuro melhor".

O que distingue os encontros do CGI não são os freqüentadores, muito parecidos com as pessoas que podem ser encontradas em Davos, mas a abordagem. O objetivo é estimular a ação, fazer com que os participantes realmente comprometam recursos para resolver problemas. O evento aborda a questão central da ação que Schwab disse ser fundamental para legitimar uma organização como essa. De fato, a referência de Schwab a esse fato é sem dúvida reflexo da importância que ele atribui à CGI. Vários diferentes executivos do Fórum Econômico Mundial com os quais falei disseram achar que Schwab considerava a CGI uma ameaça potencial, assumindo, talvez com maior eficácia, um espaço que Davos quis para si como encontro que formula e implanta projetos globais.

Para dar uma noção da força da idéia, no evento de 2006 os participantes assumiram 215 compromissos, totalizando 7,3 bilhões de dólares, todos destinados a problemas — pobreza, aquecimento global e pandemias, por exemplo — que foram definidos como prioridades pela CGI. O maior compromisso foi de 3 bilhões de dólares, assumido por *sir* Richard Branson, de dirigir uma parcela dos lucros futuros de sua empresa de transportes para combater o aquecimento global. Os céticos disseram que muitos desses compromissos teriam sido assumidos mesmo sem o papel de "catalisador" desempenhado por Clinton e sua equipe, enquanto outros atacaram diretamente a oferta de Branson como sendo um compromisso sem compromisso, já que era uma oferta de lucros ainda não conseguidos e que reservava a ele o direito de escolher o destino do dinheiro. Mas praticamente todos com quem falei consideram o esforço de Clinton uma revolução e um grande passo no sentido oposto do palavrório em que se transformaram a maioria das conferências globais.

A CGI toca em uma *gestalt* especial: a ascendência dos novos filantropos e de uma nova era de militância engajada por alguns dos membros da superclasse e grandes empresas. Essa tendência também se reflete na criação da Fundação Bill e Melinda Gates, somando compromissos no valor de 30 bilhões de dólares de Bill Gates e Warren Buffett, dois dos homens mais ricos do mundo. Isso não é por acaso. Não apenas Clinton foi o presidente na época da explosão das ponto-com que tornou ricos tantos membros da nova superclasse (como Gates), e não apenas ele surgiu como o talvez mais destacado defensor mundial do que poderia ser chamado de "globalização iluminada", como os laços entre a Iniciativa Global de Clinton e a Fundação Gates incluem elos entre líderes fundamentais na instituição de Gates e no governo Clinton. O CFO (Chief Financial Officer) da fundação, Alexander Friedman, foi funcionário da Casa Branca e secretário-assistente de Defesa, enquanto a segunda executiva, Sylvia Mathews Burwell, foi subchefe de gabinete da Casa Branca. (Burwell também era protegida do homem que muitos consideram o mentor de Gates em relação à globalização, Bob Rubin, e inicialmente trabalhou para ele no governo Clinton.)

Thomas Friedman foi efusivo em seus elogios ao evento de Clinton. "É o mais perto que se pode chegar de um governo global", disse ele. "Eu estava pensando nisso enquanto olhava ao redor da sala, e lá estavam aqueles líderes de todo o mundo. E Branson oferece 3 bilhões de dólares para combater o aquecimento global — isso é realmente um compromisso em nível de governo, em valores de governo. É uma forma de governo transnacional, e está preenchendo uma lacuna."

Ele continuou, observando: "Coisas como Davos realmente começaram como redes empresariais, esse realmente foi o impulso original. Mas Klaus rapidamente se deu conta: 'Eu realmente tenho algo aqui. Criei uma forma de governança global e posso usá-la para fazer muito mais do que ajudar a Microsoft e o ING a ganhar dinheiro. Posso me valer disso.' E então Clinton percebe isso e cria sua variante com marca própria. E o que ele faz é colocar sua superclasse em uma sala e levá-la a assumir compromissos. Quero dizer, literalmente, quando você vai, você vê aqueles caras assinarem um documento. Eles realmente vão e pegam uma coisa grande, como um documento oficial, uma declaração de governo, e a assinam. [O grande capitalista de risco americano] John Doerr aparece, e Richard Branson aparece, e eles literalmente assinam 'eu farei isso'. A sensação é de um ato legal. Na verdade, John Doerr disse uma coisa engraçada para Clinton: 'Estou acostumado a ver você assinar as leis'.

"Poderia ser a ONU", continuou ele. "Poderiam ser países assinando. Mas os países não se apresentaram (...) em algumas dessas questões internacionais [eles] realmente não estão na posição de fazer isso politicamente. Na verdade, é interessante comparar. A Assembléia Geral da ONU estava reunida ao mesmo tempo em que a CGI. Ambas aconteciam. Quem fez mais? A assembléia era um falatório em que Hugo Chávez acusava o presidente [Bush] de ser o demônio e Ahmadinejad defendia a idéia de que o Holocausto era um mito, e enquanto isso a Iniciativa Global de Clinton estava recebendo compromissos individuais em nível de governos de modo a garantir governança, neste caso, redes de proteção social."

Richard Holbrooke observou da mesma forma: "Exatamente agora está claro que Bill Clinton é o cidadão isolado mais influente do mundo. Você pode gostar disso ou detestar. Pode se encantar com isso ou torcer as mãos. Mas ele está sendo impressionante agora. E, nas questões com as quais eu trabalho — como a aids —, ele está tendo um impacto enorme."

Acampamento de verão da superclasse na Califórnia

Todos os anos uma série de acontecimentos, de exposições aeronáuticas até conferências industriais, de cerimônias de premiação até aniversários de pessoas de grande destaque, acaba atraindo membros da superclasse. Afinal, essas elites têm mais em comum umas com as outras do que com qualquer outra classe, e estão constantemente fortalecendo e refinando as redes em seu universo em evolução. Mesmo que a superclasse seja definida de forma tão rígida quanto o fizemos, um grupo de aproximadamente 6 mil pessoas ainda é grande o bastante para que a maioria dos membros conheça apenas uma parcela dos outros. Conseqüentemente, todos esses encontros são eixos importantes para estabelecer ligações, partilhar e moldar pontos de vista, definir prioridades e criar os relacionamentos que levam a negócios ou coalizões mais fortes em defesa de seus interesses. Eles ajudam a garantir que executivos-chefes e líderes de governo estejam a par dos pontos de vista uns dos outros, e ajudam a produzir consenso em questões como impostos ou comércio, quem está dentro e quem está fora. (De fato, eu descobri que a constante avaliação e reavaliação das posições relativas de vários membros da elite é um dos passatempos prediletos nesses acontecimentos.) Juntos, esses conclaves ajudam a consolidar a comunidade global de líderes, garantindo os pontos de encontro e, como diz Mark Malloch Brown, "os parques gramados".

Nesse sentido, o Bohemian Grove "não é um espaço de poder. É um espaço em que os poderosos relaxam [e] desfrutam da companhia uns dos outros". Como diz G. William Domhoff, professor de sociologia da Universidade da Califórnia em Santa Cruz (que fica a 240 quilômetros de Grove): "Apesar das suspeitas de muitos da direita, e de alguns poucos da esquerda", o Bohemian Grove "não é um local secreto para conspirar, planejar ou discutir — de qualquer modo, todos lá estão bêbados demais para esse tipo de coisa". O lema do clube, "Aranhas tecedeiras, não venham aqui!", foi tirado de *Sonho de uma noite de verão*, de Shakespeare, e é um alerta contra discutir negócios ou outras "preocupações mundanas" no Grove. Em vez disso, os membros são estimulados a se concentrar em "artes, literatura e outros prazeres encontrados dentro dos portões da Boêmia". Segundo uma gravação de áudio que veio a público recentemente, um antigo participante freqüente, o sempre falante Richard Nixon, o classificou de "a coisa mais desgraçadamente efeminada que você possa imaginar".

O Grove, localizado em 1.100 hectares de floresta de sequóias no norte da Califórnia, é talvez um dos exemplos mais bizarros de uma organização de elite. Durante duas semanas no final de julho o local recebe certa de 1.500 sócios do sexo masculino do Bohemian Club, um grupo social particular fundado em São Francisco em 1872. São raros os boletins informativos do grupo, já que o clube ultra-secreto evita publicidade, mas segundo a maioria dos relatos o Grove é como um acampamento de verão para adultos crescidos e poderosos. Em função de sua composição com pessoas de grande poder — entre os convidados recentes do governo Bush estão Dick Cheney, Donald Rumsfeld, Karl Rove e George W. Bush —, o grupo também alimentou sua cota de teorias conspiratórias. Críticos à esquerda se preocupam com conspirações políticas e políticas globais concebidas no Grove, enquanto críticos de direita contam histórias de rituais homossexuais, adoração do Diabo e sacrifício de crianças. Um dos relatos mais famosos das conseqüências de acontecimentos no Grove o identifica como o local onde a bomba atômica foi concebida e planejada. Segundo Domhoff, a única ligação atômica do Grove é um membro, que perguntou ao presidente do clube se poderia usar parte do acampamento em um mês fora da temporada para se reunir com outros indivíduos envolvidos no Projeto Manhattan — nenhum dos quais era sócio do Bohemian.

A filiação ao Grove é altamente seletiva e só pode ser pedida a partir de um convite. A iniciação começa com um ritual chamado de "Cremação das Preocupações", na qual os membros queimam uma efígie para se livrarem de preocupações terrenas. Essa cerimônia teve uma variação em 1996, quando George H.W. Bush, Clint Eastwood e Walter Cronkite, interpretando os papéis de sapos no lago, coaxaram no famoso comercial da Budweiser dos anos 1990, cantando "cre-MA-ção" no lugar de "bud-WEI-ser".

As Conversas no Lago, eventuais discursos informais no Grove, historicamente serviram como uma importante plataforma de autopromoção de políticos. Como disse um membro do Bohemian em 1963, "bem, claro que quando um político aparece aqui todos vamos vê-lo, e as mercadorias que ele tem são sua personalidade e suas idéias".

Um exemplo particularmente revelador da importância das Conversas no Lago é o relato de Richard Nixon da aparição do futuro presidente americano Dwight D. Eisenhower no evento: "No verão de 1950 eu o vi bem de perto no Bohemian Grove." Nixon observa que "depois do discurso de Eisenhower nós voltamos para o Acampamento do Homem das Cavernas e nos sentamos ao redor da fogueira fazendo uma avaliação. Todos tinham gostado de Eisenhower, mas a sensação era a de que ele tinha um longo caminho antes de adquirir a experiência, a profundidade e a compreensão para ser presidente. Mas me marcou que a personalidade e a mística pessoal tivessem impressionado tão profundamente a platéia cética e crítica do Acampamento do Homem das Cavernas". Nixon depois alega que um discurso que fez no Grove pode tê-lo lançado para o mais alto cargo do país: "Se tivesse de escolher o discurso que me deu mais prazer e satisfação em minha carreira política, seria o discurso do Lago no Bohemian Grove em julho de 1967. Como esse discurso tradicionalmente não tem registro, ele não recebeu divulgação na época, mas de modos muito importantes foi a primeira pedra no meu caminho para a presidência."

Em 1995, o então presidente da Câmara dos Estados Unidos, Newt Gingrich, e o ex-presidente Bush participaram de uma das Conversas no Lago. (Bush teria falado de como seu filho George W. algum dia daria um grande presidente.). Domhoff observa que talvez a mudança mais chocante ocorrida nas Conversas no Lago nos anos 1990 tenha sido a ausência de qualquer membro do governo Clinton. Nos anos anteriores, integrantes do gabinete de governos democratas eram convidados de destaque e discursavam no lago. Domhoff argumenta: "Pode-se dizer com segurança que hoje os membros regulares do Bohemian Club são solidamente republicanos."

Um participante do encontro de 2007 o considerou "descontraído (...) e um tanto estranho". Ele observou que as várias palestras não eram muito diferentes daquelas encontradas em outras conferências, mas que o ambiente — incluindo uma eventual foto de *pinup* presa na parede e produções teatrais bastante elaboradas e sinceras com os participantes — o tornava atipicamente descontraído e festivo, "muito mais divertido do que outros encontros dos quais participei com as mesmas pessoas".

O Grove exibe uma reveladora mistura de membros dos grupos políticos, financeiros e empresariais da elite americana. Em uma lista das 1.144 maiores corporações dos Estados Unidos, o sociólogo Peter Phillips descobriu que 24% tinham pelo menos um diretor que era membro ou convidado em 1993. No caso das cem maiores corporações fora da Califórnia, a parcela era de 42%. Assim, embora a maior parte do que acontece no Grove seja apenas diversão e jogos (e muita bebida), é inevitável que, quando as elites se reúnem, falem sobre negócios. Domhoff observa que esse tipo de proximidade forçada produz consenso, e dá uma perspectiva sociopsicológica dessas reuniões da elite:

> Primeiramente, o simples fato de que homens ricos de todo o país se reúnem em circunstâncias tão próximas quando o Bohemian Grove é prova da existência de uma classe alta de grande coesão social. Isso mostra que muitos desses homens se conhecem, que eles têm uma comunicação direta e que formam uma rede social. Nesse sentido, vemos o Bohemian Grove e outros encontros sociais como resultado de processos que levam à coesão de classe. Mas tais instituições também podem ser vistas como facilitadoras de laços sociais. Uma vez formados, esses grupos se tornam outro meio pelo qual a coesão da classe alta é mantida.

Mesmo a mais moderada das teorias conspiratórias normalmente confere um volume exagerado de coordenação, coerência e influência aos grupos que ataca. Os indivíduos que participam dessas instituições e de certos eventos da elite — clubes, conferências e jantares descontraídos — provavelmente não têm planos secretos para dominar o mundo, mas muito provavelmente têm interesses comuns. Eles partilham metas semelhantes e em muitos casos uma semelhante visão do mundo e do rumo que ele deveria tomar. Quando se ligam uns aos outros, eles não buscam conspirar como grupo, mas aumentar seu próprio poder fazendo associações vantajosas. Por essa razão, cada setor — político, empresarial e militar — tem espaços em que seus líderes se reúnem e, em certo sentido, reafirmam sua união.

"Aspirantes" asiáticos e latino-americanos ou "precursores" das super-reuniões de amanhã?

O Fórum Boao para a Ásia (BFA, na sigla em inglês) foi criado em 1998 como uma alternativa regional ao Fórum Econômico Mundial e tem tentado organizar uma reunião anual comparável em Hainan, China, desde 2002. Ele tem o mesmo formato básico: entre 1 e 2 mil participantes da elite, uma miscelânea de debates, reuniões sociais e outros eventos informais de convívio. Mas segundo muitos relatos o BFA ainda não conseguiu o mesmo status e relevância de seu espelho europeu. Em 2006 a reunião durou menos de 48 horas, e, a não ser por um punhado de chefes e ex-chefes de Estado, parecia haver poucos líderes e empreendedores de alto nível. Essas comparações não são exatamente justas, claro, já que o Fórum Econômico Mundial tem uma dianteira de quase trinta anos; o BFA com certeza fez um progresso extraordinário desde a primeira conferência, na qual vários delegados de alto nível foram obrigados a pegar um ônibus no aeroporto, enquanto outros ficaram em quartos de hotel sem água corrente. (Muitos apelaram para refeições em barracas de uma aldeia próxima quando a comida do fórum acabou.) Apenas cinco anos depois, a conferência teve um impressionante grupo de participantes, incluindo Bill Gates, a presidente das Filipinas, Gloria Macapagal-Arroyo, e o ganhador do Prêmio Nobel da Paz Muhammad Yunus. Tem diversos grandes patrocinadores corporativos, incluindo COSCO e Merrill Lynch.

As origens do BFA ilustram bem o potencial para negócios de reuniões informais da elite — no caso, uma partida de golfe. O ex-primeiro-ministro da Austrália Robert James Lee Hawke, o ex-primeiro-ministro do Japão Hosokawa Morihiro e o ex-presidente das Filipinas Fidel Ramos estavam jogando juntos em 1998 quando tiveram a idéia de um "Davos asiático", uma forma de estimular a coesão e o diálogo entre líderes asiáticos, abordar as preocupações com as perspectivas econômicas da região e reproduzir o comportamento de coesão da União Européia e da América do Norte. A idéia era boa, mas os antigos chefes de Estado não tinham recursos. Porém, convenientemente, a partida de golfe por acaso estava acontecendo em um campo de propriedade de um empresário empreendedor. Jiang Xiaosong, um chinês do ramo imobiliário, tinha uma grande propriedade em Boao, na província chinesa de Hainan; ele também era filho de uma famosa atriz de Xangai e tinha fortes laços com funcionários do governo em Pequim. Ele imediatamente sugeriu Boao — na época uma pequena e antiga aldeia de pescadores — como o local perfeito para um centro de convenções e um resort luxuoso para abrigar o fórum. Depois de algumas viagens de Jiang a Pequim, o então vice-presidente Hu Jintao disse a Ramos e a Hawke que o governo chinês iria apoiar o projeto.

Como disse uma ex-integrante do gabinete dos Estados Unidos com quem conversei: "Na primeira vez que fui lá eu achei que tinha pousado no lugar errado. A ilha era insípida, com palmeiras isoladas e a estrada do aeroporto que os chineses, claro, tinham arrumado. Mas os hotéis eram de baixo nível e ficavam a um dia ou um dia e meio de distância, e, simplesmente ainda não era, não era o que eles queriam que fosse. Era uma aspirante a Davos (...) embora, conhecendo os chineses, eles irão se aferrar a isso, e, como a China é tão importante para tantas pessoas, eles continuarão a ir, mesmo sendo uma viagem até os confins da Ásia." No comentário dela, o encontro é uma espécie de metáfora da China moderna e um exemplo dos conflitos enfrentados pela liderança. O país e seus altos funcionários compreendem que a única forma de impedir o caos social e a instabilidade é continuar a atrair capital externo e crescer. Para eles o capitalismo é a única forma de resgatar e preservar o que sobrou do comunismo. O fórum de Boao ainda não está pronto e aparentemente falta a ele maior concentração em função dessa esquizofrenia. Normalmente os tópicos de discussão não são polêmicos, a única forma de os organizadores dirigirem um debate com estrangeiros, e sua localização em uma ilha o mantém longe dos refletores do resto do país. Ainda assim, como disse a funcionária americana, "eles estão se esforçando". Aos olhos dela, as tensões que o fórum revela são fundamentais para o futuro da região e do mundo, motivo pelo qual este encontro florescente e seus novos concorrentes por toda a Ásia estão despertando cada vez mais interesse.

Do mesmo modo como Boao exemplifica as tensões entre as forças políticas e econômicas na China, o encontro latino-americano Pais e Filhos é emblemático da dinâmica da superclasse na região. O fato de a versão latino-americana desses eventos ter a participação do tipo de famílias plutocráticas que dominaram as sociedades da área por dois séculos revela por que a América Latina está perdendo terreno. Poucos países da região demonstraram grande ânsia pelas reformas que produzem mudanças, crescimento, o surgimento de uma classe média e concorrência para as elites que mandam no terreiro confortavelmente.

A força por trás do encontro é Carlos Slim Helú, um dos homens mais ricos do mundo. Como já foi dito, Slim é de longe a maior força nas telecomunicações na América Latina, controlando mais de 90% das linhas telefônicas no México e dando acesso a oito em cada dez celulares do país. Slim tirou vantagem da privatização das redes telefônicas mexicanas durante a época de Carlos Salinas, comprando empresas-chave e ampliando sua participação — basicamente por intermédio do controle de Teléfonos de México, Telcel e América Móvil — até o valor estimado atualmente em mais de 50 bilhões de dólares. Ele tem sido atacado por seu quase monopólio do setor telefônico mexicano e pelo fato de que suas tarifas são desproporcionalmente mais altas que as dos países nos quais a competição é maior.

Uma pessoa muito próxima de Slim o descreve como "incomum para um líder empresarial latino. Ele realmente lê livros. A maioria desses caras é boa com números, boa nos seus negócios familiares. Mas ele é um intelectual, e tem um amplo leque de interesses. Acho que por isso ele criou o encontro (...) também, acho, porque Davos era falho em termos de participação latino-americana (...) e também, principalmente, claro, porque ele achava que atendia a seus interesses".

Ao batizar o encontro de "Empresários Latino-americanos: Um encontro entre Pais e Filhos", Slim criou um fórum para as elites da rede latino-americana de impérios ainda predominantemente de propriedade ou controlados por famílias. O bilionário das telecomunicações paga pessoalmente todo o evento e define a programação, que, segundo um participante, era "de muito trabalho, um pequeno tempo para tênis ou golfe, muitos debates sobre questões empresariais, troca de experiências, iniciativas que eram importantes para Slim" (como a restauração do centro histórico da Cidade do México) e reuniões na casa do próprio Slim. De acordo com um programa inicial do primeiro encontro, entre os participantes haveria grupos de Argentina, Brasil, Chile, Colômbia, Equador, México e Venezuela, e o total de países aumentou nos anos seguintes.

Um participante observou que uma das coisas mais estranhas da reunião exclusivamente masculina foi quando alguém achou que era hora de dançar. "Sabe, são pais, filhos e sobrinhos, o encontro é isso, certo? É um reflexo de uma certa cultura machista latino-americana, que é muito limitada. Mas quando a música começou a tocar e não havia mulheres, alguns dos caras começaram a dançar com os outros." As redes assumem muitas formas.

Como se tornar um membro da superclasse

Nenhum estudo da superclasse estaria completo sem um exame atento no "quem" por trás dos encontros exclusivos e dos poderosos postos de comando. Eu fiz isso por intermédio de uma espécie de censo da superclasse, produzindo uma lista de mais de 6 mil nomes de todo o mundo. Cada indivíduo na lista tem uma influência sobre a vida de milhões de pessoas que atravessa fronteiras internacionais. Cada um está ativamente envolvido na defesa de seus interesses. O grupo inclui, como já foi observado no início do livro, líderes das maiores empresas, dos maiores bancos e firmas de investimentos, de governos e partidos políticos, organizações militares, organizações de mídia, grupos religiosos, ONGs, bem como integrantes das elites das sombras, aqueles cuja influência deriva de meios ilícitos ou anticonvencionais, de terroristas aos blogueiros mais importantes.

Uma lista dessas, claro, é imperfeita. Embora um relógio quebrado esteja certo duas vezes por dia, uma lista dessas está condenada a ser imprecisa assim que tiver sido completada. Posições mudam. Organizações se fundem. O poder vem e vai. A publicação de uma lista dessas imediatamente suscita discussões sobre quem está e quem não está e obscurece as questões mais importantes envolvidas.

Ainda assim, ao fazer a lista podemos ter um quadro geral da demografia desse grupo; gênero, países de origem, histórico escolar, e como essas características podem mudar no futuro. Em certa medida, a informação é fruto das categorias analíticas escolhidas. Se eu tivesse decidido que líderes de governo eram muito mais importantes do que líderes empresariais, teria muitos mais deles na relação. Se tivesse decidido que CFOs atendem a meus critérios, teria muito mais homens de negócios. Em vez disso, a lista reflete na maior medida possível algumas verdades fundamentais sobre onde o poder do mundo moderno está concentrado, a ascensão das elites financeiras, empresariais e de informação, o relativo declínio das elites militares e governamentais e os primeiros sinais de mudança à medida que a base geográfica das elites começa a apresentar alterações.

Mesmo levando em conta divergências, seria praticamente impossível negar que esta é uma história de homogeneidade e desequilíbrio. Os dados refletem um perfil bastante direto do que a pessoa média precisa fazer caso aspire a se tornar membro da superclasse.

Eis oito regras básicas:

1. *Nascer homem.* Não há grupo proporcionalmente mais mal representado entre os membros da superclasse quanto as mulheres. Em um planeta no qual 51% dos habitantes são do sexo feminino, a estrutura de poder global é extraordinariamente desequilibrada. Há apenas 6,3% de mulheres na superclasse. De modo interessante, as poucas integrantes da superclasse com as quais falei estão convencidas de que as mulheres têm as qualidades necessárias para liderar, e certas de que um sistema dominado pelos homens é responsável por ignorar as esperanças de meninas e mulheres em muitos países de todo o mundo. Ainda assim, elas argumentam que poucas mulheres estão dispostas a fazer os sacrifícios necessários para ingressar nas fileiras dos poderosos; também parecem se deliciar com seu status especial de líderes do sexo feminino e não especialmente ansiosas para partilhar a honra.
2. *Ser um filho do* baby boom. É o momento de eles mandarem. Apesar da ascensão da nova elite mais jovem da TI, apenas 3% da superclasse tem menos de 40 anos de idade; 45% têm mais de 60 anos. A média de idade dos membros da superclasse é de 58 anos. A geração nascida na década seguinte à Segunda Guerra Mundial tomou as rédeas e provavelmente manterá o poder por mais algum tempo, especialmente dado o aumento das expectativas de vida e produtividade.
3. *Ter raízes culturais remontando à Europa.* Nenhum país tem sequer a metade do número de membros da superclasse que os Estados Unidos, que é lar de quase 17% da superclasse, quatro vezes o que seria de esperar considerando-se apenas a população. A América do Norte e a Europa, juntas, fornecem metade da superclasse. Os países da região do Pacífico asiático são responsáveis por apenas um terço. Apenas dez países representam por 57% do grupo: Estados Unidos, China, Grã-Bretanha, Índia, Brasil, Rússia, Alemanha, Japão, México e França. Dito isso, os grupos de crescimento mais acelerado estão no mundo emergente, especialmente a Ásia, e, se você considerar os Estados Unidos como fazendo parte da comunidade transpacífica, a balança pende para o outro lado.
4. *Freqüentar uma universidade de elite.* Tomando por base uma amostra global e setorialmente representativa de trezentos membros da superclasse escolhidos aleatoriamente na lista, descobrimos que quase três em cada

dez freqüentaram uma de vinte universidades de elite, sendo as primeiras Stanford, Harvard e Universidade de Chicago. Como regra, a superclasse tem uma educação muito melhor do que a população como um todo. Enquanto apenas 9% dos americanos têm uma pós-graduação, 47% da superclasse têm. Apenas 2% são como o fundador da Skype, Janus Friis, o empreendedor dinamarquês que não tem nem o curso secundário; 91% da superclasse chegaram ao nível superior. E se você for do mundo emergente, tem probabilidade muito maior de freqüentar uma universidade no mundo desenvolvido que seus compatriotas: mais de 41% dos membros da superclasse vindos de países em desenvolvimento fizeram isso.

5. *Ir para o setor empresarial ou financeiro.* Entre os integrantes da superclasse, 63% são de empresas ou finanças. Altos executivos de empresas compõem cerca de metade do grupo, e altos executivos financeiros ou de investimento são outros 13%. Em segundo lugar na lista aparecem aqueles com cargos no governo ou em instituições multilaterais, com 18%. Representantes das Forças Armadas e da defesa são responsáveis por 7% do grupo, com líderes religiosos contribuindo com 4%, um pouco menos que os líderes culturais identificados. Quase 2% do grupo são de membros que eu classifiquei como elite das sombras.
6. *Ter uma base de poder institucional.* Há muito poucos indivíduos na lista que são simplesmente tão ricos ou influentes que não demandam uma base de poder institucional para conseguir influência global. E até eles se valem de mecanismos institucionais — editoras, produtoras de cinema, investimento em instituições — para projetar seu poder. Estima-se que menos de 2% dos membros da superclasse não estejam também ligados a uma empresa, um governo, uma organização militar, um fundo, uma Igreja, um meio de comunicação ou mesmo uma rede criminosa ou terrorista da qual sejam oriundos e por intermédio da qual projetem poder.
7. *Ficar rico.* Praticamente quase todos os cerca de mil bilionários do mundo integram a lista, por definição. Além disso, como vimos, líderes políticos nos Estados Unidos, assim como membros de elites culturais, de J.K. Rowling a Bono, passando por Shakira, têm rendas anuais na casa dos milhões. Embora a riqueza não se traduza automaticamente em poder, estima-se que aproximadamente 60% da superclasse são de milionários.

8. *Ter sorte.* Demografia não é destino. Há muitos milionários americanos de 60 anos de idade formados em Harvard que não são membros da superclasse. Na verdade, como já foi observado, muitos desse grupo de pessoas bem postas, embora estejam bem, estão extremamente frustrados com isso e não conseguem entender como a meritocracia que eles defenderam a vida inteira os deixou como damas de honra dos ultra-bem-sucedidos. A resposta, como vimos, é — pelo menos em parte — sorte. É difícil de conseguir, mas é imprescindível para o ingresso na superclasse.

A psicopatologia do sucesso

Assim, a demografia não é exatamente destino. Nem a sorte em si é suficiente. Portanto, há uma nona regra a seguir caso você queria ser um membro da superclasse. Tem de querer muito. Tanto, como diz a música, a ponto de enlouquecer.

Diversos estudos feitos com os bem-sucedidos e poderosos revelam características partilhadas que não se encaixam perfeitamente em nossas idéias comuns sobre o que é ser bem ajustado. Isso não significa dizer que os indivíduos poderosos são todos patifes enlouquecidos. Ao contrário, a enorme maioria é extraordinariamente funcional. (Embora, em um grupo que inclui Hugo Chávez, Mahmoud Ahmadinejad, Kim Jong Il e alguns terroristas e outros sociopatas, é preciso admitir que há alguns membros da superclasse que você deveria pensar duas vezes antes de convidar para o jantar.)

Há certas características psicológicas que são mais comuns nos líderes do que na população em geral. Enquanto pessoas fracassadas normalmente permitem que suas neuroses impeçam seu sucesso, pessoas de sucesso com freqüência usam seus traços patológicos para ir em frente. Por essa razão, é freqüente encontrar entre os líderes tipos com personalidade obsessiva. São aqueles que fazem listas, os *workaholics*, os fascinados por detalhes, e algumas vezes os micro-administradores que esmagam aqueles ao redor. Segundo o psicólogo, antropólogo e consultor Michael Maccoby, os obsessivos são

> autoconfiantes e conscientes. Eles criam e mantêm a ordem e dão os gerentes operacionais mais eficientes. Estão sempre buscando formas de ajudar as

> pessoas a entender melhor, resolver conflitos e buscar oportunidades em que todos ganham. Eles compram livros de auto-ajuda como *The 7 Habits of Highly Effective People*, de Steven Covey. Os obsessivos também são movidos por uma consciência absoluta. Eles gostam de se concentrar no aperfeiçoamento contínuo no trabalho porque isso se ajusta a sua noção de aperfeiçoamento moral. Como empreendedores, os obsessivos criam negócios que expressam seus valores, mas não têm a visão, a ousadia e o carisma necessários para transformar uma boa idéia em uma ótima idéia. Os melhores obsessivos estabelecem padrões altos e se comunicam com grande eficácia. Eles se asseguram de que as instruções sejam seguidas e que os custos não fujam do orçamento. Os mais produtivos são grandes mentores e membros de equipes. Os improdutivos e os que não cooperam se tornam especialistas limitados e burocratas rígidos.

Embora integrar uma equipe muitas vezes seja um ingrediente fundamental para o grande sucesso, Maccoby cita em seu artigo "Narcissistic Leaders: The Incredible Pros, the Inevitable Cons" o reaparecimento de CEOs estrelas como Bill Gates, Andy Grove, Jeff Bezos e Jack Welch — indivíduos que buscam os holofotes e lideram a mudança de modo semelhante ao de outros personagens singulares da História. Maccoby descreve os narcisistas como opostos à personalidade obsessiva.

> Por toda a História, os narcisistas sempre inspiraram as pessoas e moldaram o futuro. Quando as arenas militar, religiosa e política dominavam a sociedade, eram figuras como Napoleão Bonaparte, Mahatma Gandhi ou Franklin Delano Roosevelt que estabeleciam a pauta social. Mas de tempos em tempos, quando os negócios se tornavam o motor da mudança social, também eles produziam sua cota de líderes narcisistas. Foi verdade no começo deste século, quando homens como Andrew Carnegie, John D. Rockefeller, Thomas Edison e Henry Ford exploraram novas tecnologias e reestruturaram a indústria americana. E acho que isso é verdade novamente agora.
>
> Mas Freud reconheceu que há um lado negro no narcisismo. Os narcisistas, destacou ele, são emocionalmente isolados e altamente desconfiados. Ameaças percebidas podem deflagrar fúria. Realizações podem alimentar sensações de grandeza (...). Pense como um executivo da Oracle descreveu

> seu CEO narcisista Larry Ellison: "A diferença entre Deus e Larry é que Deus não acredita ser Larry." A observação é divertida, mas também perturbadora. Não surpreende que a maioria das pessoas ainda veja os narcisistas basicamente de modo negativo. Afinal, Freud batizou o tipo em função da figura mitológica de Narciso, que morreu por causa de sua preocupação patológica consigo mesmo.

Outro desafio psicológico enfrentado pela superclasse diz respeito às distorções associadas ao poder. Adam Galinsky, da Universidade Northwestern, fez uma série de estudos nessa área, demonstrando que aqueles com maior poder têm mais probabilidade de agir de modo mais "arriscado". Em oposição, aqueles sem poder têm menos probabilidade de assumir riscos. Isso explica um pouco o fenômeno do "nada faz mais sucesso que o sucesso" e a tendência a uma concentração de poder ainda maior.

Uma psiquiatra com quem conversei identificou outra potencial psicopatologia dos super-bem-sucedidos. Eles literalmente se tornam viciados nas endorfinas que seus cérebros produzem por causa de seus trabalhos de alto estresse, alto retorno. Comandar um país, uma empresa, um exército ou uma igreja é como um esporte radical, e, quando você enfrenta situações decisivas diariamente, produz endorfina diariamente — e se torna dependente dela. Assim, observou a psiquiatra, quando políticos deixam os cargos freqüentemente passam por períodos de depressão que segundo ela não apenas parecem abstinência — são abstinência.

Há uma sabedoria popular em Washington de que as características que fazem alguém ter maior probabilidade de ser um candidato vitorioso a presidente dos Estados Unidos estão entre as características que você menos gostaria de ver em um presidente dos Estados Unidos. Você tem de se concentrar extremamente na tarefa de ser presidente durante boa parte de sua vida. Portanto, precisa ter uma ambição cega. Com freqüência é preciso abandonar noções tradicionais de equilíbrio em sua existência cotidiana. É difícil estar em constante ritmo de campanha por toda a vida sendo ao mesmo tempo pai ou marido dedicado. Você tem de colocar o negócio da política acima do conhecimento necessário para governar. Tem de querer o cargo talvez um pouco demais para estar disposto a abrir mão de tanto de sua privacidade e estar tão exposto a uma caça às bruxas malévola com motivação política, ou ainda pior. Certamente há narcisismo envolvido em se oferecer para ocupar o cargo de maior poder no planeta. E obsessão. E dependência da reação positiva que pode receber das massas.

Esse padrão se reproduz em muitos dos membros da superclasse. Afinal, eles não são apenas bem-sucedidos; têm mais sucesso do que a enorme maioria das pessoas sonha ou mesmo deseja. Eles são um em um milhão. Isso levanta uma questão: são essas as pessoas às quais queremos entregar a liderança da comunidade global? Em muitos sentidos eles podem ser os melhores e mais brilhantes, mas também estão entre os mais incansavelmente egoístas, os mais comprometidos em preservar o que quer que seja do *status quo* que os levou até onde estão. Os narcisistas podem dar bons executivos, mas pessoas que não sabem ouvir com deficiência de empatia não são necessariamente aquelas em quem você confiaria para administrar ou moldar o futuro de um sistema que fundamentalmente equilibra a si mesmo, se é que equilibra algo — especialmente quando questões internacionais como o aquecimento global e a proliferação de armas de destruição em massa fazem com que a sobrevivência do planeta (ou de uma boa parte dele) esteja em risco.

No final, o quadro que temos da superclasse é bastante humano: indivíduos idiossincráticos e imperfeitos obcecados com o sucesso, um grupo em constante mutação que mantém muitas características que podiam ser identificadas nas elites do passado. Os teóricos da conspiração podem ficar frustrados por entre eles haver tantas divisões e ineficiências, tão poucos apertos de mão secretos e mensagens em código, mas talvez achem algum consolo no fato de que os interesses comuns de grandes segmentos da superclasse freqüentemente produzem o mesmo resultado de conspirações ocultas: um mundo que normalmente parece favorecer aqueles que precisam de menos favores, que fortalece os poderosos e ignora até mesmo as necessidades mais urgentes dos fracos. Não podemos deixar de ver ambigüidades, com alguns líderes sendo avatares da mudança necessária enquanto outros são insensíveis às desigualdades que eles estão exacerbando ou mesmo aos crimes que estão cometendo. Ao mesmo tempo, o grupo é impressionantemente homogêneo: por enquanto, basicamente um punhado de homens brancos mais velhos de um dos dois lados do Atlântico. Os asiáticos estão ganhando terreno. As mulheres ainda são lamentavelmente mal representadas. E a maioria das pessoas do mundo não tem nenhuma oportunidade plausível a curto prazo de se juntar a eles ou contrabalançar seu poder. É como foi no caso das elites passadas — e, como no caso delas, uma fonte de tensão que irá determinar o futuro delas e o nosso.

CAPÍTULO 9

O futuro da superclasse — e o que isso pode significar para o resto de nós

Com os ricos e poderosos, sempre um pouco de paciência.
Provérbio camponês espanhol, de *The Philadelphia Story*

Estou muito certo de que a substância alteradora da consciência mais perigosa da Terra é o petróleo. Da mesma forma que algumas taças de vinho ou certas drogas, um pouco de petróleo leva as pessoas a baixar a guarda, perder as inibições e acreditar nas mentiras de qualquer um com quem estejam. Esse efeito alucinatório colocou os Estados Unidos e grande parte do mundo em grandes problemas. Diversos países se viram, apesar de todos os seus cuidados, caindo na cama com as pessoas mais detestáveis. Sauditas e iraquianos, iranianos e russos, venezuelanos e nigerianos, ditos amigos especiais — ditadores, ladrões ou pior — chamaram seus clientes para perto, sussurraram banalidades doces sobre relacionamentos estratégicos, usaram e abusaram de nós (embora tenham feito o mesmo com seus próprios cidadãos).

Isso aconteceu repetidamente. Mas eu nunca tinha testemunhado o início de um desses relacionamentos absurdos até um jantar há alguns anos que teve a participação de um personagem dramaticamente desagradável que todos em Washington pareciam querer seduzir.

Teodoro Obiang Nguema Mbasogo era e continua a ser o presidente, ditador, autoridade suprema e cleptocrata-chefe da pequena nação da África Ocidental da Guiné Equatorial. Desde que conseguira derrubar o ditador anterior, seu tio, Obiang se mostrou brutal e absolutamente corrupto. Investigações dos Estados Unidos revelaram, por exemplo, que ele tinha transferido milhões de dólares em verbas públicas e subornos para contas no Riggs Bank, em Washington, enquanto a maioria do povo em seu pequeno país vive com menos de 2 dólares por dia.

Obiang na verdade é uma versão aperfeiçoada do tio, que matou ou mandou para o exílio cerca de um terço da população do país e era conhecido por abafar os gritos das vítimas que tinha reunido em um estádio de futebol tocando "Those Were the Days" pelo sistema de som. O tio tinha uma série de apelidos grandiosos, incluindo "o Maior Milagre da Guiné Equatorial", que é ultrajante, insultuoso e absolutamente equivocado. O maior milagre da Guiné Equatorial foi descoberto em 1995 — petróleo.

O país está assentado sobre um oceano de petróleo, tanto que a produção atual vale mais de 3 bilhões de dólares por ano. Esse tipo de riqueza poderia ser uma dádiva para o povo desse país pobre. Em vez disso, tem sido uma dádiva para as empresas petrolíferas que o extraem (ExxonMobil, Marathon e Chevron, entre outras), para as empresas que dão apoio a elas (Halliburton, por exemplo) e para Obiang e sua família, que com ele conseguiram mansões, carros de luxo e gordas contas bancárias. Também foi considerado uma dádiva para os Estados Unidos, que tenta reduzir sua dependência do petróleo do Oriente Médio. A Guiné Equatorial é o terceiro maior produtor da África subsaariana depois de Nigéria e Angola, e juntos os países oferecem o que está sendo classificado de alternativa aos países corruptos, perigosos e patrocinadores de terroristas do Oriente Médio. O fato de que eles também são corruptos e perigosos sugere que talvez estejamos mais preocupados com o custo muito alto de manter uma relação com regimes do Oriente Médio — que podem não ser confiavelmente pró-americanos.

O custo de manter um relacionamento com o governo de Obiang é muito menor. O custo é simplesmente ignorar.

O preço estava sendo pago com boa vontade — não, entusiasticamente — no jantar ao qual compareci. Ele aconteceu em um pequeno e adorável salão de jantar em um dos hotéis mais elegantes de Washington, com cerca de cinqüenta convidados, talvez uma dúzia deles com Obiang e sua esposa (uma de várias). Muitos dos restantes estavam ali com um objetivo em mente: botar as mãos em uma parte do dinheiro do petróleo.

Tenho certeza de que eles estavam concentrados no fato de que o país estava faturando bilhões e precisava de bons conselhos sobre como administrá-los. É bastante provável que muitos não tivessem plena consciência de detalhes do regime de Obiang. Mas os profissionais da política na sala devem saber, assim como o governo Bush, que abraçara Obiang e desviara um pouco os olhos do fato de que o ditador tinha torturado seu povo, esmagado a oposição, supervisionado um surto de petróleo que beneficiara sua família mas não o país e que também corteja os chineses porque eles, assim como os Estados Unidos, "não se envolvem demais em assuntos internos".

Foram feitos brindes a Obiang e saudada a promessa que acompanhava seu *boom* do petróleo. Obiang falou serenamente por alguns instantes, agradecendo pela recepção. Depois, um a um, os ambiciosos entre os luminares e os personagens de Washington passaram a se concentrar no estabelecimento de redes, apertando as mãos do ditador, trocando cartões de visitas com sua comitiva. Se Paulo Coelho ou alguém igualmente espiritualizado estivesse ali, suspeito que veria pedaços de almas mortais saindo pelas janelas a cada entreato de conversa amena.

Ficou claro naquela semana em Washington, naquela sala e em outras semelhantes, que Teodoro Obiang, na melhor das hipóteses um personagem dúbio, era verdadeiramente parte da superclasse global. Ele tinha enorme poder político e econômico, influência sobre países muito maiores do que o seu, fortes laços com grandes companhias de petróleo, guarda-costas marroquinos, uma esquadrilha de helicópteros de ataque ucranianos e um filho que usava recursos públicos para criar um selo de rap em Hollywood. Ele era o verdadeiro negócio.

De fato, era algo fascinante de assistir. Após anos assistindo da galeria, gerações de líderes americanos adotarem um cara errado após o outro porque ele servia a seus interesses estratégicos do momento, lá estava eu na primeira fila, vendo a atual geração de líderes do país mais poderoso e das empresas mais poderosas do mundo fazerem a mesma coisa. Em algum nível eu até podia compreender por quê. Um cara mau mas estável não é melhor do que um instável patrocinador de terroristas? Talvez os Estados Unidos apenas estejam desesperados por alternativas ao Oriente Médio. E se você é a Exxon ou a Chevron tentando conseguir lucro para seus acionistas, não é obrigado a fazer negócios com víboras como Obiang?

São exatamente esses impulsos egoístas que determinam tantos dos negócios feitos entre os membros da superclasse e consolidam tantos relacionamentos. É exatamente por isso que, apesar de todo o bem que o grupo faz, apesar de toda a inestimável liderança que tem, não é possível confiar nele nem atribuir a ele o papel de vigia dos interesses públicos globais. Raposa, conheça o galinheiro. Galinheiro, esteja certo de reconhecer uma raposa quando vir uma.

Obiang é um caso extremo. O petróleo é uma droga particularmente perniciosa. Mas o padrão de interesses comuns se repete em inúmeras circunstâncias, em graus variáveis, o tempo todo. Em certo sentido, é uma fonte de grande progresso. Mas em outros sentidos é fonte de grandes males.

Portanto, o desafio é que os membros da superclasse são as pessoas mais poderosas da Terra, e quando seus interesses estão alinhados há poucas forças contemporâneas comparáveis a eles. Como eles têm mais poder, moldaram o sistema para se ajustar a seus interesses mais do que os outros puderam fazer. Como Joe Stiglitz me disse: "Você não precisa conspirar depois que estabeleceu as regras." Enquanto outros tiranos ordinários são jogados no ostracismo, abalados ou pior, Obiang recebe tratamento de tapete vermelho de integrantes americanos da superclasse, com dinheiro e champanhe. As tímidas tentativas da Guiné Equatorial de investigar a corrupção não modificaram o *status quo*, e um embaixador dos Estados Unidos foi expulso do país por "praticar bruxaria", mas em 2007 os Estados Unidos acharam possível classificar seu relacionamento com o feudo de Obiang como sendo "positivo e construtivo".

Em louvor às nossas elites *versus* as elites deles

Assim, como reagimos ao surgimento da superclasse global? O primeiro passo é compreendê-la. Isso significa entender o que ela é e o que não é, que bem deriva dela e quais problemas sua existência pode produzir ou exacerbar. Isso também significa compreender em como ela é diferente do que tivemos no passado e como ela pode mudar no futuro.

Ao longo deste livro eu tentei abordar essas questões, estabelecendo as bases do que eu espero que seja uma avaliação equilibrada desse grupo e de suas implicações. Nestas últimas páginas eu gostaria de recapitular os pontos centrais e investigar aonde eles podem nos levar.

Para começar, precisamos resistir à tentação de atacar as elites automaticamente. Como Richard Darman me disse em uma de nossas conversas, "'elite' soa pejorativo. Você deve ter cuidado". Ele está certo. Claro que "elite" não soa pejorativo se você freqüenta uma escola de "elite" ou é aceito em uma empresa de "elite". "Elite" soa mal apenas quando é uma palavra em código para se referir ao outro cara que tem o que você quer e o que você pode até achar que está fora de alcance. Em certo sentido essa é a questão fundamental. As elites são toleráveis quando sentimos que o que elas têm está ao alcance de todos — do contrário são intoleráveis e nos fazem lembrar de fracassos sistêmicos ou injustiças.

Mas os membros da elite são muito mais do que toleráveis. São naturais, tendo existido em todas as sociedades, em todas as épocas, em todas as áreas do esforço humano. E são desejáveis. São líderes, inovadores, ousados. São aqueles entre nós que se superam, têm experiência vital e funcionam como elos fundamentais entre centros de poder. Ainda mais, na era global muitos membros das elites globais são pioneiros, eliminando os antolhos e os grilhões dos laços nacionais, ajudando a criar novos mercados e novas oportunidades, estimulando o crescimento, estabelecendo as estruturas e as iniciativas que estão unindo sociedades antes distantes. Tais iniciativas, lideradas pelas elites empresariais, financeiras e de mídia que compõem mais de dois terços da superclasse, produzem tolerância; tais aberturas também produzem benefícios até para os mais pobres do mundo. Se a maré montante não está erguendo todos os barcos da mesma forma, se continua a haver enormes desequilíbrios e alguns estão aumentando, também é verdade que o número de pessoas no mundo que vive em estado de pobreza extrema diminuiu em quase 20% nos últimos vinte anos. Estão sendo feitas melhorias, e se vamos criticar esse grupo pelo que consideramos que há de errado no sistema para cujo desenvolvimento eles desempenharam um papel desproporcionalmente grande, também temos de dar a ele o crédito quando identificamos melhoras.

Além disso, as elites globais do início do século XXI são diferentes daquelas que existiram antes. Um número muito menor do que nos séculos passados herdou suas posições. Conseqüentemente, muitos mais fizeram a si mesmos, sendo prova de que há oportunidades no sistema. E o poder deriva mais do setor privado do que no passado, muito mais de entidades com operações globais, muito mais de entidades que atuam em mercados abertos, sujeitas às disciplinas que eles impõem.

Todos esses são desdobramentos positivos, sinais de progresso humano, e importantes de notar e levar em consideração se quisermos avaliar a influência, o papel e os méritos da superclasse com justiça.

Concentração desproporcional de poder

Esse grupo reflete as elites no passado no sentido de que seus membros têm uma parcela demasiadamente grande do poder no mundo. De fato, é isso que os define como membros da superclasse. E como operam globalmente, havendo poucos meios, ou nenhum, de contrabalançar sua influência, eles são dramaticamente diferentes das elites passadas que surgiram em Estados-nação e que, quando cresciam demais, eram contidas por mecanismos tradicionais como o uso da força ou da lei.

Assim como as elites surgem naturalmente, da mesma forma a concentração de poder. Nesse sentido, a onipresença do princípio de Pareto é realmente de tirar o fôlego. A regra 80/20 (repetindo: em muitos fenômenos, 80% das conseqüências derivam de 20% das causas) se aplica a todo o espectro. Nas corridas de cavalo, 20% dos jóqueis costumam ganhar 80% das provas. Na criação de coelhos campeões, 20% da criação produzem 80% dos coelhos em exibição. Em um Condensado Bose-Einstein, 20% dos átomos produzem 80% da atividade. A regra foi citada como se aplicando à distribuição de palavras em textos, concentração de reservas de petróleo entre campos grandes e pequenos e o tamanho das coisas na natureza, de partículas de areia a meteoritos.

Como vimos, um princípio semelhante também se aplica às principais fontes de poder que sustentam a superclasse, começando pela distribuição de riqueza que levou Pareto a formular seu princípio.

Riqueza. Os 10% mais ricos da população detêm 85% da riqueza do mundo. Mais ainda, os dados sugerem que há uma regra 80/20 dentro da regra 80/20 (entre os mais ricos apenas alguns são riquíssimos). Os 2% mais ricos do mundo têm metade de toda a riqueza global. Os bilionários do mundo, menos de 0,000015% da população mundial, detêm riqueza equivalente a quase *duas vezes* aquela dos 50% mais pobres.

Finanças. As cem maiores instituições financeiras do mundo administram quase 43 trilhões de dólares, cerca de um terço do patrimônio financeiro global. Dos 10 mil fundos de *hedge* em todo o mundo, estima-se que os cem maiores, pouco mais de 1%, controlam 60% dos 2 trilhões de dólares do setor. Um investidor, o Fidelity, com patrimônio de quase 2 trilhões de dólares, tem 10% ou mais de cem das maiores empresas dos Estados Unidos.

Empresas. As 250 maiores empresas do mundo respondem por mais de 14 trilhões de dólares em vendas anuais, o equivalente a cerca de um terço do PIB global. As 2 mil maiores empregam mais de 70 milhões de pessoas ao redor do planeta.

Religião. Das cerca de 4 mil religiões do mundo, apenas cerca de 12 têm mais de 10 milhões de fiéis. Apenas duas, islamismo e cristianismo, dizem ter mais de 1 bilhão de seguidores, cada, e juntas respondem por um terço da população do mundo.

Força. Os Estados Unidos e seus aliados da Otan, correspondendo a aproximadamente 12% da população do planeta, são responsáveis por mais de 80% de todos os gastos militares. Apenas os Estados Unidos e a Rússia, com menos de 10% da população mundial, controlam mais de 90% de todas as armas nucleares em condições de uso.

Política. Em um mundo com quase duzentos países, apenas um punhado domina os processos políticos multilaterais, seja por intermédio da propriedade ou do direito de voto em instituições financeiras internacionais ou por poder de veto no Conselho de Segurança da ONU.

Além do mais, tais concentrações produzem comportamentos auto-reafirmadores, seja mais dinheiro indo para os fundos de maior sucesso ou tratados de armas que dão certos benefícios aos que já têm mais armas. O poder com freqüência leva diretamente a mais poder.

Outro fator fundamental em ação é que as pessoas mais poderosas estão intimamente ligadas a outras pessoas poderosas por intermédio de redes que reforçam poder, acesso e alcance. Um parâmetro dessas redes é a superposição de participação em conselhos de administração e instituições. Vimos como os principais integrantes de conselhos e administradores apenas das cinco maiores empresas têm influência direta em 150 empresas e mais de vinte instituições de ensino superior por intermédio de postos executivos, de assessoria ou em conselhos. Vimos o funcionamento da porta giratória entre governos e o mundo financeiro, entre a comunidade de segurança nacional e os fornecedores de equipamentos de defesa.

Também vimos que essas elites estão em contato constante umas com as outras. Elas não apenas têm à disposição melhores meios de transporte e comunicações, como há mecanismos globais formais e informais que as unem — do G8 ao "novo clube não-alinhado" de antiglobalistas, de Davos a Boao, de Bilderberg ao encontro de Pais e Filhos de Carlos Slim. Também vimos fusões unindo esses grupos e tornando os grandes atores do mundo ainda maiores, da série de aquisições da Mittal Steel até o domínio do setor de mídia pela News Corporation. E, com o crescimento do *private equity* e o círculo de controle das grandes instituições, vimos alguns poucos mega-investidores ganharem cada vez mais influência sobre outras grandes e influentes entidades internacionais, como no caso do Fidelity ou do SAFE, o banco que administra as inéditas reservas da China.

Assim, em nosso mundo de poder altamente concentrado, existe uma comunidade de alguns milhares que em certo sentido detém as chaves do planeta. É a superclasse: unida por redes e encontros, acima de grupos e de fronteiras, a maioria falando a mesma língua, lendo os mesmos jornais e viajando para os mesmos hotéis. Você os encontrará em jatos particulares, em suítes executivas e nos postos de poder político. E, observando-os, verá que o grupo não se parece de modo algum com o planeta que ele domina. Não apenas o poder está concentrado nas mãos de poucos, como esses mesmos poucos estão concentrados em poucos lugares do mundo, sendo em sua maioria brancos, esmagadoramente homens. Alguns milhares de pessoas muito parecidas cujas mãos seguram as alavancas de poder e influência mais importantes do mundo, intimamente ligadas umas às outras e partilhando interesses em questões que vão de regulamentação de mercado a impostos, de liberdade de movimento a fácil acesso a trabalhadores, de quem tem armas de destruição em massa a quem não deve ter.

De fato, quem precisa conspirar?

Definição de prioridades

De todos os poderes da superclasse, um dos mais claros e importantes é a capacidade de definir prioridades para o resto de nós. Esses indivíduos talvez nem sempre tomem as decisões finais, nem sempre possam projetar força, nem sempre possam concordar. Mas em suas próprias organizações, como presidentes e membros de conselhos, eles podem estabelecer prioridades, orientar decisões fundamentais sobre alocação de recursos e determinar quem de seus subordinados terá maior influência. E, no contexto de encontros como Davos, em que, apesar da afirmação em contrário de Klaus Schwab, resultados específicos são poucos e distanciados, o que eles podem fazer muito bem é moldar um ponto de vista majoritário entre as elites participantes — ou apelar ao *zeitgeist* da elite —, desse modo definindo prioridades para as empresas e governos que eles controlam e influenciando as prioridades de outros que os seguem, competem com eles ou os copiam.

Tanto Schwab quanto Victor Halberstadt me disseram que o melhor que tais organizações podem esperar — e algo de significado real que eles acreditam ser um resultado muito valioso — é ajudar os líderes a definir e estabelecer suas prioridades. De fato, no caso de encontros como Davos, se você é um patrocinador suficientemente grande do evento, você realmente pode ajudar a criar uma programação que pode moldar as prioridades globais. A equipe do Fórum Econômico Mundial se reúne ao longo do ano com esses ditos parceiros estratégicos para ter a certeza de que suas maiores preocupações sejam abordadas na programação. É uma das vantagens do patrocínio.

David Sanger, o principal correspondente em Washington do *New York Times*, comentou comigo que considera a "definição da agenda" o principal papel desempenhado pelos grandes jornais e meios de comunicação. Eles escolhem as matérias principais, escolhem o que cobrir, chamam a atenção do público para assuntos por intermédio de reportagens e editoriais. Um exemplo claro é o Iraque. Durante a maior parte da era Clinton ele desapareceu das manchetes. Depois, porque a maioria dos grandes meios de comunicação se concentra tanto em grandes líderes como os que ocupam a Casa Branca, quando alguns no governo decidiram reintroduzir o Iraque como uma ameaça, a mídia os seguiu — e Bagdá voltou às primeiras páginas.

Do mesmo modo, grandes firmas de *private equity* estabelecem os preços do mercado porque apenas algumas podem fazer os grandes negócios globais, e todas falam umas com as outras. Elas podem negar. Não precisa ser conluio ilegal. (Embora possa ser. Acompanhe os responsáveis pela regulamentação investigando isso nos próximos anos.) Mas acontecerá com maior freqüência à medida que esses grandes investidores em *private equity* passarem a cada vez mais co-investir, cooperar e partilhar riscos. A agitação em grandes acontecimentos como o encontro Allen & Company e a Conferência TED (Technology, Entertainment, Design) também irá moldar uma visão sobre o que é quente e o que não é, com um efeito determinante em termos de decisões de investimento.

A definição de prioridades pode ter muitas formas. Pode simplesmente refletir o impulso generalizado de um grupo de apoiar a faceta mercado do processo governo-mercado. Por exemplo: a pauta da comunidade financeira para o FMI adota de forma quase irrestrita políticas de disciplina fiscal com pouca atenção a questões sociais, mesmo as que estão diretamente relacionadas à sustentabilidade de reformas fundamentais nos países em desenvolvimento. Não que a idéia central seja errada; apenas falta equilíbrio. O mesmo pode ser dito do Consenso de Washington. O Consenso de Washington tem muitos méritos, mas suas reformas não foram suficientemente amplas ou equilibradas. Ele não deu atenção suficiente à criação de novos beneficiários da globalização, permitindo aos pobres acumular e desenvolver patrimônio mais rapidamente, nem tornou prioridade dar a eles o treinamento e o acesso ao capital de que necessitariam para isso — e assim lançou as sementes da desigualdade em lugares como Chile e Brasil e retrocessos populistas por toda a América Latina e na Rússia. Quando as prioridades estabelecidas produzem resultados muito mais rápidos ou maiores para os poderosos do que para os desamparados, isso é um sinal de alerta.

A superclasse não comanda por controle direto nem exerce o poder por intermédio de conspirações ou intrigas. Ela tem o dedo na balança e exerce influência, não como grupo homogêneo, mas por intermédio de seus subconjuntos mais poderosos, ativos ou motivados. Será que as grandes petrolíferas influenciaram a política energética de modo que o mundo permanecesse dependente de seu produto por tempo demais? Será que as grandes montadoras evitaram grandes revoluções tecnológicas que poderiam ter produzido um ganho significativo de quilometragem? Os grandes bancos defenderam políticas que permitiram a países devedores pagar as dívidas sem dar atenção suficiente às conseqüências sociais ou à instabilidade política que poderiam ser fruto disso? Os grandes fornecedores de equipamento de defesa ajudaram a criar um clima de guerra permanente que levou o país com maiores despesas militares, os Estados Unidos, a superar os gastos de seu rival mais próximo em dez para um? Os pontos de vista das maiores Igrejas influenciam políticas nacionais e internacionais de forma desproporcional, de modo que seja até possível conceber uma divisão entre mundos "cristão" e "muçulmano"? Será que abraçamos a "revolução de mercado" por um quarto de século sem nos preocuparmos suficientemente com seu efeito sobre aqueles sem meios ou acesso a competir no mercado? A curva de poder claramente esteve em ação em cada um desses casos, e as ligações estão aí, visíveis de um modo não apenas circunstancial.

Mecanismos informais de governo

Contudo, é preciso reconhecer que a reunião das mentes dos membros da superclasse vai além da definição de prioridades, chegando à efetiva tomada de decisões. Isso é particularmente verdade quando as lacunas deixadas por instituições internacionais fracas ou inoperantes, ou pela ausência de jurisdição legal ou mecanismos para implantá-la, criam um vazio que deve ser preenchido.

A reação à decisão unilateral dos Estados Unidos de invadir o Iraque em 2003 produziu críticas disseminadas por motivos compreensíveis. Assim como as decisões do governo de aplicar seletivamente a lei internacional e os princípios da justiça no tratamento dado aos prisioneiros. A reação global esmagadoramente negativa foi absolutamente razoável, como seria se um valentão tentasse impor sua vontade ao fraco em qualquer comunidade. Os Estados Unidos argumentaram que, em função da ameaça existente, não era possível esperar as ações de uma Organização das Nações Unidas dividida e letárgica — uma queixa justa contra um sistema ruim. Dito isso, quando o mais poderoso age sem o consentimento da comunidade ou, possivelmente, contra os interesses da comunidade, é inevitável que o resultado seja insatisfação e tensão.

Mas quando um punhado de investidores em *private equity* atribui um valor a um mercado, ou quando um punhado de instituições financeiras e bancos centrais de alguns governos determina como um novo mercado será administrado (por eles), ou mesmo quando as necessidades do povo são deixadas a cargo de algumas poucas companhias ou pessoas ricas, as queixas são incomparavelmente menores, embora o fenômeno seja basicamente o mesmo e as conseqüências desses atos afetem um número provavelmente maior de pessoas.

Há a idéia de que muitas grandes decisões na economia global são tomadas pelo "mercado", como no caso já citado dos preços da gasolina. Mas vimos que o mercado é apenas um de muitos fatores, alguns controlados por elites empresariais e governamentais, que afetam os preços. É importante examinar com atenção e perguntar: o mercado realmente decidiu que queria carros que não fossem eficientes no consumo de combustível, sapatos femininos que provocassem dores nos pés por toda a vida, programas de TV que prejudicassem o cérebro de um primata inferior ou "democracia ao estilo americano"? Ou as pessoas que vendem essas coisas — e aqueles ligados a elas que regulamentam essas vendas e as que financiam — manipularam isso? E se empresas tomam decisões sobre onde instalar fábricas em função de uma análise de custo-benefício (porque seus acionistas medem o sucesso em lucros), elas não estão dizendo aos governos que querem mão-de-obra mais barata, menos impostos, uma infra-estrutura que reduza o custo de transporte e assim por diante? Nos mercados globais em que todas as coisas são realmente iguais, como no caso do trabalho não-especializado ou relativamente não-especializado, o investidor claramente tem mais poder. A mensagem é: competir ou ser deixado para trás. O mundo pode ser plano, ou mais plano, mas o campo de jogo não é nivelado.

Sem dúvida é verdade que muitos mecanismos informais de governança global — sejam os pequenos comitês dos governos mais poderosos ou parcerias público-privadas entre governos e organizações privadas poderosas — ocupam lacunas e tornam lucrativos o crescimento e a globalização. Mas quando os interesses de todos são afetados pelas ações ou inações de poucos, ou o sistema oferece a poucos uma influência não disponível aos outros com menos recursos ou acesso, ele é inadequado. Não seria aceitável se a União Européia tivesse dado o poder de determinar toda a política econômica e externa a Inglaterra, Alemanha e França por serem eles os maiores países. Nem se Nova York, Massachusetts e Virginia tivessem o direito constitucional de impor sua vontade a Rhode Island ou Carolina do Sul.

É um desdobramento positivo que altos funcionários de empresas e governos tenham fortes laços, e que ao buscarem atingir uma meta global possam facilmente apelar uns aos outros. Mas quando as metas são estabelecidas nas reuniões de poucos, os resultados são distorcidos. Quando o líder político deixa o cargo e vai trabalhar em um grande fornecedor da Defesa, sendo substituído por um amigo que foi na direção oposta, quais pontos de vista são implantados? E há espaço para opiniões contrárias? Quando uma teleconferência particular entre grandes instituições financeiras é o meio de administrar uma crise financeira internacional, isso pode ser o auge da eficiência. Mas as perguntas cruciais continuam a ser: quais pontos de vista estão representados nessa negociação? Quem está presente? Quem não está?

Elites *versus* despossuídos

Nos últimos sete anos militantes organizaram o Fórum Social Mundial, um "anti-Davos" a ser realizado em um país em desenvolvimento ao mesmo tempo de seu equivalente suíço. (Ele começou em Porto Alegre, no Brasil, e desde então aconteceu em Índia, Venezuela, Paquistão e Quênia.) Todos os anos, 2 mil organizações participam de seminários e oficinas que deixariam tonto até mesmo Klaus Schwab. O Fórum Social freqüentemente é ligado a Davos por satélite para teleconferências que se mostram rancorosas, como uma acontecida no primeiro evento, quando Hebe de Bonafini, porta voz das Mães da Praça de Maio, chamou George Soros de "um hipócrita e um monstro". Ele teve a participação de cerca de 100 mil pessoas.

A existência dos dois eventos sublinha o fato de que a influência não deriva da organização de seminários. Não é fruto sequer de números (o Fórum Social Mundial pode ter cinqüenta vezes mais participantes que Davos). É fruto de acesso às alavancas do poder.

Os participantes do Fórum Social pertencem a sindicatos e partidos políticos de esquerda, grupos ambientalistas e organizações de militantes de direitos indígenas. Eles afirmam falar em nome das massas — mas a maioria da massa tem pouca idéia de quem eles são ou do que estão fazendo. O bilhão de pessoas que vive com um dólar por dia pode periodicamente se beneficiar dos esforços das pessoas em Davos ou Porto Alegre, mas em sua maioria elas são tão pobres politicamente quanto são economicamente. Mesmo aquelas que votam nas eleições locais muitas vezes não têm a informação necessária para fazer bom uso do voto. (Porém, comparativamente, populações bem-educadas também fazem escolhas ruins com assustadora freqüência.)

Deveríamos ficar tão incomodados com sua falta de recursos políticos quanto com a falta de atendimento a outras necessidades básicas. Como um sistema global pode priorizar a alocação de recursos se aqueles que mais precisam dos recursos são incapazes de se fazer ouvir, a não ser que um astro do cinema os adore ou um astro do rock percorra a cidade? É ótimo que Bono, a Fundação Gates ou a Iniciativa Global de Clinton falem por eles. Seria melhor dar a eles os meios de falar por conta própria.

Embora a globalização possa melhorar um pouco a posição relativa dos mais pobres ou reduzir o número dos que vivem na absoluta pobreza, eles permanecem na base da cadeia alimentar de poder, sem uma mudança efetiva em seu status relativo em termos de influência. Ao mesmo tempo, se as reformas e mudanças que levaram a um desenvolvimento mais acelerado também tiverem levado, como aconteceu, a uma redução da classe média em quase todos os países em desenvolvimento com exceção de Índia e China, a distribuição de poder no mundo é prejudicialmente afetada. Os despossuídos permanecem desconectados, e a classe média, base de estabilidade e do poder político tradicional, encolhe, enquanto os ricos ficam com uma fatia muito maior do bolo — e com ela, mais influência. Assim, progresso segundo um parâmetro de distribuição de renda não significa automaticamente progresso em termos de distribuição de poder.

Elites *versus* mulheres

Admito que entre as maiores surpresas que tive ao fazer a pesquisa para este livro foi a reação das pessoas ao fato de que as mulheres estão tão mal representadas na elite de poder global. Em uma época na qual as mulheres têm cada vez mais sucesso desempenhando papéis de liderança em empresas e países, os fatos são marcantes. Em 2007, havia apenas 13 executivas-chefe entre os quinhentos maiores da *Fortune*, 26 entre os mil maiores. Michelle Bachelet, do Chile; Ellen Johnson-Sirleaf, da Libéria; Micheline Calmy-Rey, da Suíça; Tarja Halonen, da Finlândia; Cristina Fernández de Kirchner, da Argentina; Borjana Krišto, da Bósnia-Hezergovina; Mary McAleese, da Irlanda; Gloria Macapagal-Arroyo, das Filipinas, e Pratibha Patil, da Índia, são hoje as únicas mulheres chefes de Estado em todo o mundo. Algumas outras, lideradas por Angela Merkel, na Alemanha; Helen Clark, na Nova Zelândia; Portia Simpson-Miller, na Jamaica, e Luisa Diogo, em Moçambique, são chefes de governo. Nos Parlamentos o quadro é o mesmo: em todo o mundo, as mulheres ocupavam em média apenas 17% das cadeiras no Parlamento em 2007. O Congresso dos Estados Unidos estava abaixo da média, com 16% de mulheres na Câmara e no Senado. Mas a todos os lugares que fui, falando com homens ou mulheres, não chegou a haver uma revolta com o óbvio fracasso da idéia de governo representativo.

Geeta Rao Gupta, presidente do Centro Internacional de Pesquisa das Mulheres, me falou sobre o fenômeno. "Eu também vi isso, e estou surpresa que continue até hoje. Ou, talvez, não. Ainda vivemos num mundo em que em muitos países as meninas são desvalorizadas, não educadas, não tendo sequer acesso a tratamentos médicos disponíveis para os garotos. Há muitas organizações como esta que eu comando trabalhando com isso, e tem sido feito algum progresso em certas áreas. Mas é um trabalho árduo, em boa parte por causa dos desequilíbrios da estrutura de poder global dos quais você falou.

"Quanto à falta de revolta", refletiu ela, "embora isso me deixe pessoalmente perplexa (...), estamos enfrentando uma longa história, muita socialização da noção de papéis de gênero. Mas isso não torna a coisa menos injusta. Não há desculpas."

Elites e mobilidade

As elites globais de hoje certamente têm maior mobilidade e estão mais abertas a novos membros do que as elites do passado. Há roteiros comprovados para o alto aos quais as não-elites podem aspirar. De fato, como eu percebi, há muito mais fluidez entre os membros das elites do que em qualquer momento antes.

Dito isso, esses roteiros são apenas comparativamente mais abertos do que no passado. Se 90% dos membros da superclasse têm diplomas universitários e apenas 0,06% dos etíopes ou apenas 0,1% dos guineenses vão para a faculdade, a porta aberta é efetivamente batida. Mas, mesmo em países relativamente mais ricos, a educação é a maior barreira à ascensão social — seja à superclasse ou simplesmente a uma vida melhor. Apenas 6% dos sul-coreanos vão à universidade, e apenas 3% dos chilenos. Na verdade, nos países menos desenvolvidos do mundo, apenas 67% dos meninos e 61% das meninas estão matriculados no ensino fundamental. Naturalmente, para aqueles que conseguem chegar à universidade, são poucos os que realmente podem freqüentar uma das faculdades de elite que compõem uma parcela substancial do sistema que alimenta a superclasse, e surgem a intervalos longos, normalmente de famílias ricas. E, saindo dessas escolas, quantos conseguem chegar aos empregadores de elite, que são o caminho mais rápido para a superclasse?

Ibrahim Dabdoub, do Banco Nacional do Kuwait, observou: "O maior problema no Oriente Médio e no resto do mundo em desenvolvimento é a educação, a qualidade do ensino. Esse é, em minha opinião, o principal fator que mantém o mundo árabe para trás apesar do crescimento que experimentamos recentemente. Com todo o dinheiro que temos atualmente por causa das altas do petróleo, poderíamos ter feito muito mais do que fizemos, mas isso não foi feito, e irá custar muito a longo prazo. Temos um ensino de terceira classe em termos de qualidade. Temos muita quantidade, mas não qualidade suficiente, então a pergunta passa a ser: de onde virão nossos líderes? Como eles irão competir internacionalmente se não conseguimos produzir mais estudantes que possam um dia ser efetivos líderes globais?"

Instituições *versus* indivíduos

A ascensão das instituições globais — dominada por corporações transnacionais, mas incluindo organizações não governamentais, igrejas, redes de mídia e alianças sombrias de terroristas ou criminosos — é um fator determinante na emergência da superclasse global. Quando os principais executivos de grandes empresas se tornaram responsáveis por operações globais, não mais nacionais, quando seu crescimento passou a ser determinado mais de fora do que internamente, esses CEOs se tornaram cidadãos globais e corretores globais de poder. De fato, é a ascensão das poderosas e ricas organizações globais de grandes operações que está no cerne de muitos dos desafios que os sistemas internacionais enfrentam hoje. Os governos nacionais são cada vez mais como os liliputianos tentando prender o gigante Gulliver no solo. Agindo isoladamente, eles não podem atingir sua meta de influenciar o comportamento de instituições que agora podem escolher entre investimento direto interno ou externo com base na disputa ativa entre governos por seus favores. Atuando juntos eles podem — por algum tempo —, mas sua própria orientação não é adequada para esse tipo de cooperação, já que deriva de refletir o desejo de uma população local, muitas vezes no contexto de questões locais. O resultado é um mundo de Gulliveres galopantes, com apenas alguns governos muito grandes tendo a estatura ou os recursos para se comparar a eles em termos de influência global.

Um experiente funcionário de governo do Oriente Médio com o qual conversei argumentou que os membros da superclasse não eram verdadeiras elites, porque sua influência não era fruto de algo intrínseco a eles ou suas famílias, mas das organizações para as quais eles trabalhavam. Foi uma queixa que eu ouvi muitas vezes enquanto preparava este livro, mas minha resposta continua a mesma: a superclasse é uma elite de poder. Assim como C. Wright Mills observou que a elite de poder dos Estados Unidos nos anos 1950 já não era a do velho dinheiro herdado do antigo país, tendo sido suplantada por elites empresariais ligadas a grandes empresas, "senhores da guerra" e outros grupos de poder ligados a grandes instituições, o mesmo acontece com este grupo.

Eles são membros da elite porque são poderosos, não poderosos porque são da elite. E em quase todos os casos grandes organizações têm, por motivos óbvios, poder e recursos muito maiores do que indivíduos. Assim, praticamente todos os membros da superclasse estão no topo da pirâmide de poder global porque também ocupam uma posição no alto de uma pirâmide de poder institucional — ou porque podem influenciá-los dirigindo seu capital, seus pontos de vista ou suas redes de apoio de um modo ou outro.

A superclasse emergente: um futuro choque cultural?

Embora não haja praticamente nenhuma circunstância em que alguém possa chamar Steve Schwarzman de mediano, ele é de muitas formas o membro médio da superclasse. É branco, americano, homem e, na época em que este livro estava sendo escrito, tinha 60 anos de idade e era o executivo-chefe de uma empresa global que ele e o sócio, Pete Peterson, construíram do nada. Ele é atuante nas artes, tendo sido presidente do conselho do Kennedy Center, influente na política e freqüentado Yale e a faculdade de Administração de Harvard. Tem uma excepcional rede de amigos e colegas influentes e acesso a líderes espalhados pelo mundo. Sua empresa também é dona de 47 empresas com faturamento superior a 85 bilhões de dólares; ele ganhou quase 2 bilhões de dólares quando a empresa passou a ser negociada na bolsa, em 2007. Quando festejou seu 60º aniversário, a diversão ficou a cargo de Rod Stewart e Patti LaBelle. Tudo bem, de certa forma ele talvez seja um pouco acima da média, mesmo para a superclasse.

A questão é: Steve Schwarzman será um membro típico da superclasse se ainda estiver ativo em, digamos, vinte anos? É difícil prever, mas considerando-se o fato de que a China é a grande economia que mais cresce no mundo, que está estimulando o crescimento por toda a Ásia e que a Índia — que logo superará a China em população — não está muito atrás, parece mais provável que quando Schwarzman festejar seu aniversário de 80 anos o membro médio da superclasse seja o filho de Li Ka-shing, o presidente do conselho de Hutchison Whampoa Limited e Cheung Kong Holdings, o mais rico investidor da Ásia, e em 2007 o nono homem mais rido do mundo, com mais de 23 bilhões de dólares.

O jovem Li nasceu em 1966, e hoje é presidente do conselho da maior empresa de telecomunicações de Hong Kong, PCCW, e do Pacific Century Group. Em 2007, Richard Li apareceu em 754º lugar na lista de bilionários da *Forbes*, valendo 1,3 bilhão de dólares. Tendo estudado nos Estados Unidos — embora não tenha concluído seu curso em Stanford —, ele ficou famoso criando a STAR TV ao custo de 250 milhões de dólares e depois a vendendo para Rupert Murdoch por 950 milhões de dólares. Desde então ele investiu pesadamente em tecnologia e imóveis. A PCCW é a maior provedora de televisão por internet do mundo, uma das tendências que Bob Wright, da NBC, acha que irão acabar transformando o negócio de mídia global. Embora a carreira de Li não tenha sido isenta de desafios, ele continua a ser não apenas herdeiro do homem mais rico da região e um personagem poderoso por seus próprios méritos, como criou cuidadosamente uma rede na elite global. Ele tem cargos como o de "governador" do Grupo de Tecnologias da Informação e Telecomunicações do Fórum Econômico Mundial, conselheiro do *think tank* Center for Strategic and International Studies, de Washington, e conselheiro do Centro de Desenvolvimento Internacional de Harvard. Ele também tem dupla cidadania de Hong Kong e do Canadá, o que faz dele mais literalmente um modelo para a superclasse transpacífica de amanhã.

Em 2028 Li sem dúvida estará acompanhado nesse grupo por muitos outros da ascendente classe de astros empresariais chineses. Em um grande contraste com os Estados Unidos e a Europa, no momento em que este livro estava sendo escrito quase metade das 25 pessoas mais ricas da China tinham menos de 45 anos de idade. Apenas quatro tinham mais de 60. O mais rico em 2007, Yang Huiyan, tinha 26 anos. Muitas dessas estrelas em ascensão também são globalistas ativos ao estilo de Richard Li. Shi Zhengrong é um australiano cuja empresa de energia solar, a Suntech, tem ações negociadas na Nasdaq. William Ding Lei comanda a NetEase.com, também negociada na Nasdaq, que oferece a muitos chineses um portal na internet para o mundo. Zhang Cheng Fei, da Nine Dragons, obedece à sua irmã mais velha e uma das mulheres mais ricas da China, Zhang Yin, na administração de uma empresa que é uma das líderes mundiais na fabricação e comercialização de papelão.

Embora a economia da China possa ter problemas nas próximas duas décadas, é difícil imaginar algum cenário factível no qual o número de empresas asiáticas entre as mais importantes do mundo não aumente. À medida que as economias da região crescerem, o mesmo acontecerá com suas elites, que já têm membros entre os mais ricos do mundo. Segundo Merrill Lynch and Capgemini, o número de milionários em dólar na China aumentou em 6,8%, para 320 mil em 2005, e seu valor líquido médio era de 5 milhões de dólares. Entre 2006 e 2007, o número de bilionários disparou de 15 para 106. Os chineses eram o maior número de recém-chegados à lista da *Forbes* de 2007, pouco atrás de Índia e Rússia. Em síntese, as elites da região provavelmente serão uma parcela cada vez maior da superclasse global.

O que isso significa? Por um lado, pode significar que a superclasse será menos homogênea do que em épocas em que era dominada por representantes de países ocidentais com bases históricas e culturais comuns, como hoje. Por outro lado, pode significar que, de modo a competir e tirar vantagem das oportunidades da economia global, para assumir papéis de maior destaque na comunidade global, os líderes empresariais asiáticos irão cada vez mais eliminar obstáculos à comunicação com os líderes estabelecidos. Isso já pode ser visto no número crescente de pessoas que falam inglês ou que estudaram em instituições ocidentais.

Mas seria ingênuo e um tanto paternalista imaginar que a ascensão da Ásia à elite de poder do mundo resultaria na ocidentalização dos líderes asiáticos. Ao contrário, é mais provável que o fascínio exercido pelos mercados asiáticos em crescimento acelerado leve um número maior de ocidentais a se adaptar a uma crescente influência asiática. A China já está demonstrando essa influência em sua busca global de recursos, criando laços com países na África, na América Latina e em outras regiões. Ademais, ela faz isso se valendo de uma abordagem do investimento e das relações de governo a governo que é diferente daquela de concorrentes como os Estados Unidos — uma que se prende menos a valores e se limita a negócios. Como observou o ex-assessor de segurança nacional Sandy Berger, houve uma "tremenda mudança de poder e influência do Ocidente para o Oriente, e o verdadeiro domínio americano, que durou os últimos cinqüenta anos, certamente não é sustentável. Estamos nos valendo de nosso peso, mas o peso é comparativamente menor, e os chineses e outros estão entendendo cada vez melhor como cultivar relacionamentos internacionais, algo que eles fazem de uma forma muito diferente da nossa".

Se a superclasse exerce influência estabelecendo prioridades e moldando o senso comum, não por intermédio de um processo de controle, mas simplesmente usando o alinhamento de interesses em uma determinada questão, o que acontecerá quando mudar a cultura daqueles com influência? O senso comum também não mudará? É provável que sim. Muitos podem apoiar a idéia de um mundo em que a postura asiática de tentar não se envolver nos assuntos internos supere a tradição ocidental de proselitismo. Na história moderna China e Índia não foram potências imperiais globais buscando impor sua vontade bem além de suas fronteiras (embora certamente tivessem questões de fronteira). Ao contrário, a Índia foi colônia de uma dessas potências, e partes da China estiveram sob as botas de potências imperiais. Elas buscam influência, claro, mas sua postura e suas prioridades são diferentes.

Embora Estados Unidos e Europa certamente tenham ido longe demais na tentativa de influenciar os assuntos internos de outros países, freqüentemente de uma forma chocantemente hipócrita e inconsistente, isso não significa necessariamente que seria uma coisa boa a comunidade mundial de líderes se tornar menos preocupada com valores. Há o certo e o errado no mundo, e é responsabilidade dos membros da comunidade global buscar identificar e eliminar o errado quando ele representa uma ameaça à paz e à estabilidade. Algumas vezes é apropriado julgar e usar de influência para modificar comportamento abominável ou perigoso. Mas a elite de poder do mundo pode estar se virando em uma direção ligeiramente oposta.

Outros valores irão mudar? Em relação a práticas melhores? Em relação ao peso entre estabilidade e democracia ou o papel do indivíduo em comparação com o do Estado? É bem possível que, se os grupos de crescimento mais acelerado dentro da superclasse vierem das economias selvagens do mundo emergente, isso produza mais tolerância à corrupção, por exemplo. Ou talvez seja adotada uma postura mais cautelosa em relação ao aquecimento global, considerando-se a resistência das economias emergentes a pagar por tecnologias ambientais e padrões ambientais mais altos, especialmente quando o Ocidente nunca foi limitado por essas preocupações durante seu período de crescimento acelerado.

Minha sensação é a de que o que acontecerá será em grande medida como tudo mais que se dá dentro do mundo da superclasse. Haverá milhares de indivíduos e dinâmicas de pequenos grupos — negociações, cabos de guerra — que paulatinamente terão o efeito cumulativo de unir os grupos. Com a mudança do centro de gravidade, alguns dos valores básicos também irão mudar, para se tornarem mais aceitáveis para o número crescente de personagens influentes com visões asiáticas. Mas também parece que a concentração de recursos de capital no mundo desenvolvido, a influência de ter esse capital e a natureza dos mercados provavelmente se somarão para agir como um controle contra comportamentos que os investidores considerem preocupantes (como corrupção ou políticas irresponsáveis, por exemplo). Esses fatores irão determinar a segunda grande mudança na superclasse durante os próximos vinte anos, à medida que pessoas de regiões que eram menos dependentes dos mercados globais e dos padrões internacionais se tornem mais expostas e dependentes dessas forças. Portanto, o futuro não é apenas mais asiático. Está repleto de elites emergentes que agirão de acordo com os mesmos padrões que todos os atores nos mercados globais precisam adotar. O esforço da China para implantar princípios de segurança nos produtos que exporta é um perfeito exemplo de como isso acontece. Sua incapacidade de aplicar de forma eficaz os princípios de proteção intelectual sugere outra área em que os dentes do mercado ainda precisam se cravar para mudar comportamentos.

Governança global *versus* governo global

Em uma série de áreas os membros da superclasse se apresentaram para ocupar vazios na governança global. Líderes empresariais se dedicam ao que basicamente é auto-regulamentação, círculos não eleitos dos mais poderosos em governos nacionais efetivamente determinam as decisões dos governos sobre questões globais, e indivíduos fortes dirigem recursos privados que se tornaram o *sine qua non* dos fluxos de capital de desenvolvimento — esses são elementos importantes do tecido conjuntivo da comunidade global. A superclasse lida com questões que muitos governos nacionais e organizações multilaterais não podem ou não irão abordar.

Por toda a História, muitos reagiram automaticamente à idéia de governo global como uma traição à identidade local ou nacional, uma mudança do processo de tomada de decisões para um ponto mais distante de casa e, portanto, distante dos interesses locais. Tal desconfiança se fortaleceu pelo fato de que os únicos mecanismos efetivos de impor tal governança foram os impérios, que afirmavam a vontade de poucos sobre os muitos, e as instituições internacionais em geral fracas e ineficientes do século XX que tiveram poucos mecanismos efetivos de implementação e que muitas vezes careciam de iniciativa ou coerência. Houve, porém, defensores da idéia de mecanismos mais efetivos de cidadania global — desde a antiguidade, passando por Dante, Hobbes, Kant e, no século passado, Bertrand Russell, Einstein e Gandhi — sugerindo que a idéia tem um apelo maior do que os abusos e equívocos de milhares de anos podem apagar.

A aplicação seletiva da lei e a proteção seletiva dos direitos básicos dos indivíduos estão entre os mais perigosos impulsos recorrentes de líderes sem princípios ao longo da História. Esse conceito foi utilizado para justificar a manutenção de certas pessoas ou instituições acima da lei e outras abaixo e não protegidas por ela, ou para alegar que leis e valores nacionais não precisam ser respeitados além das fronteiras nacionais ou nas linhas que separam as civilizações. O resultado é o colapso da ordem moral e o potencial de um enorme horror. No final, como viu a geração que saiu da Segunda Guerra Mundial buscando criar um sistema global governado pela lei e por princípios comuns, a comunidade global precisa corrigir e eliminar esses desequilíbrios para sua própria sobrevivência. A injustiça ameaça a estabilidade social. E a injustiça é aumentada pelo fato de que os atuais mecanismos de governo são efetivamente obsoletos. Em um mundo de movimentos e ameaças globais que não apresentam passaportes nas fronteiras nacionais, não é mais possível para um Estado-nação atuar sozinho para cumprir sua parte do contrato social.

Claro que mesmo as organizações e alianças internacionais que temos hoje, por mais falhas que tenham, pareceriam impossíveis até recentemente, em especial o sucesso da União Européia — um estado democrático unitário do tamanho da Índia. A evolução e as realizações dessas instituições contra todas as probabilidades indicam não casos isolados, mas uma tendência geral na direção do que Tennyson chamou de "o Parlamento do Homem", ou "lei universal".

Por essas razões, eu mantenho o otimismo de que continuarão a ser feitos progressos. Mas será progresso contra um vento forte, na medida em que abala muitas estruturas de poder nacional e local e conceitos culturais que têm uma base sólida nas fundações da civilização humana, especificamente a idéia de soberania.

Há muito acostumados a descartar a idéia de governo global como sendo impossível e talvez até mesmo uma fantasia perigosa, mas reconhecendo a necessidade de melhor administrar questões globais, muitos se voltaram para a idéia alternativa de *governança* global. Essa substituição de algumas letras costuma ser uma espécie de código que significa desempenhar papéis de governo com mecanismos que não têm todo o poder, autoridade ou mandato tradicional dos governos, ou com híbridos que envolvem governos ou outros atores, como o setor privado, ONGs ou uma combinação deles.

Os argumentos a favor de tal abordagem têm muitos méritos. Os mecanismos de governança global são mais possíveis no ambiente de hoje. Na concepção ou na prática, eles se valem da legitimidade das entidades participantes, como Estados, mais a capacidade e a diversidade de participantes não governamentais para conseguir um tom quase governamental e atingir suas metas. Em geral eles também são menos hierarquizados e mais movidos por redes, o que para muitos é um sinal de que são mais adequados a nossa época globalizada. Eles certamente são mais criativos no caso de soluções temporárias para problemas urgentes que não podem esperar que o mundo abrace uma idéia maior e mais polêmica como o verdadeiro governo global.

Há exemplos em muitos níveis. Um é a profusão de autoridades multilaterais, nacionais e privadas que cooperam por intermédio das ligações entre organizações. Por exemplo: nomes de domínios da internet são administrados por uma associação entre ICANN (Internet Corporation for Assigned Names and Numbers), CENTR (Council of European National Top-Level Domain Registries), a Organização Mundial de Propriedade Intelectual, as Nações Unidas e o setor privado. O processo foi complexo e algumas vezes tenso, mas produziu acordos globais para a administração de elementos fundamentais da comunidade eletrônica global que é a internet. O pioneiro da internet Vint Cerf vê no ICANN um modelo emergente de como poderiam ser as instituições de governança global. "Temos uma experiência interessante, porque é uma organização múltipla. Ela inclui governos, setor privado, sociedade civil e mundo acadêmico. A tentativa de reunir esses diferentes setores de modo a desenvolver políticas certamente foi no mínimo uma lição. Tem havido uma enorme tensão entre as várias partes interessadas. Temos concorrentes que estão tentando cooperar para produzir uma política. Claro que eles hesitam muito em fazer qualquer coisa que prejudique seus interesses comerciais. À medida que continuemos a ver a erosão das fronteiras nacionais, fico pensando se veremos o surgimento de estruturas múltiplas que não sejam apenas de governos."

A idéia de redes híbridas de instituições e agentes como essa é estimulante e um conceito central do atual debate público sobre essas questões. Está relacionada a pontos de vista como *A New World Order*, da reitora da Faculdade Woodrow Wilson de Princeton, Anne-Marie Slaughter, que investiga como podemos fazer um uso mais eficiente das redes internacionais de órgãos de governo e autoridades. Também lembra pontos de vista que, da mesma forma, são cada vez mais aceitáveis para a comunidade empresarial internacional — porque o investimento em redes híbridas reproduz o modo como as alianças estratégicas empresariais internacionais costumam funcionar hoje. Alguns especulam que essa abordagem terá o apoio do setor privado (como vimos, a força em ascensão na superclasse global) para ajudar a organizar o caos potencial do mercado global não regulamentado. Richard Darman imagina que "chegaremos a um estágio em que as empresas, tendo de escolher entre múltiplas autoridades de regulamentação em todo o mundo que não agem coordenadamente e um acordo de regulamentação mais coordenado, acabarão se tornando uma força de apoio aos próprios desdobramentos institucionais aos quais elas hoje dizem se opor (...). Será uma série de ligações *ad hoc*, setor por setor (...) que irão se desenvolver dessa forma exatamente porque os Estados-nação não querem sua soberania ameaçada? Provavelmente sim. Haverá um estágio no qual alguma autoridade global comece a ter alguma mudança fundamental no poder político e de governo em todo o mundo? Não espero isso enquanto estiver vivo".

Darman não está só em seu ponto de vista. Praticamente todos que eu entrevistei sobre a superclasse variaram entre "não enquanto estiver vivo" e "nunca" na questão de uma evolução no sentido de instituições reais e efetivas de governo internacional. Foi verdade da Ásia à América Latina, da Europa ao Oriente Médio e aos Estados Unidos. Ao mesmo tempo, todos aceitaram a necessidade de novos mecanismos de governança global.

Membros da superclasse global podem considerar essa tendência um desafio, dado seu atual papel dominante na modelagem de mecanismos informais de governança global em benefício próprio. Eles podem se sentir ameaçados por esforços para criar outros mecanismos nos quais seu poder seja prejudicado ou desafiado por grupos de interesse que não têm os mesmos objetivos que eles. Por outro lado, alguns entre eles verão o mundo como Darman, gradualmente reconhecendo que ordem e legitimidade são aliados das empresas e daqueles que buscam estabilidade social. Essa tensão será tão importante para o futuro da superclasse quanto do mundo.

É inevitável uma crise?

Mas, além dessa tensão, há a ameaça de uma instabilidade ainda maior. Como observou um líder empresarial europeu, "se as elites tomam essas decisões, se essas elites são tão influentes quanto parecem ser, os países podem estar protegendo a soberania, mas as pessoas acabarão divididas por todo o mundo. Se as decisões globais tomadas servem apenas aos poderosos, e muitas das pessoas que tomam as decisões não foram eleitas ou escolhidas pelo povo, a pessoa comum irá reconhecer que eles têm menos influência. Assim, não será apenas injusto; irá provocar uma reação. As pessoas dirão: não quero fazer parte desse mundo porque não posso controlá-lo". Visões como essa continuam a ser exploradas por populistas como o venezuelano Hugo Chávez, e tais acusações tornarão ainda mais instável a linha de fratura entre internacionalistas e nacionalistas/populistas.

A muitos o atual sistema global parece fundamentalmente injusto: os ricos ficam muito mais ricos e a grande maioria dos outros luta para sobreviver. Durante boa parte do período da maior geração de riqueza já vista — os anos 1980 e 1990 —, a mensagem dada aos países mais pobres pelos principais países e seus amigos na comunidade financeira era a de que a austeridade de hoje produz benefícios amanhã. Mas, apesar de todos os méritos de tal postura no nível econômico, esta era politicamente insustentável; também era, de algumas formas bem reais, imoral sugerir que pagar empréstimos automaticamente a grandes instituições financeiras era mais prioritário do que atender às necessidades humanas mais urgentes. Era uma questão de equilíbrio — do quanto de austeridade e em que velocidade, do quanto para o povo e o quanto para os bancos. E em muitos lugares, da Argentina ao Sudeste da Ásia, o equilíbrio foi errado e produziu instabilidade política, acabando por desacreditar o FMI e os principais credores aos olhos de muitos.

Também não houve equilíbrio no processo de liberalização comercial global. Um comércio mais livre, que beneficia a todos, foi ameaçado pelo fato de que aqueles que o defendiam não foram suficientemente sensíveis aos deslocamentos que ele causa. Na verdade a idéia era: "Vamos nos concentrar agora naquilo que ajuda os grandões, e o pequeno vai ser ajudado com o tempo." Ou: "Vamos nos concentrar agora nos negócios; podemos chegar ao meio ambiente depois." Eu participei das discussões quando estava no governo e depois, e disse essas coisas. E, assim como meus colegas e meus equivalentes em todo o mundo, eu estava errado. Não na investida nem no objetivo final, mas na ênfase.

Da mesma forma, os críticos consideram os inacreditáveis desequilíbrios existentes no campo da segurança como sendo fruto da abrangência excessiva ou do interesse próprio dos poderosos. Por que apenas alguns países devem ter armas nucleares? Eu sei por que não gosto da idéia de um Estado patrocinador do terrorismo comandado por um cara perigoso como Mahmoud Ahmadinejad conseguindo armas nucleares. Eu até sei por que apoiaria duras medidas multilaterais para impedir que ele as conseguisse. Mas eu não posso em sã consciência encontrar uma justificativa lógica ou eticamente razoável para os Estados Unidos poderem ter tais armas e países pequenos não — especialmente considerando-se que os Estados Unidos são o único país que realmente usou armas nucleares, duas vezes, contra populações civis. Suponho que isso faça sentido do ponto de vista de que elas são reconhecidamente um mal, e a missão número 1 é impedir sua disseminação, depois disso as eliminaremos onde estiverem. Mas os esforços para eliminá-las onde estão foram lentos demais e não muito sérios. (Na verdade, o problema está sendo exacerbado pelo fato de que os Estados Unidos estão desenvolvendo uma nova geração de armas nucleares.) É apenas demonstrando que estão comprometidos com um resultado eqüitativo que os países poderosos poderão eliminar a oposição e as acusações de hipocrisia. Essa hostilidade é reforçada continuamente quando os mais poderosos violam leis internacionais impunemente e consolidam sua influência e vantagem em instituições de governança global que deveriam ser representativas. Estamos correndo o risco de uma reação.

Isso aconteceu ao longo de toda a História. Embora hoje pareça impossível imaginar um verdadeiro desvio do que é visto como o rumo do progresso nos últimos cinqüenta anos, deveríamos nos lembrar de que também era impossível prever a queda da União Soviética e os revezes que ameaçaram a democracia nos Estados Unidos nos primeiros anos deste século. (Era igualmente difícil imaginar como a reação do país ao 11 de Setembro poderia produzir uma reação global *contra os Estados Unidos.*) As tensões entre internacionalistas e nacionalistas já produziram esforços reacionários entre os novos não-alinhados, mas eles também estão levando a medidas mais hegemônicas, como o esforço de Nicolas Sarkozy de se apresentar como o internacionalista-nacionalista: pró-União Européia, mas antiimigração e contra o ingresso da Turquia na Comunidade Européia. A emergência de posições híbridas como esta poderá mudar as prioridades daqueles que definem prioridades. O modo como seu equilíbrio de poder pesa na balança é fundamental para determinar se eles conseguirão deter o aumento da reação popular a desequilíbrios globais reais ou imaginados ou se conseguirão reagir antecipadamente à ameaça e construtivamente deter o impulso de reagir de forma desmedida — o impulso irresistível que foi a perdição das elites por toda a História.

Equilíbrio

Portanto, a verdadeira história não é sobre gente como Teodoro Obiang, membro da superclasse por acaso. É sobre as elites que o aceitam ou o fortalecem. No passado, a maioria das elites era nacional e seu apoio podia determinar o futuro de príncipes e primeiros-ministros, o destino de coalizões dentro de suas fronteiras, a ascensão e queda de indivíduos e iniciativas que tinham uma base de poder doméstica.

Mas o centro de gravidade das elites mudou. Hoje os mais poderosos membros da elite são cidadãos globais ligados mais às finanças internacionais que à política nacional. Sem as companhias petrolíferas internacionais, Obiang não passa de um ditador barato. Sem um patrocinador como Estados Unidos ou China — Estados-nação que dependem tanto dos recursos globais para financiar suas economias e das Forças Armadas que antigas distinções entre interesses internos e internacionais não têm significado —, Obiang e sua espécie não são diferentes de milhares de senhores da guerra, gângsteres ou políticos de segunda que dominam um pequeno pedaço de terra até que alguém mais cruel apareça.

Se os indivíduos mais ricos e poderosos do mundo em sua maioria têm hoje uma orientação global, são globalmente dependentes e globalmente atuantes, então aconteceu uma mudança importante no equilíbrio de poder no mundo — para além de governos nacionais e de interesses nacionais definidos de forma limitada. E vimos que essa transformação é mais que badalação. A globalização não é apenas um tipo de moda passageira ou o sabor geopolítico da semana. Em todos os grupos que estudamos, fica claro que os mais poderosos são os mais globais.

Como eu observei, hoje, pela primeira vez, mais de metade do faturamento das maiores empresas, como aquelas que compõem o S&P 500, é internacional. No caso dos poucos grandes fornecedores de equipamento de defesa que restaram após anos de fusões, os mercados globais são fundamentais para o crescimento e, claro, as tensões globais são o motor da demanda por seus produtos. Todos os maiores grupos de mídia estão em busca de alcance global e, agindo assim, buscando influenciar os padrões culturais globais para se adequarem a seus interesses comerciais. As grandes religiões são transnacionais, e aquelas que permanecem presas a fronteiras nacionais murcham e perdem influência. Mesmo os países mais poderosos, como Estados Unidos, China e os outros países do G8, são altamente dependentes dos fluxos internacionais de investimentos, de empréstimos internacionais e do comércio internacional para crescer. A maioria das nações desenvolvidas está envelhecendo e enfrenta crises demográficas que apenas a imigração pode resolver. As eleições podem ser locais, mas os líderes políticos nacionais precisam pensar internacionalmente com muita rapidez. Mesmo os líderes de pequenos países são tão dependentes dos fluxos de investimento externo que em certa medida se reportam simultaneamente a seu povo e aos operadores de Wall Street. Na verdade, isso vale também para líderes de países poderosos.

As elites de poder da época de C. Wright Mills eram basicamente americanas com interesses americanos. O país delas tinha se tornado uma potência global, mas as questões internacionais ainda eram literalmente externas. O envolvimento externo permanente era algo novo que aquelas elites estavam apenas começando a entender militar e comercialmente. Corporações transnacionais passaram a ser dominantes, resultado dos avanços tecnológicos e das alianças da Guerra Fria que criaram a infra-estrutura e o impulso para o que chamamos hoje de era global. E enquanto essas elites nacionais tinham sucesso nessa empreitada, seus interesses mudaram.

Continua a haver elites nacionais. Mas, em sua maioria, na maioria das questões, elas são atropeladas pela escala, pelos recursos, pelas redes e pelo poder de seus rivais mais voltados para o global. Continua a haver tensões entre as duas, e as elites nacionais têm tradição e lastro cultural para ajudá-las a manter sua posição. Mas ainda há ameaças no horizonte. Protecionismo ou nacionalismo reacionário podem prevalecer, talvez com conseqüências devastadoras, talvez por décadas. Mas é provável que essas reações sejam vistas como espasmos de transição, dores do crescimento, à medida que as pessoas lutam para se ajustar à redefinição de idéias fundamentais como soberania, comunidade, identidade local e estrangeira.

Em grande medida, cabe às próprias elites do poder global determinar quão demorados e destrutivos serão esses espasmos. Se elas usarem sua influência para criar um sistema global de regras que exacerbe desigualdades e seja tão claramente injusto quanto o atual sistema, a crise é praticamente inevitável. Mas se elas reconhecerem que é de seu próprio interesse abandonar posturas que beneficiam hoje os ricos e poderosos, ao mesmo tempo fazendo a promessa de um amanhã distante para os pobres e despossuídos, então poderão evitar o destino de elites anteriores que caíram por causa de seu alcance exagerado, sua cobiça, insensibilidade e miopia.

A questão fundamental é equilíbrio. Onde a democracia era deficiente, achamos que mercados mais livres poderiam de algum modo fazer a diferença. Mas vimos repetidamente que mecanismos de mercado e ditadura — ou oligarquia, ou democracia não liberal — andam juntos. Aprendemos do modo mais difícil que as instituições ou os aparatos da democracia não são suficientes se não forem acompanhados de uma cultura de democracia. Da mesma forma, os mercados se tornam não liberais quando oferecem um simulacro de livre competição sem um campo de disputa nivelado, sem oportunidades verdadeiramente iguais para todos. A resposta não é a automática proteção da soberania nacional. Isso impede a criação e o fortalecimento daqueles mecanismos de governança global — alguns, talvez, novos e muito diferentes do que esperaram gerações anteriores — que são fundamentais para equilibrar liberdade e justiça, equilibrar o poder da superclasse e o poder das massas em todo o mundo.

A resposta também não está em um mundo sem elites globais. Apesar de todas as suas deficiências, ou de todas as deficiências do sistema que elas ajudaram a criar, muitos integrantes desse grupo deram uma enorme contribuição para o bem-estar do planeta. Sempre vamos querer e precisar de líderes. A medida de nosso sucesso na distribuição dos recursos em nosso sistema global será o grau em que conseguirmos dosar nossa necessidade dessa liderança e os incentivos que ajudam os melhores entre nós a chegar à grandeza. Precisamos reconhecer que a sociedade, incluindo essas elites, tem de transformar em prioridade número 1 o atendimento às necessidades daqueles menos capazes de ajudar a si mesmos. Mais ainda, precisamos reconhecer que esta não é uma questão puramente econômica: a justiça depende de aqueles pobres terem não apenas uma força política, mas também uma parcela justa do poder político — poder no qual a influência de alguém não é alterada por fatores econômicos, no qual esse poder é direito de nascença de todo indivíduo.

O grande desafio deste século e talvez dos próximos séculos será aceitar que a época do Estado-nação como a conhecemos, nascida no século XVII e que floresceu ao longo dos quatrocentos anos seguintes, chegou ao fim. Embora governos nacionais continuem a ser uma parte vital do sistema global, eles já não são suficientes, já não são adequados para atender às promessas básicas feitas a seus povos. Em um mundo global, não podemos proteger os direitos das pessoas apenas por intermédio de ações limitadas às fronteiras nacionais. Construa uma cerca ao longo da fronteira. Ela se revelará a Linha Maginot da globalização, uma lembrança patética da tolice de guerras passadas e do fracasso em enfrentar novos desafios.

Da mesma forma, reduzir a importância das fronteiras nacionais sem ao mesmo tempo reconhecer a impenetrabilidade das fronteiras econômicas e sociais que impedem a maioria das pessoas do mundo de controlar seu destino é uma fórmula não para os primeiros anos da globalização, mas para os últimos. Se as pessoas em geral não se tornarem beneficiárias da globalização, elas se tornarão suas inimigas — e sua ruína.

Bem distantes desses despossuídos, seja ao redor de um fondue em um pequeno restaurante em Davos ou no alto de uma torre de escritórios em Santiago, talvez voando bem alto em um jato Gulfstream personalizado, os membros da superclasse são, no final das contas, as pessoas que mais podem fazer para eliminar essas divisões ameaçadoras. Até que elas o façam, usando seu poder financeiro ou institucional como empresários, ou o poder do governo, das Forças Armadas, dos grupos de mídia ou das instituições culturais que elas comandam, o processo e a promessa da globalização como uma força de abertura e equilíbrio permanecerão incompletos, e o bem que isso pode produzir permanecerá ameaçado. Mas a superclasse não pode fazer isso sozinha. Nem o fará. A História mostrou isso. Sem a emergência de centros de poder rivais que representem e institucionalizem o desejo das pessoas em geral, continuaremos a ter apenas soluções parciais.

A História é um histórico de negociação entre os ricos e poderosos e os menos estabelecidos mas ainda assim perigosos: uma barganha em torno do preço a pagar pela estabilidade. Os pobres e fracos nunca se sentam à mesa. Em todas as épocas os negócios fechados foram inadequados, com os ricos ganhando hoje e tendo vantagem no futuro, enquanto os pobres recebem migalhas hoje e apenas uma promessa de vida melhor para as futuras gerações. É um péssimo acordo, e nunca durou muito. Assim, as perguntas que nós e a superclasse precisamos fazer são: desta vez, quem irá dar o primeiro passo para a mudança? De que forma será? As elites serão mais uma vez derrubadas por outras elites agindo em nome do povo, mas na verdade representando apenas seus próprios interesses limitados? Ou o progresso finalmente oferecerá uma prova duradoura de que a verdadeira estabilidade está no equilíbrio: entre liberdade e justiça, crescimento e eqüidade, mercado e Estado e entre os poucos que lideram e o resto de nós, dos quais deve fluir a legitimidade dos líderes?

Notas

INTRODUÇÃO: A elite do poder na promenade

p.25 *Coelho vendeu mais de um milhão de exemplares* – Dana Goodyear, "The Magus", *New Yorker*, 7 de maio de 2007, 38.

p.27 *"Homem de Davos"* – Samuel Huntington, "Dead Souls: The Denationalization of the American Elite", *National Interest* 75 (Primavera de 2004):5-18.

p.27 *Quando foi fundada, em 1971, por Klaus Schwab* – "Frequently Asked Questions", Fórum Econômico Mundial, www.weforum.org/en/about/FAQs/Index.htm.

p.28 *A tese central era a de que no topo* – C. Wright Mills, *The Power Elite* (Nova York: Oxford Univrsity Press, 1956), 4.

p.29 *Eisenhower captou muito das idéias de Mills* – "Texto do discurso de despedida de Eisenhower", *New York Times*, 18 de janeiro de 1961.

p.30 *as Forças Armadas dos Estados Unidos têm apenas 1,5 milhão* – "Fiscal 2007 Department of Defense Budget Is Released", *press release* do Departamento de Defesa, 6 de fevereiro de 2006.

p.30 *o orçamento militar supera 425 bilhões de dólares* – Ibid.

p.30 *o faturamento de apenas cinqüenta das empresas americanas mais lucrativas* – "Fortune 500", *Fortune*, 30 de abril de 2007.

p.31 *Mark Malloch Brown ... recordou de uma recepção de Davos* – Mark Malloch Brown, entrevista ao autor, outubro de 2006.

p.32 *Um dos primeiros a identificar esse fenômeno* – Walter B Wriston, *The Twilight of Sovereignty: How the Information Revolution Is Transforming Our World* (Nova York: Scribner, 1992), 46.

p.32 *Christopher Lasch observou* – Christopher Lasch, *The Revolt of the Elites: And the Betrayal of Democracy* (Nova York, Norton, 1995), 35-36.

p.33 *americano cético ao livre comércio Jeff Faux* – Jeff Faux, *The Global Class War: How America's Bipartisan Elite Lost Our Future — and What It Will Take to Win It Back* (Hoboken, Nova Jersey: Wiley, 2006), 1.

p.33 *Como observou o príncipe Turki Al-Faisal* – príncipe Turki Al-Faisal, entrevista ao autor, 9 de setembro de 2006.

p.35 *Afinal, Marx tinha dito* – Karl Marx e Friedrich Engels, *O manifesto comunista*, 1848.

p.36 *Mills na verdade tinha visto evidências* – Mills, *Power Elite*, 8.

p.36 *o CEO americano médio ganhe entre 350 e quatrocentas vezes* – Krishna Guha e Francesco Guerrera, "America's Elite Is Pulling Further Ahead", *Financial Times*, 20 de dezembro de 2006.

p.39 *Cerca de 7 bilhões de dólares tinham sido empenhados* – Beth Fouhy, "Clinton Initiative in New York Secures $7 billion to Fight Global Woes", Associated Press, 22 de setembro de 2006.

p.39 *na era de doações recorde para a filantropia* – Yuki Noguchi, "Gates Foundation to Get Bulk of Buffett's Fortune", *Washington Post*, 26 de junho de 2006.

p.40 *ele começou a descrever Davos em termos de sua mitologia.* – Paulo Coelho, entrevista ao autor, 25 de janeiro de 2006

p.41 *a famosa história do jovem* – Kenneth L. Fisher, *100 Minds That Made the Market* (Nova York: Wiley, 2007), 80.
p.42 *eu ouvi mais ecos do que Mills escreveu* – Mills, *Power Elite*, 27.

CAPÍTULO 1: Um em um milhão

p.46 *um avião novo sai equipado* – "More Than 100 Gulfstreams Now Have EVS System", *Weekly of Business Aviation*, 4 de outubro de 2004.
p.46 *Como Moss diz* – Brian Moss, entrevista ao autor, dezembro de 2006.
p.47 *Quando o jatinho "padrão" não é suficiente* –Lauren Sherman, "Priciest Private Jets", *Forbes*, 8 de março de 2007.
p.48 *o 767 usado que os pechincheiros do Google Larry Page* – Kevin J. Delaney e J. Lynn Lunsfod, "Wide-Flying Moguls: Google Duo's New Jet Is a Boeing 767-200", *Wall Street Journal*, 4 de novembro de 2005.
p.48 *a Boeing começou a receber encomendas* – Eugenia Levenson, "Pimp My Jet", *Fortune*, 16 de abril de 2007.
p.48 *as versões especiais do Airbus 380 de dois andares* – "Airbus Superjumbo for Private Use", BBC News, 19 de junho de 2007, news.bbc.co.uk/2/hi/business/6768237.stm.
p.49 *O avião do exuberante magnata americano do mercado imobiliário Donald Trump* – Stephen McGinty, "Any Rows and You're Fired, Scotland!" *The Scotsman*, 29 de abril de 2006.
p.52 *Stephen Kaplan e Joshua Rauh* – Steven N. Kaplan e Joshua D. Rauh, "Wall Street and Main Street: Who Contributes to the Rise in Highest Incomes?" Universidade de Chicago, Faculdade de Administração e Departamento Nacional de Pesquisa Econômica, NBER Working Paper No. 13270, junho de 2007, 32.
p.53 *Sherwin Rosen escreveu um trabalho fundamental* – Sherwin Rosen, "The Economics of Superstars", *American Economic Review* 71, nº 5 (dezembro de 1981): 845-58.
p.53 *Lawrence Summers explicou isso* – Lawrence Summers, entrevista ao autor, outubro de 2006.
p.56 *mais de 1.500 com vendas anuais* –Scott DeCarlo, "The World's 2.000 Largest Public Companies", *Forbes*, 29 de março de 2007
p.56 *Em 2007, por exemplo, o PIB global* – "The World Fact Book — World", Central Intelligence Agency, www.cia.gov/librry/publications/the-world-factbook/geos/xx.html#Econ.
p.56 *as 250 maiores empresas do mundo* – DeCarlo, "World's 2.000 Largest Public Companies".
p.57 *desse grupo — um total de 166* – Esta comparação e uma conclusão similar foram a base de um relatório de Sarah Anderson e John Cavanagh, "Top 200: The Rise of Corporate Global Power", Institute for Policy Studies, dezembro de 2000, i.
p.58 *As duas mil maiores corporações do mundo* – DeCarlo, "World's 2.000 Largest Public Companies".
p.58 *o valor de mercado total do patrimônio negociado* – McKinsey & Company, "Mapping the Global Capital Markets Third Annual Report", McKinsey Gobal Institute, janeiro de 2007, 7.
p.59 *Em 1983, as quinhentas maiores empresas* – Jeffrey Kentor, "The Growth of Transnational Corporate Networks: 1962-1998", *Journal of World Systems Research* (dezembro de 2005): 267.
p.59 *em 1962, as cem maiores corporações* – Ibid, 266.
p.59 *A Siemens, um conglomerado de engenharia alemão* – Dos sites das empresas, www.siemens.com e www.hp.com.
p.59 *Não apenas mercados como Estados Unidos* – McKinsey & Company, "Mapping the Global Capital Markets Third Annual Report", 8.
p.59 *Segundo a* Forbes, *havia 21 bancos* – DeCarlo, "World's 2.000 Largest Public Companies".
p.59 *a parcela de 10% dos americanos mais ricos* – Edward N. Wolff, "Changes in Household Wealth in the 1980s and 1990s in the U.S.", em *International Perspectives on Household Wealth* (Northampton, MA: Edward Elgar, 2006), 124.

p.59 *Em apenas alguns anos, os fundos de* hedge *tiveram um crescimento* -David Cho, "Hedge Funds Mystify Markets, Regulators", *Washington Post*, 4 de julho de 2007.

p.60 *esses dez mil fundos são, segundo algumas estimativas* - Cho, *ibid.*

p.61 *Um estudo feito em 2006 pela Universidade das Nações Unidas* - James Davies, Susana Sandstrom e Edward Wolff, "The World Distribution of Household Wealth", Universidade das Nações Unidas — Instituto Mundial para Desenvolvimento de Pesquisa Econômica, 5 de dezembro de 2006, 26. Para os objetivos do estudo, os autores definiram riqueza como "o valor do patrimônio físico e financeiro menos dívidas".

p.61 *Mas dentro desses 10% mais* - Ibid.

p.61 *segundo um relatório de 2007 de Merrill Lynch and Capgemini* - Merrill Lunch and Capgemini, "World Wealth Report 2007", 27 de junho de 2007, 2.

p.62 *entre trinta ou quarenta armas de destruição em massa* - "Countries with Weapons of Mass Destruction — Inteligence Threat Assessments", Federação de Cientistas Americanos, www.fas.org/irp/threat/wmd_state.htm.

p.62 *menos de vinte com alguma espécie de míssil* - Joshua Williams, "World Missile Chart", Carnegie Endowment for International Peace, novembro de 2005, www.carnegieendowment.org/npp/ballis-ticmissilechart.cfm.

p.62 *apenas nove com armas nucleares* - George Bunn, "The World's Non-Proliferation Regime in Times", IAEA Bulletin, 2004, www.iaea.org/Publications/Magazines/Bulletin/Bull462/nonproliferation_re-gime.html.

p.62 *apenas seis exércitos com cerca de 500 mil ou mais soldados* - Central Intelligence Agency, "World Factbook", 2007, www.cia.gov.

p.62 *há talvez 4.300 religiões* - www.Adherents.com.

p.63 *que um livro recente descreveu como sendo o "Riquistão"* - Robert Frank, *Richistan: A Journey Through the American Wealth Boom and the Lives of the New Rich* (Nova York: Crown, 2007.

p.64 *Carlos Slim Helú, um dos homens mais ricos* - "Carlos Slim Becomes World's Richest Man", Reuters, 3 de julho de 2007.

p.64 *Segundo o* New York Times, *Slim* - Ginger Thompson, "Prodded by the Left, Mexico's Richest Man Talks Equity", *New York Times*, 3 de junho de 2006.

p.64 *Rupert Murdoch controla meios de comunicação* - "The World's Billionaires: #3, Rupert Murdoch", *Forbes*, 8 de março de 2007.

p.64 *a News Corp. pode atingir a maioria* - "Turn On, Tune In, Switch Off", *McClatchy-Tribune Business News*, 14 de abril de 2007.

p.64 *O presidente dos Estados Unidos tem o comando e o controle final* -International Institute for Strategic Studies, *The Military Balance*, 2007 (Londres: Routledge, 2007), 28.

p.65 *Os gastos dos Estados Unidos com defesa ultrapassaram os 630 bilhões de dólares* - Christopher Hell-man, "U.S. Security Spending: How Much Do We Really Spend?", Center for Arms Control and Non-Proliferation, 1º de outubro de 2007. Os números incluem o orçamento de defesa federal autorizado para o ano fiscal de 2007 e dotações para operações militares no Iraque e no Afeganistão.

p.65 *Edward C. "Ned" Johnson é, no momento em que este livro está sendo escrito, CEO* - John Waggoner, "Fundline: The Buzz at Fidelity", *USA Today*, 3 de outubro de 2007; Jia Lynn Yan, How to Interpret Recent News Out of Fidelity", *Fortune*, 5 de março de 2007.

p.65 *O papa fala por mais de 1 bilhão* - www.Adherents.com.

p.65 *sua reafirmação de que a Igreja católica é* - Nicole Winfield, "Pope Reasserts Salvation Comes From One Church", *Boston Globe*, 11 de julho de 2007.

p.65 *Wu Xiaoling controla as reservas estrangeiras* - Paul Maidment, "What's Behind the Surprise Rise in China's Forex Reserves", *Forbes*, 16 de abril de 2007; "China's Forex Reserves Tops $1,43 Trillion", *People's Daily Online*, 12 de outubro de 2007.

p.65 *Ele já estendeu seu alcance* - Frederick Balfour, "China's $3 Billion Bet on Blackstone", *BusinessWeek*, 21 de maio de 2007.

p.65 *Rex Tillerson supervisiona as reservas de energia da ExxonMobil* – Joe Nocera, "A Change of Tune?, International Herald Tribune, 10 de fevereiro de 2007; DeCarlo, "World's 2.000 Largest Public Compnies",

p.65 *H. Lee Scott, CEO da Wal-Mart* – Anthny Bianco, "Wal-Mart's Midlife Crisis", *BusinessWeek*, 30 de abril de 2007; DeCarlo, "World's 2.000 Largest Public Companies".

p.65 *A siderúrgica Arcelor Mittal, de Lakshimi Mittal* – Peter Marsh, "Man of Steel with a Showman's Flair", *Financial Times*, 23 de dezembro de 2006; "The World's Billionaires: #5 Lakshmi Mittal, *Forbes*, 8 de março de 2007.

p.67 *não é surpresa uma rua em Londres* – Caroline McGhie, "Were §10m Is 'a Snip'", *Sunday Telegraph*, 28 de junho de 2006.

p.68 *Hong Kong, com seu luxuoso bairro Peak* – Matt Woolsey, "World's Most Expensive Homes 2007", *Forbes*, 22 de janeiro de 2007.

p.68 *Um dia lar dos Rockefeller e da família de Jacqueline Kennedy* – Michael Gross, *740 Park: The Story of the World's Richest Apartment Building* (Nova York: Broadway, 2006), 7-11.

p.69 *"O mundo é muito pequeno"* – Stephen Schwarzman, entrevista ao autor, novembro de 2006.

p.71 *Consideremos o seguinte texto sobre sua variedade* – Site da Blackstone, www.blackstone.com, acessado em abril de 2007.

CAPÍTULO 2: *Ceteris non paribus*

p.76 *o atual ministro das Relações Exteriores, Alejandro Foxley* – Dennis Shanahan, "Chile's Hot Free Trade Pact with Oz", *Australian*, 14 de novembro de 2006.

p.77 *acordos comerciais com 47 nações* – "Chile: Lots of Free Trade Agreements and Growth but at What Cost?" Oxfam, www.oxfam.org/en/programs/development/samerica/chile_regional_trade_agreements, março de 2007.

p.78 *A expressão foi cunhada por John Williamson* – John Williamson, "A Short History of the Washington Consensus", Institute for International Economics, 24 de setembro de 2004.

p.78 *Basta perguntar aos russos* – Paul J. Saunders, "Why 'Globalization' Didn't Rescue Russia", *Policy Review*, 1º de fevereiro de 2001.

p.78 *A faixa dos chilenos 20% mais ricos* – "Economic Indicators: Chile", World Resources Institute, earthtrends.wri.org/pdf_library/country_profiles/eco_cou_152.pdf, 2003.

p.79 *os piores indicadores de desigualdade do planeta* – Banco Mundial, "Table 2.7: Distribution of Income or Consumption", *World Development Indicators 2005*.

p.81 *Seu ponto de vista era claro* – Andrónico Luksic, entrevista ao autor, 2006.

p.82 *"Não podemos ter complacência"* – Alvaro Saieh, entrevista ao autor, 2006.

p.83 *o economista Robert H. Frank, da Universidade de Cornell* – Robert H. Frank, "In the Real World of Work and Wages, Trickle-Down Theories Don't Hold Up", *New York Times*, 12 de abril de 2007.

p.84 *Isso obviamente o perturbava* – Andrés Velasco, entrevista ao autor, 2006.

p.84 *"o grupo que tem maior poder"* – Jorge Rosenblut, entrevista ao autor, 2006.

p.86 *Marshall abordou a questão de outra forma* – Jorge Marshall, entrevista ao autor, 2006.

p.88 *o editor da* Newsweek *Fareed Zakaria* – Fareed Zakaria, "The Rise of Illiberal Democracy", *Foreign Affairs*, novembro/desembro de 1997.

p.89 *Como Dani Rodrik, de Harvard, escreveu* – Dani Rodrik, "The Cheerleaders' Threat to Global Trade", *Financial Times*, 27 de março de 2007.

p.89 *professor da Universidade de Columbia Joseph Stiglitz* – Joseph E. Stiglitz, *Globalization and Its Discontents* (Nova York: Norton, 2002), 79.

p.89 *Mack McLarty, sugeriu que a questão* – Mack McLarty, entrevista ao autor, 2006.

p.89 *Moisés Naím, ex-ministro da Indústria e Comércio da Venezuela* – Moisés Naím, entrevista ao autor, 2007.

p.91 *a nova "era dourada"* – Martin Wolff, "A New Gilded Age", *Financial Times*, 25 de abril de 2006; Paul Krugmn, "Gilded Once More", *New York Times*, 27 de abril de 2007.

p.91 *"The World Is Not Flat"* – Nancy Birdsall, "The World Is Not Flat: Inequality and Injustice in Our Global Economy", Palestra anual WIDER 2005, 31 de outubro de 2005.

p.92 *Segundo as Nações Unidas* – "The Inequality Predicament: Report on the World Social Situation 2005", United Nations Publications, agosto de 2005

p.92 *os países mais ricos do mundo* – L. Pritchett, "Divergence, Big Time", *Journal of Economic Perspectives* 11, nº 3 (verão de 1997): 3-17.

p.92 *Na verdade, a taxa entre o PIB do país mais rico de hoje* – Achin Vanaik, "Unequal Gains", *Telegraph*, 22 de dezembro de 2005.

p.92 *Os bilionários do mundo, aqueles cerca de mil indivíduos* – "The World's Distribution of Household Wealth", Universidade das Nações Unidas — Instituto Mundial para o Desenvolvimento de Pesquisa Econômica, 5 de dezembro de 2006.

p.92 *Em algumas regiões a concentração de pobreza* – Nações Unidas, "UN Human Development Report 2005".

p.92 *no período entre 1984 e 2004* – Bob Davis *et al.*, "Globalization's Gains Come with a Price", *Wall Street Journal*, 3 de junho de 2007.

p.93 *com o Gini para todos os adultos do mundo sendo de quase 65* – Ibid, 108.

p.93 *O professor James Galbraith* – James K. Galbraith, "By the Numbers", *Foreign Affairs*, julho/agosto de 2002, 178-83.

p.94 *Nas últimas duas décadas, a desigualdade de renda* – Birdsall, "The World Is Not Flat".

p.94 *Emmanuel Saez, da Universidade da Califórnia* – Thomas Piketty e Emmanuel Saez, "The Evolution of Top Incomes: A Historical and International Perspective", *National Bureau of Economic Research*, primavera de 2006, 204. Ver também Emmanuel Saez, "Income and Wealth Concentration in a Historical and International Perspective", UC Berkeley e National Bureau of Economic Research, 21 de fevereiro de 2004.

p.95 *Como o* New York Times *explica em sua série sobre a "guerra de classes"* – Eric Konigsberg, "A New Class War: The Haves vs. The Haves Mores", *New York Times*, 19 de novembro de 2006.

p.95 *Um fenômeno semelhante pode ser visto na Grã-Bretanha* – "The Super-Rich: Always with Us", *Economist*, 19 de outubro de 2006.

p.96 The Economist *explica que o aspecto meritocrático* – Ibid.

p.96 *Matt Miller escreveu* – Matt Miller, "Revolt of the Fairly Rich", *Fortune*, 30 de outubro de 2006.

p.97 *ele acompanha dois indivíduos que estudaram em Harvard* – Por sinal, um estudo recente da Universidade Estadual de Ohio rebateu uma premissa fundamental sobre a parcela "inteligente" da equação. Estudando mais de 7.400 americanos, eles descobriram que embora os trabalhadores com QI mais alto tendessem a ganhar mais do que os menos dotados, eles não tinham maior probabilidade de acabar ricos nem probabilidade menor de tragédias financeiras. Jay L. Zagorsky, "Do You Have to Be Smart to Be Rich? The Impact of IQ on Wealth, Income, and Financial Distress", *Intelligence*, vol. 35 nº 5, setembro de 2007.

p.98 *Tom Hertz, da Universidade Americana* – Tom Hertz, "Understanding Mobility in America", Center for American Progress, 26 de abril de 2006.

p.98 *Nancy Birdsall chama a diferença* – Birdsall, "The World Is Not Flat".

p.98 *a relação entre a riqueza do um quinto mais rico* – Sam Roberts, "In Manhattan, Poor Make 2c for Each Dollar to the Rich", *New York Times*, 4 de setembro de 2005.

p.99 *o CEO médio de uma grande empresa* – Jeanne Sahadi "CEO Pay: 364 Times More Than Workers", CNNMoney, 29 de agosto de 2007, money.cnn.com.

p.99 *Em 2006, a renda média do comandante* – Scott DeCarlo, "Big Paychecks", *Forbes*, 3 de maio de 2007.

p.99 *Robert Nardelli, da Home Depot* – Josh Fineman, "Nardelli Exit Packge Called 'Outrage', May Heighten Pay Debate", *Bloomberg*, 3 de janeiro de 2007.
p.99 *A AT&T se despediu do CEO Ed Whitacre* – Dionne Searcey, "A Penson to retire for: $158.5 Million Plus", *Wall Street Journal*, 27 de abril de 2007.
p.99 *O pagamento médio dos CEOs das cem maiores empresas da Grã Bretanha* – Brooke Masters, "A Campaign to Tighten Executive Pay", *Washington Post*, 28 de abril de 2006.
p.100 *Naquele mesmo ano, o executivo* – Geraldine Fabrikant, "EU: US-Style Pay Packages Are All the Rage in Europe", *New York Times*, 16 de junho de 2006.
p.100 *Um deles é a explosão das opções de ações* "In the Money: A Special Report on Executive Pay", *Economist*, 20 de janeiro de 2007.
p.100 *Um estudo realizado em 2006 pelos professores de economia Amir Barnea e Ilan Guedj* – Amir Barnea e Ilan Guedj, "'But Mom, All the Other Kids Have One!' CEO Compensation and Director Networks", Faculdade de Administração McCombs, Universidade do Texas, agosto de 2006.
p.100 *Barry Diller disse em 2006* – Krishna Guha e Francesco Guerrera, "America's Elite Is Pulling Further Ahead", *Financial Times*, 20 de dezembro de 2006.
p.100 *Warren Buffet certa vez ridicularizou as reuniões sobre compensação* –Joann S. Lublin e Scott Thurm, "Behind Soaring Executive Pay, Decades of Failed Restraints", *Wall Street Journal*, 12 de outubro de 2006.
p.101 *Steven Kaplan e Joshua Rauh argumentam* – Kaplan e Rauh, "Wall Street and Main Street".
p.101 *teoria de Sherwin Rosen* – Rosen, "Economics of Superstars", 845-58.
p.101 "Behind Soaring Executive Pay".
p.101 *"a maior parte da prosperidade dos executivos"* – "In the Money", *Economist*.
p.101 *Em junho de 2006, a Corporate Library* – Paul Hogson e Ric Marshall, "Pay for Failure: The Compensations Committees Responsible", Corporate Library, junho de 2006.
p.101 *Um exemplo chocante de pagamento exagerado* – Eric Dash e Amanda Cox, "Executive Pay: A Special Report; Off to the Races Again, Leaving Many Behind", *New York Times*, 9 de abril de 2006.
p.102 *economista de Harvard John Kenneth Galbraith* – John Kenneth Galbraith, "What Comes After General Motors", *New Republic*, 2 de novembro de 1974.
p.102 *Bill Moyers apresentou a discussão sobre remuneração de executivos de outra forma* – Bill Moyers, "América 101", discurso no Council of Great City Schools, San Diego, Califórnia, 27 de outubro de 2006.

CAPÍTULO 3: Lições da história

p.109 *Segundo a lista da revista* – Institutional Investor's Alpha – Jenny Anderson e Julie Creswell, "Make Less Than $240 Million? You're Off the Top Hedge Fund List", *New York Times*, 24 de abril de 2007.
p.110 *a BP repassou centenas de milhões de dólares* – David Mercer, "California, Illinois University Researchers to Team in BP-Funded Clean Energy Search", *International Herald Tribune*, 1º de fevereiro de 2007.
p.110 *funcionários do governo chinês comprometeram* – Agência France-Presse, "China to Spend 180 Billion Dollars to Boost Renewable Energy Use", *Sino Daily*, 7 de novembro de 2005.
p.110 *ex-reitor da Faculdade Bloomberg de Saúde Pública da Universidade Johns Hopkins, dr. Al Sommer* – Entrevista ao autor, agosto de 2006.
p.110 *A disputa presidencial de 2008* – Thomas B. Edsall e Chris Cillizza, "Those with 2008 Ambitions May See a $100 Million Entry Fee", *Washington Post*, 12 de março de 2006.
p.111 *O bilionário David Geffen* – Chris Cillizza e Dan Balz, "Clinton, Obama Camps' Feud is Out in the Open", *Washington Post*, 22 de fevereiro de 2007.
p.111 *o bilionário israelense-americano e magnata da mídia Haim Saban* – site do Center for Responsive Politics, www.opensecrets.org.

p.111 *Por exemplo: no primeiro trimestre de 2007* – Ibid.

p.111 *Na verdade, quarenta de cada cem senadores* – Ibid.

p.112 *De acordo com o Center for Public Integrity* – site do Center for Public Integrity, www.publicintegrity.org.

p.113 *Bill Gates e Eli Broad* – David Herszenhorn, "Billionaires to Start $60 Million Schools Effort", *New York Times*, 25 de abril de 2007.

p.113 *quase trezentos contratos comerciais no valor de mais de 140 bilhões de dólares* – David L Aaron, observações ao Departamento de Comércio dos Estados Unidos, 8 de dezembro de 1999.

p.119 *os estadistas que Henry Kissinger um dia admirou* – Henry Kissinger, *A World Restored* (Nova York: Universal Library, 1964), 213.

p.121 *Embora a Grécia seja conhecida como o berço da democracia* – Sarah B. Pomeroy, Stanley M. Burstein, Walter Donlan e Jennifer Tolbert Roberts, *Ancient Greece: A Political, Social, and Cultural History* (Nova York: Oxford University Press, 1999), 28-37. E também Thomas R. Martin, *Ancient Greece: From Prehistoric to Hellenistic Times* (New Haven: Yale University Press, 2000), 24-30.

p.121 *em algum momento por volta de 1200 a.C.* – Martin, *Ancient Greece*, 30-31.

p.121 *A população diminuiu entre 60% e 90%*, – Pomeroy *et al.*, *Ancient Greece*, 37-39.

p.122 *O historiador A.M. Martin argumenta* – Martin, *Ancient Greece*, 46.

p.122 *entre 12% e 20% das famílias gregas* – Pomeroy *et al.*, *Ancient Greece*, 96.

p.123 *Reagindo a essa desordem* – J.B. Bury e Russell Meiggs, *A History of Ancient Greece to the Death of Alexander the Great* (Nova York: St. Martin's Press, 1975), 146.

p.123 *como foi o caso de Cípselo de Corinto* – Nicolau de Damasco, citado em Martin, *Ancient Greece*, 80.

p.123 *A reação popular, em 590* – Pomeroy *et al.*, *Ancient Greece*, 165-68; H.D.F. Kitto, *The Greeks* (Chicago: Aldine, 1964), 99-101; G.E.M. de Ste. Croix, *The Class Struggle in the Ancient Greek World: From the Archaic Age to the Arab Conquests* (Ithaca: Cornell University Press, 1989), 282.

p.124 *Mas, com tudo isso, nenhum reino europeu* – Jonathan D. Spence, *The Search for Modern China* (Nova York: Norton, 1999), 7.

p.125 *No centro de uma burocracia cuidadosamente criada* – Ibid. E também John King Fairbank, *China: A New History* (Cambridge, MA: Harvard University Press, 1992), 8; Paul Kennedy, *The Rise and Fall of the Great Powers: Economic Change and Military Conflict from 1500 to 2000* (Nova York: Vintage Books, 1989), 4-6; C.A. Bayly, *The Birth of the Modern World: Global Connections and Comparisons, 1780-1914* (Oxford: Blackwell, 2004), 32.

p.125 *A Europa não tinha nada parecido com seus enormes navios* – Fairbank, *China*, 137-38.

p.125 *A estrutura calcificada e centralizada* – Rinn-Sup Shinn e Robert L. Worden, "Historical Setting", em Robert L. Worden, Andrea Matles Savada e Ronald E. Dolan, orgs., *China: A Country Study* (Washington: U.S. Government Printing Office, 1988), 18.

p.126 *"Considerando-se o papel do imperador"* – Fairbank, *China*, 141.

p.126 *Os eunucos se aproveitaram da situação* – Spence, *Search for Modern China*, 16-18.

p.126 *E, na Manchúria, um líder* – Immanuel C.Y. Hsu, *The Rise of Modern China* (Nova York: Oxford University Press, 1970), 21-24.

p.127 *Jonathan Spence escreve* – Spence, *Search for Modern China*, 28.

p.127 *Segundo o historiador Immanuel Hsu* – Hsu, *Rise of Modern China*, 35.

p.128 *o que Spence chama de "um profundo e amplo"* – Spence, *Search for Modern China*, 69.

p.128 *"Se eles fossem mercadores tírios"* – Henry Adams, *The Education of Henry Adams* (New York: Oxford University Press, 1999), 20l.

p.128 *A economia crescera* – Louis D. Johnston e Samuel H. Williamson, "The Annual Real and Nominal GDP for the United States, 1790-Present", Economic History Services, 2006. Números em dólares de 2000. www.eh.net/hmit/gdp.

p.129 *o termo "milionário"* – Mills, *Power Elite*, 101-102.

p.129 *o magnata das ferrovias e dos bancos Daniel Drew observou* – Matthew Josephson, *The Robber Barons: The Great American Capitalists, 1861-1901* (San Diego: Harcourt, 1962), 59.

p.129 *O historiador dos negócios Maury Klein escreve* – Maury Klein, *The Change Makers: From Carnegie to Gates, How the Great Entrepreneurs Transformed Ideas into Industries* (Nova York: Henry Holt, 2003), 2.
p.130 *"O homem que morre tão rico"* – Andrew Carnegie, em ensaio de 1989 citado em H.W. Brands, *Masters of Enterprise: Giants of American Business from Jacob Astor and J.P. Morgan to Bill Gates and Oprah Winfrey* (Nova York: Free Press, 1999), 25.
p.130 *"um quinto de todos os homens de Pittsburgh"* – Peter Krass, Carnegie (Hoboken, NJ: Wiley, 2002), ix-x.
p.130 *"um inferno com as comportas fechadas"* – Charles Morris, *The Tycoons: How Andrew Carnegie, John D. Rockefeller, Jay Gould, and J.P. Morgan Invented The American Supereconomy* (Nova York: Times Books, 2005), 205.
p.131 *"Abençoado seja o homem que inventou o sono"* – Citado em Krass, *Carnegie*, 57.
p.131 *Carnegie depois escreveu em sua autobiografia* – Andrew Carnegie, *The Autobiography of Andrew Carnegie* (Boston: Northeastern University Press, 1986), 170.
p.132 *Com esse patrimônio e muitos outros* – Krass, *Carnegie*, 411-13.
p.132 *Ele doou 350 milhões de dólares em vida* – Ibid., 358-59.
p.132 *Embora as famílias de Pittsburgh precisassem ganhar 600 dólares por ano* – Ibid., 214-20.
p.133 *"É perda de tempo"* – Andrew Carnegie, "Wealth", *North American* 148, nº 391 (1889) 653-65.
p.133 *Em sua autobiografia, escrita após se aposentar* – Carnegie, *Autobiography*, 243.
p.133 *Carnegie fez um tributo* – Krass, *Carnegie*, 251.
p.134 *Em* The Prize – Daniel Yergin, *The Prize: The Epic Quest for Oil, Money & Power* (Nova York: Simon & Schuster, 1991), 35-36.
p.134 *"Criando novas formas industriais"* – Ron Chernow, *Titan: The Life of John D. Rockefeller, Sr.* (Nova York: Touchstone, 1992), 228.
p.134 *"Mais que qualquer outro"* – Ibid., xvi.
p.135 *querosene resultava em 5 a 6 mil acidentes fatais* – Yergin, *The Prize*, 50.
p.135 *Era o tipo de vantagem não exatamente legal* – Chernow, *Titan*, 133-42.
p.135 *John T. Flynn apelidou esse "esquema de reembolso"* – Ibid., 136.
p.135 *De 1872 a 1879 a Standard comprou refinarias* – Brands, *Masters of Enterprise*, 85-86.
p.136 a Standard controlava 90% – Yergin, *The Prize*, 43.
p.136 introduziu a idéia de empregados serem donos de ações – Chernow, *Titan*, 227.
p.136 *investigações e até mesmo um indiciamento* – Ibid., 211-12.
p.137 *O truste, de acordo com Yergin* – Yergin, *The Prize*, 45.
p.137 *"um estilo de vida e uma religião"* –Richard Hofstadter, *The American Political Tradition and the Men Who Made It* (Nova York: Vintage Books, 1989), citado em Morris, *Tycoons, 216.*
p.138 *Entre 1893 e 1901 a parcela de Rockefeller* – Chernow, *Titan*, 397.
p.138 *"Ele desprezava os ricos"*– Hofstadter, *American Political Tradition*, 270, 290-91.
p.138 *o governo de Roosevelt processou a Standard Oil* – Chernow, *Titan*, 553-59. Para o texto, ver *Standard Oil Co. of New Jersey v. U,S.*, 221 U.S 1 (1910), laws.findlaw.com/us/221/1.html.
p.139 *as vendas somadas dessas organizações* – Scott DeCarlo, "The World's 2.000 Largest Public Companies", *Forbes*, 29 de março de 2007.
p.139 *Sua fortuna de 900 milhões de dólares* – Chernow, *Titan*, 556-57.

CAPÍTULO 4: O momento multinacional

p.146 *"Os diretores industriais"* – David Hoffman, *The Oligarchs* (Nova York: Basic Books, 2002), 112.
p.147 *Roman Abramovich, sócio de Boris Berezovsky* – "Russia's 'Chelski' Tycoon Abramovich to Get Massive Dividend Payout", Agência France-Presse, 28 de julho de 2003.
p.148 *Escrevendo sobre os "ricos corporativos"* – Mills, *Power Elite*, 147.

p.150 *A marca global é um importante elemento* – "The Best Global Brands", *Business Week,* 6 de agosto de 2007.

p.152 *O colunista do* New York Times *Thomas Friedman relatou uma importante conversa* – Thomas Friedman, entrevista ao autor, 2007.

p.153 *Consideremos as dez maiores corporações do mundo* – "Fortune Global 500", *Fortune,* 23 de julho de 2007.

p.153 *em 2006 aproximadamente seis em cada dez dólares* – Dados coletados a partir de informações das empresas, www.forbes.com.

p.153 *De fato, entre as S&P500* – Michae1 Tsang e Daniel Hauck, "S&P 500 Record Stoked by Growing China, German Sales", Bloomberg, 7 de maio de 2007, www.bloomberg.com/apps/news?pid=20601109&refer=news&sid=a2Gptvdd1_88.

p.153 *Em 2007 a menor empresa na relação* Fortune *Global 500* – "Fortune Global 500".

p.153 *As empresas* Forbes *Global 2.000* – Scott DeCarlo, "The World's 2.000 Largest Public Companies", *Forbes,* 29 de março de 2007.

p.154 *Afinal, o PIB americano em 1956* – Johnston and Williamson, "Annual Real and Nominal GDP for the United States, 1790-Present". Números em dólares de 2000.

p.154 *Os mais de 100 trilhões em ativos* – DeCarlo, "World's 2.000 Largest Public Companies".

p.154 *Os 2 trilhões de dólares controlados pelos* – Andrei Postelnicu, "GLG Partners Going Public in the U.S. Through Merger", Bloomberg, 25 de junho de 2007, www.bloomberg.com/apps/news?pid=20601087 &sid=aStPTvZ7Eef8&refer=home.

p.154 *Os 2 trilhões de dólares em poder de compra* – Rik Kirkland, "Private Money", *Fortune,* 19 de fevereiro de 2007.

p.154 *O mais de 1 trilhão em reservas controlado* – Carter Doughelty, "More Risk for China on Investment Front", *International Herald Tribune,* 25 de janeiro de 2007.

p.155 *a Câmara de Comércio dos Estados Unidos* – Jeffrey H. Birnbaum, "A Quiet Revolution in Business Lobbying", *Washington Post,* 5 de fevereiro de 2005.

p.155 *considerando apenas os três mais altos* – Dados reunidos a partir de informações das empresas, www.forbes.com.

p.156 *Brookings, que fez fortuna* – site da Brookings Institution, www.brookings.edu.

p.157 *Esse é o caso especialmente em* think tanks *com motivação política* – Gregg Easterbrook, "Ideas Move Nations", *Atlantic,* janeiro de 1986; Eloise Salholz, "A Think Tank at the Brink", *Newsweek,* 7 de julho de 1986.

p.157 *à esquerda, o Center for American Progress* – Marie Horrigan, "Analysis: Wealthy Progressives Pull Weight", United Press International, 13 de janeiro de 2005.

p.159 *da Fundação Robin Hood* – Jenny Anderson, "Big Names, Big Wallets, Big Cause", *New York Times,* 4 de maio de 2007.

p.159 *a turma de 1979 da Faculdade de Administração de Harvard* – Steven Syre, "Harvard MBAs of '79", *Boston Globe,* 10 de junho de 2004.

p.69 *disse Schwarzman* – Stephen Schwarzman, entrevista ao autor

p.161 *Um artigo que eu escrevi para o* – New York Times David J. Rothkopf, "Whistle Stops on Wall Street", *New York Times,* 8 de março de 1999.

p.162 *Joe Stiglitz argumentou no mesmo sentido* – Joseph Stiglitz, entrevista ao autor, outubro de 2006.

p.164 *De seu escritório na suíte dúplex do Carlyle* – Louis Gerstner, entrevista ao autor, julho de 2006.

p.165 *Bill McDonough, vice-presidente do conselho da Merrill Lynch* Bill McDonough, entrevista ao autor, agosto de 2006.

p.165 *O faturamento anual da empresa chega hoje* – DeCaro, "World's 2.000 Largest Public Companies".

p.166 *os 25 mais altos executivos da empresa* – Roddy Boyd e Zachary Kouwe "$16 Bil Sachs of Loot", *New York Post,* 13 de dezembro de 2006.

p.166 *ele* quase *teve uma propriedade de 4,2 hectares* – Braden Keil, "Gimme Shelter", *New York Post,* 15 de março de 2007.

p.167 *Isso levou o comentarista de economia Kyle Pope* – Kyle Pope, "Goldman Sachs Rules the World", *Los Angeles Times,* 4 de junho de 2006.

p.168 *O vice-presidente da Goldman Sachs International* – Robert Hormats, entrevista ao autor, setembro de 2006.

p.169 *mais de três quartos* – "Oil's Dark Secret", *Economist,* 10 de agosto de 2006.

p.169 *No âmbito das – NOCs* T. Wallin, "Saudi Aramco's Abdallah S. Jum'ah Named Petroleum Executive of the Year for 2005", *Business Wire,* 25 de abril de 2005.

p.170 *Ele recentemente citou Arábia Saudita e China* – "Aramco Stresses Ties to China", *Energy Compass,* 15 de julho de 2005.

p.170 *a Aramco exportou 450 mil barris* – Simon Romero e Jad Mouawad, "Aramco Seeks India and China Ties", *International Herald Tribune,* 18 de fevereiro de 2005.

p.170 *um processo de "sauditização"* – Simon Romero, "Saudi National Oil Giant Becomes More Arabian; American Workers Still Play Vital Role", *International Herald Tribune,* 17 de março de 2004.

p.171 *Al-Naimi, tem sido chamado de "Greenspan do petróleo"* – Stephen Glain, "The Right Touch", *Newsweek International,* 3 de abril de 2006.

p.171 *Yergin dá novas visões* – Daniel Yergin, entrevista ao autor, setembro de 2006.

p.172 *"a natureza em mutação da China empresarial"* – Fu Chengyu, "Why Is America Worried?" *Wall Street Journal,* 6 de julho de 2006.

p.172 *é altamente educado, primeiramente no* – Fórum Boao ára a Ásia, "Fu, Chengyu President, CNOOC Chairman & CEO, CNOOC Limited", 24 de março de 2005, www.boaoforum.org/boao/eng-ziliao/200503/24/tZ0050324_3411547.htm.

p.172 *Fu não teve a ajuda* – Francesco Guerrera, "The Maverick Oil Mandarin", *Financial Times,* 25 de junho de 2005.

p.172 *Ainda assim, a empresa é controlada* – Ibid.

p.172 *Fu buscou ampliar o* portfólio *internacional da CNOOC* – Enid Tsuiin, "CNOOC to Buy Offshore Nigerian Oilfield", *Financial Times,* 10 de Janeiro de 2006; Richard McGregor e John Thornhill, "CNOOC in Petronas Gas Deal", *Financial Times,* 17 de setembro de 2006.

p.173 *ele integrou o conselho consultivo internacional* – "John Browne, CEO, BP", CNN, 12 de maio de 2004, edition.cnn.com/2004/BUSINESS/05/12/browne.profile/index.html.

p.173 *Filho de um ex-administrador da BP* – Terry Macalister, "BP Goliath Plays David", *Guardian,* 28 de novembro de 2005.

p.173 *o "Rei Sol" se tornou o queridinho* – Grant Ringshaw, "Tough Times for Browne and BP", *Sunday Times* (Londres), 24 de setembro de 2006; "BP Talks of Evolving Deals with NOCs", *Petroleum Intelligence Weekly,* 1º de novembro de 2004.

p.173 *"Tem a ver com economia de escala"* – Macalister, "BP Goliath Plays David".

p.173 *a empresa investiu cerca de 1 bilhão de dólares* – "BP Plans China Investment", *International Oil Daily,* 12 de maio de 2004.

p.174 *sua crescente preocupação* – John Browne, "Small Steps to Limit Climate Change", *Financial Times,* 30 de junho de 2004.

p.174 *Browne colocou em prática medidas* – John Browne, "Beyond Kyoto", *Foreign Affairs,* julho-agosto de 2004.

p.174 *"A melhor impressão de um ambientalista"* – Deborah Rephan, "BP Amoco CEO Wins Earth Day 'Oscar' for Acting Like an Environmentalist", *press release* do Greenpeace, 22 de abril de 1999.

p.174 *"participo desses conselhos porque"* – "John Browne, CEO, BP".

p.174 *Entre seus outros postos estavam* – site da BP, www.bp.com.

p.175 *Em 2004 e 2006, grandes empresas do setor* – Megan Moore, "Energy and Environmental Giving in the States", National 1nstitute on Money in State Politics, 23 de maio de 2007, www.followthemoney.org/press/Reports/200705231.pdf.

p.175 *Teodoro Obiang, cleptocrata-chefe* – Terence O'Hara, "Ex-Riggs Manager Won't Testify About Accounts: Senate Panel Probes Money from Equatorial Guinea", *Washington Post,* 16 de julho de 2004.

p.176 *Naquela época foi atribuída ao vice-presidente Cheney* – Michael Abramowitz e Steven Mufson, "Papers Detail Industry's Role in Cheney's Energy Report", *Washington Post,* 18 de julho de 2007.

p.176 *"Com sotaque texano"* – Jeffrey Ball, "The New Act at Exxon", *Wall Street Journal,* 8 de março de 2006.

p.177 *A ExxonMobil gera 83.700 empregos* – Nelson Schwartz, "The Biggest Company in America... Is Also a Big Target", CNN, 3 de abril de 2006.

p.177 *deu a Tillerson grande acesso* – Dana Milbank e Justin Blum, "Document Says Oil Chiefs Met with Cheney Task Force", *Washington Post,* 16 de novembro de 2005.

p.177 *Tillerson é "bastante ligado"* – Cathy Booth, "2003 Global Influentials", www.cnn.com.

p.177 *"vivemos em uma comunidade global"* – Susie Gharib, "One on One with Rex Tillerson, Chairman & CO, ExxonMobil", Nightly Business Report, PBS, 8 de março de 2006.

p.177 *Tillerson fez algumas* – Ball, "The New Act".

p.178 *Raymond acabou sendo amaldiçoado* – Ibid.

p.178 *Tillerson deixou claro* – Thomas Catan, "A Subtler Force at the Top at ExxonMobil", *Financial Times,* 24 de abril de 2006.

p.178 *Como a* Fortune *escreveu em 2007* – Geoff Colvin, "Why Exxon Mobil Doesn't Care About Alternative Fuels", *Fortune,* 30 de abril de 2007.

CAPÍTULO 5: Globalistas x Nacionalistas

p.181 *um PIB que é o triplo do segundo* – Central Intelligence Agency: "World Factbook", 2007, www.cia.gov.

p.182 *mais de 3 mil cargos como esses* – Ken Silverstein "Civil Service", *Harper's,* junho de 2007.

p.182 *"Em nosso sistema é difícil"* – Colin Powell, entrevista ao autor, maio de 2006

p.182 *Quando John Adams observou* – David MCCullough, *John Adams* (Nova York: Simon & Schuster, 2002), 70.

p.183 *presidentes afirmaram sua primazia* – Ver, por exemplo, Reynolds Holding, "The Executive Privilege Showdown", *Time,* 21 de março de 2007.

p.183 *Essa movimentação para consolidar o poder* – James Bovard, "Bush's Bogus Theory of Absolute Power", *Baltimore Chronicle,* 6 de abril de 2006.

p.183-4 *Cerca de 40% dos americanos com direito a voto* – "Turnout Exceeds Optimistic Predictions", Committee for the Study of the American Electorate (CSAE) American University, 14 de janeiro de 2005; "Bush, Iraq Propel Modest Turnout Increase", CSAE, 9 de novembro de 2006.

p.184 *Segundo uma pesquisa de 2007 da Pew* – "What Americans Know: *1989-2001*", Pew Research Center, 15 de abril de 2007.

p.184 *e apenas cerca de um terço dos americanos* – "The Unfriendly Border", *Economist,* 27 de gosto de 2005.

p.184 *Quatro dos cinco presidentes eleitos entre 1976 e 2006* – O blogueiro e colunista Byran Williams aborda isso em "What Exactly Is Foreign Policy Experience?" *Huffington Post,* 26 de dezembro de 2006, www.huffington.com.

p.185 *Um desses grupos, objeto de meu último livro* – David Rothkopf, *Running the World: The Inside Story of the National Security Council and the Architects of the American Power* (Nova York: Basic Books, 2005).

p.187 *empresas de* private equity *conseguiram convencer o Congresso* – Shawn Tully, "Private Equity: End of the Golden Age?" *Fortune,* 18 de junho de 2007.

p.188 *Como Kevin Phillips conta* – Kevin Phillips, *Wealth and Democracy: A Political History of the American Rich* (Nova York: Broadway Books, 2002), 71.

p.189 *Eu passei 33 anos* – Smedley D. Butler, trecho de discurso pronunciado em 1933, retirado do site da Federação de Cientistas Americanos, www.fas.org/man/smedley.htm.

p.190 *os principais candidatos à presidência em 2008* – Thomas Edsall e Chris Cillizza, "Money's Going to Talk in 2008: 'Entry Fee' for Presidential Race: Could Be $100 Million", *Washington Post*, 11 de março de 2006.

p.190-1 *Ter acesso a doadores como Vinod Gupta* – Chuck Neubauer, Walter F. Roche Jr. e Dan Morain, "Clintons Disclose Assets in the 8 Figures", *Los Angeles Times*, 15 de junho de 2007; Matthew Mosk e John Solomon, "Largess to Clintons Lands CEO in Lawsuit", *Washington Post*, 26 de maio de 2007.

p.191 *Quando questionado sobre o que a empresa recebeu em troca* – Mosk e Solomon, "Largess".

p.191 *O maior doador da campanha e do início da presidência* – Don Van Natta Jr., "Early Rush of Contributions Opened the Floodgates for Bush", *New York Times*, 30 de janeiro de 2000.

p.191 *Os dez maiores doadores para a campanha de Bush em 2004* – Dados do Center for Responsive Politics, www.opensecrets.org.

p.192 *Bill Bradley, que quando concorreu à presidência* – Phillips, *Wealth and Democracy*, 419. Citação de Brandeis, 418. Citação de Roosevelt, 420.

p.192 *Phillips observa que, das cinqüenta pessoas* – Ibid., 205.

p.192 *Talvez ainda mais significativamente* – Cullen Murphy, *Are We Rome? The Fall of an Empire and the Fate of America* (Boston: Houghton Mifflin, 2007), 96-97.

p.193 *Quando Silvio Berlusconi concluiu seu primeiro mandato* – "You Can't Win", *Economist*, 26 de novembro de 2005.

p.193 *Segundo cálculos independentes* – Tony Barber, "Election Unease over Berlusconi's TV Coverage", *Financial Times*, 31 de março de 2006.

p.193 *Quando o Canale 5, a menos tendenciosa* – Alexander Stille, "Silvio's Shadow", *Columbia Journalism Review*, setembro/outubro de 2006.

p.193 *Às vésperas da eleição* – Rory Carrall, "Silvio Berlusconi Is Days Away from Spawning the Biggest Conflict of Interest in Western Democracy", *Guardian*, 5 de maio de 200l.

p.193 *Berlusconi descartou as preocupações* – Alessandra Stanley, "Berlusconi, the Rerun", *New York Times*, 15 de abril de 200l.

p.194 *As ligações entre Sarkozy e lideres* – Martin Arnold e John Thornhill, "The Will to Power", *Financial Times*, 15 de maio de 2007.

p.195 *Martin Bouygues, CEO de um conglomerado global* – Tara Patel, "Election of Sarkozy Produces Instant Winners on French Stock Market", *International Herald Tribune*, 8 de maio de 2007.

p.195 *Arnaud Lagardère, comandante de um fornecedor de material bélico* – Charles Bremner, "French Media Seek Freedom from Power of President", *Times*, 29 de junho de 2007.

p.195 *Um reporter do* Le Monde *lembrou* – Doreen Carvajal, "Fears of Self-Censorship at French News Outlets", *International Herald Tribune*, 24 de junho de 2007.

p.195 *não conseguiu ingressar na escola francesa* – Arnold e Thornhill, "The Will to Power".

p.196 *eliminando a "escória" dos guetos* – Jenny Barchfield, "Sarkozy Sends Strong Signal to France's Minorities in Government Reshume", Associated Press, 20 de junho de 2007.

p.196 *para a Europa, isso, o "choque de civilizações"* – Samuel Huntington, "The Clash of Civilizations?" *Foreign Affairs*, 1º de junho de 1993, 22-49.

p.198 *Segundo sua família, ele foi* – John Tkacik, Joseph Fewsmith e Maryanne Kivlehan, "Who's Hu? Assessing China's Heir Apparent, Hu Jintao", Heritage Foundation, 19 de abril de 2002, www.heritage.org/Research/Asiaandthepacific/HL739.cfm.

p.198 *Como Bill Gates disse certa vez* – Por exemplo, o discurso feito por Bill Gates no Fórum Europa para Líderes Governamentais da Microsoft em 1º de fevereiro de 2006.

p.198 *No início dos anos 1980 a disciplina* – "China Risk: Political Stability Risk", *Risk Briefing Select*, extraído de Economist Intelligence Unit, 2 de maio de 2007.

p.199 *demonstrou sua disposição de usar a força* – Melinda Liu, "The Man in Jiang's Shadow", *Newsweek*, edição atlântica, 6 de maio de 2002.

p.199 *sua abordagem central desses desafios* – Maureen Fan, "Cashing in on Commonism", *Washington Post*, 18 de fevereiro de 2007.

p.201 *Eu não era uma voz solitária* – Philip Gould, *The Unfinished Revolution: How the Modernisers Saved the Labour Party* (Londres: Little, Brown, 1998), 176.

p.201 *"Ele é uma lenda"* – Anita Dunn, entrevista ao autor, julho de 2007.

p.202 *Stanley Greenberg, cuja empresa, Greenberg Quinlan Rosner* – Biografia de Greenberg no site da Greenberg Quinlan Rosner, www.gqrr.com.

p.203 *Mark Penn supervisiona uma empresa de relações públicas* – Biografia de Penn no site da Burson-Marsteller, www.bm.com

p.203 *Críticos, como o pesquisador rival Mark Blumenthal* – Mark Blumenthal, "On Pollsters and Conflicts", www.pollster.com. 1º de maio de 2007.

p.204 *ele foi demitido do posto de consultor* – Anne Kornblut, "Clinton's PowerPointer", *Washington Post*, 30 de abril de 2007.

p.205 *Em 2002 sua carteira de empréstimos* – "Overview of World Bank Activities in Fiscal 2002", site do Banco Mundial, www.worldbank.org/html/extpb/2002/overview.htm.

p.205 *Em meados de 2007, depois de um ataque* – Stephen Kirchner, "The redundant IMF", *Institutional Economics*, 15 de abril de 2007.

p.205-6 *Ela logo cairá ainda mais quando a Turquia* – Orhan Coskun, "Turkey No Longer Needs IMF", Reuters, 27 de julho de 2007.

p.206 *"Ainda é um papel fundamental"* – Rodrigo Rato, em encontro que teve a participação deste autor, 2006.

p.207 *"Hoje é diferente"* – Robert Rubin, entrevista ao autor, junho de 2006.

p.207 *Hoje esse fluxo é superior a 50 bilhões de dólares* – Eduardo Porter, "Flow of Immigrants' Money to Latin America Surges", *New York Times*, 19 de outubro de 2006.

p.207 *O banco também pode enfrentar a competição* – David J. Lynch, "As World Bank Controversy Unfolds, Turmoil Takes Its Toll", *USA Today*, 16 de maio de 2007.

p.207 *"Todos os bancos de desenvolvimento multilaterais"* – Luis Moreno, entrevista ao autor, 2006.

p.207 *"Eu não descarto instituições"* – James Wolfensohn, entrevista ao autor, outubro de 2006.

p.209 *Kishore Mahbubani, ex-embaixador de Cingapura* – Kishore Mahbubani, entrevista ao autor, novembro de 2006.

p.213 *Geithner reconhecia que uma parcela significativa* – Timothy Geithner, entrevista ao autor, 2006.

p.215 *Richard Darman, conselheiro sênior do Carlyle Group* – Richard Darman, entrevista ao autor, 2006.

p.216 *John Elkington, um dos autores de um estudo* – Seb Bekoe, John Elkington, *et al.*, "The 21st Century NGO: In the Market for Change", SustainAbility, 2.

p.216 *A relevância desse grupo* – Daniel C. Esty e Andrew S. Winston, *Green to Gold: How Smart Companies Use Enviromnental Strategy to Innovate, Create Value, and Build Competitive Advantage* (New Haven: Yale University Press, 2006), 68.

p.217 *WWF também se tornou alvo de críticas* – Jon Swan, "Green Image, Grim Reality", *World Rivers Review*, vol. 18, nº 1, fevereiro de 2003, 1.

p.218 *Ataques semelhantes foram dirigidos às relações* – John Vidal, "WWF in the Dock Over Island Quarry Deal with French Firm", *Guardian*, 7 de fevereiro de 2003. Ver também "Alcoa and WWF", no site do SavingIceland, www.savingiceland.org.

p.116 *O ex-conselheiro de segurança nacional Sandy Berger* – Sandy Berger, entrevista ao autor, 2006.

p.220 *o ministro das Relações Exteriores brasileiro, Celso Amorim* – Hardev Kaur, "West to Be Blamed for Collapse of Cancún", *New Straits Times*, 16 de setembro de 2003.

p.220 *Uma visita oficial do então primeiro-ministro do Japão* – Peter Baker, "Bush Takes Koizumi for Tour of Graceland", *Washington Post*, 30 de junho de 2006.

p.222 *O ex-embaixador dos Estados Unidos na ONU* – Richard Holbrooke, entrevista ao autor, 2006.

p.225 *Quase um terço dos russos* – Banco Mundial, "World Development Indicators 2006".

p.225 *Sua retórica antiamericana atingiu o desconfortável* – Andrew Kramer, "Putin Likens U.S. Foreign Policy to That of Third Reich", *International Herald Tribune*, 9 de maio de 2007.
p.225 *Ahmadinejad atacou os Estados Unidos* – Michael Slackman, "Iran the Great Unifier? The Arab World Is Wary", *New York Times*, 5 de fevereiro de 2006.
p.226 *Um especialista, Alberto Garrido, foi citado* – Alberto Garrido, citado em Simon Romero, "Iranian President Visits Venezuela to Strengthen Ties", *New York Times*, 14 de janeiro de 2007.
p.226 *Chávez foi além* – Robert Collier, "Chavez's Anti-U.S. Fervor", *San Francisco Chronicle*, 21 de setembro de 2006.
p.226 *Ele ajudou a Argentina* – Juan Forero e Peter S. Goodman, "Chávez Builds His Sphere of Influence", *Washington Post*, 23 de fevereiro de 2007, D1.
p.226 *E, com Putin* – Anna Smolchenko, "Chávez Praises Russia and Rifle", *Moscow Times*, 27 de julho de 2006; Joshua Kurlantzick, "Crude Awakening", *New Republic*, 2 de outubro de 2006.
p.229 *Tinha até contratado um grupo de consultores de Washington* – Joshua Goodman, "Colombia to Honor Bill Clinton amid Growing Democrat Scrutiny", Associated Press, 25 de maio de 2007.
p.229 *Uribe se enfureceu* – Alvaro Uribe, em reunião que teve a presença do autor, 2007.

CAPÍTULO 6: A era da assimetria

p.231 *Charles "Engine Charlie" Wilson* – "Engine Charlie", *Time*, 6 de outubro de 1961; "The Testing of Engine Charlie", *Time*, 2 de fevereiro de 1953.
p.232 *McElroy administrou uma grande e cara reestruturação* – "Toward Unification", *Time*, 14 de abril de 1958.
p.233 *geram preocupação quanto aos motivos, às relações, à porta giratória* – Ver, por exemplo, Renae Merle, "Report Examines Defense Hiring", *Washington Post*, 29 de junho de 2004.
p.234 *Como Zbigniew Brzezinski destacou* – Zbigniew Brzezinski, "Terrorized by 'War on Terror'", *Washington Post*, 25 de março de 2007.
p.234 *houve aproximadamente 14 mil ataques terroristas.* – Departamento de Estado dos Estados Unidos, "2006 Country Reports on Terrorism", 30 de abril de 2007. E também David McKeeby, "Terrorism Report Highlights Global Challenge", *press-release* do Departmento de Estado dos Estados Unidos, 30 de abril de 2007.
p.234 *Aproximadamente o mesmo número de crianças morre de causas evitáveis* – Organização Mundial de Saúde, "World Health Report 2005: Make Every Mother and Child Count", 2005, 106. Cerca de 10,6 milhões de crianças com menos de 5 anos de idade morrem todos os anos de causas que podiam ser evitadas.
p.234 *Segundo a ONU, há o mesmo número de mortes* – UNAISS, "Report on the Global AIDS Epidemic: Executive Summary", 2006, 4. Estima-se que 2,8 milhões de pessoas morreram de HIV/Aids em 2005.
p.234 *Das 20 mil pessoas que o Departamento de Estado diz* – McKeeby, "Terrorism Report Highlights Global Challenge".
p.234 *Em 2005 houve 56 mortes de civis americanos* – Karen DeYoung, "Terrorist Attacks Rose Sharply in 2005, State Dept. Says", *Washington Post*, 29 de abril de 2006.
p.234 *Nem parece justificar uma situação belicosa* – Anne Scott Tyson, "Bush's Defense Budget Biggest Since Reagan Era", *Washington Post*, 6 de fevereiro de 2007; James Dao e Steven Lee Myers, "Bush Warning on Spending Cools a Wishful Pentagon", *New York Times*, 4 de fevereiro de 2001.
p.235 *um número de americanos quase 15 vezes maior morreu em acidentes automobilísticos* – Elizabeth Arias e Betty Smith, "Deaths: Preliminary Data for 2001", National Vital Statistics Report, U.S. Centers for Disease Control, 14 de março de 2003, 4.
p.235 *Seu orçamento é de cerca de 30 milhões de dólares por ano* – National Commission on Terrorist Attacks, *The 9/11 Commission Report* (Nova York: Norton, 2004), 171.

p.235 *Isso é aproximadamente o custo de um helicóptero militar de carga Chinook* – Doug Holmes, "'Rocky' Road", *Boeing Frontiers*, julho de 2005.

p.235 *segundo a "taxa de gastos" recente no Iraque* Martin Wolk, "Cost of Iraq War Could Surpass $1 Trillion", MSNBC News, 17 de março de 2006.

p.236 *embora os ataques de 11 de setembro tenham provocado* – Lloyd Dixon e Rachel Kaganoff Stern, "Compensation for Losses from the 9/11 Attacks", RAND Institute for Civil Justice, 2004, rand.org/pubs/monographs/2004/RAND_MG264.sum.pdf.

p.236 *a reação dos Estados Unidos aos ataques* – Martin Wolk, "Cost of Iraq War Could Surpass $1 Trillion", MSNBC.com, 17 de março de 2006.

p.236 *mais de 4 mil soldados americanos e dezenas de milhares iraquianos* – "Faces of the Fallen", WashingtonPost.com, projects.washingtonpost.com/fallen, em 1º de setembro de 2007. Baixas iraquianas extraídas de IraqBodyCount.org, www.iraqbodycount.org, para 1º de setembro de 2007.

p.237 *analista da época do Vietnã David Galula* – David Galula, *Counterinsurgency Warfare: Theory and Practice* (Nova York: Praeger, 1964), xi.

p.238 *quando o presidente Bush revelou sua intenção* – Thomas Ricks, "Pacific Command Nominee Withdraws; Army Pick Questioned", *Washington Post*, 7 de outubro de 2004.

p.239 *o Programa Internacional de Formação e Treinamento Militar* – Departamento de Estado dos Estdos Unidos, "Military Assistance: International Military Education and Training", www.state.gov/documents/organization/17783.pdf.

p.240 *violações de direitos humanos praticadas* – Ver o site School of the Americas Watch, www.soaw.org, e Center for International Policy, "Just the Facts", www.ciponline.org/Facts/soa.htm.

p.240 *O general John Jumper, que foi chefe do Estado-Maior da Força Aérea americana* – John Jumper, entrevista ao autor, 2007.

p.241 *"os canais de comunicação militares"* – Dennis Blair, entrevista ao autor, 2006.

p.241 *O general Anthony Zinni, o fuzileiro franco* – Anthony Zinni, entrevista ao autor, 2007.

p.242 *O general Jim Jones, expansivo comandante supremo aliado* – Jim Jones, entrevista ao autor, 2006.

p.243 *um comentário feito por Colin Powell* – Colin Powell, entrevista ao autor, 2006

p.244 *negócio de armamentos de 20 bilhões de dólares em dez anos* – David Cloud, "D.S. Set to Offer Huge Arms Deal to Saudi Arabia", *New York Times*, 28 de julho de 2007.

p.245 *Fargo era um modelo tão bom* – Spencer Michaels, "Collision at Sea", *News Hour with Jim Lebrer*, PBS, 12 de fevereiro de 2001.

p.245 *Infelizmente para Blair, quando se descobriu* – Jeffrey Smith e Renae Mede, "Leader of Panel That Endorsed Jet Program Has Ties to Contractor", *Washington Post*, 25 de julho de 2006.

p.245 *A Lockheed Martin é a maior* – "Defense News Top 100", *Defense News*, 2007, www.defensenews.com.

p.246 *"ex-executivos da Lockheed"* – Tim Weiner, "Lockheed and the Future of Warfare", *New York Times*, 28 de novembro de 2004.

p.247 *Bernard Schwartz, um dos principais* – Bernard Schwartz, entrevista ao autor, 2006.

p.248 *Os próprios executivos da Lockheed Martin* – Weiner, "Lockheed and the Future of Warfare".

p.248 *Os principais fornecedores americanos* – Jonathan Karp, "In Military-Spending Boom, Expensive Pet Projects Prevail", *Wall Street Joumal*, 16 de junho de 2006.

p.248 *O orçamento do Pentágono cresceu* – Fred Kaplan, "The Money Pit: Can the Pentagon Pay for the War and Its New Toys?" *Slate*, 16 de agosto de 2006.

p.248 *Em 2005 os lucros das cinco primeiras* – Karp, "In Military Spending Boom, Expensive Pet Projects Prevail".

p.248 *A BAE é um gigante global* – Informações do site da BAE, www.na.baesystems.com.

p.248 *como noticiou o* New York Times – Leslie Wayne, "British Arms Merchant with Passport to the Pentagon", *New York Times*, 16 de agosto de 2006.

p.248 *a BAE teria subornado o príncipe saudita Bandar bin Sultan* – Julia Werdigier, "British Company to Investigate Its Own Deal with the Saudis", *New York Times*, 12 de junho de 2007.

p.248 *A indústria bélica britânica é um exemplo* – James Boxell, "How BAE Can Call Itself Champion", *Financial Times,* 22 de junho de 2006.

p.249 *Turner sempre criticou o sistema* – "Paris Air Show 2003", AINonline, www.ainonline.com .

p.249 *Em 2006, apenas cerca de uma dúzia de empresas* – "Defense News Top 100", *Defense News,* www. defensenews.com.

p.249 *Uma das conseqüências dessa rede concentrada* – Ann R. Markusen e Sean S. Costigan, orgs., *Arming the Future: A Defense Industry for the 21st Century* (Washington,: Council on Foreign Relations Press, 1999), 9.

p.250 *a Lockheed e a Boeing têm uma disputa* – Renae Merle, "Loekheed CEO Sees a World of Potential", *Washington Post,* 8 de novembro de 2004.

p.250 *Quando Ronald Sugar chegou à Lockheed* – Ibid.

p.251 *Mas se o que Turner, da BAE* – Mike Turner, discurso no Economic Club de Washington, 10 de maio de 2006.

p.252 *Desde 2002 esse diálogo busca* – Do site de Shangri-La Dialogue, www.iiss.orgleonferenees/the-shangri-la-dialogue.

p.253 *170 mil militares americanos no Iraque* – David Cloud, "Number of Soldiers to Be Left in Iraq Remains Unclear", *New York Times,* 14 de setembro de 2007.

p.253 *há outros 125 mil prestadores de serviço contratados* – James Risen, "Contractors Back from Iraq Suffer Trauma from Battle", *New York Times,* 5 de julho de 2007.

p.253 *venceu concorrências de segurança diplomática* – Jeremy Seahill, "America's Shadow Army in Iraq", *Salon,* 1º de maio de 2007.

p.253 *Blackwater tinha funcionários* – Ibid.

p.253 *P.W. Singer descreve a ascensão das PMFs* – P.W. Singer, *Corporate Warriors: The Rise of the Privatized Military Industry* (Ithaca: Cornell University Press, 2003), 18.

p.254 *conhecida Blackwater* – A contratada recebeu grande publicidade (basicamente negativa) depois do envolvimento de guardas da Blackwater na morte de 70 iraquianos em setembro de 2007. Sabrina Tavernise, "Iraqi Report Says Blackwater Guards Fired First", *New York Times,* 19 de setembro de 2007.

p.254 *nos últimos anos* – Chalmers Johnson, *The Sorrows of Empire: Militarism, Secrecy, and the End of the Republic* (Nova York: Metropolitan Books, 2004), 135.

p.254 *"a nova face empresarial da guerra"* – Singer, *Corporate Warriors, 18.*

p.254 *fora do alcance da lei* – P.W. Singer, "War, Profits, and the Vacuum of Law", *Columbia Journal of Transnational Law,* vol. 42, nº 2, primavera de 2004.

p.254 *"curto-circuito na democracia"*– Ibid.

p.254 *Ou, como define um jornalista* – Mark Thompson, "Generals for Hire", *Time,* 15 de janeiro de 1996.

p.255 *Richer é um ex- chefe* – Ken Silverstein, "Revolving Door to Blaekwater Causes Alarm at CIA", *Harper's,* 12 de setembro de 2006.

p.256 *Ren Zhengfei, hoje presidente da Huawei Technologies* – Mure Diekie, "Low Profile Huawei Technologies Has Already Outgrown Its Roots in the People's Liberation Army", *Financial Times,* 3 de Janeiro de 2007.

p.256 *Outros negócios do ELP nos anos 1990* – Dexter Roberts e Mark Clifford, "China's Army Under Fire: Can Jiang Push the PLA to Give Up Its Complex Web of Businesses?" *Business Week,* 10 de agosto de 1998.

p.256 *No final de 2006, o governo chinês levou essa tendência* Mure Dickie, "Chinese Army Opens Door to Private Weapons Suppliers", *Financial Times,* 2 de fevereiro de 2007.

p.257 *a China anuncia gastos militares recordes* – Jim Yardley e David Lague, "Beijing Accelerates Its Military Spending", *New York Times,* 5 de março de 2007.

p.257 *Segundo o respeitado* – Instituto Internacional de Pesquisa da Paz de Estocolmo *SIPRI Yearbook 2007,* yearbook2007.sipri.org/.

p.258 *na relação das cem maiores empresas bélicas do mundo* – "Defense News Top 100", www.defense-news.com.

p.258 *O Sipri também tem um Projeto de Transferência de Armas* – "The Arms Transfers Project", www.sipri.org/contents/armstrad/.

p.259 *O livro O bazar atômico, de William Langewiesche* – William Langewiesche, *The Atomic Bazaar: The Rise of the Nuclear Poor* (Nova York: Farrar, Straus and Giroux, 2007).

p.260 *Bill Clinton um dia classificou as armas nucleares* – William Clinton, "Remarks at the ECHOSTAR Team Summit 2003", discurso pronunciado em Atlanta, Georgia, em 3 de maio de 2003.

p.260 *forjando sua identidade de "pai da bomba islâmica"* – Johanna McGeary, "Inside the A-Bomb Bazaar", *Time*, 12 de janeiro de 2004.

p.260 *a afirmação do presidente Bush em 2004* – George W. Bush, "Remarks by the President on the War on Terror", 12 de julho de 2004, www.whitehouse.gov.

p.260 *"os engenheiros empreendedores"* – Steve Coll, "The Atomic Emporium", *New Yorker*, 7 de agosto de 2006.

p.260 *um alto funcionário do governo dos Estados Unidos* – Moisés Naím, *Illicit: How Smugglers, Traffickers and Copycats are Hijacking the Global Economy* (Nova York: Doubleday, 2005), 40.

p.261 *O editor de* Foreign Policy, *Moisés Naím* – Ibid., 42.

p.262 *Naím cita Viktor Bout* – Ibid., 49.

p.262 *A partir de bases em "jurisdições permissivas"* – Ibid., 48.

p.263 *Monzer al-Kassar, um comerciante de armas sírio* – Aram Roston, "Meet the 'Prince of Marbella' - Is He Really Supporting Iraq's Insurgency?" *Guardian*, 1º de outubro de 2006.

p.263 *O Small Arms Survey 2006* – Small Arms Survey 2006, www.smallarms *survey.org*.

p.264 *essas armas, que correspondem a apenas um quinto* – "Small Arms: The Real Weapons of Mass Destruction", Escritório da ONU para a Coordenação de Questãos Humanitárias, maio de 2006.

p.264 *Todos os anos, entre 60 mil e 90 mil pessoas* – Ibid.

CAPÍTULO 7: A superelite da informação

p.266 *"a internet ajudou redes fragmentadas a se fundirem"* – Rita Katz e Josh Devon, "Web of Terror", *Forbes*, 7 de maio de 2007.

p.266 *um cidadão britânico chamado Younis Tsouli* – Ibid. Ver também Rita Katz e Michael Kern, "Terrorist 007, Exposed", *Washington Post*, 26 de março de 2006.

p.267 *um vídeo granulado intitulado "Evolução da dança"* Bob Garfield, "YouTube vs. Boob Tube", *Wired*, nº 14, 12 de dezembro de 2006.

p.267 *Segundo Alexa.com* Alexa.com, – disponível em www.alexa.com.

p.268 *eles também são regularmente relacionados entre os dez mais* – Alan Deutschman *et al.*, "Vanity Fair 100: The New Establishment", *Vanity Fair*, outubro de 2006.

p.269 *testemunhou uma dessas revoluções* – Elly Page, entrevista ao autor, março de 2007.

p.269 *Em 2007 o Facebook tinha mais de 50 milhões* – Brad Stone, "Investment by Microsoft Values Facebook at $15 Billion", *International Herald Tribune*, 25 de outubro de 2007.

p.271 *ascensão e queda de Takafumi Horie* – Norimitsu Onishi, "A Renegade's Tale of His Scorn for Japan's 'Club of Old Men'", *New York Times*, 6 de janeiro de 2007.

p.271 *"As pessoas que me consideravam mais ofensivo"* – Ibid.

p.273 *ao falar sobre a nova mídia ele pareceu* – Bob Wright, entrevista ao autor, 2006.

p.274 *Pamela Thomas-Graham, ex-consultora da McKinsey formada em Harvard* – Pamela Thomas-Graham, entrevista ao autor, 2006.

p.276 *Após o fim do Ministério* – "Entrevista com o xeque Hamad bin Thamer al-Thani", *TBS Journal*, outono de 2001, www.tbsjournal.com/Archives/Fall01/Jazeera_chairman.html.

p.276 *O emir do Qatar considerou a emissora uma oportunidade* – Amani Soliman e Peter Feuilherade, "Al-Jazeera's Popularity and Impact", BBC, 1º de novembro de 2006.

p.276 *como definiu Hugh Miles na* Foreign Policy – Hugh Miles, "Think Again: Al Jazeera", *Foreign Policy,* julho/agosto de 2006.

p.276 *a levar o presidente Bush a considerar um bombardeio* – David Leigh e Richard Norton Taylor, "MPs Leaked Bush Plan to Hit Al-Jazeera", *Guardian,* 9 de Janeiro de 2006.

p.276 *muitas agências de notícias de todo o mundo dependiam* – Peter Johnson, "Al Jazeera's Stature Is Rising", *USA Today,* 9 de outubro de 2001.

p.277 *Ela também levou ao surgimento* – Peter Feuilherade, "Profile: Al-Arabiya TV", BBC News, 25 de novembro de 2003.

p.277 *Como presidente do conselho e principal executivo da News Corporation* – "News Corp. Shareholders Accept Liberty Deal", *New York Times,* 4 de abril de 2007.

p.277 *A estrutura de votação faz com que a News Corp.* – Eric Pooley, "Exclusive Report: Rupert Murdoch Speaks", *Time,* 28 de junho de 2007.

p.278 *A News Corp. tem grandes investimentos em serviços de televisão por satélite* – "Who Owns What", *Columbia Journalism Review,* 2007, www.cjr.org.

p.278 *Murdoch se associou a Ahmet Ertegun* – "News Corp. Finds Partner in Turkish Broadcaster", *South China Morning Post,* 25 de julho de 2006.

p.278 *"A Fox ensinou que"* – James Poniewozik, "What Hath Fox Wrought?" *Time,* 6 de outubro de 2006.

p.278 *segundo o* Guardian – Roy Greenslade, "Their Master's Voice", *Guardian,* fevereiro de 2003.

p.279 *Outros relatos sugerem que, quando tentou tomar* – "Post editor Assisted Murdoch", *New York Times,* 28 de janeiro de 1984; Jack Shafer, "Murdoch: The Filth and the Fury", *Slate,* 22 de junho de 2007.

p.279 *Reed Hundt, observou que* – John Cassidy, "Murdoch's Game", *New Yorker,* 16 de outubro de 2006.

p.279 *O ex-prefeito de Nova York Ed Koch se lembra de ter* – Ibid.

p.279 *seu amigo íntimo Irwin Stelzer* – Ibid.

p.280 *um grande número de americanos com idade entre 18 e 25 anos* – Gail Shister, "Young Adults Eschew Traditional Nightly News for 'The Daily Show'", *Philadelphia Inquirer,* 13 de maio de 2007.

p.280 *também podem ser encontrados nos bastidores* – Josh Tyrangiel, "The Constant Charmer", *Time,* 18 de dezembro de 2005.

p.281 *Jolie merece o crédito por sua energia* – Por exemplo, "Angelina Jolie UNHCR Goodwill Ambassador Fact Sheet", www.unhcr.org.

p.281 *Em 2006, o ministro britânico de relações exteriores* – Mark Malloch Brown, entrevista ao autor, 2006. E também Mark Malloch Brown, "Angelina Jolie", *Time,* 8 de maio de 2006.

p.282 *Quando Shakira diz à presidente do Chile, Michelle Bachelet* – "Shakira Highlights Youth Poverty", 1TVNews, 23 de novembro de 2006, www.itv.com.

p.283 *Lá, ele, como sempre, sublinhou* – M.J. Molina e F. S. Rowland, "Stratospheric Sink for Chlorofluoromethanes: Chlorine Atom-Catalysed Destruction of Ozone", *Nature,* vol. 249, junho 28, 1974.

p.283 *O presidente do México, Felipe Calderón* – Fórum Econômico Mundial, "The Future Is Now for Mexico's President", *press release,* www.weforum.org, 26 de janeiro de 2007.

p.284 *Molina disse que enquanto crescia* – Elizabeth Thompson, "Molina Wins Nobel Prize for Ozone Work", *press release,* 18 de outubro de 2005, www.web.mit.edu.

p.284 *Mas, como se vê na justificativa do Nobel* – Ibid.

p.284 *Dados científicos recentes comprovaram* – David Perlman, "Ozone Hole's Growth Rate Slows Down", *San Francisco Cbronicle,* 30 de julho de 2003.

p.285 *Em meados dos anos 1980, com as discussões* – Jeffrey P. Cohn, "Chlorofluorocarbons and the Ozone Layer", *Bioscience,* vol. 37, nº 9, outubro de 1987.

p.286 *Molina continua a ser um ativista* – Mario Molina, "The Ozone Treaty Can Do Much More for the Planet", *Financial Times,* 24 de agosto de 2007.

p.286 *presidente Kennedy foi eleito nos Estados Unidos após proclamar sua crença* – John F. Kennedy, "Address to Southern Baptist Leaders", 1960.

p.287 *O teólogo de Harvard Harvey Cox* – Harvey Cox, *The Secular City: Secularization and Urbanization in Theological Perspective* (Nova York: Macmillan, 1965), 244.

p.287 *No ano seguinte a* Time *publicou* – "Toward a Hidden God", *Time,* 8 de abril de 1966.

p.287-8 *O rabino-chefe da Grã-Bretanha argumentou* – Jonathan Sacks, *The Dignity of Difference: How to Avoid tbe Clash of Civilizations* (Nova York: Continuum Books, 2002).

p.288 *Várias pesquisas revelam esse aumento* – Timothy Shah e Monica Duffy Toft, "Why God Is Winning", *Foreign Policy,* julho-agosto de 2006, 39-43.

p.288 *84% de todas as pessoas se consideram* – Número de Adherents.com, uma organização de estatísticas religiosas, www.adherents.com.

p.288 *especialmente a Europa permanece decididamente secular* Peter Ford, "What Place for God in Europe?" *Christian Science Monitor,* 25 de fevereiro de 2005. Uma pesquisa semelhante de Pew Forum on Religion and Public Life revelou que, em oposição, 59% dos americanos consideravam a fé "muito importante". Citado em Ford. Em toda a Europa, 15% da população frequenta um espaço religioso pelo menos uma vez por semana (variando de país em país), enquanto enquanto nos Estados Unidos a parcela é de 44%.

p.289 *"Pense no que aconteceu domingo passado"* – Mark Noll, "The Global Rise of Christianity", intervenção em evento organizado por Pew Forum on Religion and Public Life, 2 de março de 2005, www.pewforum.org.

p.289 *Igreja do Evangelho Pleno Yoido, da Coréia do Sul* Reena Advani, "Church in Seoul Full of Korea's Faithful", NPR, *All Things Considered,* 25 de agosto de 2005.

p.289 *Segundo o MegaChurch Research Center* – Jonathan Mahler, "The Soul of the New Exurb", *New York Times Magazine,* 27 de março de 2006. O "parâmetro geralmente aceito" para o status de mega-Igreja é receber 2 mil pessoas.

p.289 *Rick Warren, autor de* The Purpose-Driven Life – Ibid.

p.290 *uma escala em Seul* – Lillian Kwon, "100,000 South Korean Christians Attend Rick Warren Stadium Gathering", *Christian Post,* 14 de julho de 2006.

p.290 *Warren tinha identificado a mega-igreja* – "Profile: Rick and Kay Warren", PBS, Religion and Ethics, 1º de setembro de 2006, www.pbs.org.

p.290 *segundo o* New York Times – Mahler, "Soul of the New Exurb".

p.291 *Luis Palau criou uma série de epítetos para si mesmo* – Títulos usados, por exemplo, por ABC News, *Washington Post, St. Petersburg Times* e outros órgãos de comunicação.

p.291 *"evangelismo camuflado"* – Caryle Murphy, "Playing Up Party Instead of Pulpit", *Washington Post,* 29 de setembro de 2005.

p.291 *Palau chegou mesmo a realizar um festival de primavera* – Todd Hertz, "Beach Blanket Rebirth", *Christianity Today,* 16 de janeiro de 2003.

p.291 *Ele levou seu ministério a setenta países* – Do site da Luis Palau Association, www.palau.org.

p.292 *3,5 milhões de dólares, em grande parte pagos por empresas patrocinadoras* – "Is Luis Palau the Next Billy Graham?" ABC News, 8 de outubro de 2005.

p.292 *Bush (...) incluiu Palau em um encontro de "líderes da fé"* – Tony Carnes, "Bush's Defining Moment", *Christianity Today,* 2 de novembro de 2001.

p.293 *evento que teve muitas presenças ilustres* – "George W. Bush: Remarks at a Reception Honoring Hispanic Heritage Month", American Presidency Project, 12 de outubro de 2001.

p.293 *Tomando-se como base os números de audiência e os acessos ao site* – David Hardaker, "Islam's Billy Graham", *Independent,* 4 de janeiro de 2006.

p.293 *tem no mundo muçulmano "o tipo de público"* – Tarek Atia, "Amr Khaled: A Preacher's Puzzle", *Al-Ahram Weekly,* 20 de outubro de 2005.

p.293 *Fez seu primeiro discurso religioso* – Ibid.

p.293 *As vendas explodiram* – Samantha Shapiro, "Ministering to the Upwardly Mobile Muslim", *New York Times Magazine,* 30 de abril de 2006.

p.294 *"Ele é muito terno e adorável"* – Ibid.

p.294 *"Na melhor tradição"* – Hardaker, "Islam's Billy Graham".

p.294 *No site de Khaled, que teve 26 milhões de acessos* – Shapiro, "Ministering to the Upwardly Mobile Muslim".

p.294 *É o terceiro mais popular site árabe da internet* – Ibid.; Atia, "Amr Khaled".

p.295 *Um repórter do* New York Times *se lembra* – Shapiro, "Ministering to the Upwardly Mobile Muslim".

p.295 *Rick Little, um conselheiro americano da ONU* – Hardaker, "Islam's Billy Graham".

p.295 *Ele disse às platéias que remover o véu* – Ibid.

p.296 *"Acredito que a cada cem anos"* – Atia, "Amr Khaled".

p.296 *Ele acredita que alienígenas vivem* – "Who Is Li Hongzhi?" BBC, 8 de maio de 2001.

p.296 *Em 2000, a Anistia Internacional relatou* – "Falun Gong Deaths in Custody Continue to Rise as Crackdown Worsens", Anistia Internacional, 2000, www.amnesty.org.

p.296 *Fontes independentes, entre elas as revistas* Time – "Li Hongzhi: Messenger to Millions", *Asia week,* 1º de junho de 2001.

p.297 *Os manifestantes, embora pacíficos* – Pui-Wing *Tam et al.*, "China's Diplomats in U.S. Act to Foil Falun Gong Protesters", *Wall Street Journal,* 24 de novembro de 2004.

p.297 *"surpresa absoluta" para o governo* – Ibid.

p.297 *"O Falun Gong tem muitos meios"* – Ibid.

p.297 *"Isso perturbou a liderança"* – Richard Baum, citado em "Li Hongzhi: Messenger to Millions".

p.298 *Sua estrutura de do país foi bem exemplificada* – Michael Slackman, "A Cleric Steeped in the Ways of Power", *New York Times,* 9 de setembro de 2006.

p.298 *tendo vencido as eleições de 1981 com 95% dos votos* – "Governing Iran: Ayatollah Ali Khamenei", *Online NewsHour;* PBS, 2006, www.pbs.org.

p.298 *e condenou publicamente* Slackman, "Cleric Steeped in the Ways of Power".

p.298-9 *o próprio presidente Ahmadinejad reconheceu* – Azadeh Moaveni, "Power in the Shadows", *Time,* 25 de junho de 2006.

p.299 *Segundo a revista* Time, – *Ahmadinejad e Khamenei* Ibid.

CAPÍTULO 8: Como se tornar um membro da superelite

p.301 *Em um artigo sobre a proliferação de teorias conspiratórias relacionadas ao 11 de Setembro* Lev Grossman, "Why the 9/11 Conspiracy Theories Won't Go Away", *Time,* 3 de setembro de 2006.

p.301 *"psicologicamente tranqüilizadoras"* – Citado em Carol Morello, "Conspiracy Theories Flourish on the Internet", *Washington Post,* 7 de outubro de 2004.

p.302 *Na esteira da morte da princesa Diana* – Charlotte Parsons, "Why We Need Conspiracy Theories", BBC News, 24 de setembro de 2001.

p.302 *em 2004, um homem de uma pequena cidade* – Morello, "Conspiracy Theories Flourish on the Internet".

p.302 *Barkun escreve sobre a integração* – Michael Barkun, *A Culture of Conspiracy: Apocalyptic Visions in Contemporary America* (Berkeley: University of California Press, 2003), 83.

p.302 *Em 431 a.C.* – Benjamin Jowett, *Tucídides* (Oxford: Clarendon Press, 1900), Livro 3.

p.302 *Em 962 d.C, em Metz, França, centenas de gatos* – Elizabeth A. Lawrence, "Feline Fortunes: Contrasting Views of Cats in Popular Culture", *Journal of Popular Culture,* vol. 36, nº 3, 623-35.

p.303 *Em 1321, quando foi dito que judeus locais* – "Jewish Persecution from 1200 to 1800 CE", Religious-Tolerance.org, www.religioustolerance.org/jud_pers3.htm.

p.303 *muitos historiadores identificam a primeira verdadeira "grande conspiração"* – Lynn Hunt, *Politics, Culture and Class in the French Revolution* (Berkeley: University of California Press, 1984), 39-44.

p.303 *Como conseqüência do alerta* – Timothy Tackett, "Conspiracy Obsession in a Time of Revolution: French Elites and the Origins of the Terror, 1789-1792", *American Historical Review,* 105, nº 3 (junho de 2000): 691-713.

p.303 *Segundo um historiador* – Hunt, *Politics, Culture and Class*, 39.

p.304 *O próximo trabalho de Brown é um romance* – David Shugarts, "After *The Da Vinci Code:* Some Very Educated Guesses About the Masonic Content of Dan Brown's New Novel", *US. News & World Report,* 28 de agosto de 2005.

p.305 *Embora não seja uma religião, a maçonaria exige* – H. Paul Jeffers, *Freemasons* (Nova York: Kensington, 2005), 4.

p.305 *Os membros da fraternidade têm um sistema* – Da seção "Sobre nós" do site dos maçons da Califórnia, www.freemason.org.

p.305 *A sociedade gira em torno de quatro* – James Barron, "A Secret Society, Spilling a Few Secrets", *New York Times,* 4 de outubro de 2006.

p.305 *Alguns alegam que a nota de um dólar* – Jeffers, *Freemasons*, 165.

p.306 *durante os julgamentos de Nuremberg após a guerra* – Ibid., 84-91.

p.306 *a maçonaria historicamente teve em suas fileiras* – Ibid., 170.

p.307 *Franklin, membro da maçonaria* – Jay Tolson, "Inside the Masons", *U.S. News & World Report,* 28 de agosto de 2005.

p.307 *Hoje o número de envelhecidos filiados* – Mark Hazlin, "Dwindling Freemasons Hope to Attract New Blood", *USA Today,* 30 de outubro de 2004.

p.307 *Elas se concentram na faceta caritativa* – "New Masons Drawn by Brotherhood, Not Myths", NPR, 5 de maio de 2007.

p.307 *Os maçons americanos doam cerca de 750 milhões de dólares* – Hazlin, "Dwindling Freemasons".

p.307 *"incubadora e ponto de encontro"* – Alexandra Robbins, "George W., Knight of Eulogia", *Atlantic,* maio de 2000.

p.307 *De fato, George W é* – Ibid.

p.308 *Ele começou a receber mulheres em 1992* – Andrew Cedotal, "Rattling Those Dry Bones", *Yale Daily News,* 18 de abril de 2006.

p.308 *quando George W Bush recebeu essa* – Alexandra Robbins, *Secrets of the Tomb: Skull and Bones, the Ivy League, and the Hidden Paths of Power* (Boston: Little, Brown, 2002), 126.

p.308 *"Skull and Bones não é uma fraternidade como as outras"* – Ron Rosenbaum, "Skull and Bones, Denying Its Rite, Suckers AOL-TW", *New York Observer,* 14 de julho de 2002.

p.308 *David Brooks, um colunista conservador* – "Skull and Bones: Secret Yale Society Includes America's Power Elite", *60 Minutes,* 13 de junho de 2004.

p.309 *o Carlyle Group, que administra mais de 56 bilhões de dólares* – Perfil da empresa, www.carlyle.com.

p.309 *sua relação de funcionários de destaque* – Melanie Warner, "Down the Rabbit Hole", *Fortune,* 18 de março de 2002.

p.309 *Até o Bush mais jovem passou um período* – Jamie Doward, "Ex-Presidents Club Gets Fat on Conflict", *Guardian,* 23 de março de 2003.

p.309 *"teóricos da conspiração obcecados"* – Dan Briody, *The Iron Triangle: Inside the Secret World of the Carlyle Group* (Hoboken: John Wiley, 2003), 158.

p.310 *jornais e revistas de negócios regularmente publicam reportagens e matérias de capa* – Por exemplo, um perfil do Carlyle por Emily Thornton *et al.*, "Carlyle Changes Its Stripes", foi a capa de *BusinessWeek* de 12 de fevereiro de 2007.

p.310 *em 1990 o Carlyle começou a comprar ativos relacionados ao setor militar* – Doward, "Ex-Presidents' Club".

p.311 *colocou a empresa na bolsa de valores* – Mark Fineman, "Arms Buildup Is a Boon to Firm Run by Big Guns", *Los Angeles Times,* 10 de janeiro de 2002.

p.311 *A compra em 2003, por 73 milhões de dólares* – Terence O'Hara, "Carlyle Shows It's Still Tops in Defense", *Washington Post*, 13 de fevereiro de 2006.

p.311 *Ele supostamente teria telefonado* – Warner, "Down the Rabbit Hole".

p.311 *"O problema é quando"* – Oliver Burkeman e Julian Borger, "The Ex-Presidents' Club", *Guardian*, 13 de outubro de 200l.

p.311 *Um dos fundadores do Carlyle disse a* – The Nation Tim Shorrock, "Crony Capitalism Goes Global", *Nation*, abril de 2002.

p.311 *"Desde 11 de setembro o número de contratos da Usis"* – Briody, *Iron Triangle*, 152.

p.312 *Shafig Bin Laden, um dos muitos irmãos de Osama* – Warner, "Down the Rabbit Hole".

p.312 *Como teria dito um alto funcionário do Carlyle* – Ibid.

p.314 *Um site antiglobalista, NewsWithViews* – Disponível em www.newswithviews.com.

p.314 *"Líderes empresariais vão a Davos"* – Disponível em www.foe.co.uk.

p.314 *"Davos é (...) o símbolo mais visível"* – Jeff Faux, "The Party of Davos", *Nation*, 13 de fevereiro de 2006.

p.315 *hoje gera mais de 85 milhões de dólares por ano* – Fórum Econômico Mundial, "Annual Report 2005/06", www.weforum.org.

p.315 *Os fatos sobre o encontro são bem conhecidos* – "About Us", site do fórum, www.weforum.org.

p.315 *Como observou Henri Schwamm, ex-vice-presidente* – Jean-Christophe Graz, "How Powerful Are Transnational Elite Clubs? The Social Myth of the World Economic Forum", *New Political Economy* 8, nº 3 (novembro de 2003): 330.

p.316 *Segundo David E. Hoffman* – David E. Hoffman, *Tbe Oligarchs: Wealth & Power in the New Russia* (Nova York: Basic Books, 2002), 325.

p.316 *O bilionário americano George Soros* – John Lloyd, "The Russian Devolution", *New York Times Magazine*, 15 de agosto de 1999.

p.316 *"Meninos, seu tempo acabou"* – Citado em Hoffman, *Tbe Oligarchs*, 334.

p.316 *Os oligarcas esqueceram suas diferenças* – Gusinsky e Berezovsky, que estavam rompidos, tiveram um encontro particular em Davos, assim como Berezovsky e Chubais. Ibid., 328.

p.317 *Os meses seguintes foram de uma grande ofensiva* – Lloyd, "Russian Devolution".

p.317 *Em uma única noite na convenção de 2006* – Bruce Nussbaum, "Party Time at Davos", *BusinessWeek*, 27 de janeiro de 2006.

p.317 *Em uma festa da* Forbes – Dennis Kneale, "Gunning for Google", *Forbes*, 3 de fevereiro de 2006.

p.317 *"Você sempre se sente"* – Steve Case, entrevista ao autor, 2007.

p.319 *Quando questionado como o fórum mudou* – Klaus Schwab, entrevista ao autor, 2007.

p.321 *por isso Bono comparece* – Tim Weber, "Bono Bets on Red to Battle AIDS", BBC News, 26 de janeiro de 2006.

p.322 *Philippe Bourguignon, ex-co-CEO* – Philippe Bourguignon, entrevista ao autor, 2006.

p.323 *Bob Kimmitt, atualmente sub-secretário do Tesouro dos Estados Unidos* – Bob Kimmitt, entrevista ao autor, 2006.

p.324 *Algumas vezes assume um sentido mais leve* – Tim Weber, "In Search of Davos Man", BBC News, 23 de janeiro de 2004.

p.325 *Um trecho do material promocional* – Andreas von Rétyi, *Bilderberger: the Timetable of the New World Order* (2006). Citado em Bilderberg.org, www.bilderberg.org/2006.htm.

p.326 *O encontro anual do Grupo de Bilderberg* – Stephen Gill, *American Hegemony and the Trilateral Commission*. (Nova York: Cambridge University Press, 1990), 128-29.

p.326 *A BBC relatou em 2004 que um telefonema* – Jonathan Duffy, "Bilderberg: The Ultimate Conspiracy Theory", BBC News, 3 de junho de 2004.

p.326 *Em 2006 o cenário* – Holly Lake, "Today Kanata... Tomorrow the World", *Ottawa Sun*, 12 de junho de 2006.

p.326 *A polícia local disse a um repórter* – "Bilderbergers Meet Secretly Today in Ottawa", *World Net Daily*, 10 de junho de 2006.

p.327 *as especulações sobre a pauta do grupo* – Tom Spears, "Secretive Group's Departure as Low-Key as Arrival", *Ottawa Citizen*, 12 de junho de 2006.

p.327 *"Besteira!", disse lorde Denis Healey* – Duffy, "Bilderberg".

p.328 *"Acho risíveis as acusações de governo mundial"* – Victor Halberstadt, entrevista ao autor, 2006.

p.328 *Foi fundada em 1973* – "Frequently Asked Questions", site da Comissão Trilateral, www.trilateral.org.

p.329 *É um projeto da Fundação William J. Clinton* – Do site da Iniciativa Global, www.clintonglobali-nitiative. org.

p.330 *Para dar uma noção da força da idéia* – Andrew Jack, "Clinton Initiative Wins $7.3bn Pledges", *Financial Times*, 22 de setembro de 2006.

p.330 *A CGI toca em um* gestalt *especial* – Por exemplo, Maria DiMento, "Record-Breaking Giving", *Chronicle of Philanthropy*, 22 de fevereiro de 2007.

p.332 *G. William Domhoff, professor de sociologia* – G. William Domhoff, "Social Cohesion & the Bohemian Grove", 2005, sociology.ucsc.edu/whorulesamerica/ index.html.

p.333 *Segundo uma gravação de áudio que veio a público recentemente* – Adair Lara, "Members Only: SF's Exclusive Clubs Carry on Traditions of Fellowship, Culture — and Discrimination", *San Francisco Chronicle*, 18 de julho de 2004.

p.333 *Durante duas semanas no final de julho* – Peter Phillips, "San Francisco Bohemian Club: Power, Prestige, and Globalism", *Sonoma Comunity Free Press*, 8de junho de 2001.

p.333 *Em função de sua composição com pessoas de grande poder* – Nick Schou, "Bohemian Grove Exposes Itself!" *Orange County Weekly*, 31 de agosto de 2006.

p.333 *Essa cerimônia teve uma variação em 1996* – Domhoff, "Social Cohesion".

p.334 *"No verão de 1950"* – Richard Nixon, *RN: The Memoirs of Richard Nixon* (New York: Grosset & Dunlap, 1978), 80-81. Citado em Domhoff.

p.334 *Nixon depois alega que um discurso que fez* – Nixon, *RN*, 284.

p.335 *O Grove exibe uma reveladora mistura* – Todas as estatísticas sobre representação emprsarial no Grove são de Domhoff, "Social Cohesion".

p.336 *O Fórum Boao para a Ásia* – "Boao Forum for Asia", Xinhua News Agency, 24 de abril de 2005.

p.336 *Mas segundo muitos relatos o BFA ainda não conseguiu* – Jamil Anderlini, "Amid Lightweight Attendance, Boao Struggles with Crisis of Relevance", *South China Morning Post*, 24 de abril de 2007.

p.336 *delegados de alto nível foram obrigados a pegar um ônibus* – Tom Mitchell, "Even Big Shots Can't Get into Hot Water at Boao Forum", *South China Morning Post*, 17 de dezembro de 2002.

p.336 *um impressionante grupo de participantes* – "Boao Forum for Asia Annual Conference 2007", *China People's Daily Online*, 23 de abril de 2007.

p.336 *As origens do BFA ilustram bem* – Tom Mitchell, "One Forum, Four Agencies at Boao", *South China Morning Post*, 14 de abril de 2002.

p.337 *Depois de algumas viagens de Jiang a Pequim* – Charles Hutzler, "China Exerts Too Much Control at Forum Created to Mimic Davos", *Wall Street Journal*, 11 de abril de 2002.

p.338 *Slim é de longe a maior força* Michael Smith, "One of the World's Richest Men Turns to Mexico's Future", *New York Times*, 4 de maio de 2006.

p.338 *o valor estimado atualmente em mais de 50 bilhões de dólares* – "Mexican 'World's Richest Person'", BBC News, 3 de julho de 2007.

p.338 *Ele tem sido atacado por seu quase monopólio* – Tim Padgett, "Carlos Slim's Embarrassment of Riches", *Time*, 11 de julho de 2007.

p.338 *De acordo com um programa inicial* – Keny Dolan, "Secret Meeting of Latin American Billionaires", *Forbes*, 23 de maio de 2003.

p.342 *autoconfiantes e conscientes* – Michael Maccoby, "Narcissistic Leaders: The Incredible Pros, the Inevitable Cons", *Harvard Business Review* 78, nº 1 (2000): 68-77.

p.343 *Por toda a história, os narcisistas sempre* – Ibid.
p.344 *Adam Galinsky, da Universidade Northwestern* – Por exemplo, Adam Galinsky, "Power and Perspectives Not Taken", *Psychological Science* 17 (2006): 1068-74.

CAPÍTULO 9: O futuro da superelite

p.347 *Investigações dos Estados Unidos revelaram* – Subcomitê do Senado dos Estados Unidos para Investigações, "Money Laundering and Foreign Corruption: Case Study Involving Riggs Bank", 15 de julho de 2004. Ver também Stephane Mayoux, "E Guinea Warning After Bank Probe", BBC, 21 de julho de 2004. Riggs, devem lembrar, também foi o suposto destino do suborno pago ao príncipe Bandar por um grande fornecedor de material bélico nos anos 1980, bem como administrador de bens do ex-ditador chileno Augusto Pinochet nos anos 1990. Riggs é uma tradicional instituição de Washington com boas ligações nas elites de Washington, entre elas Jonathan Bush, tio de George W. Bush, que foi alto executivo do banco.
p.348 *a maioria do povo em seu pequeno país* – "The Dictator Next Door?", editorial do *Los Angeles Times*, 19 de novembro de 2006.
p.348 *tocando "Those Were the Days"* – Alexander Smoltczyk, "Torture and Poverty in Equatorial Guinea", *Der Spiegel*, 28 de agosto de 2006.
p.348 *O país está assentado sobre um oceano de petróleo* – "Republic of Equatorial Guinea Article IV Consultation", Fundo Monetário Internacional, junho de 2006.
p.348 *A Guiné Equatorial é o terceiro maior produtor* – Departamento de Estado dos Estados Unidos, Divisão de Assuntos Africanos, "Background Note: Equatorial Guinea", junho de 2007, www.state.gov/r/pa/ei/bgn/7221.htm.
p.349 *Ele tinha enorme poder político* – Peter Maass, "A Touch of Crude", *Mother Jones*, janeiro/fevereiro de 2005.
p.349 *um filho que usava recursos públicos* – Chris McGreal e Dan Glaister, "The Tiny African State, the President's Playboy Son, and the $35m Malibu Mansion", *Guardian*, 10 de novembro de 2006.
p.350 *um embaixador dos Estados Unidos foi expulso do país* – Larry Luxner, "Equatorial Guinea Goes from Rags to Riches with Oil Boom", *Washington Diplomat*, agosto de 200l.
p.350 *mas em 2007 os Estados Unidos acharam possível* – Departamento de Estado, "Background Note: Equatorial Guinea".
p.351 *o número de pessoas no mundo que vive em estado de pobreza extrema* – "Poverty Drops Below 1 Billion, Says World Bank", *press release* do Banco Mundial, 15 de abril de 2007, www.worldbank.org.
p.352 *Os 10% mais ricos da população* – James Davies *et al.*, "The World Distribution of Household Wealth", UNU-WIDER, 5 de dezembro de 2006.
p.352 *Os bilionários do mundo, menos de 0,000015%* – Luisa Kroll e Allison Fass, "The World's Billionaires", *Forbes*, 8 de março de 2007.
p.352 *As cem maiores instituições financeiras* – Scott DeCarlo, "The World's 2.000 Largest Public Companies", *Forbes*, 29 de março de 2007.
p.352 *Dos 10 mil fundos de* hedge *em todo o mundo* – James Mackintosh, "Biggest Hedge Funds Tighten Grip", *Financial Times*, 24 de maio de 2007.
p.352 *Um investidor, o Fidelity, com patrimônio de quase 2 trilhões de dólares* – "Fidelity Brokerage Assets Increase to Record $l.96 T", *Boston Globe*, 13 de novembr de 2007.
p.353 *As 250 maiores empresas do mundo* – DeCarlo, "World's 2.000 Largest Public Companies".
p.353 *Das cerca de 4 mil religiões do mundo* – "Major Religions of the World Ranked by Number of Adherents", Adherents.com, 17 de abril de 2007.

p.353 *Os Estados Unidos e seus aliados da Otan* – Dados populacionis da CIA, "The World Factbook", junho de 2007, www.cia.gov/library/publications/the-world-factbook/index.html.

p.353 *controlam mais de 90% de todas as armas nucleares em condições de uso* – Stockholm International Peace Research Institute, *SIPRI Yearbook 2007*, junho de 2007, yearbook2007.sipri.org.

p.353 *Em um mundo com quase duzentos países* – Por exemplo, ver distribuição de poder de voto no Banco Mundial, www.worldbank.org, e no Fundo Monetário Internacional, www.imf.org.

p.359 *quando Hebe de Bonafini* – Tom Gibb, "Internet Insults Traded Globally", *BBC*, 29 de janeiro de 2001.

p.359 *teve a participação de cerca de 100 mil pessoas* – "Background of the WSF Process", Fórum Social Mundial, www.forumsocialmundial.arg.

p.360 *havia apenas 13 executivas-chefe* – Jenny Mero, "Women CEOs for *Fortune* 500 Companies", *Fortune*, abril de 2007.

p.360 *em todo o mundo, as mulheres ocupavam em média* – Inter-Parliamentary Union, "Women in Parliament in 2006: The Year in Perspective", www.ipu.org.

p.361 *Geeta Rao Gupta, presidente do Centro Internacional de Pesquisa das Mulheres* – Geeta Rao Gupta, entrevista ao autor, 2007.

p.361 *Se 90% dos membros da superclasse* – Dados de "Superclass Census" realizado pela equipe de pesquisa do autor.

p.361 *apenas 0,06% dos etíopes* – Task Force on Higher Education and Society, "Higher Education in Developing Countries: Peril and Promise", 1º de março de 2000, Unesco e Banco Mundial, www.tfhe.net.

p.361 *"O maior problema no Oriente Médio"* – Ibrahim Dabdoub, entrevista ao autor, 2007.

p.363 *Assim como C. Wright Mills observou que a elite de poder dos Estados Unidos* – Mills, *Power Elite*, 274.

p.363 *Sua empresa também é dona de 47 empresas* – Nelson Schwartz, "Wall Street's Man of the Moment", *Fortune*, fevereiro de 2007.

p.364 *Li Ka-shing, o presidente do conselho* – Kroll e Fass, "The World's Billionaires".

p.364 *Richard Li apareceu em 754º lugar* – Ibid.

p.364 *quase metade das 25 pessoas mais ricas da China* – Ibid.

p.365 *o número de milionários em dólar na China aumentou em 6,8%* – Merrill Lynch and Capgemini, "World Wealth Report", junho de 2006.

p.365 *o número de bilionários disparou* – Robin Kwong, "China's Billionaires Begin to Add Up", *Financial Times*, 22 de outubro de 2007.

p.365 *Os chineses eram o maior número* – Kroll e Fass, "The World's Billionaires".

p.369 *O pioneiro da internet Vint Cerf vê no ICANN* – Vint Cerf, entrevista ao autor, 2006.

p.369-70 *Está relacionada a pontos de vista como* – Anne-Marie Slaughter, *A New World Order* (Princeton: Princeton University Press, 2004).

Agradecimentos

Centenas de pessoas generosamente deram seu tempo para que este livro fosse possível. A inteligência delas, sua energia, ajuda e gentileza fizeram com que o processo de escrever fosse um constante prazer. E qualquer descoberta ou nova perspectiva que vocês tenham conseguido aqui remonta diretamente a elas, uma superclasse por seus méritos.

Tenho de começar com um enorme agradecimento a Eric Chinski, meu editor na Farrar, Straus and Giroux, que é tão inteligente, perspicaz, disciplinado, criativo e divertido quanto se poderia esperar de um editor. Ele tem sido um grande parceiro em todos os estágios deste esforço, embora, paradoxalmente, algumas das maiores provas disso serão muitas que você, leitor, nunca verá. Toda a equipe da FSG, comandada pelo sábio Jonathan Galassi, e que inclui a fabulosa Gena Hamshaw, com quem foi um prazer trabalhar, de uma aula contínua de como editar bem. Também é necessário um agradecimento especial àqueles na equipe que desempenharam papéis importantes e deram uma grande contribuição a esta parceria gratificante: Laurel Cook, Marion Duvert, Michael Hathaway, Henry Kaufman, Cynthia Merman, Kendra Poster e Jeff Seroy.

Claro que, para começar, eu provavelmente nunca teria conhecido a FSG ou começado a escrever livros como este se não fosse pelo estímulo, o apoio e a sincera orientação de meu agente, Esmond Harmsworth, e sua equipe na Zachary Shuster Harmsworth. Sou grato a todos eles e especialmente a Esmond, que é incrível no que faz.

Durante todo o processo de escrever este livro, o Carnegie Endowment for International Peace ofereceu um ambiente excelente no qual escrever e pesquisar. Jessica Mathews, presidente do Carnegie, não apenas é uma grande líder que reinventou a instituição para o século XXI como se tornou uma querida amiga. Toda a equipe, com destaque para Paul Balaran, George

Perkovich, John Judis, Peter Reid e Trent Perotto, mais uma vez ajudou neste projeto, e eu preciso fazer um agradecimento especial a Sherm Katz, que não apenas é um grande especialista em comércio como, quando no Carnegie, estava sempre disposto a discutir beisebol ou tênis naqueles momentos em que ficar remoendo grandes idéias acabava provocando dores de cabeça. A pessoa que me apresentou ao Carnegie, que foi um grande conselheiro ao longo de todo o processo deste livro e de boa parte do que faço, e que é um querido amigo foi o editor de *Foreign Policy*, Moisés Naím. Ele é mais divertido do que inteligente, e isso não é pouca coisa.

Ao longo dos anos o Carnegie me deu a oportunidade de recrutar e trabalhar com excelentes assistentes de pesquisa. Nenhum superou Elly Page, a principal pesquisadora deste projeto. Lembrem-se do nome. Vocês ouvirão falar muito dela nos próximos anos. Ela é extraordinariamente inteligente, incansável e dedicou energia e diligência incríveis a este esforço. Ela deu a este livro uma contribuição inestimável, muito mais do que qualquer outro indivíduo, e conseguiu fazer isso durante muitas horas, com prazos difíceis e com grande habilidade... e ainda assim encontrou tempo para disputar e vencer algumas das provas de *frisbee* de maior prestígio em Washington. Durante o projeto ela teve a ajuda de uma série de pesquisadores, com destaque para Mathew Ferraro, Mark Partridge, Jonathan Bromma e Christopher Burdett. Outros que esporadicamente ajudaram em pesquisa e verificação de dados foram Bill Adams, Luci Canet, Nicholas Foster, Jeffrey Love, Lyubov Mullen, Heather Rosen e Felipe Zuluaga. Gostaria de agradecer igualmente ao pesquisador-chefe de meu livro anterior, Geoff Taubman, que também conseguiu tempo para ler este e fazer uma série de comentários construtivos. Ele certamente é o mais inteligente torcedor do Philadelphia Eagles de todo o planeta.

Muitas das entrevistas do livro e sua logística só foram possíveis com a ajuda de minhas intrépidas e indispensáveis assistentes, primeiramente Leslie Fromm e, depois que ela foi para a faculdade, Rachel Stegall. Ambas ajudaram não apenas com o livro, mas fizeram com que fosse possível escrevê-lo, comandar nossa empresa florescente, a Garten Rothkopf, cumprir minhas outras obrigações no Carnegie, lecionar e até mesmo passar regularmente algum tempo com minha família. Meus outros colegas na Garten Rothkopf, especialmente a intrépida e inteligente Claire Casey, também torceram muito durante todo o projeto, e cotidianamente são pessoas com as quais é um privilégio trabalhar.

Diversas outras pessoas ofereceram conselhos especiais e fizeram recomendações durante todo o processo de escrever *Superclasse*, dando idéias, estímulo e conselhos construtivos e, além até dessa contribuição, oferecendo uma amizade confiável e reconfortante. Jeffrey Garten, que realmente é uma das pessoas mais decentes do mundo, um sócio maravilhoso, professor e exemplo, encabeça a lista. Também Tom Fridman, com quem tive inúmeras conversas que nos levaram a todos os cantos do mundo e sempre me deram novas idéias e estímulo para trabalhar. Também me orientaram muito meus queridos e estimados amigos (em ordem alfabética): Lisa Anderson, da faculdade de Assuntos públicos e Internacionais de Columbia; Don Baer, atualmente na Discovery Communications; Nancy Birdsall, do Center for Global Development; Jane Bussey, do *Miami Herald*; Sue Esserman, de Steptoe and Johnson; Bob Hormats, da Goldman Sachs; Susan Levine, da Watershed Asset Management; Luis Alberto Moreno, do Banco Interamericano de Desenvolvimento; Hilda Ochoa Brillembourg, do Strategic Investment Group; Jorge Rosenblut, do Terragroup; David Sanger, do *New York Times;* Julia Sweig, do Conselho de Relações Exteriores; Antoine van Agtmael, de Emerging Markets Investors, e Daniel Yergin, de Cambridge Energy Research Associates. Também seria injusto não mencionar o apoio constante e os pontos de vista de velhos amigos como Mark e Beth Holechek e Richard e Abby Burns. Jane Prelinger e Mike Stadter, dois dos psicoterapeutas de maior destaque de Washington, não apenas deram muitas excelentes idéias presentes no bloco "Psicopatologia do Sucesso", do capítulo 8, como também são mãe e padrasto de minhas filhas. (Mais sobre as filhas a seguir.) A dra. Susana Naím, esposa de Moisés e renomada psiquiatra, também ajudou muito com a seção de psicologia, que ela mesma inspirou com um comentário feito há muito tempo.

Muitas das pessoas que contribuíram para este livro o fizeram por intermédio de conversas e entrevistas que eu conduzi nos dois últimos anos. Algumas que preferem proteger sua privacidade não podem receber o agradecimento aqui, mas quero que cada uma delas saiba como sou grato por terem tido tempo para partilhar comigo suas visões e opiniões sinceras sobre diferentes aspectos da superelite, da globalização e dos desafios e oportunidades que enfrentamos. A ajuda delas realmente foi fundamental. O livro literalmente não existiria sem elas. Claro que muitos outros permitiram que eu citasse nossas conversas, e também sou grato por isso. Os debates foram fascinantes e eu só gostaria de ter espaço para incluir um pouco mais de cada um. Encontros como os meus com um grupo tão extraordinário encheriam muitos volumes. Seria literalmente impossível agradecer a todos eles aqui. Entre os que posso citar e merecem agradecimentos especiais estão: o príncipe Turki Al-Faisal, Charlene Barshefsky, o senador Evan Bayh, Sandy Berger, Nancy Birdsall, almirante Dennis Blair, Philippe Bourguignon, Lael Brainard, Hilda Ochoa Brillembourg, Leon Brittan, Steve Chase, Kurt Campbell, Vint Cerf, Heng Chee Chan, Juan Claro, Ricardo Claro, David Cole, Ibrahim Dabdoub, Richard Darman, Anita Dunn, Alejandro Foxley, Armínio Fraga, Thomas Friedman, Al From, Timothy Geithner, Jorge Gerdau Johanpeter, Louis Gerstner, Hank Greenberg, Francisco Gros, Rajat Gupta, Richard Haass, Peter Hakim, Victor Halberstadt, William Haseltine, Richard Holbrooke, Robert Hormats, general Jim Jones, general George Joulwan, John Judis, general John Jumper, Susan Kaufman Purcell, Robert Kimmitt, Jim Kimsey, Henry Kissinger, Anthony Lake, Jennifer Linker, Haakon Lorentzen, Edward Ludwig, Andronico Luksic, Kishore Mahbubani, Thierry Malleret, Mark Malloch Brown, Jorge Marshall, Jessica Mathews, William McDonough, Thomas F. McLarty, Branko Milanovic, Bryan Moss, Moisés Naím, Indra Nooyi, Jeff Pack, Juan Carlos Pérez Dávila, Luis Felipe Pérez Dávila, Peter Peterson, Thomas Pickering, Karen Poniachik, general Colin Powell, Geeta Rao Gupta, Philippe Reichstuhl, Susan Rice, Stephen Roach, Jorge Rosenblut, Dennis Ross, Robert Rubin, Alvaro Saieh, David Sanger, Alejandro Santo Domingo, Klaus Schwab, Bernard Schwartz, Stephen Schwarzman, general Brent Scowcroft, Walter Slocombe, Gayle Smith, almirante Stephen Smith, Stephen Solarz, Alfred Sommer, Rob Stein, Joseph Stiglitz, Lawrence Summers, Pamela Thomas Graham, Andres Velasco, James Wolfensohn, Bob Wright, Daniel Yergin e James Woolsey. O que eu não pude citar diretamente ainda assim está presente no livro em termos de contexto, volume, apoio a idéias básicas e uma infinidade de outros modos que ajudaram a moldar e enriquecer o produto final.

Ano após ano minha família é minha maior inspiração e meu maior apoio. Eu tentei demonstrar uma profunda e incomparável gratidão a meus pais na dedicatória deste livro, mas, apesar do meu esforço, estou certo de que não tenho a habilidade ou as palavras para transmitir toda a minha gratidão. As famílias de meu irmão Paul e minha irmã Marissa também foram sempre adoráveis durante todo este processo, especialmente os menores, claro — mas sabemos que essa simpatia foi ensinada a eles pelos maiores e mais velhos que me lembro de também terem sido um dia adoráveis.

Naqueles momentos em que me movimento furtivamente pela casa, com um cobertor enrolado na cabeça, murmurando coisas incoerentes para mim mesmo, imagino que deve ser bastante cansativo viver com alguém escrevendo um livro... e talvez até um pouco assustador. (Com um cobertor na cabeça eu fico parecendo uma criatura da areia de *Star Wars* ou um cruzamento entre um monge e o Abominável Homem das Neves.) Mas Adrean, minha esposa bonita, gentil e brilhante, está sempre lá, sempre apoiando, sempre a melhor das amigas e a mais sábia e calorosa das conselheiras. Ela é uma terna maravilha, e eu sou enormemente grato a ela por tudo que faz e é. Ela é um tesouro. Ela me ajuda a lembrar da minha enorme sorte na vida que é a maravilhosa presença de minhas duas garotinhas, nenhuma das quais é mais, para minha enorme surpresa, uma garotinha. Joanna e Laura em tudo provaram que a evolução é uma força mais poderosa que a hereditariedade, e demonstraram isso se transformando no tipo de jovens graciosas e dotadas que teria me deixado paralisado que eu tinha a idade delas. Agora, claro, como pai de duas belas mulheres, fico paralisado por razões inteiramente diferentes... e ainda assim elas me cobrem com um fluxo constante de amor e orgulho que eu me alegro por ter o privilégio de conhecê-las e passar algum tempo com elas. Se este livro ou qualquer coisa que eu escrevo deixar minha família orgulhosa, ou pelo menos um pouco satisfeita, terei atingido meu principal objetivo. (Claro que se ele ajudar um pouco a pagar a educação das meninas eu não ficarei totalmente desapontado.) Em síntese, tudo o que faço é por Adrean e as meninas.

Qualquer coisa que vocês considerarem boa ou merecedora em *Superclasse* é fruto da colaboração coletiva de todos aqueles relacionados aqui e dos que eu não pude mencionar. Quanto ao resto, a responsabilidade é toda minha.

Índice

Este livro foi composto em Minion
e impresso pela Ediouro Gráfica sobre
papel offset 75g para a Agir, em setembro de 2008.